Bem Jurídico Empresarial

Função Social, Preservação da Empresa e Proteção ao Patrimônio Mínimo Empresarial

O GEN | Grupo Editorial Nacional – maior plataforma editorial brasileira no segmento científico, técnico e profissional – publica conteúdos nas áreas de concursos, ciências jurídicas, humanas, exatas, da saúde e sociais aplicadas, além de prover serviços direcionados à educação continuada.

As editoras que integram o GEN, das mais respeitadas no mercado editorial, construíram catálogos inigualáveis, com obras decisivas para a formação acadêmica e o aperfeiçoamento de várias gerações de profissionais e estudantes, tendo se tornado sinônimo de qualidade e seriedade.

A missão do GEN e dos núcleos de conteúdo que o compõem é prover a melhor informação científica e distribuí-la de maneira flexível e conveniente, a preços justos, gerando benefícios e servindo a autores, docentes, livreiros, funcionários, colaboradores e acionistas.

Nosso comportamento ético incondicional e nossa responsabilidade social e ambiental são reforçados pela natureza educacional de nossa atividade e dão sustentabilidade ao crescimento contínuo e à rentabilidade do grupo.

Fábio Brasilino

Bem Jurídico Empresarial

Função Social, Preservação da Empresa e Proteção ao Patrimônio Mínimo Empresarial

- A EDITORA FORENSE se responsabiliza pelos vícios do produto no que concerne à sua edição (impressão e apresentação a fim de possibilitar ao consumidor bem manuseá-lo e lê-lo). Nem a editora nem o autor assumem qualquer responsabilidade por eventuais danos ou perdas a pessoa ou bens, decorrentes do uso da presente obra.

- Nas obras em que há material suplementar *on-line*, o acesso a esse material será disponibilizado somente durante a vigência da respectiva edição. Não obstante, a editora poderá franquear o acesso a ele por mais uma edição.

- Todos os direitos reservados. Nos termos da Lei que resguarda os direitos autorais, é proibida a reprodução total ou parcial de qualquer forma ou por qualquer meio, eletrônico ou mecânico, inclusive através de processos xerográficos, fotocópia e gravação, sem permissão por escrito do autor e do editor.

Impresso no Brasil – *Printed in Brazil*

- Direitos exclusivos para o Brasil na língua portuguesa
Copyright © 2020 by
EDITORA FORENSE LTDA.
Uma editora integrante do GEN | Grupo Editorial Nacional
Rua Conselheiro Nébias, 1384 – Campos Elíseos – 01203-904 – São Paulo – SP
Tel.: (11) 5080-0770 / (21) 3543-0770
faleconosco@grupogen.com.br / www.grupogen.com.br

- O titular cuja obra seja fraudulentamente reproduzida, divulgada ou de qualquer forma utilizada poderá requerer a apreensão dos exemplares reproduzidos ou a suspensão da divulgação, sem prejuízo da indenização cabível (art. 102 da Lei n. 9.610, de 19.02.1998). Quem vender, expuser à venda, ocultar, adquirir, distribuir, tiver em depósito ou utilizar obra ou fonograma reproduzidos com fraude, com a finalidade de vender, obter ganho, vantagem, proveito, lucro direto ou indireto, para si ou para outrem, será solidariamente responsável com o contrafator, nos termos dos artigos precedentes, respondendo como contrafatores o importador e o distribuidor em caso de reprodução no exterior (art. 104 da Lei n. 9.610/98).

- Capa: Aurélio Corrêa

- Data de fechamento: 24.09.2019

- **CIP – BRASIL. CATALOGAÇÃO NA FONTE.**
SINDICATO NACIONAL DOS EDITORES DE LIVROS, RJ.

B831b
Brasilino, Fábio

Bem jurídico empresarial: função social, preservação da empresa e proteção ao patrimônio mínimo empresarial / Fábio Brasilino. – Rio de Janeiro: Forense; São Paulo: MÉTODO, 2020.

Inclui bibliografia
ISBN 978-85-309-8731-2

1. Direito empresarial. 2. Empresas – Aspectos sociais. 3. Responsabilidade social da empresa. I. Título. II. Série.

19-57751   CDU: 347.7

Leandra Felix da Cruz – Bibliotecária – CRB-7/6135

VOLUMES DA COLEÇÃO

Coordenação

Giselda Maria Fernandes Novaes Hironaka
Flávio Tartuce

Títulos

- **Direito sucessório do cônjuge e do companheiro**
  Inacio de Carvalho Neto

- **Função social dos contratos – do CDC ao Código Civil de 2002**
  Flávio Tartuce

- **Revisão judicial dos contratos – do CDC ao Código Civil de 2002**
  Wladimir Alcibíades Marinho Falcão Cunha

- **Danos morais e a pessoa jurídica**
  Pablo Malheiros da Cunha Frota

- **Direito contratual contemporâneo – a liberdade contratual e sua fragmentação**
  Cristiano de Sousa Zanetti

- **Direitos da personalidade e clonagem humana**
  Rita Kelch

- **Responsabilidade civil dos pais na reprodução humana assistida**
  Carlos Alexandre Moraes

- **Responsabilidade civil objetiva pelo risco da atividade – uma perspectiva civil-constitucional**
  Ney Stany Morais Maranhão

- **Regime de bens e pacto antenupcial**
  Fabiana Domingues Cardoso

- **Obrigações de meios e de resultado – análise crítica**
  Pablo Rentería

- **Responsabilidade civil objetiva e risco – a teoria do risco concorrente**
  Flávio Tartuce

- **Da responsabilidade civil do condutor de veículo automotor – uma abordagem sob as perspectivas da teoria do risco**
  Marcelo Marques Cabral

- **Responsabilidade civil dos prestadores de serviços no Código Civil e no Código de Defesa do Consumidor**
  Silvano Andrade do Bomfim

- **Responsabilidade civil pela perda de uma chance: a álea e a técnica**
  Daniel Amaral Carnaúba

- **Negócio fundacional: criação de fundações privadas**
  Daniel Pires Novais Dias

- **Bem jurídico empresarial: função social, preservação da empresa e a proteção ao patrimônio mínimo empresarial**
  Fábio Brasilino

SOBRE O AUTOR

Pós-Doutor pela Università degli Studi di Messina – Itália, Doutor em Direito – FADISP, Mestre em Direito Negocial – UEL, Especialista em Direito Internacional e Econômico – UEL, Especialista em Metodologia de Ensino Superior – UNOPAR, Membro do Instituto de Direito Privado – SP, Membro do BRASILCON, Advogado, Professor e Parecerista.

AGRADECIMENTOS

Nossos amigos educadores físicos costumam ter como lema *"no pain, no gain"*, e eu sempre achei que essa frase estivesse intimamente ligada aos esforços musculares. Todavia, quando nos propomos a aprofundar os estudos no nível do doutoramento em Direito, percebemos que a máxima cai como uma luva para nós. Somos fruto de todas as nossas experiências, e é por isso que eu não poderia deixar de agradecer a todos os meus familiares pelo apoio absoluto, em especial a Bia, Carla, Beth e meu pai. A minha mãe, Vau, pelo amor incondicional e pela ajuda enquanto bibliotecária.

Não posso deixar de registrar o meu agradecimento incondicional ao Professor Flávio Tartuce. Posso dizer que o doutorado foi um divisor de águas em minha vida. Não apenas pelas pessoas maravilhosas que tive a oportunidade de conhecer, mas principalmente por ter conseguido "sair das sombras", e nesse processo o Professor Flávio foi de fundamental importância. Sem o direcionamento do meu querido orientador, nada seria possível. Apesar da juventude, é inegável sua importância no cenário acadêmico; sem sombra de dúvida, um exemplo a ser seguido. Procuro sempre nortear meus atos acadêmicos de acordo com os ensinamentos do Professor Flávio. Faltam-me palavras para agradecer a oportunidade de poder ter sido orientando dele, assim como para demonstrar o quanto o admiro. Poder dizer que sou orientando de Flávio Tartuce é, enfim, motivo de orgulho para mim.

Agradeço a todos os professores que contribuíram, direta ou indiretamente, para essa jornada, e faço os agradecimentos na pessoa da Professora Giselda Hironaka, exemplo de mulher íntegra, humana e de uma simpatia que não é deste mundo. Aos Professores Mario Delgado e Lauro Ishikawa, pela disponibilidade e pela contribuição na banca de qualificação.

Ao meu querido amigo Carlos Alexandre, com quem desde o processo seletivo firmei uma amizade plena. Acho que o destino às vezes contribui para que encontremos irmãos "socioafetivos". Carlos com certeza é um deles. Agradeço por todas as oportunidades que tivemos (e ainda teremos muitas outras) de caminhar juntos. Obrigado também a todos os companheiros da Fadisp, em especial a Thiago Ribeiro, Reinaldo Rosa, Marta Ferdinandi, Laise Helena, Juliana Pereira e tantos outros que não seria possível nominar nesta ocasião.

Agradeço ao Santander Universidades por ter financiado meus estudos junto à Universidade de Salamanca e também ao meu diretor, Alexandre Frigeri, do Grupo Kroton (Unopar – Campus Arapongas), por ter me indicado ao prêmio para o qual fui selecionado, tendo ganhado a Bolsa de Estudos Ibero-América para jovens professores e pesquisadores. Os dois meses que passei na Europa foram de suma importância para o desenvolvimento deste trabalho. Faz-se necessário, também, agradecer às equipes das bibliotecas das seguintes instituições: Fadisp, USP (Bibliotecas da Faculdade de Direito, BC, DCO, DCV, DEF, DES, DFD), Unopar, Universidad de Salamanca, Universidad de Valladolid, Universidade de Lisboa, UEL, Unicesumar, STF, Senado, Câmara dos Deputados, Tribunal do Rio de Janeiro, entre várias outras de que com certeza me esqueci.

Aos meus amigos professores do curso de Direito da Unopar – Arapongas. Ao querido Jean Guilherme, menino-prodígio, um irmãozinho que "adquiri" nos caminhos da vida, excelente amigo e parceiro para todas as horas. Sem seu apoio, teria sido impossível terminar esta pesquisa. A Fábio Gonçalves, que, na época dos meus estudos na Europa, foi de fundamental importância para que eu prosseguisse com as atividades do escritório.

A todos os amigos advogados da cidade de Cambé e região, agradeço na pessoa do Dr. Jonatas de Paula, grande companheiro que sempre me coloca em "roubadas acadêmicas"; na verdade, desafios de que eu tanto gosto. Ao meu amigo Laion Rock pela amizade incondicional. Aos alunos da pós-graduação da UNICESUMAR que sempre contribuem com o aprimoramento do conhecimento.

A seção de agradecimentos dos trabalhos acadêmicos é um espaço nostálgico e saudoso, mas ao mesmo tempo gratificante, pois significa que foi cumprida mais uma jornada. Peço desculpas por eventuais omissões. A emoção às vezes nos cega.

NOTA DOS COORDENADORES

> *De nossa parte, temos a ponderar que, considerados especialmente os termos do preceito em vigor sobre a matéria [...], a tese positivista não encontra nenhum alicerce. Na verdade, o nosso legislador, invocando os Princípios Gerais do Direito, quando a lei for omissa, está em tudo e por tudo confessando a omissão, isto é, a imprecisão, a insuficiência da Lei. Como, pois, apelar para a mesma Lei, na pesquisa dos princípios em apreço? Por outro lado, a atitude positivista implica uma orientação reacionária, pois, se aplicada – e, na verdade, povo culto nenhum jamais a aplicou restritivamente –, tolheria a natural evolução do Direito, gradativamente levada a cabo pela Doutrina e pela Jurisprudência, no seu cotidiano afã de adaptar as normas gerais do Sistema à multifária casuística das relações da vida* (LIMONGI FRANÇA, Rubens. *Princípios gerais do direito*. 2. ed. São Paulo: RT, p. 160).

A crítica formulada por Rubens Limongi França ao positivismo, no texto acima, reflete o tom crítico e a inegável atualidade de suas obras.

Limongi França foi um revolucionário e estaria muito feliz se estivesse entre nós, vivificando a verdadeira revolução pela qual passa o Direito Civil brasileiro. Estaria feliz com o surgimento do sistema de cláusulas gerais, que confere maior efetividade ao sistema jurídico. Estaria feliz com o diálogo interdisciplinar, com o diálogo das fontes, com a análise do Direito Privado a partir da Constituição Federal. Estaria feliz com esse Direito Civil que mais se preocupa com a pessoa humana, relegando o aspecto patrimonial das relações a um posterior plano.

Como Limongi França infelizmente não está mais entre nós, coube a esses coordenadores, e ao selo Método, a ideia de lançar uma série editorial monográfica com o seu nome, trazendo trabalhos e estudos de novos e já consagrados juristas sobre esta nova face do Direito Privado.

Muito nos honra esta coordenação, e trabalharemos no sentido e em razão de honrar o nome desse grande jurista, para que se perpetue ainda mais no meio jurídico nacional.

Assim, esperamos, e desejamos, que a presente coleção reflita, consagre e encaminhe para o futuro toda a magnitude da obra de Limongi França, bem como todo o anseio pela mudança e pelo avanço que eram difundidos e esperados pelo saudoso Mestre.

Boa leitura a todos.

São Paulo, dezembro de 2006.

PREFÁCIO

Tenho a grande honra e a alegria de prefaciar esta obra do Professor Fábio Brasilino, intitulada *Bem Jurídico Empresarial*: Função Social, Preservação da Empresa e a Proteção ao Patrimônio Mínimo Empresarial, fruto de sua belíssima tese de doutorado defendida na Faculdade Autônoma de Direito (FADISP), no ano de 2017, sob a minha orientação.

Presidi a banca na condição de orientador, que foi composta pelos Professores Daniel Amorim Assumpção Neves (FADISP), Lauro Ishikawa (FADISP), Antônio Pádua Notariano Junior (Universidade São Judas) e João Aguirre (Universidade Mackenzie).

Trata-se, sem dúvida, de uma verdadeira *tese*, inovadora e profunda, que procura resolver alguns dos graves problemas práticos decorrentes da dicotomia existente entre a preservação da empresa e a satisfação do crédito. O trabalho objetiva, nesse contexto, dar à empresa uma função social indiscutível. A obra está dividida em três capítulos, assim como a tese original.

No primeiro deles, o autor analisa como o Direito Privado pode ser o garantidor de acesso aos bens. São expostos os fenômenos da *Constitucionalização do Direito Privado* – seguindo uma das linhas de pesquisa do nosso programa de doutorado –, a *teoria do patrimônio mínimo*, do Ministro Luiz Edson Fachin, e a *teoria do umbral de acesso ao Direito Privado*, do autor argentino Ricardo Lorenzetti.

No segundo capítulo, o autor estuda a empresa e sua função social, com uma depuração da evolução do Direito Empresarial, iniciando na mercancia e chegando ao fenômeno jurídico contemporâneo da empresa. Há uma bela análise da teoria jurídica da empresa na perspectiva do autor italiano Alberto Asquini e do jurista brasileiro Waldírio Bulgarelli, para, na sequência, sustentar a existência de um novo Direito da Empresa, bem como a incidência dos valores constitucionais nas relações empresariais. O autor sustenta a existência do *Bem Jurídico Empresarial*, em uma perspectiva constitucional, enquadrando-o como bem difuso, e, com isso, busca legitimar a proteção do patrimônio mínimo na função social da empresa.

O terceiro e último capítulo traz o *coração da tese*, em que o autor aborda a preservação da empresa e a defesa do patrimônio mínimo empresarial, com os seguintes subitens: *a)* recuperação e preservação da empresa: o direito das empresas em crise; *b)* desconsideração da personalidade jurídica; *c)* aspectos processuais e patrimônio mínimo; *d)* fraude contra credores e preservação da empresa; *e)* teoria do adimplemento substancial e preservação da empresa. Cumpre destacar que a obra foi devidamente atualizada com a recente Lei da Liberdade Econômica – Lei 13.874/2019.

O autor se revela um defensor da incidência dos valores constitucionais no Direito Empresarial – o que não é comum na doutrina contemporânea, especialmente entre os *empresarialistas* –, e defende ser a empresa um bem difuso, decorrente dessa concepção a sua necessária e imperiosa proteção.

Além da descrição deste trabalho, não poderia deixar de destacar que o Professor Fabio Brasilino é uma referência acadêmica no Estado do Paraná, trabalhando em diversas instituições em cursos de graduação e de pós-graduação, além de ser um promissor advogado, tendo intensa atuação junto ao Tribunal de Justiça daquele Estado. Após o doutorado, realizou pós-doutorado junto à *Università degli Estudi di Messina*, na Itália.

Espero que ele continue se destacando entre os privatistas do seu estado e que atinja projeções para além do Paraná. Almejo também que esta obra ganhe o destaque que merece ter, pelas grandes contribuições que traz para um dos temas mais desafiadores do Direito Privado Contemporâneo.

São Paulo, setembro de 2019.

Flávio Tartuce.

Pós-doutorando e Doutor em Direito Civil pela USP.

Professor Titular permanente do programa de mestrado e doutorado da FADISP.

Coordenador e professor dos cursos de pós-graduação *lato sensu* da Escola Paulista de Direito.

Advogado, consultor jurídico, parecerista e árbitro.

Autor de obras jurídicas pelo Grupo GEN.

SUMÁRIO

1 CONSTITUCIONALIZAÇÃO DO DIREITO PRIVADO 1

  1.1 Aplicação das normas constitucionais às relações privadas.............. 1

     1.1.1 Eficácia indireta ou mediata 6

     1.1.2 Eficácia direta ou imediata.. 12

  1.2 A pessoa como centro do ordenamento jurídico.............................. 19

     1.2.1 A codificação e o papel da pessoa nas relações privadas: a perspectiva moderna... 21

     1.2.2 A personalização e o papel da pessoa nas relações privadas: a perspectiva contemporânea... 24

  1.3 A teoria do patrimônio mínimo... 29

     1.3.1 A vedação à doação universal 33

     1.3.2 A inalienabilidade testamentária 35

     1.3.3 O bem de família.. 37

     1.3.4 O enfoque processual 42

  1.4 A teoria do umbral de acesso ao Direito Privado e o Direito Privado como garantidor de acesso aos bens... 44

     1.4.1 O acesso ao trabalho.. 46

     1.4.2 O acesso à justiça... 49

     1.4.3 O acesso das vítimas à reparação 51

     1.4.4 O acesso à propriedade privada... 52

     1.4.5 O acesso aos bens públicos 53

     1.4.6 O acesso ao mercado.. 53

     1.4.7 O acesso ao discurso público-imprensa e indivíduo 54

     1.4.8 O acesso à contratação... 55

     1.4.9 O acesso ao consumo... 56

     1.4.10 O acesso à saúde 58

2	EMPRESA E SUA FUNÇÃO SOCIAL	61
2.1	Da mercancia ao fenômeno jurídico da empresa	61
2.1.1	O Direito Mercantil	62
2.1.2	O Direito Comercial	65
2.1.3	O Direito Empresarial	68
2.2	A teoria jurídica da empresa	73
2.2.1	A teoria de Alberto Asquini	74
2.2.1.1	Perfil subjetivo	75
2.2.1.2	Perfil funcional	77
2.2.1.3	Perfil objetivo	78
2.2.1.4	Perfil corporativo	79
2.2.2	A teoria de Waldírio Bulgarelli	81
2.3	O novo Direito da Empresa e a incidência dos valores constitucionais nas relações empresariais	86
2.4	Bem jurídico empresarial e seus fundamentos constitucionais	88
2.4.1	Noção de bem	90
2.4.2	O conceito de bem jurídico	91
2.4.3	A disciplina dos bens no Código Civil	92
2.4.4	A evolução do conceito de bem jurídico e o bem jurídico empresarial	98
2.4.4.1	Os direitos difusos	100
2.4.4.2	Os direitos coletivos	101
2.4.4.3	Os direitos individuais homogêneos	102
2.5	Empresa como pessoa jurídica titular de direitos fundamentais	103
2.6	Função social da empresa como instrumento legitimador da proteção do patrimônio mínimo empresarial	105
2.6.1	Fundamentos jusfilosóficos	105
2.6.2	Fundamentos constitucionais	108
2.6.3	Fundamentos infraconstitucionais	113
2.6.4	Fundamentos doutrinário e jurisprudencial	115
2.6.5	Função social e preservação da empresa	118
3	PRESERVAÇÃO DA EMPRESA E DEFESA DO PATRIMÔNIO MÍNIMO EMPRESARIAL	123
3.1	Recuperação e preservação da empresa: o direito das empresas em crise	123

3.1.1	Contextualização histórica	124
3.1.2	A legislação atual e o enfoque na preservação da empresa...	128

3.2 A teoria da desconsideração da personalidade...................................... 142

3.2.1	Os efeitos da personalização	142
3.2.2	Contextualização histórica da teoria da desconsideração.....	145
3.2.3	A teoria e a sua positivação no ordenamento jurídico brasileiro	146
3.2.4	A evolução da teoria e a desconsideração da personalidade positiva	147

3.3 Aspectos processuais e patrimônio mínimo..................................... 151

3.4 Fraude contra credores e a preservação da empresa......................... 157

3.4.1	Fraude contra credores no Direito Civil	158
3.4.2	Fraude contra credores, ação revocatória e o Direito Falimentar	161

3.5 A teoria do adimplemento substancial e a preservação da empresa..... 164

3.5.1	Noções gerais e principiológicas	164
3.5.2	Conceito de inadimplemento	167
3.5.3	A resolução do contrato em virtude de inadimplemento.....	170
3.5.4	A experiência estrangeira e o adimplemento substancial.....	172
3.5.5	O ordenamento jurídico brasileiro e o adimplemento substancial	176
3.5.6	Adimplemento substancial e o bem jurídico empresarial.....	181

REFERÊNCIAS.. 185

CONSTITUCIONALIZAÇÃO DO DIREITO PRIVADO

Os Códigos deixam de ser o centro do sistema jurídico, lugar ocupado agora pela Constituição, em uma perspectiva de unidade do ordenamento jurídico. A partir dessa ideia de unidade, será necessário analisar nesse capítulo como as normas constitucionais incidem nas relações privadas.

1.1 APLICAÇÃO DAS NORMAS CONSTITUCIONAIS ÀS RELAÇÕES PRIVADAS

Com mais dirigismo, a Constituição de 1988 projeta-se na ordem civil e, por meio de normas de ordem pública, disciplina o mercado e a sociedade com base nos objetivos do Estado, de cunho solidário. Ocorre uma verdadeira *virada de Copérnico* no âmbito privado, com a reunificação dos valores existenciais, obrigando uma releitura dos institutos jurídicos com base em valores constitucionalmente consagrados, como dignidade, igualdade e solidariedade[1].

No entanto, como a Constituição, na sua gênese, tinha cunho de mero programa político, ou seja, sempre necessitava da mediação de normas infraconstitucionais, a ampliação da incidência do espaço constitucional nas relações privadas, portanto como centro gravitacional do Direito Privado, encontrou sérios obstáculos. As Constituições tendem a trazer normas que vão além das clássicas, que definem a organização do Estado e os direitos individuais políticos. Amplia-se esse papel e passa-se a disciplinar diversos setores da sociedade, como a ordem econômica, entretanto a essas normas, *a priori*, era atribuído pouco valor jurídico efetivo, fato que apenas será superado com o reconhecimento da força normativa da Constituição[2].

---

[1] FACHIN, Luiz Edson. Virada de Copérnico: um convite à reflexão sobre o direito civil brasileiro contemporâneo. In: FACHIN, Luiz Edson (Coord.). **Repensando os fundamentos do direito civil brasileiro contemporâneo.** Rio de Janeiro: Renovar, 2000. p. 317-324.

[2] SARMENTO, Daniel. **Direitos fundamentais e relações privadas**, cit., 2004, p. 69-70.

Ao tratar da incidência das normas constitucionais nas relações privadas, o debate depara-se com a própria dificuldade, inerente à discussão, da eficácia dos direitos fundamentais nas relações privadas. Marcelo Schenk Duque, em seu livro *Direito privado e Constituição*, traz algumas críticas à possibilidade de eficácia, rebatendo-a. Sustenta ser o principal crítico Jürgen Schwabe, que em síntese defende ser atribuição dos Poderes Públicos a consonância com os direitos fundamentais[3]. Esses contratempos, porém, não podem ser entraves para não se respeitar tais direitos e reconhecer a unidade do ordenamento jurídico, pois na própria ideia de Estado Democrático de Direito pressupõe-se um esforço hermenêutico voltado para a maximização da eficácia dos direitos fundamentais[4].

O tema eficácia dos direitos fundamentais nas relações verticais, ou seja, com a participação do Estado-indivíduo, já é controvertido, ao se falar em justificação e limites da intervenção. Nas relações privadas horizontais, o debate é ainda mais acentuado. Surgem diversas questões que rodeiam o ponto principal, por exemplo: normas fundamentais aplicam-se nas relações jurídicas privadas? Qual o limite? Ao se falar em direitos fundamentais, verifica-se uma necessidade de reconhecer-se o seu efeito vinculante na perspectiva da unidade do ordenamento, ou seja, ultrapassam-se as barreiras da vinculação apenas dos Poderes Públicos e, com isso, reconhece-se a vinculação às relações privadas.

A expressão *eficácia dos direitos fundamentais frente a terceiros*, foi cunhada por Hans Carl Nipperdey e surgiu da necessária constatação do poderio econômico e social das entidades privadas[5]. Ao constatar-se o poderio homogeneizador, necessária se torna a incidência das normas fundamentais como forma de equalizar as relações jurídico-sociais[6]. A discussão iniciou-se nos anos 1950 e 1960, tendo como palco originário a Alemanha, que teve motivos históricos de sobra para fortalecer os debates voltados aos direitos fundamentais. O alto preço pago pela experiência do nacional-socialismo fez com que reflexões fossem feitas no sentido de reconhecer que não apenas o Estado pode ser violador dos direitos e garantias individuais, mas também organizações privadas, como foi o caso do partido nazista e suas agremiações[7].

A discussão residia na possibilidade de incidência da *eficácia nas relações privadas*, independentemente de previsão constitucional expressa. Foi no âmbito trabalhista que se iniciou a incidência dos direitos fundamentais nas relações privadas. Tal ramo é propício, pois nele fica clara a desigualdade de poder, pelo fato de o empregador (parte

---

[3] DUQUE, Marcelo Schenk. **Direito privado e Constituição**: *Drittwirkung* dos direitos fundamentais, construção de um modelo de convergência à luz dos contratos de consumo. São Paulo: RT, 2013. p. 93.

[4] DUQUE, Marcelo Schenk. **Direito privado e Constituição**: *Drittwirkung* dos direitos fundamentais, construção de um modelo de convergência à luz dos contratos de consumo, cit., p. 39.

[5] FACCHINI NETO, Eugênio. Reflexões histórico-evolutivas sobre a constitucionalização do direito privado. In: SARLET, Ingo Wolfgang (Org.). **Constituição, direitos fundamentais e direito privado**. 3. ed. Porto Alegre: Livraria do Advogado, 2010. p. 60.

[6] UBILLOS, Juan María Bilbao. **La eficácia de los derechos fundamentales frente a particulares. Análise de la jurisprudencial del Tribunal Constitucional**. Madrid: Boletín Oficial del Estado y Centro de Estudios Políticos y Constitucionales, 1997. p. 271-273.

[7] DUQUE, Marcelo Schenk. **Direito privado e Constituição**: *Drittwirkung* dos direitos fundamentais, construção de um modelo de convergência à luz dos contratos de consumo, cit., p. 41.

considerada mais forte) poder restringir direitos fundamentais do empregado (parte mais fraca). Então, no início da década de 1950, as questões foram postas em pauta perante instâncias trabalhistas. Com o tempo, expandiram-se as discussões quanto à incidência em outras áreas, nas quais se tem uma relação de desigualdade. Em decorrência disso, surgem indagações relacionadas à limitação da autonomia privada em prol de assegurar direitos e garantias fundamentais[8].

Considerando-se que o posicionamento do presente estudo é pela unidade do ordenamento jurídico, poder-se-ia garantir que, em decorrência da supremacia da Constituição, as normas fundamentais são aplicadas em todos os ramos e relações, sejam elas públicas e/ou privadas.

Na doutrina nacional, a abordagem da temática não é nova. Clóvis Veríssimo do Couto e Silva, já em 1976, defendia a limitação do poder contratual, de autorregulação, em prol da preservação de certas garantias (*v.g.* liberdades individuais), portanto a consequência jurídica para contratos que abolissem tais direitos seria a declaração de nulidade[9]. Mais tarde, o debate em torno da *eficácia dos direitos fundamentais nas relações privadas* ganhou destaque, na doutrina brasileira, por autores como Ingo Wolfgang Sarlet, Gilmar Mendes, Virgílio Afonso da Silva, Luís Afonso Heck e Wilson Antônio Steinmetz, que contribuíram sobremaneira para o desenvolvimento do tema[10].

As discussões sempre esbarram em interrogações, assim, em linhas gerais, o principal questionamento é saber se os direitos fundamentais devem necessariamente ser respeitados em relações jurídicas privadas, sejam individuais ou coletivas, e em qual

---

[8] Marcelo Schenk Duque traz diversos questionamentos que têm grande importância prática: "Um contrato privado pode impedir: que uma parte renuncie à participação em competições de lutas esportivas?; que parte se comprometa em não contrair matrimônio? Pode o participante de uma conversa efetuar gravação do teor da conversa sem que a outra parte tenha conhecimento? Um pai pode proibir que um filho exerça uma determinada formação profissional? Um locador pode recusar locatários de uma determinada raça, credo ou sexo? Em que medida um testador pode privilegiar determinados legatários em detrimento de outros? Um médico pode ser compelido a efetuar um aborto terapêutico, mesmo quando a sua convicção religiosa ou moral fale contra tal prática? Um trabalhador de uma religião que veta o trabalho aos sábados pode ser compelido a trabalhar nesse dia? Comum a todos esses exemplos é fato de não serem meramente hipotéticos, de não esgotarem o problema e, mais do que isso, de não serem capazes de fornecer soluções-padrão capazes de resolver novas constelações que se apresentem" (DUQUE, Marcelo Schenk. **Direito privado e Constituição**: *Drittwirkung* dos direitos fundamentais, construção de um modelo de convergência à luz dos contratos de consumo, cit., p. 42).

[9] COUTO E SILVA, Clóvis Veríssimo do. **A obrigação como processo**. São Paulo: Bushatsky, 1976. p. 23.

[10] SARLET, Ingo Wolfgang. Direitos fundamentais e direito privado: algumas considerações em torno da vinculação dos particulares aos direitos fundamentais. In: SARLET, Ingo Wolfgang (Org.). **A Constituição concretizada**: construindo pontes com o público e o privado. Porto Alegre: Livraria do Advogado, 2000; MENDES, Gilmar. **Direitos fundamentais e controle de constitucionalidade**: estudos de direito constitucional. 3. ed. São Paulo: Saraiva, 2006; SILVA, Virgílio Afonso da. **A constitucionalização do direito**: os direitos fundamentais nas relações entre particulares. São Paulo: Malheiros, 2005; HECK, Luís Afonso. Direitos fundamentais e sua influência no direito civil. **Revista de Direito do Consumidor,** São Paulo, RT, n. 29, p. 40-54, jan./mar. 1999; STEINMETZ, Wilson Antônio. **A vinculação dos particulares a direitos fundamentais**. São Paulo: Malheiros, 2004.

medida[11]. Um ponto que fica em aberto é a forma de eficácia de tais direitos nas relações entre os particulares.

Como outrora dito, numa perspectiva de unidade do ordenamento e da supremacia da Constituição, inegável o reconhecimento da incidência dos direitos fundamentais nas relações privadas. Então, o legislador privado fica vinculado ao respeito a tais direitos. Ao juiz, no exercício de suas atribuições, compete examinar, interpretar e aplicar as prescrições privadas, à luz das garantias. Nesse sentido, o Código de Processo Civil, já em seu art. 1º, determina que o processo seja "ordenado, disciplinado e interpretado conforme os valores e as normas fundamentais". E em seu art. 8º dispõe que: "Ao aplicar o ordenamento jurídico, o juiz atenderá aos fins sociais e às exigências do bem comum, resguardando e promovendo a dignidade da pessoa humana e observando a proporcionalidade, a razoabilidade, a legalidade, a publicidade e a eficiência". O que se demonstra com isso? A aplicação de tais normas, no âmbito privado, visa garantir mais efetividade, em matéria de direitos fundamentais.

Os direitos são frutos de um processo histórico-cultural de afirmação de valores, que são reconhecidos constitucionalmente. Portanto, na interpretação de qualquer norma, seja de origem pública ou privada, os valores gerais aceitos pela coletividade devem ser respeitados[12]. Assim, a autonomia privada e a liberdade contratual encontram limites na cláusula geral dos bons costumes ou regras de tráfego, daí a imposição da ingerência dos direitos fundamentais nos negócios jurídicos privados[13].

Por ser uma produção histórica e reconhecida a existência da *esfera do não decidível*, ou seja, os direitos fundamentais têm caráter pré-estatal, o que se verifica é a impossibilidade de restrição a determinado âmbito jurídico. Trata-se de reconhecer os direitos fundamentais como uma ordem de valores objetiva, isto é, devem vigorar para todos os âmbitos do ordenamento jurídico. Assim, a liberdade não pode ser protegida apenas dos desmandos estatais, mas também das prescrições jurídico-privadas, uma vez que o Direito Privado não pode ficar à margem da Constituição[14].

---

[11] Partindo do pressuposto de Hans-Georg Gadamer, para quem a compreensão do texto depende da compreensão da pergunta, Marcelo Schenk Duque coloca a seguinte questão: "até que ponto pode o particular recorrer aos direitos fundamentais nas relações com outros particulares, ou seja, quando e de que modo poderá opor direito fundamental do qual é titular, em face de outro particular que, em tal situação, exerce justamente o papel de destinatário daquele direito, na condição de obrigado, mas que, por sua vez, também é titular de direitos fundamentais?" (DUQUE, Marcelo Schenk. **Direito privado e Constituição**: *Drittwirkung* dos direitos fundamentais, construção de um modelo de convergência à luz dos contratos de consumo, cit., p. 45).

[12] BÖCKENFÖRDE, Ernst-Wolfgang. **Escritos sobre derechos fundamentales**. Tradução de Juan Luis Requejo Pagés e Ignacio Villaverde Menéndez. Baden-Baden: Nomos Verlagsgesellschaft, 1993.

[13] MARQUES, Cláudia Lima. Introdução ao direito do consumidor. In: BENJAMIN, Antônio Herman Vasconcellos; MARQUES, Cláudia de Lima; BESSA, Leonardo Roscoe (Coord.). **Manual de direito do consumidor**. São Paulo: RT, 2008. p. 23.

[14] GUTIÉRREZ, Ignacio Gutiérrez. Criterios de eficácia de los derechos fundamentales en las relaciones entre particulares. UNED. **Teoría y Realidad Constitucional**, n. 3, 1º semestre, 1999, p. 193-211. Disponível em: <http://www.juridicas.unam.mx/publica/librev/rev/trcons/cont/3/est/est10.pdf>. Acesso em: 09 mar. 2016. p. 203.

Tal fato impõe ao Poder Público a obrigatoriedade de conhecer e repelir agressões provenientes da esfera privada[15]. Isso decorre de uma coerência lógica do ordenamento jurídico: não importa a origem da ofensa, mas sim a proteção do ofendido. Se assim não fosse, segundo os ensinamentos de Pedro Cruz Villalón, seria reconhecida a existência de uma "dupla moral", em matéria de direitos fundamentais, a depender se a injusta agressão vem do Estado ou de outro ator social[16]. No mesmo sentido, o jurista catalão Antonio Enrique Pérez Luño sustenta que negar a eficácia na esfera privada é reconhecer uma "dupla ética"[17]. Ademais, aos titulares de direitos fundamentais não é assegurado o direito de violar direitos fundamentais alheios, e, como os conceitos de Direito, Justiça e bem comum são controvertidos, cabe aos valores constitucionais apontar as respostas, e a concretização se dá por meio da legislação civil, que não poderá contrariar os valores constitucionais.

A multiplicidade dos conceitos e a controvérsia gerada acentuam-se com a *sociedade complexa*, e, ao deslocar-se o centro da proteção do *ter* para o *ser*, a pessoa ganha pilar de destaque como valor supremo do ordenamento. Destarte, surgem os direitos fundamentais como instrumentos voltados à proteção da pessoa, e, ao considerar-se que a democracia, por si só, não é capaz de garantir a liberdade humana, ao Estado compete garantir tais direitos e protegê-los de qualquer agressão, sem distinção de origens.

Vale lembrar que os direitos fundamentais são inerentes à pessoa, ou seja, não estão à disposição do Estado, portanto há o impedimento de supressão deles, mas também se impõe a obrigação de zelar por sua proteção e implementar ações efetivas. Os abusos que visem limitar o pleno desenvolvimento da personalidade devem ser repelidos em todos os âmbitos sociais. Marcelo Schenk Duque, ao defender a ingerência das normas fundamentais no Direito Privado, sustenta que seria contraditório afirmar serem os direitos fundamentais "direitos dos direitos" e a Constituição "lei das leis" e não se aplicarem ao tráfego jurídico privado. E complementa que os valores constitucionais devem ser aperfeiçoados de forma controlada, colocando-se a pessoa como centro da realização dos direitos, todavia se respeitando a racionalidade própria do Direito Privado e, com isso, intermediando-se a liberdade e a realidade social[18].

Ao final, sustenta que todos os argumentos teóricos quanto *a eficácia dos direitos fundamentais nas relações privadas* se somam a um argumento prático, qual seja, a

---

[15] DUQUE, Marcelo Schenk. Direitos fundamentais e direito privado: a busca de um critério para o controle do conteúdo dos contratos. In: MARQUES, Cláudia Lima (Org.). **A nova crise do contrato**: estudos sobre a nova teoria contratual. São Paulo: RT, 2007. p. 87.

[16] VILLALON, Pedro Cruz. Derechos fundamentales y legislación. In: **La curiosidad del jurista persa, y otros estudios sobre la Constitución**. 2. ed. Madrid: Centro de Estudios Políticos y Constitucionales, 2006. p. 105.

[17] LUÑO, Antonio Enrique Pérez. **Derechos humanos, Estado de derecho y Constitución**. 5. ed. Madrid: Tecnos, 1995. p. 314.

[18] Vale citar: "A partir daí, abre-se caminho para uma penetração controlada, porém eficaz, dos valores constitucionais no direito privado e, com isso, para a própria possibilidade de controle do conteúdo de contratos privados com base na constituição, em situações específicas" (DUQUE, Marcelo Schenk. **Direito privado e Constituição**: *Drittwirkung* dos direitos fundamentais, construção de um modelo de convergência à luz dos contratos de consumo, cit., p. 65).

existência de poderes econômicos privados que violam os direitos fundamentais. Numa perspectiva de proteção efetiva, há a necessidade de aplicação em determinadas relações privadas[19]. A controvérsia, portanto, não residirá na incidência ou não das normas fundamentais às relações privadas, mas sim em como ela se dará. Segundo ensinamentos de Robert Alexy, duas perguntas devem ser equacionadas: como e em que medida se dá a incidência dos direitos fundamentais nas relações privadas[20].

Uma das celeumas quanto à eficácia horizontal reside no fato de que não se trata de transplantar os particulares para a situação de sujeito passivo dos direitos fundamentais na mesma perspectiva do Poder Público, pois, embora diferentemente do Estado, também são sujeitos destinatários de tais direitos[21]. Portanto, o nível de extensão dessa vinculação, dos direitos fundamentais às relações privadas, importa um problema de colisão de direitos, de caráter material, pois na relação há dois titulares de direitos.

Nesse ínterim, o foco da discussão reside na forma e na intensidade/extensão da vinculação dos direitos fundamentais às relações privadas. Os indivíduos poderiam invocar os direitos fundamentais perante outros titulares de forma direta (eficácia direta), assim como ocorre àqueles opostos perante o Estado, ou por meio da regulação legislativa, de preceitos e cláusulas gerais, típicos institutos do direito privado (eficácia indireta)? Deve-se buscar uma fórmula de compatibilização, almejando uma tutela efetiva contra qualquer lesão ou ameaça aos direitos fundamentais; em contrapartida, a autonomia privada humana deve ser respeitada. Com base nessas premissas, serão analisadas as teorias.

1.1.1 Eficácia indireta ou mediata

Ao se falar em eficácia indireta ou mediata, temos a origem na Alemanha, sendo a principal sistematização atribuída ao jurista Günter Dürig, em sua obra datada de 1954, em que defende a impossibilidade de limitar a livre circulação de uma das partes em um contrato[22]. A que pese tal atribuição, Marcelo Schenk Duque sustenta já existir na doutrina

---

[19] DUQUE, Marcelo Schenk. **Direito privado e Constituição**: *Drittwirkung* dos direitos fundamentais, construção de um modelo de convergência à luz dos contratos de consumo, cit., p. 63-65.

[20] "La cuestión acerca de cómo las normas iusfundamentales influyen en la relación ciudadano/ciudadano, se trata de un problema de construcción. La cuestión acerca de en que medida lo hacen formula un problema material, es decir, un problema de colision" (ALEXY, Robert. **Teoría de los derechos fundamentales**. Tradução de Ernesto Garzón Valdés. Madrid: Centro de Estudios Constitucionales, 1993. p. 511).

[21] Vale citar as lições de Konrad Hesse, para quem "en efecto, en un conflicto jurídico entre privados *todos* los interesados gozan de la protección de los derechos fundamentales, mientras que en la relación del ciudadano con el Estado tal tutela no corresponde al poder público. Pero si los derechos fundamentales actúan en favor y en contra de todos los que toman parte en una relación jurídico-privada, se producirá ordinariamente una colisión de derechos fundamentales" (HESSE, Konrad. **Derecho constitucional y derecho privado.** Tradução de Ignacio Gutiérrez. Madrid: Civitas, 2001. p. 60).

[22] A obra do autor em alemão é: DÜRIG, Günter. Freizügigkeit. In: NEUMANN, Franz L.; NIPPERDEY, Hans Carl; SCHEUNER, Ulrich (Hrsg.). **HGrR. B. II**. Berlim: Duncker-Humblot, 1954.

outros pensadores que previam a possibilidade, entretanto não havia fundamentações minuciosas; Duque cita os trabalhos de Herbert Krüger, Walter Jellinek e Alfred Hueck[23].

O primeiro autor, no ano de 1949, reconhece a supremacia constitucional e estabelece o seu poder para o preenchimento de cláusulas e conceitos gerais do Direito Civil que carecem de preenchimento axiológico. O segundo, em 1950, reconhece a incidência do princípio da igualdade como norteador dos contratos privados, com base na cláusula geral dos bons costumes e à luz de preceitos constitucionais, estando assim a liberdade contratual limitada aos bons costumes. O terceiro e último autor, em 1951, defende que o princípio da igualdade não tem aplicação direta nos contratos individuais; todavia, na mesma linha de Walter Jellinek, reconhece os bons costumes como limitador das convenções privadas.

Apesar das contribuições, a questão acerca da eficácia indireta e de como ela foi incorporada e aplicada pelo Tribunal Constitucional Federal da Alemanha tem como base a concepção de Günter Dürig. De acordo com a teoria da eficácia mediata, os direitos fundamentais, nas relações privadas, não são direitos subjetivos, ou seja, não podem ser invocados diretamente das normas constitucionais às relações privadas. O argumento principal para a impossibilidade de invocá-los diretamente reside na proteção da autonomia privada, assim seria, *a priori*, possível que indivíduos renunciassem a direitos fundamentais que detêm, o que seria inadmissível nas relações verticais. Nesse sentido, Konrad Hesse, que também rejeita a tese da eficácia imediata, argumenta que traria prejuízo à identidade do Direito Privado e que a autonomia privada correria perigo se as pessoas nas suas relações privadas não puderem renunciar às normas fundamentais, que são indisponíveis perante a ação estatal[24].

Justificando a prevalência do entendimento da eficácia indireta na Alemanha, Claus-Wilhelm Canaris sustenta que reconhecer a eficácia externa imediata faz com que regras do Direito Privado, em especial as cláusulas gerais, tornem-se supérfluas e que isso poderia destruir o Direito Contratual e a responsabilidade extracontratual, pois seriam substituídos pelo Direito Constitucional[25].

Trata-se de uma teoria intermediária entre a que nega a incidência das normas fundamentais e a que sustenta sua aplicação direta. Portanto, Canaris entende ser necessária a existência de pontes entre as normas fundamentais constitucionais e o Direito Privado, reconhecendo-se a supremacia constitucional e submetendo-se as relações individuais aos seus valores[26].

Tal ponte é feita por meio dos conceitos jurídicos indeterminados e das cláusulas gerais, positivadas pelo legislador infraconstitucional, que devem ser utilizadas como instrumento de infiltração dos valores constitucionais às relações privadas, passando estas

---

[23] DUQUE, Marcelo Schenk. **Direito privado e Constituição**: *Drittwirkung* dos direitos fundamentais, construção de um modelo de convergência à luz dos contratos de consumo, cit., p. 195.

[24] HESSE, Konrad. **Derecho constitucional y derecho privado**, cit., 2001, p. 61.

[25] CANARIS, Claus-Wilhelm. A influência dos direitos fundamentais sobre o direito privado na Alemanha. In: SARLET, Ingo Wolfgang. **Constituição, direitos fundamentais e direito privado**. 3. ed. Porto Alegre: Livraria do Advogado, 2010. p. 214.

[26] SARMENTO, Daniel. **Direitos fundamentais e relações privadas**, cit., 2004, p. 238.

a ter como norte uma ordem de valores constitucionalmente consagrados, em especial a dignidade da pessoa humana[27]. Marcelo Schenk Duque sustenta que o argumento central de Günter Dürig reside no respeito à dignidade humana, esta enquanto norma central do ordenamento jurídico e que gera efeito de irradiação. Assim, de um lado, é assegurada a liberdade, enquanto direito subjetivo, perante o Estado e, de outro lado, desenvolvem-se "efeitos também no tráfego jurídico privado, corolário de preservação da unidade da moral jurídica, como consequência do próprio respeito à dignidade humana"[28].

A negação da possibilidade de aplicação direita, de acordo com os ensinamentos de Jesús Alfaro Águila-Real, encontra argumento no fato de que reconhecer a incidência direta exterminaria a autonomia privada e, com isso, o Direito Privado seria mero concretizador do Direito Constitucional[29]. No mesmo sentido, Ingo von Münch sustenta que seria conferir excesso de poder ao Judiciário, pois, sendo as normas constitucionais dotadas de certo grau de indeterminação, as decisões ficariam ao livre-arbítrio do juiz, o que poderia gerar certa insegurança jurídica[30].

Konrad Hesse, nesse sentido, argumenta, tendo como base a estrutura judiciária alemã, que haveria perigo de o Tribunal Constitucional transformar-se em um *Supremo Tribunal dos conflitos civis*, contrariando a gênese de sua função atribuída pela Lei Fundamental[31]. Assim, Hesse atribui ao legislador do Direito Privado a tarefa de adequar o tráfico jurídico privado aos anseios e valores constitucionais, respeitando a autonomia privada, a autodeterminação e as responsabilidades individuais, por meio de conceitos indeterminados e cláusulas gerais. Sustenta que, assim, o juiz civil se libera da ampla e imediata aplicação dos direitos fundamentais e pode concentrar-se na sua especialidade[32]. Deverá fazer o controle de constitucionalidade, interpretar o Direito conforme a Constituição e deve aplicar os direitos fundamentais por meio dos conceitos indeterminados e no momento da interpretação das cláusulas gerais[33].

Como outrora mencionado, a teoria da eficácia mediata sustenta que os direitos fundamentais devem ser protegidos por meio de mecanismos típicos do Direito Privado,

---

[27] Na Colômbia, importante autor: ESTRADA, Alexei Julio. **La eficacia de los derechos fundamentales entre particulares**. Bogotá: Universidad Externado de Colombia, 2000. p. 111. No mesmo sentido: SCHNEIDER, Hans Peter. **Democracia y Constitución**. Tradução de K. J. Albiez Dohrmann. Madrid: Centro de Estudios Constitucionales, 1991. p. 81.

[28] DUQUE, Marcelo Schenk. **Direito privado e Constituição**: *Drittwirkung* dos direitos fundamentais, construção de um modelo de convergência à luz dos contratos de consumo, cit., p. 197.

[29] ÁGUILA-REAL, Jesús Alfaro. Autonomia privada y derechos fundamentales. In: **Anuario de Derecho Civil**, v. 46, n. 1, 1993. p. 62-63. Disponível em: <https://dialnet.unirioja.es/servlet/articulo?codigo=46791>. Acesso em: 08 mar. 2016.

[30] MÜNCH, Ingo von. Drittwirkung de derecho fundamentales em Alemanha. In: CODERCH, Salvador (Coord.). **Asociaciones, derechos fundamentales y autonomia privada**. Madrid: Civitas, 1997. p. 50-51.

[31] HESSE, Konrad. **Derecho constitucional y derecho privado**, cit., 2001, p. 61-62.

[32] HESSE, Konrad. **Derecho constitucional y derecho privado**, cit., 2001, p. 64-66.

[33] HESSE, Konrad. **Derecho constitucional y derecho privado**, cit., 2001, p. 66-67.

Cap. 1 • CONSTITUCIONALIZAÇÃO DO DIREITO PRIVADO | 9

e não com instrumentos do Direito Constitucional[34]. Reconhece a importância axiológica e os efeitos irradiantes dos direitos fundamentais, em todos os ramos do Direito, porém ao legislador privado é que cabe mediar a aplicação de tais direitos sobre os particulares[35].

Jesús Alfaro Águila-Real entende que o equilíbrio entre o respeito à liberdade individual e aos direitos fundamentais deve ser feito pelo legislador[36]. Com isso, permite-se a convivência entre liberdade e consciência social de cada época. E, de acordo com os ensinamentos de Antonio-Luis Martínez-Pujalte, deverá o legislador ordinário respeitar o limite constitucional de sua discricionariedade, sob pena de sua atuação normativa ser considerada inconstitucional[37]. Ao transferir-se o papel de fixar o grau de incidência recíproca, contribui-se com o respeito à segurança jurídica, à democracia e à separação de poderes[38].

O Poder Judiciário teria o papel de controle de constitucionalidade. Preenchendo as cláusulas abertas com fundamento nos direitos fundamentais e em situações excepcionais de omissão legislativa total ou parcial, seria possível que o Estado-Juiz, no intuito de assegurar a ordem objetiva da coletividade, protegesse a liberdade dos jurisdicionados[39]. Não se trata, nessa concepção, de aplicar o Direito Fundamental em detrimento da legislação privada, mas sim de equacionar os direitos ordinários subjetivos seguindo a orientação dos direitos fundamentais. José Carlos Vieira de Andrade entende que essa concepção privilegia a autonomia privada, o livre desenvolvimento e a liberdade negocial, pois limita o intervencionismo exacerbado e asfixiante nas relações privadas[40]. Com isso, o que se possibilita é buscar mais certeza e previsibilidade jurídica. Direciona-se o Direito Civil aos valores fundamentais, com isso o ordenamento privado estabelece os direitos fundamentais em consonância aos preceitos do Direito Civil.

Há uma convergência na interpretação que compreende o Direito Constitucional e o Direito Privado como uma via de mão única[41]. Reconhece-se a importância das decisões de valor constitucional com base nos princípios jurídicos[42]. Todavia, devido ao seu

---

[34] SILVA, Vasco Manuel Pascoal Dias Pereira da. Vinculação das entidades privadas pelos direitos, liberdades e garantias. **Revista de Direito Público**, São Paulo, ano XX, n. 82, abr./jun. 1987. p. 44-46.

[35] STARCK, Christian. **La Constitution cadre et mesure du droit**. Paris: Economica, 1994. p. 100.

[36] ÁGUILA-REAL, Jesús Alfaro. Autonomia privada y derechos fundamentales. **Anuário de Derecho Civil**, cit., p. 57-122.

[37] MARTÍNEZ-PUJALTE, Antonio-Luis. **La garantía del contenido essencial de los derechos fundamentales**. Madrid: Centro de Estudios Constitucionales, 1997. p. 82.

[38] DUQUE, Marcelo Schenk. **Direito privado e Constituição**: *Drittwirkung* dos direitos fundamentais, construção de um modelo de convergência à luz dos contratos de consumo, cit., p. 199.

[39] LARENZ, Karl. **Derecho civil**: parte general. Tradução de Miguel Izquierdo y Macías-Picaeva. Madrid: Revista de Derecho Privado, 1978. p. 101.

[40] ANDRADE, José Carlos Vieira de. **Os direitos fundamentais na Constituição portuguesa de 1976**. 2. ed. Coimbra: Almedina, 2001. p. 250-253.

[41] DUQUE, Marcelo Schenk. **Direito privado e Constituição**: *Drittwirkung* dos direitos fundamentais, construção de um modelo de convergência à luz dos contratos de consumo, cit., p. 205.

[42] ÁVILA, Humberto. **Teoria dos princípios**: da definição à aplicação dos princípios jurídicos. 6. ed. São Paulo: Malheiros, 2006. p. 47-50.

alto grau de abstração, numa perspectiva de unidade do ordenamento e na produção de um resultado concreto, tais decisões caberiam preferencialmente ao legislador e subsidiariamente aos juízes[43]. Na doutrina portuguesa, Carlos Alberto Mota Pinto defende que caberia a incidência dos direitos fundamentais, em alguns casos, mesmo diante da ausência de mediação legislativa[44].

Portanto, a aplicação mediata se dá por meio de disposições legislativas, quando da positivação de cláusulas abertas. E, nessa concepção, Marcelo Schenk Duque muito bem sintetiza o conceito de eficácia indireta, ao dizer que "significa uma influência de decisões valorativas elementares intermediadas por meio da legislação, expressadas pelos direitos fundamentais que incidem sobre relações privadas"[45]. Da mediação judicial, de forma supletiva, ao juiz cabe interpretar o Direito em conformidade com as normas constitucionais.

A decisão judicial deverá explicitar as razões do seu convencimento no manejo das normas abertas, com olhos às normas constitucionais, evitando-se a discricionariedade da decisão judicial em detrimento do legislador democraticamente eleito. Assim, caso o Poder Judiciário interpretasse os conflitos privados à revelia dos direitos fundamentais, estaria sujeito a censura[46].

A Corte Constitucional alemã, em diversas decisões, aplicou a eficácia mediata dos direitos fundamentais às relações privadas, podendo-se destacar o caso *Lüth*[47]. E em diversas outras decisões consolidou-se na jurisprudência alemã o compromisso com a eficácia indireta, que, nas palavras de Daniel Sarmento, "representa uma espécie de compromisso entre o pendor socializante da teoria da eficácia horizontal direta, e a visão liberal clássica dos direitos fundamentais, que os confinava ao campo do Direito

---

[43]   SARLET, Ingo Wolfgang. Direitos fundamentais e direito privado: algumas considerações em torno da vinculação dos particulares aos direitos fundamentais. In: SARLET, Ingo Wolfgang (Org.). **A Constituição concretizada:** construindo pontes com o público e o privado, cit., p. 141-144.

[44]   PINTO, Carlos Alberto Mota. **Teoria geral do direito civil**. 4. ed. Coimbra: Coimbra, 2005. p. 75.

[45]   DUQUE, Marcelo Schenk. **Direito privado e Constituição**: *Drittwirkung* dos direitos fundamentais, construção de um modelo de convergência à luz dos contratos de consumo, cit., p. 201-202.

[46]   ALEXY, Robert. **Teoría de los derechos fundamentales**, cit., p. 519-520.

[47]   O caso *Lüth* (BVerfGE 7,198-230, de 15 de janeiro de 1958) é considerado a decisão mais importante acerca dos direitos fundamentais. Nessa decisão, os direitos fundamentais são vistos em dupla dimensão: na primeira, como direitos subjetivos do cidadão para com o Estado; e, na outra dimensão, como uma ordem objetiva de valores que influencia todo o ordenamento. No caso, Erich Lüth foi condenado por um tribunal estadual (*Landgericht*), pois estava publicamente pedindo o boicote de filmes de Veit Harlan (devido ao seu passado nazista). O Tribunal local entendeu ferir a moral e os costumes (art. 826 do BGB), já o Tribunal Constitucional reformou a decisão com fundamento no fato de que "o direito fundamental à liberdade de opinião irradiava sua força normativa sobre o Direito ordinário, no caso o Direito Civil, impondo-se aos tribunais ordinários a necessidade de emprestar prevalência ao significado dos direitos fundamentais, mesmo nas relações entre particulares" (GUEDES, Néviton. Constituição e poder. Uma decisão judicial que se tornou celebridade internacional. **Revista Consultor Jurídico**, 19 ago. 2014. Disponível em: <http://www.conjur.com.br/2014-ago-19/decisao-judicial-tornou-celebridade-internacional>. Acesso em: 08 mar. 2016).

Público"[48]. Na mesma linha, a Áustria seguiu os passos alemães, portanto a maioria dos autores defende a incidência por meio de cláusulas gerais e conceitos indeterminados[49].

Na França, de acordo com Daniel Sarmento, ainda não se utiliza de forma frequente a incidência da Constituição e dos direitos fundamentais nas relações privadas[50]. O fundamento principal é a sua rígida tradição na separação dos poderes, sem contar o respeito sacrossanto à lei[51]. O controle do Direito Privado dá-se por meio do controle preventivo de constitucionalidade; com base nos ensinamentos de David Capitant, pode-se dizer que isso impede o ingresso de normas contrárias ao texto constitucional e também colabora com a interpretação nos casos concretos (julgados) de acordo com os valores constitucionais[52]. O Judiciário é, por vezes, tímido na aplicação das normas fundamentais às relações privadas e, quando o faz, utiliza-se dos princípios gerais de direito, ou até mesmo de conceitos infraconstitucionais, como ordem pública e bons costumes, o que, segundo Daniel Sarmento, aproximar-se-ia da eficácia mediata dos direitos fundamentais[53].

No Direito português, Carlos Alberto da Mota Pinto, ao trabalhar com a aplicação das normas constitucionais à atividade privada, sustenta que isso ocorre das seguintes formas: a) por meio da reprodução do conteúdo (direito ao nome – art. 72 do Código Civil português; e art. 26 da Constituição portuguesa); b) com cláusulas gerais e conceitos indeterminados (ordem pública – art. 280 do Código Civil português); c) em situações excepcionais, ante a ausência de cláusula geral ou conceito indeterminado, com a aplicação direta (proteção em relação ao uso incorreto da informática – art. 355 da Constituição portuguesa)[54]. Outro autor português que defende a eficácia indireta é Flávio Lucas Pires. Todavia, trata-se de corrente minoritária, conforme será exposto adiante[55].

Como outrora dito, a teoria da eficácia indireta ou mediata de Günter Dürig obteve amplo amparo na doutrina e na jurisprudência alemã, todavia algumas críticas surgiram, sob o argumento de que o autor e professor da Universidade de Tübingen deixara em aberto algumas questões essenciais.

Ao se reconhecer que os conteúdos valorativos dos direitos fundamentais apenas são transpostos às relações privadas, por meio da atuação legislativa, das chamadas

---

[48]   SARMENTO, Daniel. **Direitos fundamentais e relações privadas**, cit., 2004, p. 242.

[49]   ABRANTES, José Nunes. **A vinculação das entidades privadas aos direitos fundamentais**. Lisboa: Associação Académica da Faculdade de Direito de Lisboa, 1990. p. 47.

[50]   No Direito francês, não se discute muito a temática. François Luchaire defende a eficácia direta apenas em relação ao Poder Público (LUCHAIRE, François. Les fondements constitutionneles du droit civil. **Revue Trimestrielle du Droit Civil**, 1983). Já Jean Rivero e Louis Favoreau têm tendência à vinculação direta (RIVERO, Jean. **Libertés publiques**. Paris: Dalloz, 2000); (FAVOREAU, Louis (Coord.). Les fondements constitutionneles du droit civil. **Revue Trimestrielle du Droit Civil**, 1982).

[51]   SARMENTO, Daniel. **Direitos fundamentais e relações privadas**, cit., 2004, p. 243.

[52]   CAPITANT, David. **Les effets juridiques des droits fondamentaux en Allemagne**. Paris: LGDJ, 2001. p. 270-273.

[53]   SARMENTO, Daniel. **Direitos fundamentais e relações privadas**, cit., 2004, p. 243.

[54]   PINTO, Carlos Alberto Mota. **Teoria geral do direito civil**, cit., p. 74-75.

[55]   PIRES, Flávio Lucas. **Uma Constituição para Portugal**. Coimbra: Almedina, 1975.

12 | BEM JURÍDICO EMPRESARIAL – *Fábio Brasilino*

cláusulas gerais e conceitos indeterminados, a primeira crítica reside no fato de que nem sempre estarão à disposição do intérprete tais disposições legislativas. Dessa forma, a teoria da eficácia direta seria mais consistente na perspectiva de proteção dos direitos fundamentais, uma vez que a proteção deriva, nesta, dos próprios direitos e, naquela, da atuação legislativa.

A segunda crítica está envolta no fato de que Günter Dürig se baseia em uma concepção sistêmica de valores que tem como norte a dignidade humana, todavia a Constituição e os direitos fundamentais não trazem contornos claros de como se manifestariam esses sistemas de valores. Dessa forma, seriam vagos demais, a ponto de não trazerem critérios racionais para intermediar os valores constitucionais e as relações privadas, afetando a segurança jurídica.

Uma terceira crítica sustenta que, ao reconhecer que o fundamento básico da eficácia indireta reside no fato de os direitos fundamentais serem linhas diretivas para a interpretação, a teoria de Günter Dürig faz com que o significado desses direitos seja reduzido aquém da sua importância. E, por último, ao estabelecer que em um primeiro momento cabe ao legislador intermediar a aplicação dos valores constitucionais às relações privadas e em um segundo ao juiz, confunde a vinculação dos agentes privados com a vinculação do Poder Público[56].

Superados esses pontos quanto à eficácia indireta, resta-nos analisar a eficácia direta[57].

1.1.2 Eficácia direta ou imediata

No que diz respeito à eficácia direta ou imediata, a teoria foi concebida na Alemanha, tendo como expoentes, entre outros, Hans Carl Nipperdey e Walter Leisner[58]. Frise-se que o primeiro jurista foi aquele que a concebeu e o segundo, responsável por seu aperfeiçoamento. Para esses teóricos, existe a aplicabilidade direta das normas constitucionais nas relações privadas, sem qualquer entrave. A obra precursora é intitulada *A dignidade humana*, e seu autor é Hans Carl Nipperdey[59]. Como o autor foi o primeiro presidente do Tribunal Federal do Trabalho da Alemanha (BAG), o livro influenciou a jurisprudência

---

[56] SARLET, Ingo Wolfgang. Direitos fundamentais e direito privado: algumas considerações em torno da vinculação dos particulares aos direitos fundamentais. In: SARLET, Ingo Wolfgang (Org.). **A Constituição concretizada:** construindo pontes com o público e o privado, cit., p. 142-143.

[57] Todas essas críticas são rebatidas pelo autor brasileiro Marcelo Schenk Duque, que, devido ao seu doutoramento ter sido feito na Alemanha, surge como grande entusiasta e defensor da teoria da eficácia indireta (DUQUE, Marcelo Schenk. **Direito privado e Constituição**: *Drittwirkung* dos direitos fundamentais, construção de um modelo de convergência à luz dos contratos de consumo, cit., p. 293-298).

[58] A obra do autor foi publicada em 1960 e é intitulada *Direitos fundamentais e direito privado*. Em alemão: LEISNER, Walter. **Grundrechte und Privatrecht.** München: C. H. Beck´sche Verlagsbuchhandlung, 1960.

[59] A obra em alemão é: NIPPERDEY, Hans Carl. Die Würde des Menschen. In: NEUMANN, Franz L.; NIPPERDEY, Hans Carl; SCHEUNER, Ulrich (HRSG.). **Die Grundrechte. Handbuch der Theorie und Praxis der Grundrechte.** Berlin: Duncler & Humblot, 1954.

Cap. 1 • CONSTITUCIONALIZAÇÃO DO DIREITO PRIVADO | 13

do órgão, e a eficácia direta é aplicada, no âmbito da competência do BAG, nas relações de trabalho. Reinhold Zippelius também defende que a ineficiência do legislador quanto à proteção dos direitos fundamentais justifica o efeito direto das normas constitucionais nas relações privadas[60].

É nas relações de trabalho que a jurisprudência alemã reconhece a eficácia direta dos direitos fundamentais. Vale destacar uma decisão proferida em 1954 (BAGE 1,185) que trata da dispensa de um funcionário que tinha estabilidade (membro do conselho). Os motivos da demissão não se relacionavam com a (in)eficiência no trabalho, mas sim com uma opinião política. Com isso, o Tribunal reconhece como injusta a atitude do empregador, devido ao fato de desrespeitar a liberdade de manifestação do pensamento[61]. Considerando que os desrespeitos aos direitos fundamentais não partem apenas do poder estatal, o BAG sustentou que tais direitos deveriam ter a incidência direta no tráfico jurídico privado, sob pena de contrariar aquilo que era entendido como ordem pública. Assim, alguns direitos fundamentais (em especial os clássicos, ligados à livre manifestação do pensamento, não discriminação etc.), por serem valores básicos que asseguram a dignidade, devem ser resguardados em todas as situações. Nesse contexto, Hans Carl Nipperdey defende que os direitos fundamentais têm *efeitos absolutos*, ou seja, independem de mediação legislativa. De acordo com o pensamento do autor, deve-se deixar claro que não são todas as normas fundamentais que são aplicadas de forma direta.

O tema começou a ganhar concretude na Alemanha, nas relações trabalhistas, com o debate acerca da impossibilidade de diferenciação salarial em decorrência do gênero, tendo como fundamento o art. 3º da Lei Fundamental alemã.

A primeira decisão importante deu-se no ano de 1955, pelo BAG, que reconhece a incidência direta da norma constitucional que prevê igualdade entre homem e mulher e a sua proibição de discriminação pelo gênero. E vai dizer que a remuneração deve ser igual, pois esse direito fundamental não vincula apenas o poder estatal, mas também os atores sociais, inclusive reconhecendo a nulidade da cláusula coletiva sindical que prevê tal situação[62].

Outra decisão proferida foi no ano de 1957 (BAGE 4, 274), a respeito de contratos de trabalho que tinham o que a doutrina costuma chamar de *cláusula de celibato*. Na situação, o contrato previa o impedimento de contrair casamento, e o Tribunal entendeu a invalidade do acordo, tomando por base a "proteção do matrimônio e da família, a dignidade humana e a garantia de livre desenvolvimento da personalidade"[63].

---

[60] ZIPPELLIUS, Reinhold. **Teoria geral do Estado**. Tradução de Karin Praefke-Aires Coutinho. 3. ed. Lisboa: Fundação Calouste Gulbenkian, 1997. p. 440.

[61] Decisão disponível em: <http://www.rechtsportal.de/Rechtsprechung/Rechtsprechung/1954/BAG/Kuendigung-eines-Betriebsratsmitglieds>. Acesso em: 09 mar. 2016.

[62] Decisão disponível em: <http://www.rechtsportal.de/Rechtsprechung/Rechtsprechung/1955/BAG/Arbeitsentgelt-Gleichberechtigung-von-Mann-und-Frau-beim-Arbeitslohn/%28h%29/1ba962837d798d431d74a52e 5495b81c/%28off%29/0>. Acesso em: 09 mar. 2016.

[63] Decisão disponível em: <http://www.rechtsportal.de/Rechtsprechung/Rechtsprechung/1957/BAG/Die-Vereinbarung-einer-aufloesenden-Bedingung-dass-im-Falle-der-Eheschliessung-der--Arbeitnehmerin-das-Arbeitsverhaeltnis-zu-einem-bestimmten-Zeitpunkt-endigt-ist-nichtig./%28h%29/1ba962837d798d431d74a52e5495b81c/%28off%29/0>. Acesso em: 09 mar. 2016.

Em outras decisões, o BAG reconheceu a eficácia direta utilizando-se de argumentos com base também na dignidade humana e no livre desenvolvimento da personalidade. O entendimento era no sentido de que o não reconhecimento da eficácia direta tornaria os direitos fundamentais sem efeito. E, em determinados âmbitos da vida social (por exemplo, quando presente o poder econômico e social), os direitos fundamentais de terceiros poderiam ser restringidos sem a aplicação direta.

Com o tempo, o BAG passou a rever suas premissas, e suas decisões passaram a seguir a doutrina da eficácia indireta, apenas mantendo resquícios da eficácia direta em matérias de contratos coletivos de trabalho[64]. A título de exemplo, em um julgamento realizado em 1984 (BAG 2 AZR 436/83), há um conflito em que o empregado era ativista de uma associação antinazista. Fora contratado para fazer trabalhos de impressão, e uma dessas impressões continha referências ao regime nazista, todavia não eram ilegais. Ele se recusou a realizar a atividade, sob o argumento da objeção de consciência e o Tribunal entendeu como injustificada a recusa, pois não eram ilegais os conteúdos das impressões. A discussão no caso girou em torno do § 315 do BGB, levando-se em consideração a liberdade de consciência e critérios de Justiça. Tal fato demonstra a mudança de posicionamento do BAG para a teoria da eficácia indireta[65].

Com a mudança de posicionamento do BAG, a teoria da eficácia imediata perde forças e não logra êxito na sua aceitação em terras alemãs. Entretanto, nos países ibero--americanos, como a Espanha, em Portugal e em países da América Latina, bem como em outros ordenamentos, a teoria ganha força.

A Constituição espanhola não traz expressamente um dispositivo que trate da matéria, todavia diversos são os autores que defendem essa teoria, entre eles: Antonio Enrique Perez Luño, Juan Maria Bilbao Ubillos, Pedro de Vega Garcia, Rafael Naranjo de la Cruz e Tomás Quadra-Salcedo[66].

Um ponto em comum desses autores espanhóis reside no fato de que todos reconhecem que alguns direitos fundamentais têm incidência direta nas relações privadas e que a eficácia sempre deve ser ponderada levando-se em consideração a autonomia privada. Assim, uma vez que não há homogeneidade entre os direitos fundamentais,

---

[64] DUQUE, Marcelo Schenk. **Direito privado e Constituição**: *Drittwirkung* dos direitos fundamentais, construção de um modelo de convergência à luz dos contratos de consumo, cit., p. 106.

[65] O julgamento está disponível em: <https://www.jurion.de/Urteile/BAG/1984-12-20/2-AZR-436_83>. Acesso em: 09 mar. 2016.

[66] LUÑO, Antonio Enrique Perez. **Los derechos fundamentales**. 9. ed. Madrid: Tecnos, 2007; UBILLOS, Juan Maria Bilbao. **La eficacia de los derechos fundamentales frente a particulares.** Madrid: Centro de Estudios Constitucionales, 1997; GARCIA, Pedro de Vega. Dificuldades y problemas para la construcción de un constitucionalismo de la igualdad (en caso de la eficacia horizontal de los derechos fundamentales). In: LUÑO, Antonio Enrique Pérez (Org.). **Derechos humanos y constitucionalismo ante el tercer milénio.** Madrid: Marcial Pons, 1996; CRUZ, Rafael Naranjo de la. **Los límites de los derechos fundamentales en las relaciones entre particulares**: la buena fe. Madrid: Centro de Estudios Políticos e Constitucionales, 2000. QUADRA-SALCEDO, Tomás. **El recurso de amparo y los derechos fundamentales en las relaciones entre particulares.** Madrid: Civitas, 1981.

deve-se analisar os casos isolados, a fim de aferir em quais situações há a aplicação direta e quais são os limites.

A eficácia horizontal direta surge como mecanismo para redução e minoração das desigualdades sociais, portanto uma das críticas que é feita aos defensores da eficácia mediata ou indireta reside na confusão entre liberdade constitucional e autonomia privada, já que para a primeira é impossível exercer as liberdades individuais em uma situação de desigualdade[67]. Norberto Bobbio sustenta que não adianta o indivíduo ser livre perante o Estado, mas não no seio social; em outras palavras, de nada adianta estar diante de um Estado constitucional se a sociedade subjacente é despótica[68]. Ao reconhecer o poder hegemônico de determinados agentes privados, superar a visão dos direitos fundamentais como direitos públicos subjetivos de uma relação vertical e reconhecer a Constituição como norma jurídica principal, ao lado dos valores supremos da sociedade, as normas fundamentais devem ser "derechos subjetivos de los cidadanos oponibles tanto a los poderes públicos como a los particulares"[69].

A legislação espanhola, por não trazer a forma da eficácia, põe em discussão se a incidência das normas fundamentais seria de forma mediata ou imediata. O primeiro argumento contrário à incidência imediata, no caso espanhol, reside na decisão STC-Sentencia 11, de 8 de abril 1981, na qual o Tribunal espanhol afirma que é ao legislador ordinário, enquanto representante do momento histórico e da soberania popular, que compete a regulação das formas de exercício dos direitos, tendo como limite as normas constitucionais[70]. Outra discussão em que questão material se confunde com a processual é a possibilidade de julgamento, pelo Tribunal Constitucional, do recurso de amparo constitucional, que está previsto no art. 42 da Lei Orgânica do Tribunal Constitucional e que a princípio seria aplicável apenas em casos de violação pelo Poder Público. Para trazer demandas relativas à eficácia horizontal dos direitos fundamentais e satisfazer o requisito necessário do *recurso de amparo*, o que se defende não é que houve ofensa por parte dos particulares, mas sim que os juízes não ampararam de forma adequada as normas fundamentais.

Diverso do que ocorre no Direito espanhol, o Direito português, assim como o brasileiro, tem expressa na Constituição a previsão da incidência direta em seu art. 18.1, que dispõe "Os preceitos constitucionais respeitantes aos direitos, liberdades e garantias são diretamente aplicáveis e vinculam as entidades públicas e privadas". Como outrora dito, corrente minoritária, composta de autores como Flávio Lucas Pires e Carlos Alberto Mota Pinto, defende a eficácia indireta (ambos os autores citados foram fortemente influenciados pela doutrina alemã[71]).

---

[67] SARMENTO, Daniel. **Direitos fundamentais e relações privadas**, cit., 2004, p. 247.

[68] BOBBIO, Norberto. Libertà fondamentali e formazioni social: introduzione storica. **Revista Política del Diritto**, n. 4, ano IV, 1975. p. 453.

[69] CRUZ, Rafael Naranjo de la. **Los límites de los derechos fundamentales en las relaciones entre particulares**: la buena fe, cit., p. 215.

[70] Decisão disponível em: <http://hj.tribunalconstitucional.es/es/Resolucion/Show/11>. Acesso em: 10 mar. 2016.

[71] PINTO, Carlos Alberto Mota. **Teoria geral do direito civil**, cit., 2005; PIRES, Flávio Lucas. **Uma Constituição para Portugal**, cit., 1975.

Entretanto, juristas como José Joaquim Gomes Canotilho, Vital Moreira e Ana Prata defendem a eficácia direta[72]. Os dois primeiros autores, em obra coletiva, defenderam que, sendo a Constituição o estatuto fundamental e central, deve ser fonte direta de toda e qualquer relação social[73]. José Joaquim Gomes Canotilho, em obras individuais, adota tese mais moderada, que busca soluções que visam respeitar o tráfego privado. Tal tese, a nosso ver, assemelha-se à proposta por Carlos Alberto Mota Pinto, pois sustenta que caberia ao Judiciário harmonizar a tutela ao aplicar as normas privadas, tendo em vista os direitos fundamentais, uma vez que a norma contrariar os direitos fundamentais poderia ser solucionado por meio de um incidente de inconstitucionalidade e, em caso de omissão ou ausência de norma, aplicar-se-iam diretamente as normas constitucionais[74].

Um autor português que contribui bastante com nosso posicionamento, relativo à eficácia dos direitos fundamentais na relação privada no caso brasileiro, é José Carlos Vieira de Andrade. O professor de Coimbra afirma que o art. 18.1 da Constituição portuguesa não resolve o problema da vinculação. Defende que a ordem constitucional portuguesa se preocupa com a justiça social e com a autonomia privada, portanto devem ser conciliadas tais proteções.

Assim, propõe que, se há inegável desigualdade entre as partes, a parte mais fraca torna-se detentora de direitos subjetivos que poderão ser oponíveis àquele "poder privado". Porém, reconhece que todos os agentes privados são detentores de direitos fundamentais, de forma que, em determinadas situações, se faz necessária a ponderação de valores. Por outro lado, se há uma relação simétrica, ou seja, não há desigualdade entre as partes, a eficácia dar-se-ia por meio das cláusulas gerais e conceitos indeterminados, salvo se tais normas forem insuficientes à proteção dos direitos fundamentais. E, por fim, registra que a ponderação sempre deverá ser feita na busca pelo respeito à autonomia privada, desde que tal valor não se sobreponha à dignidade humana[75].

A nosso ver, tal entendimento se amolda perfeitamente no caso brasileiro, já que temos, de igual forma, o § 1º do art. 5º da Constituição Federal, que prevê a eficácia direta, de forma não conclusiva, bem como temos como fundamentos da ordem econômica

---

[72] Ana Prata defende de modo incondicional a tese da eficácia (PRATA, Ana. **A tutela constitucional da autonomia privada**. Coimbra: Livraria Almedina, 2016).

[73] CANOTILHO, José Joaquim Gomes; MOREIRA, Vital. **Fundamentos da Constituição**. Coimbra, 1991. p. 144.

[74] CANOTILHO, José Joaquim Gomes. **Direito constitucional e teoria da constituição**. 7. ed. Coimbra: Almedina, 2003. p. 1150-1160. Justifica a nossa ideia de que José Joaquim Gomes Canotilho aproxima-se da ideia de Carlos Alberto Mota num artigo no qual ele propõe uma "breve suspensão reflexiva" sobre a matéria (CANOTILHO, José Joaquim Gomes. Civilização do direito constitucional ou constitucionalização do direito civil? A eficácia dos direitos fundamentais na ordem jurídico-civil no contexto do direito pós-moderno. In: GRAU, Eros Roberto; GUERRA FILHO, Willis Santiago (Org.). **Direito constitucional**: estudos em homenagem a Paulo Bonavides. São Paulo: Malheiros, 2001).

[75] ANDRADE, José Carlos Vieira de. **Os direitos fundamentais na Constituição portuguesa de 1976**. 5. ed. Coimbra: Almedina, 2012. p. 255-270.

(art. 170 da Constituição Federal) os princípios da valorização do trabalho humano e da livre-iniciativa[76].

No Direito italiano, a Corte Constitucional adere à teoria da eficácia direta e a fundamenta com o art. 2º da Constituição. A principal decisão foi a proferida na Sentença n. 122/70, que garante que a tutela da liberdade deve ser feita *erga omnes* e, no caso, assegura a livre manifestação do pensamento[77]. Um dos principais autores italianos, em especial para o Direito brasileiro devido a sua forte influência, é sem sombra de dúvida Pietro Perlingeri. Ao criticar a teoria da aplicabilidade indireta, sustenta que "as normas constitucionais – que ditam princípios de relevância geral – são de direito substancial, e não meramente interpretativas", ou seja, ao se reconhecer os princípios como normas, verifica-se a sua aplicação imediata[78].

As nações signatárias do Pacto de São José da Costa Rica (Convenção Americana sobre Direitos Humanos) têm o dever de adotar disposições no Direito interno que assegurem o respeito aos direitos e liberdades das pessoas.

Na Argentina, a Corte Suprema, no caso *Samuel Kot*, de setembro de 1958, trata sobre o assunto ao abordar um conflito laboral, no qual os funcionários tomam a fábrica de Samuel Kot e instaura-se um "recurso de amparo", em que são invocados os direitos e garantias à liberdade de trabalho, o direito à propriedade e à livre-iniciativa. O recurso foi acolhido e reconheceu-se a eficácia direta dos direitos fundamentais nas relações privadas[79]. Atualmente, o Código de Processo Civil e Comercial argentino prevê a incidência direta no art. 312, inciso 2, e no art. 43 da Constituição[80]; e o Código Civil e Comercial argentino de 2014 prevê a constitucionalização do Direito Privado[81]. Na Colômbia, a

---

[76] Em artigo publicado pela *Revista de Direito Privado*, defendemos que há a incidência das normas fundamentais em todas as relações, inclusive nos casos dos Contratos Empresariais, em que pese a maioria dos autores defenderem a prevalência da autonomia privada, seja de forma direta ou por meio dos princípios da boa-fé objetiva e função social do contrato, que são típicas cláusulas gerais (BRASILINO, Fábio Ricardo Rodrigues. Dirigismo contratual e os contratos empresariais. **Revista de Direito Privado**, São Paulo: RT, v. 61, ano 16, p. 127-144, jan./mar. 2015).

[77] Decisão disponível em: <http://www.cortecostituzionale.it/actionPronuncia.do>. Acesso em: 16 mar. 2016.

[78] PERLINGIERI, Pietro. **Perfis do direito civil**: introdução ao direito civil constitucional, cit., 3. ed., p. 11.

[79] Decisão disponível em: <http://falloscsn.blogspot.com.br/2005/08/samuel-kot-1958.html>. Acesso em: 16 mar. 2016.

[80] "Art. 321. Será aplicable el procedimiento establecido en el artículo 498: […] 2) Cuando se reclamase contra un acto u omisión de un particular que, en forma actual o inminente lesione, restrinja, altere o amenace con arbitrariedad o ilegalidad manifiesta algún derecho o garantía explícita o implícitamente reconocidos por la Constitución Nacional, un tratado o una ley, siempre que fuere necesaria la reparación urgente del perjuicio o la cesación inmediata de los efectos del acto, y la cuestión, por su naturaleza, no deba sustanciarse por alguno de los procesos establecidos por este Código u otras leyes, que le brinden la tutela inmediata y efectiva a que está destinada esta vía acelerada de protección" (Disponível em: <http://www.infoleg.gov.ar/infolegInternet/anexos/15000-19999/16547/texact.htm#7>. Acesso em: 16 mar. 2016).

[81] LORENZETTI, Ricardo Luis. **Proyecto de Código Civil y Comercial de la Nación.** Disponível em: <http:// www.nuevocodigocivil.com/wp-content/uploads/2015/02/1-Presentacion-del-Dr.-Ricardo-Lorenzetti.pdf>. Acesso em: 20 abr. 2016. p. 4.

Constituição prevê a aplicação direta nos arts. 1, 4 e 95[82]. De igual forma, no Chile há o caráter normativo e reconhece-se a supremacia constitucional em todo o ordenamento jurídico, com base nos arts. 6.2 e 20 da Constituição[83].

Conforme exposto, o problema envolto na eficácia das normas fundamentais é quanto ao grau da eficácia. Na doutrina alemã, berço da discussão, prevalece o entendimento da eficácia indireta, entretanto, em outros ordenamentos, em especial nos ibero-americanos, a eficácia direta ganha força. Como já defendido, entendemos que no caso brasileiro há a adoção da eficácia direta, por força do § 1º do art. 5º da Constituição Federal. Todavia, compactuamos com o entendimento do jurista português José Carlos Vieira de Andrade quanto à necessidade de conciliação dos dois valores que são positivados pela nossa Constituição Federal, quais sejam, justiça social e autonomia privada, sempre com um olhar na dignidade da pessoa humana. É nesse ponto de vista que emergem os caminhos metodológicos, que partem do pressuposto de analisar os ramos do Direito a partir da legalidade constitucional[84].

De acordo com os ensinamentos de Flávio Tartuce, "a superação dessa dicotomia, pelo menos em parte, é que fez surgirem as interações entre o Direito Civil e o Direito Constitucional, emergindo o que para alguns representa uma nova disciplina ou o caminho metodológico"[85]. Na mesma linha, é o que ocorre com o Direito Processual Civil brasileiro, conforme outrora dito.

Existe também o neoconstitucionalismo. Trata-se de um termo em que não há precisão conceitual, todavia que nasce da necessidade de superar a falência do padrão oitocentista, enfrentar a influência da globalização e da pós-modernidade, superar o positivismo clássico, dar centralidade aos direitos fundamentais e revalorizar o Direito[86].

Susanna Pozzolo traz algumas características do neoconstitucionalismo, quais sejam: a) a Constituição como norma; b) o Direito composto também por princípios; c)

---

[82] ESTRADA, Alexei Julio. **La eficácia entre particulares de los derechos fundamentales**: una presentación del caso colombiano. Disponível em: <http://biblio.juridicas.unam.mx/libros/1/340/13.pdf>. Acesso em: 16 mar. 2016.

[83] GONZÁLEZ, Miguel Ángel Fernández. Los derechos fundamentales en 25 años de jurisprudencia del Tribunal Constitucional 1980-2005. **Cuadernos del Tribunal Constitucional,** n. 33, 2006. Disponível em: <http://www.tribunalconstitucional.cl/wp/descargar_documento.php?id=576>. Acesso em: 16 mar. 2016.

[84] As raízes do denominado Direito Civil Constitucional podem ser estudadas em: PERLINGIERI, Pietro. **Perfis do direito civil**: introdução ao direito civil constitucional, cit., 3. ed., 2002; PERLINGIERI, Pietro. **Il diritto civile nella legalità costituzionale**: secondo il sistema italo-comunitario dele fonti, citado.

[85] TARTUCE, Flávio. **O novo CPC e o direito civil**: impactos, diálogos e interações. 2. ed. Rio de Janeiro: Forense, 2016. p. 13.

[86] Importante obra que trata sobre o assunto: DIMOULIS, Dimitri; DUARTE, Écio Oto. **Teoria do direito neoconstitucional**: superação ou reconstrução do positivismo jurídico? São Paulo: Método, 2008.

adoção da ponderação ou balanceamento na solução das controvérsias; d) "a consignação de tarefas de integração à jurisprudência e de tarefas pragmáticas à Teoria do Direito"[87].

Justifica-se a necessidade de unidade sistêmica, pois a existência de diversos dispositivos legais (normas) dificulta o trabalho do aplicador, de forma que deve ser buscada a sistematização[88]. Nessa busca, não se pode esquecer do conjunto de valores, interesses e bens considerados pelo ordenamento, por meio de uma construção histórica de direitos. Visa-se segurança quanto à garantia e à aplicabilidade dos direitos fundamentais. Para Flávio Tartuce, "o direito é um sistema lógico de normas, valores e princípios que regem a vida social, que interagem entre si de tal sorte que propicia segurança – em sentido *lato* – para os homens e mulheres que compõem uma sociedade"[89].

Com a mudança de paradigma e a superação da dicotomia, há o diálogo entre as diversas áreas, ocorrendo a interação entre público e privado. Maria Celina Bodin de Moraes, ao tratar do assunto, sustenta que tal mutação vai além da chamada publicização do Direito Privado, pois, conforme defende a autora, ocorreu uma mudança na própria estrutura interna do Direito Civil, uma vez que se parte do pressuposto da incidência direta das normas fundamentais.

Tais mudanças se deram sob dois aspectos: primeiro, os Códigos perdem a posição central, sendo o lugar cedido aos direitos fundamentais; e segundo, a preocupação não é com a proteção do indivíduo sob o ponto de vista da autonomia individual, mas sim com a sua integração enquanto sujeito da sociedade[90]. Outro fator que podemos apontar é a crescente onda em prol da justiça social, que tem grande influência no atual cenário. Todo esse contexto faz com que a preocupação do ordenamento se volte para a pessoa e para sua proteção.

1.2 A PESSOA COMO CENTRO DO ORDENAMENTO JURÍDICO

O Direito Civil foi inicialmente o ramo regulador central das relações privadas, com o fito de resolver os problemas do cidadão romano comum. Vale lembrar, nesse contexto, que a palavra *cidadão* vem do latim *civitas*. Com o evoluir dos tempos modernos, surgiram as codificações privadas, ocorrendo uma tentativa de sistematização das normas correspondentes às relações privadas e o consequente consolidar da separação entre o

---

[87] DUARTE, Écio Oto Ramos; POZZOLO, Susanna. **Neoconstitucionalismo e positivismo jurídico**. São Paulo: Landy, 2006. p. 79.

[88] Sobre a unidade e sistematização do direito, ver: TEPEDINO, Gustavo. Premissas metodológicas para a constitucionalização do direito civil. In: **Temas de direito civil**. Rio de Janeiro: Renovar, 2004; TEPEDINO, Gustavo. Normas constitucionais e relações de direito civil na experiência brasileira. In: TEPEDINO, Gustavo. **Temas de direito civil**. Rio de Janeiro: Renovar, 2008.

[89] TARTUCE, Flávio. **O novo CPC e o direito civil**: impactos, diálogos e interações, cit., p. 14.

[90] MORAES, Maria Celina Bodin. A caminho de um direito civil constitucional. **Revista Estado, Direito e Sociedade**, v. I, 1991, publicação do Departamento de Ciências Jurídicas da PUC-RIO. Disponível em: <http://www.grupoddp.com.br/resources/A%20Caminho%20do%20Direito%20Civil-Constitucional%20-%20Maria%20Celina%20Bodin%20de%20Moraes.pdf>. Acesso em: 16 jan. 2016. p. 3.

Direito Público e o Direito Privado[91]. Nessa *summa divisio*, o Direito Público sempre foi tido como aquele oriundo do Estado, cujo objeto é tutelar os interesses gerais. Por seu turno, o Direito Privado concebeu-se como o inserido no âmbito dos direitos inatos dos indivíduos[92].

Na sequência temporal, afastaram-se das codificações privadas os direitos e garantias individuais diante do Estado – objeto agora do campo constitucional –, surgindo uma nova feição privatística, na qual se considera o Direito Civil como o conjunto de regras cujo objeto fulcral é disciplinar a vida social, satisfazendo os interesses dos entes privados[93].

Com o liberalismo, ocorreu uma abissal separação entre o público e o privado, cabendo aos particulares, livremente e conforme as suas regras, manter a pacificação social de suas relações. Devido à ineficiência do total afastamento entre o Estado e a Sociedade Civil, o Poder Público entrou em crise, sendo necessária a intervenção e a regulamentação por parte do Estado das relações entre os entes privados[94].

Com tal dirigismo estatal e até mesmo antes disso, durante muito tempo a propriedade foi tida como categoria principal das relações privadas, inclusive recebendo o título de sagrada[95]. É inegável a influência patrimonial na legislação, e o próprio conceito de autonomia privada por vezes se relaciona com o de propriedade. Dessa maneira, o Código Civil de 1916 trouxe poucas matérias cujo objeto fosse a pessoa, desvinculada do patrimônio. Nessa concepção, as pessoas são elementos da relação jurídica civil de forma que "o sujeito não 'é' em si, mas 'tem' para si titularidades"[96-97]. Tal Código teve influência *pandectista*, conjugada com características liberais, exegéticas e patrimoniais[98].

O Direito Privado tem três pilares fundamentais, que, nas palavras de Luiz Edson Fachin, seriam: "a) o trânsito jurídico, calcado na noção de contrato, de obrigações e suas modalidades; b) as titularidades, fundamentalmente encimadas nas noções de posse e de apropriação de um modo geral, e c) o projeto parental"[99]. Com base nesses pilares devem-se analisar as perspectivas moderna e contemporânea, no intuito de verificar as mudanças de paradigmas, ou seja, o deslocar dos olhos do *ter* para o *ser*.

---

[91]   DOMAT, Jean. **Le leggi nel loro ordine naturale**, cit., 1825.

[92]   Nesse contexto, na concepção do *Code* francês tinha-se o direito absoluto de gozar e dispor dos bens, conforme o seu art. 544.

[93]   GIORGIANNI, Michele. O direito privado e as suas fronteiras. **Revista dos Tribunais**, São Paulo, ano 87, v. 747, jan. 1998. p. 38.

[94]   BRASILINO, Fábio Ricardo Rodrigues. **A (re)definição do poder estatal frente ao poder econômico**, cit., 2012.

[95]   ARENDT, Hanna. **A condição humana**. Rio de Janeiro: Forense Universitária, 2003. p. 71.

[96]   FACHIN, Luiz Edson. **Teoria crítica do direito civil**: à luz do novo Código Civil brasileiro. 3. ed. Rio de Janeiro: Renovar, 2012. p. 102.

[97]   Os autores Manoel Antônio Domingues de Andrade e Orlando de Carvalho lembram que a pessoa é elemento da relação jurídica: ANDRADE, Manoel Antônio Domingues de. **Teoria geral da relação jurídica**. Coimbra: Almedina, 1974. p. 2; CARVALHO, Orlando de. **A teoria geral da relação jurídica**: seu sentido e limites. 2. ed. Coimbra: Centelha, 1981. p. 60.

[98]   MORAES, Maria Celina Bodin. Constituição e direito civil: tendências. **Direito, Estado e Sociedade**, PUC-RJ, v. 15, 1999. p. 102.

[99]   FACHIN, Luiz Edson. **Teoria crítica do direito civil**: à luz do novo Código Civil brasileiro, cit., p. 31.

1.2.1 A codificação e o papel da pessoa nas relações privadas: a perspectiva moderna

É inegável a necessidade de o Direito ser reconhecido como uma ciência social que conduz o desenrolar do contexto histórico e transforma-se nele. Os princípios e as regras são os aspectos normativos do fato ou fenômeno social. Há a interação entre a estrutura social e a realidade normativa. Todavia, existe uma herança, forte e resistente, sobre o jurista, que considera o Direito como algo destacado de infiltrações políticas, econômicas e sociais. Trata-se de uma cultura formalista que considera o mundo jurídico como algo imutável, eterno e insensível a qualquer fator histórico ou ideológico. Os Códigos oitocentistas sustentavam a prevalência do Poder Legislativo e a superioridade das suas criações, numa perspectiva formal; não havia limites materiais, portanto não havia uma ordem jurídica legítima, mas sim autoritária, fundada na força[100].

Os Códigos nascem como um documento unitário que contém um conjunto de prescrições normativas, cujo objetivo é construir e disciplinar, de forma completa, determinado setor do Direito. Sua origem remonta à Revolução Francesa, e o Direito Civil francês tem influência do *Direito escrito* do Sul da França, onde o Direito romano permanece em vigência, e do *Direito costumeiro* do Norte, com base nos costumes germânicos[101]. Em 1804, surgiu o Código Civil francês, visando, sob a vigilância de Napoleão, codificar e regular as regras gerais do Direito Privado. Vale lembrar que o Direito francês subdivide o Direito Privado em Civil e Comercial (empresarial).

Uma das características do Código francês é que não se tratou de uma obra que refletia a iluminação divina de um déspota, mas, pelo contrário, foi edificada com base nos ideais revolucionários da burguesia. Busca racionalizar o Direito e formar uma sociedade encimada nos princípios da igualdade e liberdade; com isso, funda uma nova ordem social e rompe com o *antigo regime*. O objetivo do *Código* era ser simples e compreensível a todos; o intuito era ser preciso, a ponto de o juiz utilizá-lo quase como uma máquina de calcular, daí a expressão *boca da lei*. Diferentemente do rigor e da estrutura sistemática do *Código Civil* alemão, que faz diversas remissões ao longo do texto aos significados dos termos, no caso francês algumas expressões e termos variavam ao longo do texto. A título de exemplo, não se esclareciam o que era ordem pública (critério utilizado para invalidar contratos) ou *faute* (requisito para caracterização da responsabilidade civil que tinha como base a culpa). Isso inegavelmente era um problema, pois o Código pretendia ter uma característica exegética.

A burguesia influenciou significativamente na codificação, especialmente na busca de assegurar alguns direitos e liberdades fundamentais. Portanto, utilizando-se das palavras de Eugênio Facchini Neto, o *Código* "exerceu, durante muito tempo, uma função semiconstitucional, pois as estruturas jurídicas mais caras à sociedade burguesa estavam

---

[100] PERLINGIERI, Pietro. **Perfis do direito civil**: introdução ao direito civil constitucional, cit., 3. ed., p. 3.

[101] FACCHINI NETO, Eugênio. *Code* Civil francês: gênese e difusão de um modelo. **Revista de Informação Legislativa**, ano 50, n. 198, p. 59-88, abr./jun. 2013. p. 60.

previstas e reguladas mais naquele código do que nas inúmeras constituições que a França teve"[102]. Em outras palavras, o centro das relações estava no Código.

A hegemonia francesa colaborou com a influência que o *Código francês* teve em diversos outros ordenamentos jurídicos, pois diversos territórios europeus o aplicavam, já que estavam sob o domínio francês. De natureza burguesa, a propriedade privada tinha papel central no Código. Os três pilares do Direito Civil (a família, o contrato e a propriedade) baseavam-se no direito de propriedade. O contrato surge como modo de aquisição da propriedade privada; a propriedade tinha como foco a sua manutenção e o seu incremento, e a família estava relacionada umbilicalmente com a ideia de sucessão *mortis causa* e regime de bens, ou seja, nos dizeres de Pietro Perlingieri, "a categoria do ser é subordinada àquela do ter: quem possui 'é'"[103]. Orlando de Carvalho, ao tratar sobre o Código de Napoleão, reconhece-o como um modelo antropocêntrico, pois o homem sai do abstrato para ter direitos, ou seja, pode possuir[104].

Esse paradigma foi adotado pelo Direito brasileiro. No século XX, a autoridade do Estado era conciliada com a soberania do indivíduo, isto é, havia uma neutralidade estatal, baseada na ética individualista, na qual se tinha uma igualdade formal. No domínio econômico e nos contratos, havia autonomia do indivíduo, e as desigualdades econômicas, devido à característica formal, não eram levadas em consideração. Esse ideal oitocentista buscava proteger a vontade criadora dos contratantes. O Código Civil era tido como a Constituição do Direito Privado, tudo em nome de estabilidade e segurança nas relações, e eventuais insucessos seriam frutos de uma menor inteligência[105]. Nota-se que a preocupação era romper com o regime absolutista, que tinha característica de discriminações pessoais, em prol de um liberalismo que buscava a igualdade formal por natureza, sendo geral, impessoal e oriunda da vontade humana.

A preocupação da codificação era a realização da pessoa pautada na propriedade; e os demais interesses jurídicos giravam sob o domínio incontrastável dos bens[106]. A propriedade surgiu como direito absoluto; e o contrato, enquanto instrumento de circulação de bens, pautava-se na absoluta autonomia da vontade[107]. Sendo a propriedade o centro, o direito era absoluto e estava acima dos demais direitos. Às pessoas apenas caberia o lugar de sujeito de direitos, ou seja, era-lhe permitido ter e transferir por meio da manifestação absoluta da sua vontade (contrato).

---

[102] FACCHINI NETO, Eugênio. *Code* Civil francês: gênese e difusão de um modelo. **Revista de Informação Legislativa**, cit., p. 71.

[103] PERLINGIERI, Pietro. **Perfis do direito civil**: introdução ao direito civil constitucional, cit., 3. ed., p. 4.

[104] CARVALHO, Orlando de. **A teoria geral da relação jurídica**, cit., p. 33.

[105] TEPEDINO, Gustavo. **Temas de direito civil**. Rio de Janeiro: Renovar, 1999. p. 3.

[106] Na sua Teoria Pura do Direito, Hans Kelsen demonstra que a filosofia de Hegel influencia na esfera exterior da liberdade, ou seja, na propriedade: "aquilo que nós chamados pessoa, quer dizer, o sujeito que é livre, livre para si e se dá nas coisas uma existência [...] só na propriedade a pessoa é como razão" (KELSEN, Hans. **Teoria pura do direito**. São Paulo: Martins Fontes, 1987. p. 183).

[107] BRANDELLI, Leonardo. Atuação notarial em uma economia de mercado: a tutela do hipossuficiente. **Revista de Direito Imobiliário**, São Paulo, ano 25, n. 52, p. 165-188, jan./jun. 2002.

O que se percebe é o conceito de pessoa como abstrato, pois por vezes não coincide com o conceito biológico, uma vez que se destaca tal conceito da realidade da vida, tornando-se o ente que poderá ser o centro das imputações jurídicas, ou seja, poderá ser o titular de um bem[108].

A pessoa é o meio, e a propriedade, o fim; capacidade e personalidade jurídica pautam-se na possibilidade humana de ser proprietário, e ter acesso a esse direito supremo é sinônimo de sucesso individual.

A codificação brasileira sofreu inegável influência da codificação francesa, inclusive dividindo a codificação privada em Comercial (Código de 1850) e Civil (Código de 1916), além de seguir o estilo germânico ou *pandectista*[109]. Devido a tal característica, a tutela da pessoa dissociada de interesses patrimoniais é muito pequena. A preocupação do Código de 1916 é com o proprietário, com o contratante, relativo ao regime de casamento e do herdeiro, sendo inegável que as relações jurídicas subjetivas estavam vinculadas às questões patrimoniais.

O Código Civil de 1916 foi uma obra do seu tempo, projetado inicialmente por Clóvis Beviláqua, que, assim como Tobias Barreto, é considerado um dos baluartes da Escola do Recife[110-111]. Escrito no século XIX, a obra reflete o espírito oitocentista e os ideais de um país em que, nas palavras de Orlando Gomes, a construção dos "tentáculos da sociedade colonial foi baseada no trabalho escravo"[112]. A estrutura social brasileira da época tinha como base uma burguesia rural e comercial, cuja economia se pautava, principalmente, na exportação de matéria-prima e na importação de produtos indus-

---

[108] Vale citar a doutrina de Carlos Alberto da Mota Pinto, para quem: "Num sentido puramente técnico ser pessoa é precisamente ter aptidão para ser sujeito de direitos e obrigações [...] Neste sentido técnico-jurídico não há coincidência entre a noção de pessoa ou sujeito de direito e a noção de ser humano" (PINTO, Carlos Alberto da Mota. **Teoria geral do direito civil**, cit., p. 98). No mesmo sentido: "A pessoa do Código Civil é polo de relações jurídicas [...] carrega em si um patrimônio [...]. Na ordem jurídica, a pessoa é um elemento científico, um conceito oriundo da construção abstrata do Direito [...] consideradas sujeitos, não porque reconhecidas a sua natureza humana e a sua dignidade, mas na medida em que a lei lhes atribui faculdades ou obrigações de agir" (MEIRELLES, Jussara. O ser e o ter na codificação civil brasileira: do sujeito virtual à clausura patrimonial. In: FACHIN, Luiz Edson (Coord.). **Repensando fundamentos do direito civil brasileiro contemporâneo**. Rio de Janeiro: Renovar, 1998. p. 88-89).

[109] Sobre tal afirmação, vale citar as lições de Maria Celina Bodin de Moraes, para quem: "A obra da Pandetística consistiu, como se sabe, na seleção do material a ser transmitido pela tradição romanista ('separando o que está morto do que ainda está vivo'), mas foi realizada tendo em conta critérios que haviam sido estabelecidos por uma nova ordem de valores, os valores do liberalismo, baseando a construção do sistema sobre dois postulados: o da exclusividade do domínio privado sobre todos os bens e o da generalização do contrato como única fonte de relações jurídicas" (MORAES, Maria Celina Bodin. Constituição e direito civil: tendências. **Direito, Estado e Sociedade**, cit., p. 102).

[110] NOBRE, Freitas. **Clóvis Beviláqua**. São Paulo: Melhoramentos, 1960. p. 31.

[111] Vale ressaltar que o projeto primitivo do Código era bastante moderno e atualizado para a época, vários retrocessos foram introduzidos com as revisões posteriores. Para aprofundamento: DELGADO, Mário Luiz. **Codificação, descodificação e recodificação do direito civil brasileiro**. São Paulo: Saraiva, 2011. p. 184-204.

[112] GOMES, Orlando. **Raízes históricas e sociológicas do Código Civil brasileiro**. São Paulo: Martins Fontes, 2003. p. 11.

trializados. Nos dizeres de Guerreiro Ramos, "a classe média teve de ser necessariamente a classe eminentemente política"[113]. Portanto, o Código de 1916 nasceu do resultado do embate travado entre a burguesia mercantil e a burguesia agrária, destarte os ideais liberais e progressistas terem tido como obstáculo o conservadorismo dos fazendeiros[114].

Com um sistema fechado e de cunho individualista, o Código Civil brasileiro, conforme ensina Pontes de Miranda, era "tímido, e menos político, mais sentimental do que os outros, porém mais sociável e menos social do que devia ser"[115]. A preocupação e o interesse positivados eram relativos à classe dominante. Luiz Edson Fachin chega a chamá-lo de "perfeito anfitrião ao acondicionar um retumbante silêncio sobre a vida e sobre o mundo". Tal argumento decorre do caráter patrimonialista do Código, em que "somente se especulou sobre os que têm e julgou-se o equilíbrio do patrimônio de que se pôs, por força dessa titularidade material"[116]. Trata-se de um Código com características liberais, na perspectiva das manifestações da autonomia individual, todavia conservador em relação às questões sociais e também às relações da família[117].

Os três pilares do sistema (a família, o contrato e a propriedade, como já mencionado) pautavam-se na individualidade, sendo o contrato a expressão suprema da autonomia da vontade; a família, transpessoal, hierarquizada e patriarcal, como a base da sociedade; e a propriedade, como modo explicativo do relacionamento entre pessoas e coisas[118].

1.2.2 A personalização e o papel da pessoa nas relações privadas: a perspectiva contemporânea

Com a evolução do Direito brasileiro, em especial após a Constituição de 1988, o vértice do ordenamento salta do *ter* para o *ser* e a pessoa humana ganha tutela máxima de proteção, nos termos do inciso III do art. 1º da Constituição Federal.

O constituinte optou por reconhecer a dignidade da pessoa humana como fundamento do Estado brasileiro, aliado aos objetivos fundamentais de erradicação da pobreza, da marginalização e redução das desigualdades sociais. Além disso, o § 2º do art. 5º dispõe que "os direitos e garantias expressos nesta Constituição não excluem outros decorrentes do regime e dos princípios por ela adotados, ou dos tratados internacionais

---

[113] RAMOS, Guerreiro. **Introdução crítica à sociologia brasileira.** Rio de Janeiro: Andes, 1957. p. 46.

[114] WOLKMER, Antônio Carlos. **História do direito no Brasil**. Rio de Janeiro: Forense, 1999. p. 89-90.

[115] PONTES DE MIRANDA, F. C. **Fontes e evolução do direito civil brasileiro**. 2. ed. Rio de Janeiro: Forense, 1981. p. 9.

[116] FACHIN, Luiz Edson. Limites e possibilidades da nova teoria geral do direito civil. **Revista da AJURIS**, p. 202-211, n. 60, mar. 1994. Disponível em: <livepublish.iob.com.br/ntzajuris/lpext.dll/Infobase/542d4/ 54938/549d1?f=templates&fn=document-frame.htm&2.0#JD_AJURIS60PG201>. Acesso em: 24 mar. 2016. p. 205.

[117] MARTINS-COSTA, Judith. **A boa-fé no direito privado**: sistema e tópica no direito obrigacional. São Paulo: RT, 2000. p. 266.

[118] FACHIN, Luiz Edson. **Teoria crítica do direito civil**: à luz do novo Código Civil brasileiro, cit., p. 13-14.

Cap. 1 • CONSTITUCIONALIZAÇÃO DO DIREITO PRIVADO | 25

em que a República Federativa do Brasil seja parte", inclusive os implícitos[119]. Ocorre uma modificação fundamental do Direito Civil, pois este não mais poderá seguir os ditames individualistas dos séculos passados. O poder central, que antes era ocupado pelos Códigos, agora concede espaço às Constituições, superando-se a visão tradicional de total autonomia individual e passando-se para o correto enquadramento da integração do indivíduo com a sociedade, ou seja, a desejada valorização do ser humano como *ser social*.

Os estatutos jurídicos não podem proteger apenas as relações jurídicas dos proprietários (situações jurídicas patrimoniais), pois excluiriam as situações jurídicas subjetivas existenciais. Dessa forma, não se pode considerar relevante somente a atividade econômico-produtiva, mas também as existenciais assim devem ser consideradas[120].

O sistema jurídico brasileiro tem como centro norteador a dignidade da pessoa humana, positivada no art. 1º, III, da Constituição Federal, como fundamento do Estado. Dessa forma, a autonomia privada, seja nas relações patrimoniais ou existenciais, deve ser pautada na promoção desse valor, já que "a liberdade é, no quadro atual, a liberdade de ser, e não a de ter"[121].

A atual sistematização, tendo como base a "cláusula geral de tutela e promoção da pessoa humana", volta os olhares ao *ser* em detrimento do *ter*[122]. A partir desse dirigismo estatal, o Direito Privado deve rever os ditames individualistas dos séculos passados. Ademais, com a ida dos direitos e garantias fundamentais para o campo constitucional, ao Direito Constitucional compete ocupar o centro do Direito. Devem os demais ramos respeitar a integração do indivíduo com a sociedade, ou seja, o ser humano como ser social.

A codificação civil sempre se revelou vantajosa, seja no campo teórico ou no prático. Todavia, revelou-se insuficiente para acompanhar o desenvolvimento da sociedade pós-moderna ou contemporânea, acarretando uma "enchente" de microssistemas jurídicos ou estatutos. Assim, o Direito Privado deixou de ter alicerce em apenas uma lei – a codificada –, a ponto de se verificar a substituição do Código Geral pelo sistema de normas fundamentais. Na chamada sociedade pós-moderna, os Códigos cedem espaço a diversos sistemas jurídicos, o que importa dizer na diversificação do Direito Privado, este que agora substituirá o Código por normas fundamentais[123]. Não importa dizer que os Códigos não tenham importância (exemplo disso é o Código Civil e Comercial argentino, promulgado em 2014), entretanto as normas vão além do Código.

---

[119] Pietro Perlingieri, ao trabalhar com o Direito italiano, que tem dispositivo semelhante a este, afirma: "o art. 2º Const. é uma norma diretamente aplicável e exprime uma cláusula geral de tutela da pessoa humana: o seu conteúdo não se limita a resumir os direitos tipicamente previstos por outros artigos da Constituição, mas permite estender a tutela a situações atípicas" (PERLINGIERI, Pietro. **Perfis do direito civil**: introdução ao direito civil constitucional, cit., 3. ed., p. 156).

[120] FEMIA, Pasquale. **Interessi e conflitti culturali nell´autonomia privata e nella responsabilità civile**. Napoli: Edizioni Scientifiche Italiane, 1996. p. 597.

[121] CORTIANO JUNIOR, Eroulths. Para além das coisas: breve ensaio sobre o direito, a pessoa e o patrimônio mínimo. In: BARBOZA, Heloisa Helena et al. (Org.). **Diálogos sobre direito civil**. Rio de Janeiro: Renovar, 2002. p. 157.

[122] TEPEDINO, Gustavo. A tutela da personalidade no ordenamento civil-constitucional brasileiro. In: TEPEDINO, Gustavo. **Tema de direito civil**. Rio de Janeiro: Renovar, 2008. p. 54.

[123] LORENZETTI, Ricardo Luis. **Fundamentos do direito privado**, cit., p. 45.

Nesse contexto, surge a ideia do caminho metodológico que analisa as relações privadas a partir da legalidade constitucional. Trata-se de uma reconstrução axiológica que busca aplicar os valores constitucionais a todo o ordenamento, inclusive ao Direito Privado, já que a Constituição Federal é norma hierarquicamente superior às demais[124]. No intuito de efetivar os fundamentos e objetivos do Estado Democrático de Direito – que no caso brasileiro encontra guarida nos arts. 1º e 3º da Constituição Federal –, o Direito Civil Constitucional representa um novo olhar do Direito Privado para o Texto Maior, muito além do seu passado romano.

Isso não significa que o Direito Privado, em especial o Direito Civil, tenha como fonte normativa apenas a Constituição Federal, mas sim que há um inter-relacionamento entre eles, já que ambos surgem como parte necessária do ordenamento jurídico, devendo complementar-se reciprocamente e se apoiar[125].

O Direito deve caminhar em prol da efetivação dos fins sociais. Ocorre uma interação nos ramos público e privado, a ponto de superar o modelo da incomunicabilidade. É a partir dessa comunicabilidade, e partindo do pressuposto de ser o Direito um conjunto sistemático de normas, valores e princípios, que se busca a interação de todo o sistema jurídico.

Ao considerar-se a Constituição fonte normativa hierarquicamente superior, há discussão recorrente sobre como se dá a relação entre a norma constitucional e a norma ordinária. Pietro Perlingieri traz quatro principais teorias que tentam explicar tal situação: a teoria da Constituição como limite, a teoria da relevância somente interpretativa, a teoria da aplicabilidade indireta e a teoria da aplicabilidade direta. Como já trabalhado no tópico referente à incidência das normas fundamentais no Direito Privado, entendemos que, no caso brasileiro, há a incidência direta sob pena de contrariar o § 1º do art. 5º da Constituição Federal. Sem contar que depender do legislador ordinário para a incidência das normas fundamentais não daria a mais ampla, e necessária, proteção de tais direitos. Ademais, diversas normas constitucionais se aplicam de forma direta, independentemente da participação do legislador infraconstitucional (a título de exemplo, o § 6º do art. 227, ao estabelecer a igualdade entre os filhos)[126].

Outro fundamento para a incidência direta é a possibilidade constitucional da Arguição de Descumprimento de Preceito Fundamental – ADPF, que, com previsão no § 1º do art. 102 da Constituição Federal, objetiva "evitar ou reparar lesão a preceito fundamental, resultante de ato do Poder Público", nos termos do art. 1º, *caput*, da Lei n. 9.882/1999. Discussão recente no Supremo Tribunal Federal na Ação Direta de Inconstitucionalidade n. 4.277 e na Arguição de Descumprimento de Preceito Fundamental

---

[124] PERLINGIERI, Pietro. **Perfis do direito civil**: introdução ao direito civil constitucional, cit., 3. ed., p. 5.

[125] HESSE, Konrad. **Derecho constitucional y derecho privado.** Madrid: Civitas, 1995. p. 88.

[126] Decisão que, a nosso ver, apenas teve cunho econômico, tendo havido desrespeito total à Constituição e à eficácia direita das normas, é a Súmula Vinculante n. 7, que diz: "A norma do § 3º do artigo 192 da Constituição, revogada pela Emenda Constitucional 40/2003, que limitava a taxa de juros reais a 12% ao ano, tinha sua aplicação condicionada à edição de lei complementar". A que pese a discussão não ser sobre direitos fundamentais, no caso verifica-se o desrespeito da aplicação imediata das normas contidas na Constituição.

Cap. 1 • CONSTITUCIONALIZAÇÃO DO DIREITO PRIVADO | 27

n. 132, ao trabalhar a questão da união homoafetiva, deixa clara a incidência direta das normas constitucionais.

Vale dizer, pelo caminho metodológico que se propõe, que o Direito Privado e o Direito Constitucional caminham juntos para a efetivação dos fins sociais das normas, de forma a interagir os ramos público e privado, especialmente por meio da comunicação e da complementaridade, superando o modelo anterior da incomunicabilidade. Não se trata de invasão de um ramo no outro, mas sim de interação necessária, com o intuito de melhor servir o Estado e a Sociedade. Os institutos privados são adequados, de acordo com os valores constitucionalmente consagrados, uma vez que diversos institutos e princípios com natureza eminentemente privada ganham *status* constitucional.

Partindo do pressuposto de que o Direito é um conjunto sistemático de normas, valores e princípios – cujo objeto é regular a vida social –, a interação da Lei Maior com a Lei Privada representa uma verdadeira mudança de postura[127]. Busca-se a efetivação dos fins sociais das normas jurídicas, com base nos três princípios básicos do *Direito Civil Constitucional*, quais sejam: o princípio da dignidade da pessoa humana, o princípio da solidariedade social e o princípio da isonomia ou igualdade substancial[128].

O primeiro princípio foi positivado no art. 1º, III, da Constituição Federal, consistindo em assegurar a todos uma existência digna, conforme os ditames da justiça social. Isso significa que (em todas as relações, inclusive nas privadas e nas de natureza econômica) se deve levar em conta a tutela da pessoa humana, no sentido de respeitar as suas individualidades, e também a justiça coletiva, para o amparo da dignidade de um grupo de pessoas. Parte-se do pressuposto kantiano ao se afirmar que a pessoa, como um fim, e não um meio, deve ser valorizada, em detrimento do patrimônio[129]. Nesse contexto é que se verificam a personalização e a consequente despatrimonialização do Direito Privado, um dos pontos de honra da visão civil-constitucional.

O sistema jurídico brasileiro adota o princípio da dignidade da pessoa humana como seu fundamento principal, como bem pontua a atenta doutrina[130]. Assim, tal regramento deve ser utilizado como forma de instrução, interpretação e aplicação das normas infraconstitucionais. Nesse propósito, Luiz Edson Fachin pondera que os princípios constantes na ordem constitucional "não são 'adornos' ou meras formulações de feição programática. Por este motivo não podem deixar de ser utilizados, nem sê-los apenas subsidiariamente"; e complementa que "devem instruir a interpretação e a aplicação das normas infraconstitucionais, mantendo a coerência e unidade próprias de um sistema"[131].

---

[127] SILVA, José Afonso da. **Aplicabilidade das normas constitucionais**. São Paulo: Malheiros, 1998. p. 32-37; MOREIRA, Eduardo Ribeiro. **Neoconstitucionalismo**: a invasão da Constituição. São Paulo: Método, 2008. p. 114.

[128] TEPEDINO, Gustavo. Premissas metodológicas para a constitucionalização do direito civil. In: TEPEDINO, Gustavo. **Temas de direito civil**, cit., p. 11-20.

[129] KANT, Immanuel. **Fundamentação da metafísica dos costumes**. São Paulo: Abril, 1993. p. 77.

[130] NERY, Rosa Maria de Andrade. **Introdução ao pensamento jurídico e à teoria geral do direito privado**. São Paulo: RT, 2008. p. 235.

[131] FACHIN, Luiz Edson. **Estatuto jurídico do patrimônio mínimo**. 2. ed. Rio de Janeiro: Renovar, 2006. p. 77.

A dignidade é inerente à pessoa humana. Ciente disso, o legislador constituinte brasileiro elevou tal princípio a valor supremo da ordem jurídica, como fundamento do nosso próprio Estado Democrático. Isso implica afirmar que não há apenas uma garantia formal, mas existe o reconhecimento material de tal direito, a ponto de ser obrigação do Estado e dos jurisdicionados garantir-lhe condições mínimas de existência, evitando-se desigualdades desproporcionais nas mais diversas relações jurídicas. Com base nessas afirmações, o Direito vem passando por uma nova espécie de socialização, considerando-se o impacto que a evolução da tecnologia e da sociedade como um todo vem causando ao tecido jurídico.

Como consequência natural de tais deduções, surge o segundo princípio, positivado como um dos objetivos da República, por meio do art. 3º, I, da Constituição Federal de 1988, qual seja, a solidariedade social. Esse baluarte constitucional visa à erradicação da pobreza e à busca por uma sociedade justa e solidária. Fundamenta-se nele a ordem econômica brasileira, nos termos expressos do art. 170 do mesmo Texto Maior. Dessa forma, cabe ao Estado balizar a atuação dos agentes privados, no intento de conciliar os interesses econômicos e sociais, para assim atingir não só um patamar de crescimento econômico, mas também o desenvolvimento social, na perspectiva de almejar e concretizar os princípios e objetivos consagrados na Constituição Federal de 1988. A ação dos atores públicos e privados deve ser direcionada ao ideal de desenvolver novas formas de solidariedade, que ultrapassem os limites da lógica estatal ou da desestatização das condutas[132].

Por fim, o terceiro princípio do viés civil-constitucional é o da isonomia, igualdade substancial ou igualdade *lato sensu*, expresso no art. 5º, *caput*, da Constituição Federal. Alerte-se que esse preceito possui dois aspectos. O primeiro dele é o formal, que "consiste em impedir o desigual tratamento de pessoas, sob os mesmos pressupostos de fato"[133]. O segundo aspecto é o material, que se relaciona à funcionalização da igualdade prescrita. Em outras palavras, tratar os iguais como iguais e os desiguais como desiguais, conforme a antiga lição aristotélica[134].

Além dos princípios expostos, como ferramenta fulcral para o caminho hermenêutico que se propõe, deve ser citada a ideia da horizontalização dos direitos fundamentais, conforme outrora já trabalhado ao tratar da incidência das normas fundamentais no Direito Privado[135]. Essa é entendida como a aplicabilidade das normas constitucionais de forma direta nas relações privadas, com esteio no art. 5º, § 1º, da Constituição Federal, ao estabelecer que as normas que definem direitos fundamentais têm subsunção imediata.

Com base nessas lições e partindo-se do pressuposto da eficácia horizontal dos direitos fundamentais e de sua aplicação imediata, supera-se o ideal de normas constitucionais meramente programáticas, dirigidas ao legislador e ao Estado, com eficácia vertical. Busca-se a concretização do amparo à pessoa humana e a dos demais valores constitucionais.

---

[132] ROSANVALLON, Pierre. **A crise do Estado-providência**. Brasília: UNB, 1997. p. 47 e 58.

[133] BORGES, José Souto Maior. **Teoria geral da isenção tributária**. 3. ed. São Paulo: Malheiros, 2001. p. 38.

[134] BARBOSA, Rui. **Oração aos moços**. Rio de Janeiro: Fundação Casa de Rui Barbosa, 1997. p. 26.

[135] SARLET, Ingo Wolfgang. **A eficácia dos direitos fundamentais**: uma teoria geral dos direitos fundamentais na perspectiva constitucional. Porto Alegre: Livraria do Advogado, 2012. p. 261-274.

Ao privatista, novas demandas e condicionantes são postas em prol de um programa de investigação, objetivando individuar um sistema em mais harmonia com os valores e princípios fundamentais, em especial com atenção e respeito às necessidades existenciais das pessoas. É necessário redefinir os perfis funcionais dos institutos jurídicos, com o objetivo de revitalizar cada normativa à luz de renovados valores, num esforço de modernização dos instrumentos, bem como de adequação das técnicas e noções tradicionais.

Nesse caminho, o Direito Privado busca a despatrimonialização; em outras palavras, visa reconhecer a pessoa como valor supremo, superior ao patrimonial. Trata-se de superar o individualismo, por meio do personalismo, e também superar a ideia do patrimônio como fim em si mesmo (patrimonialismo). Busca-se legitimar a aspiração econômica com um suporte institucional ao livre desenvolvimento da pessoa. Nas palavras de Pietro Perlingieri, visa "adequar-se aos novos 'valores', na passagem de uma jurisprudência civil dos interesses patrimoniais a uma mais atenta aos valores existenciais"[136].

Na perspectiva adotada neste trabalho, com base na força vinculante dos princípios constitucionais e na preocupação da pessoa como centro que justifica o estudo da defesa do patrimônio mínimo, este será objeto do próximo tópico.

1.3 A TEORIA DO PATRIMÔNIO MÍNIMO

A teoria do patrimônio mínimo originou-se da tese para o Concurso de Professor Titular da Cadeira de Direito Civil da Universidade Federal do Paraná, defendida pelo professor e Ministro do Supremo Tribunal Federal Luiz Edson Fachin. Apresenta como grande desafio superar o velho paradigma das codificações oitocentistas e reconhecer a necessidade da garantia patrimonial mínima como inerente à própria condição humana. Nas palavras do autor, "a presente tese defende a existência de uma garantia patrimonial mínima inerente a toda pessoa humana, integrante da respectiva esfera jurídica individual ao lado dos atributos pertinentes à própria condição humana"[137]. O que o autor busca, com a tese, é sobrepujar "a clivagem abissal entre a proclamação discursiva das boas intenções e efetivação da experiência"[138]. Em outras palavras, trata-se de encimar o dogmatismo de pragmatismo e, com isso, transformar o Direito em um instrumento de cidadania.

Conforme já trabalhado, a perspectiva liberal do Direito Civil propicia(va) às relações jurídicas privadas um tom eminentemente patrimonialista, ou seja, a tutela à propriedade privada ganha(va) destaque em relação à proteção da pessoa. Isso importa dizer que os bens surgem(iam) como institutos em prol de si mesmos; em outras palavras, não há(havia) finalidade personalística de proteção à essência humana. Com a mudança de paradigma e o próprio (re)posicionamento da pessoa como destinatário final das normas, a teoria, ora em apreço, contribui para a perspectiva personalística e incentivadora da proteção à pessoa humana.

---

[136] PERLINGIERI, Pietro. **Perfis do direito civil**: introdução ao direito civil constitucional, cit., 3. ed., p. 33.

[137] FACHIN, Luiz Edson. **Estatuto jurídico do patrimônio mínimo**, cit., 2. ed., nota de atualização.

[138] FACHIN, Luiz Edson. **Estatuto jurídico do patrimônio mínimo**, cit., 2. ed., nota da atualização.

O que a teoria propõe é construir uma base para um Direito Civil inclusivo e tirar a pessoa do mero conceito. Para isso, reconhece que o indivíduo deve ter o mínimo existencial para que possa garantir a sua dignidade. Vale lembrar que não se objetiva desconsiderar a propriedade privada e o direito creditício, mas sim retirar o caráter patrimonialista de tais relações. O próprio Fachin defende que a proteção constitucional da propriedade privada, enquanto direito fundamental, abre espaço à tutela do patrimônio mínimo. Assim, não seria incoerente, com tal garantia, a proteção ao mínimo existencial, pois "sob o estatuto da propriedade agasalha-se, também, a defesa dos bens indispensáveis à subsistência"[139]. Vale citar as lições de Cristiano Chaves de Farias e Nélson Rosenvald, ao afirmarem que, "através da teoria do reconhecimento do direito a um patrimônio mínimo, institutos antes vocacionados, exclusivamente, à garantia do crédito são renovados, rejuvenescidos, e utilizados na proteção da pessoa humana, como um aspecto essencial para o reconhecimento de sua dignidade"[140].

De fato, deve ser reconhecido que o direito fundamental à propriedade não pode ser abolido por lei ordinária, porém a proteção ao mínimo existencial encontra guarida e fundamento também nesse direito fundamental, interpretado com base no princípio fundante do Estado, qual seja, a dignidade da pessoa humana[141]. O que se busca é funcionalizar o patrimônio, ou parte dele, e a parcela essencial ao respeito à dignidade do seu titular é protegida de quem quer que seja e é afetada ao atendimento da pessoa e suas necessidades; revoluciona, sem sombra de dúvidas, os estudos em relação aos bens e contribui com os direitos da personalidade na busca pela promoção integral da pessoa humana.

A teoria vai ao encontro dos ideais de um Direito mais humano, que visa privilegiar a materialidade em detrimento da excessiva formalidade, reconhecer a prevalência de uma democracia procedimental-discursiva, nos ideais habermasianos, além de solidificar e alicerçar a dignidade humana como valor supremo nas relações jurídico-administrativas[142]. A formulação da teoria vai ao encontro também do pensamento de autores italianos como Pietro Perlingieri, Natalino Irti e Pietro Barcelona, em relação ao *patrimônio mínimo*, bem como da noção de *mínimo existencial* defendida por autores como Ingo Wolfgang Sarlet, Fábio Konder Comparato e Ana Paula de Barcelos[143].

---

[139] FACHIN, Luiz Edson. **Estatuto jurídico do patrimônio mínimo**, cit., 2. ed., p. 232.

[140] FARIAS, Cristiano Chaves; ROSENVALD, Nélson. **Direito civil**: teoria geral. 4. ed. Rio de Janeiro: Lumen Juris, 2006. p. 316.

[141] Sobre a possibilidade de lei ordinária abolir o direito à propriedade, vale citar: "Le droit des particuliers à la propriété ne peut être aboli par la loi ordinaire; la Constitution consacre, en effet, l´existence de la propriété et plus particulièrement de la propriété privée" (LUCHAIRE, François. Les fondements constitutionnels du droit civil. **Revue Trimestrielle de Droit Civil**, Paris, n. 2, p. 245-328, 1982. p. 266).

[142] HABERMAS, Jürgen. **Direito e democracia**: entre facticidade e validade. 2. ed. Rio de Janeiro: Tempo Brasileiro, 2003.

[143] Sobre o patrimônio mínimo, vale citar: BARCELONA, Pietro. **El individualismo proprietário**. Madrid: Trotta, 1996. Quanto ao mínimo existencial: BARCELLOS, Ana Paula. **A eficácia jurídica dos princípios constitucionais:** o princípio da dignidade da pessoa humana. 2. ed. Rio de Janeiro: Renovar, 2008.

Ao se falar em patrimônio mínimo, trata-se do conjunto de bens que, embora deles se possa usar e fruir, não se pode dispor, ante a inalienabilidade decorrente dos imperativos de uma vida digna, pois o sujeito deverá ser reconhecido como existente, e não apenas como mero titular[144]. E o problema reside na expressão "mínimo", pois *a priori* se poderia entendê-la como a menor parcela de patrimônio possível, todavia esta não é a ideia. Mínimo e máximo não podem ser categorias estanques; pelo contrário, deverão ser levadas em consideração as variantes fáticas do mundo da vida[145]. Assim, por exemplo, diferentemente do conceito de salário mínimo (art. 7º, IV, da Constituição Federal), que em tese seria o menor valor para atender às necessidades vitais básicas, no caso em questão deve-se transcender essa percepção quantitativa.

De acordo com Luiz Edson Fachin, "aqui o mínimo transcende essa percepção quantitativa e não coloca no ponto central a noção de extremo"; e complementa o autor: "ao falar de mínimo ou de máximo não se cogita de extremos abaixo ou acima dos quais o objetivo em questão perde todas as suas características, suas propriedades"[146]. Vale ressaltar, no caso do salário mínimo, que a disposição legal é destoada da realidade social, o que não deve acontecer com o patrimônio mínimo.

Por não se moldar a parâmetros quantitativos, sendo o patrimônio mínimo um conceito aberto, depender-se-á da realidade fática de cada situação para se aferir sua proteção ou não. A preocupação deve se dar sob o aspecto qualitativo, pois não basta assegurar a sobrevivência do ser humano; nas palavras de Joyceane Bezerra de Menezes e Laura Anísia Moreira de Souza Pinto, "um ser humano que somente sobrevive, sem que lhe seja permitida a possibilidade de escolhas e alternativas, não é, efetivamente, um sujeito de direito, tampouco gozará do pleno desenvolvimento de personalidade"[147].

Exemplo prático de tal situação ocorre no caso do bem de família. A Lei n. 8.009/1990 institui o bem de família legal ou involuntário, com o objetivo de proteger e resguardar a dignidade familiar ao amparar um único bem utilizado como moradia, de forma indireta ou direta, pela entidade familiar. Discussões recorrentes surgem em casos em que a penhora recai sobre um imóvel e, devido a suas características, há a possibilidade de ser fracionado, ou seja, subdividi-lo e, com isso, manter-se a parte essencial com respeito ao bem de família e servirem as demais partes para o procedimento de expropriação e satisfação do débito.

O Superior Tribunal de Justiça tem sedimentado o entendimento de ser possível a penhora de parte do imóvel, entretanto se faz necessário que este não seja descaracte-

---

[144] SESSAREGO, Carlos Fernández. **Derecho y persona**. 2. ed. Truhullo-Peru: Normas Legales, 1995. p. 86-87.

[145] TEPEDINO, Gustavo. **Temas de direito civil**, cit., p. 2.

[146] FACHIN, Luiz Edson. **Estatuto jurídico do patrimônio mínimo**, cit., 2. ed., p. 277.

[147] MENESES, Joyceane Bezerra de; PINTO, Laura Anísia Moreira de Souza. Patrimônio mínimo e princípio da dignidade humana: uma análise garantista dos salários como meio de proteção do mínimo existencial. In: Conselho Nacional de Pesquisa e Pós-Graduação em Direito (Org.). **XVIII Encontro Nacional do CONPEDI – Maringá – Dimensões contemporâneas da personalidade**. Florianópolis: Fundação Boiteux, 2009. p. 7372-7392. Disponível em: <http://www.publicadireito. com.br/conpedi/anais/36/05_1499.pdf>. Acesso em: 04 mai. 2016. p. 7381-7382.

rizado[148]. Em casos em que não for possível o fracionamento do imóvel, devido a suas peculiaridades, ou até mesmo pelo fato de que perderia sua característica, independentemente do tamanho e valor, o imóvel será considerado impenhorável[149]. Tais decisões demonstram que o conceito de patrimônio mínimo é aberto e apenas será possível verificar a extensão da proteção no caso concreto.

Na mesma direção da ideia de *patrimônio mínimo*, surge a noção de *mínimo existencial*. Segundo Ricardo Lobo Torres, trata-se de direito subjetivo pessoal, conquistado por meio de construções históricas, que serve como pilar do ordenamento constitucional, pois é provedor da condição humana[150]. O que se busca é assegurar a independência dos cidadãos e lhes assegurar uma indispensável vida digna[151]. Tais valores estariam dentro da *esfera do não decidível*.

Na década de 1950, o jurista Otto Bachof reconheceu que é indispensável a uma existência digna a garantia de recursos mínimos para sobrevivência. Nesse sentido, deve ser conciliada a proteção à liberdade com o mínimo de segurança social[152].

O que se busca é funcionalizar o patrimônio na promoção da pessoa, ou seja, na dignidade de seu titular. Trata-se de uma parcela essencial e necessária à sobrevivência. A discussão quanto ao mínimo necessário à sobrevivência digna tem que transcender uma dimensão formal, como ocorre, por exemplo, com o conceito de estado de necessidade para o Direito Penal (art. 24 do Código Penal). Tal conceito deve ser pensado à luz da dignidade humana e dependerá do *standard* socioeconômico no plano fático. Deve-se partir da identificação das características dessa vida digna, para que seja possível, no plano pragmático, estabelecer os direitos subjetivos mínimos. Com isso, verifica-se, inclusive na teoria exposta por Luiz Edson Fachin, que o conceito de *patrimônio mínimo* é relativo, pois será variável, de acordo com a realidade econômica dos indivíduos.

Sendo lacunosa a locução *patrimônio mínimo*, cabe o seu preenchimento por meio da integração do ordenamento jurídico, com base na legalidade constitucional. Como já afirmado alhures, entre os objetivos do Estado estão a erradicação da pobreza e a redução das desigualdades. Portanto, o patrimônio deve ser funcionalizado como um instrumento de cidadania, e os direitos sociais colaborarão com a formação e a garantia de tal patrimônio[153].

---

[148] REsp 326.171/GO, Rel. Min. Sálvio de Figueiredo Teixeira, 4ª Turma, *DJ* 22.10.2001.

[149] STJ, REsp 1.178.469/SP 2010/0021290-0, Rel. Min. Massami Uyeda, j. 18.11.2010, 3ª Turma, *DJe* 10.12.2010.

[150] TORRES, Ricardo Lobo. O mínimo existencial e os direitos fundamentais. **Revista de Direito Administrativo**. Rio de Janeiro: Editora FGV, p. 29-49, jul./set. 1989. p. 46.

[151] TORRES, Ricardo Lobo (Org.). **Teoria dos direitos fundamentais**. Rio de Janeiro: Renovar, 1999. p. 264 e ss.

[152] SARLET, Ingo Wolfgang; FIGUEIREDO, Mariana Filchtiner. Reserva do possível, mínimo existencial e direito à saúde: algumas aproximações. In: SARLET, Ingo Wolfgang; TIMM, Luciano Benetti (Org.). **Direitos fundamentais**: orçamento e "reserva do possível". 2. ed. Porto Alegre: Livraria do Advogado, 2010. p. 13-50.

[153] MENESES, Joyceane Bezerra de; PINTO, Laura Anísia Moreira de Souza. Patrimônio mínimo e princípio da dignidade humana: uma análise garantista dos salários como meio de proteção do mínimo existencial. In: Conselho Nacional de Pesquisa e Pós-Graduação em Direito (Org.). **XVIII**

Cap. 1 • CONSTITUCIONALIZAÇÃO DO DIREITO PRIVADO | 33

No ordenamento jurídico brasileiro, diversos são os exemplos de proteção ao patrimônio mínimo. Como outrora dito, a repersonalização do Direito Civil encontra guarida na Constituição Federal de 1988, em especial por positivar como fundamento do Estado a dignidade da pessoa. Todavia, vai além disso, já que matérias da seara cível também foram positivadas e elevadas a condição constitucional. Além disso, o Código Civil de 2002 ultrapassa o caráter monolítico da codificação e, em algumas situações, positiva a dimensão axiológica da pessoa.

1.3.1 A vedação à doação universal

O primeiro exemplo que se pode trabalhar, na perspectiva do *patrimônio mínimo*, é o disposto no art. 548 do Código Civil, que prevê nulidade da doação universal do patrimônio. Tal proibição encontra sustentáculo histórico no Direito brasileiro, pois, antes mesmo do Código Civil de 1916, a Consolidação das Leis Civis já previa tal proibição no seu art. 475[154]. A norma surge como um óbice da prodigalidade, ao reconhecer como nula uma doação que não é contida. Os valores em proteção transcendem o meramente patrimonial, já que ao reconhecer como nula a doação universal de bens, sem reserva dele ou de outros que sejam suficientes à sobrevivência, fica nítido que o objetivo é a proteção à pessoa, já que tal norma se choca inclusive com a vontade da própria pessoa, pois se trata de norma cogente e não pode ser confundida como vício de vontade. Na mesma linha de proteção à pessoa, outras normas, do Código Civil, visam proteger o *mínimo existencial*, por exemplo: o art. 557, IV, ao permitir a revogação da doação em caso de recusa, pelo donatário, à prestação de alimentos que teria o dever e a possibilidade de fazer; a incapacidade relativa dos pródigos (art. 4º, IV); a proibição de ter como objeto de contrato a herança de pessoa viva, nos termos do art. 426[155].

Encontro Nacional do CONPEDI – Maringá – Dimensões contemporâneas da personalidade, cit., p. 7382.

[154] REBOUÇAS, Antonio Pereira. **A consolidação das leis civis**. 2. ed. Rio de Janeiro: E&H Laemmert, 1867. Disponível em: <http://www2.senado.leg.br/bdsf/item/id/242360>. Acesso em: 04 mai. 2016.

[155] Há uma crítica em relação à curatela do pródigo, pois se entende que em muitos casos o interesse é meramente patrimonial. Nesse sentido: "Na curatela do pródigo, a proteção patrimonial chega ao clímax: a prodigalidade é negada e a avareza premiada. É sintomático o espetáculo de ruptura dos laços de afetividade e solidariedade nas famílias: filhos, parentes e cônjuges em disputa de natureza econômica. Evidentemente, as relações de família também têm natureza patrimonial. Sempre terão. Quando, porém, passam a ser determinantes, desnaturam, como a história retratou, a função da família. Uma nova ordem jurídica que esteja adequada aos interesses e valores efetivamente existentes na realidade social não pode manter uma falsa representação dessa realidade, como se tornou nosso Código Civil em matéria de família" (LÔBO, Paulo Luiz Netto. A repersonalização das relações de família. In: BITTAR, Carlos Alberto. **O direito de família e a Constituição de 1988**. São Paulo: Saraiva, 1989. p. 67). Entendemos que o instituto visa a proteção da pessoa, pois não é qualquer ato de liberalidade que caracterizará a prodigalidade; a nosso ver, a hipótese legal prevê casos extremos em que se comprometa a própria noção de subsistência e de patrimônio mínimo da pessoa em questão.

Duas discussões podem ser trazidas em relação a quem teria a legitimação para se beneficiar da nulidade[156].

O primeiro caso, em relação aos credores, refere-se à possibilidade de invocar a norma, alegando que a doação caracterizaria prejuízo aos seus direitos creditórios. No caso da doação universal, não obstante o disposto nos arts. 168 e 169 do Código Civil prever a possibilidade de a nulidade ser alegada por qualquer interessado ou pelo Ministério Público, a proteção é para a pessoa do doador. Portanto, uma vez que o credor não postula a nulidade no interesse do doador, mas sim no seu próprio, não estamos diante da situação prevista pelo legislador[157].

A segunda situação refere-se à abertura da sucessão, pela morte do doador, e à legitimação dos herdeiros. Luiz Edson Fachin traz a seguinte solução: a princípio não teriam legitimação de pleitear, em nome próprio, a infração da norma, pois, ao falecer o doador, esgotar-se-ia a situação jurídica do art. 548 do Código Civil. No caso, seria possível a continuidade de um processo, em substituição processual, nos termos do art. 110 do Código de Processo Civil, ou quando da intervenção do Ministério Público, já que o proveito da ação seria em favor do doador, mesmo que em via reflexa favoreça os herdeiros[158]. Estabelece que se poderia advogar quanto ao prolongamento hereditário da garantia. A nosso ver, seria possível estender a proteção e assim manter sintonia com a dignidade da pessoa humana, que é a chave hermenêutica da leitura do Código Civil, em alguns casos. Por exemplo, em uma situação em que o herdeiro é dependente do doador falecido e os bens foram doados sem a observação do disposto no art. 548 do Código Civil, trata-se de utilizar a mesma premissa dos casos de cumulação de posse nas ações possessórias. Em tais situações, o dispositivo seria interpretado à luz da legalidade constitucional[159].

Outra possibilidade, em relação aos herdeiros necessários, seria pleitear a nulidade do negócio jurídico quando a doação exceder a legítima. Entretanto nesse caso a argumentação seria com base nos arts. 548, 549 e 1.789 do Código Civil[160].

---

[156] Utilizamos o termo *legitimação*, pois entendemos que há a legitimidade para atuar no processo, entretanto não seria a hipótese legal, em razão da não legitimação. Assim, posicionamo-nos no sentido de que, diante de tal requerimento, não seria o caso de indeferimento da inicial, nos termos do art. 330, II e III, do Código de Processo Civil, e extinção do processo sem resolução do mérito (art. 485, VI, do Código de Processo Civil), mas sim a hipótese de reconhecer a (im)possibilidade jurídica do pedido, nos termos do art. 487, I, do Código de Processo Civil.

[157] LÔBO, Paulo Luiz Netto. **Comentários ao Código Civil**: parte especial – das várias espécies de contratos (artigos 481 a 564). São Paulo: Saraiva, 2003. p. 330.

[158] FACHIN, Luiz Edson. **Estatuto jurídico do patrimônio mínimo**, cit., 2. ed., p. 106-107.

[159] Luiz Edson Fachin, muito bem resume o objetivo do dispositivo na seguinte passagem: "Concebendo o Direito como um sistema axiológico, orientado pelo princípio maior da dignidade da pessoa humana, procurou-se, assim, repensar a vedação da doação de todo patrimônio sem reserva voltada, fundamentalmente, para a defesa da vida" (FACHIN, Luiz Edson. **Estatuto jurídico do patrimônio mínimo**, cit., 2. ed., p. 110).

[160] Vale citar: (TJSP, Ap. 1559220108260247-SP, Rel. Paulo Eduardo Razuk, j. 11.06.2013, 1ª Câmara de Direito Privado, public. 17.06.2013).

1.3.2 A inalienabilidade testamentária

Outra situação trazida, em matéria de restrição patrimonial, é quanto à inalienabilidade testamentária. De origem romana, a cláusula de inalienabilidade pode ser utilizada em atos a título oneroso ou gratuito[161]. A preocupação no momento é quanto à possibilidade de o testador privar o beneficiário de dispor do bem, ou seja, proibir que determinado bem seja objeto de alienação[162]. O Código Civil disciplina a possibilidade da cláusula, primeiro no art. 1.911, ao dizer que "a cláusula de inalienabilidade, imposta aos bens por ato de liberalidade, implica impenhorabilidade e incomunicabilidade", e depois no art. 1.848, no qual restringe a possibilidade de incidência de tal cláusula sobre os bens da legítima.

De acordo com a atual legislação, em regra, é permitido ao testador que inclua cláusula de inalienabilidade sobre bens disponíveis e, havendo justa causa, também

---

[161] Silvio Rodrigues diz que "a cláusula de inalienabilidade só pode ser constituída por meio de liberalidade, ou seja, através de doação ou testamento" (RODRIGUES, Silvio. **Direito das sucessões**. São Paulo: Saraiva, 1990. p. 141). Em sentido diverso é o entendimento de Luiz Edson Fachin: "pode ser legítima a cláusula imposta em contratos onerosos, seguindo doutrina estabelecida no Direito Romano, vislumbrando a possibilidade de inserção da cláusula de inalienabilidade neste tipo de contrato" (FACHIN, Luiz Edson. **Estatuto jurídico do patrimônio mínimo**, cit., 2. ed., p. 119).

[162] Três teorias visam explicar a natureza das cláusulas de inalienabilidade. A primeira leva em conta a incapacidade do sujeito para alienar o bem em razão da restrição imposta, tal teoria não encontra guarida, pois a incapacidade apenas decorre de lei. A segunda seria uma obrigação de não fazer, assim o não cumprimento da obrigação apenas acarretaria perdas e danos, o que não é verdade. A terceira a entende como ônus real, ou seja, a inalienabilidade é inerente à coisa (STEFANO, Zulema Anacleto de. Cláusulas restritivas: de inalienabilidade, de incomunicabilidade e de impenhorabilidade. **Revista de Direito Civil, Imobiliário, Agrário e Empresarial**, São Paulo, v. 62, 1992. p. 51 e ss.). Para o Direito italiano, por exemplo, a cláusula não tem efeito real, mas sim obrigacional, portanto a não observação gera o dever de ressarcimento de perdas e danos (FACHIN, Luiz Edson. **Estatuto jurídico do patrimônio mínimo**, cit., 2. ed., p. 129). Vale citar Pontes de Miranda: "a inalienabilidade é um corte no *jus abutendi*; não é condição, nem *modus*, nem obrigação de não fazer, nem incapacidade: é uma *restrição* de poder, seu nome técnico, e não condição (falta-lhe suspensividade, falta-lhe resolutividade), tampouco *modus* (a cláusula atua *contra* a vontade do beneficiado; no *modus*, o beneficiado, é obrigado, mas a verba não atua contra a sua vontade: ele pode deixar de cumprir, e responde por perdas e danos), menos ainda *incapacidade*" (PONTES DE MIRANDA, F. C. **Tratado de direito privado**. Rio de Janeiro: Borsoi, 1955. p. 65). Há uma discussão em relação se a possibilidade de dispor do bem seria *jus abutendi* ou *jus disponendi*. Pontes de Miranda utiliza a expressão *jus abutendi*. Nelson Nery Jr. e Rosa Maria de Andrade Nery ao comentar o art. 1.228 do Código Civil utiliza a expressão *ius abutendi* (NERY JR., Nelson; NERY, Rosa Maria de Andrade. **Código Civil comentado**. São Paulo: RT, 2014 (*e-book*).). Maria Helena Diniz utiliza como sinônimo (DINIZ, Maria Helena. **Curso de direito civil brasileiro**: direito das coisas. 18. ed. São Paulo: Saraiva, 2002. p. 119). Silvio de Macedo esclarece: "O 'jus abutendi' (direito de abusar) não existe com a conotação atual nem no direito romano, porque existe uma oposição negativa invencível entre 'direito' e 'abuso'. Portanto, essas coisas se excluem simplesmente. No direito romano, segundo nossas pesquisas romanísticas textuais, o 'jus abutendi' está na forma do 'jus disponendi' (direito de dispor da coisa)" (MACEDO, Silvio. **Reflexões sobre o "jus abutendi"**. Disponível em: <http://www.ablj.org.br/revistas/revista11/revista11%20%20%20SILVIO%20DE%20MACEDO%20%E2%80%93%20Reflex%C3%B5es%20sobre%20o%20%E2%80%98Jus%20abutendi%E2%80%99.pdf>. Acesso em: 20 jun. 2017).

sobre bens da legítima. O interesse quanto à instituição de tal cláusula pode se dar sob dois pontos de vista. O primeiro quando o testador impõe limitação ao legatário, tendo como fundamento valor sentimental, em relação ao patrimônio da família, desprovido de qualquer objetivo que vise resguardar à pessoa do adquirente[163]. E, numa segunda perspectiva, quando o que se objetiva é garantir um patrimônio mínimo, a condição deve ser aceita e considerada válida.

Da cláusula de inalienabilidade, decorre a cláusula de impenhorabilidade, nos termos da Súmula n. 49 do Supremo Tribunal Federal e, com isso, a princípio, os bens não são passíveis de penhora, todavia os frutos o são. Qualquer ato que afronte tal cláusula será nulo de pleno direito, pois no caso estamos diante de uma indisponibilidade real[164]. Na práxis, a cláusula pode ser afastada quando o testador estipula a restrição com o único intuito de proteger o bem. Nesse caso, entendemos que poderá ser rechaçada a qualquer momento[165].

Uma dificuldade seria diferenciar no caso concreto quando a pessoa protege o bem ou a pessoa. Para solucionar tal problema sugerimos que seja respondida a seguinte pergunta, o bem é essencial para a subsistência digna do beneficiário? Caso a resposta seja positiva deve ser mantida a cláusula, caso negativa resta evidenciado que o ideal da proteção recai sobre o bem e não visa tutelar a pessoa.

Em situações excepcionais, em caso da existência de um único bem, desde que presente necessidade veemente dos valores para subsistência do herdeiro (por exemplo, para aplicar tais valores no tratamento de sua saúde), seria possível liberar o gravame e permitir a alienação do bem[166]. Outra hipótese seria autorizar a sub-rogação do valor da alienação no lugar do bem, sendo requisito, no caso, que o novo bem seja de valor igual ou superior[167]. Portanto, o Direito brasileiro, seguindo a tendência dos Direitos francês,

---

[163] Silvio Rodrigues entende que, nos casos em que ficar evidenciado que a cláusula não tem a intenção de beneficiar o herdeiro, poder-se-ia considerar como abuso de direito e afastar a cláusula. Neste sentido: "o art. 1.723 [art. 1.848], acima transcrito, da mesma maneira que o art. 3º da Lei Feliciano Pena, visa a proteger e não prejudicar o herdeiro necessário. Por conseguinte, quando ficar evidenciado que o testador, ao determinar a incidência de alguma dessas cláusulas, agiu por mero espírito de emulação, almejando apenas prejudicar o herdeiro necessário, a cláusula não pode prevalecer, isso porque tal procedimento caracterizará o abuso de direito, vedado pelo art. 160, I, 2ª parte [art. 188], do Código Civil" (RODRIGUES, Silvio. **Direito civil aplicado**. São Paulo: Saraiva, 1994. p. 233).

[164] GOMES, Orlando. **Sucessões**. 15. ed. Rio de Janeiro: Forense, 2012. p. 185.

[165] Vale citar a seguinte decisão: (STJ, REsp 1.422.946/MG 2013/0398709-1, Rel. Min. Nancy Andrighi, j. 25.11.2014, 3ª Turma, *DJe* 05.02.2015).

[166] Nesse sentido: (Ap. 262.642-8, 4ª Câm., j. 21.12.1998, Rel. Juíza Maria Elza, *DOMG* 1º.10.1999. *RT* 772, p. 395-398).

[167] Luiz Edson Fachin muito bem sintetiza a possibilidade de existência e validade da cláusula: "Analisando a cláusula de inalienabilidade sob o viés personalista, há sintonia com as mudanças ocorridas, devendo ser respeitada. O testador, quando estabelece a restrição de poder, objetivando resguardar o herdeiro ou legatário das incertezas do futuro, merece que sua vontade prevaleça, comportamento que, como regra geral, deve merecer o respaldo do Direito e orientar, na solução justa dos casos concretos, a equânime perspectiva dos valores nucleares centrados no ser humano" (FACHIN, Luiz Edson. **Estatuto jurídico do patrimônio mínimo**, cit., 2. ed., p. 129).

italiano e alemão, prevê a possibilidade da cláusula de inalienabilidade, sendo requisitos ter justa causa e estar expressa no testamento. Apenas em alguns casos, pela via judicial, poderá ser autorizada a alienação sub-rogando-se os valores a outro bem ou, em casos excepcionais, dispensando-se a sub-rogação.

1.3.3 O bem de família

Conforme outrora dito, a legislação civil transcende os Códigos, e diversas legislações esparsas buscam disciplinar as relações. Nas palavras de Luiz Edson Fachin, "o Código não consegue aprisionar todos os horizontes que ele mesmo se propôs a governar"[168]. É nesse sentido que surge o instituto do bem de família, que atualmente está positivado no Código, mas também em legislação especial. Trata-se de um *código fora dos códigos* ou um *oásis no meio do transcurso*, cujo objetivo é proteger o patrimônio mínimo familiar.

Observa-se que, na legislação pátria, em especial no Código Civil e agora no Código de Processo Civil, há uma mudança de paradigma, ao serem positivados valores constitucionais que reafirmam a pessoa humana como centro dos institutos jurídicos, assegurando, especialmente por meio do sistema de cláusulas gerais, os direitos fundamentais previstos pelos arts. 1º ao 5º da Constituição Federal de 1988, dos quais se extrai a tríade fundamental desse novo método hermenêutico: dignidade-solidariedade-igualdade[169].

Amplia-se a proteção aos direitos existenciais, ao analisá-los à luz da personalização do Direito Privado. Busca-se valorizar a pessoa humana e assegurar um *patrimônio mínimo*[170]. Isso possibilita garantir o mínimo vital ao ser humano, seja decorrente de uma entidade familiar tradicional ou não, uma vez que é obrigação do Estado possibilitar o *mínimo existencial* aos seres humanos que vivem em seu território[171].

O bem de família – originário do *homestead* americano – visa concretizar o direito fundamental à moradia (art. 6º da Constituição Federal), à dignidade da pessoa humana (art. 1º, III, da Constituição Federal) e à solidariedade (art. 3º, I, da Constituição Federal). Preserva as bases patrimoniais mínimas do devedor, assegurando-lhe a dignidade e possibilitando-lhe o recomeço de vida[172]. Por visar proteger a pessoa, o rol das entidades familiares protegidas constitucionalmente no art. 226 é significativamente ampliado, já que surgem novas formas e modalidades, além das tradicionais contidas nesse ditame

---

[168] FACHIN, Luiz Edson. **Estatuto jurídico do patrimônio mínimo**, cit., 2. ed., p. 131.

[169] TEPEDINO, Gustavo. Premissas metodológicas para a constitucionalização do direito civil. In: **Temas de direito civil**, cit., 2004; TARTUCE, Flávio. **Direito civil**: lei de introdução e parte geral. São Paulo: Método, 2014. p. 292-293.

[170] FACHIN, Luiz Edson. **Estatuto jurídico do patrimônio mínimo**. Rio de Janeiro: Renovar, 2001. p. 190.

[171] SARMENTO, Daniel. **A ponderação de interesses na Constituição Federal**. Rio de Janeiro: Lumen Juris, 2000. p. 71.

[172] ZILVETI, Ana Marta Cattani de Barros. **Novas tendências do bem de família**. São Paulo: Quartier, 2006. p. 256.

superior, podendo ser citadas a família anaparental (aquela sem pais) e a família homoafetiva (a existente entre pessoas do mesmo sexo)[173].

Nesse sentido, é emblemática a decisão do Superior Tribunal de Justiça no Recurso Especial n. 182.223/SP, de relatoria do Ministro Humberto Gomes de Barros (julgado pela sua Corte Especial, em 6 de fevereiro de 2002, e publicado no *Diário de Justiça,* de 7 de abril de 2003, p. 209)[174]. O aresto em questão considera um imóvel de devedor solteiro e solitário como impenhorável, por ser bem de família, utilizando como fundamento o art. 1º da Lei n. 8.009/1990, interpretado de forma teleológica e extensiva, com o intuito de resguardar o direito à moradia ao indivíduo que vive sozinho.

Busca-se na realidade a proteção da pessoa, por isso o Superior Tribunal de Justiça sedimentou o entendimento de que a abrangência da Lei n. 8.009/1990 vai além do grupo familiar, ao proteger a pessoa solteira, separada ou viúva (Súmula n. 364 do Superior Tribunal de Justiça)[175]. Outras decisões superiores, com base na tese do *patrimônio mínimo* ou do *mínimo existencial*, ampliam a proteção e o conceito de bem de família. A propósito, o supracitado Recurso Especial n. 621.399/RS (Rel. Min. Luiz Fux, 1ª Turma, julgado 19.04.2005, *DJ* 20.02.2006, p. 207) declara a impenhorabilidade de imóvel de pessoa jurídica (empresa familiar) que, além de ser sede da pequena empresa, também serve de moradia aos membros da entidade familiar.

Na mesma linha, no Recurso Especial n. 950.663/SC, cujo Relator foi o Ministro Luis Felipe Salomão, o Superior Tribunal de Justiça entendeu ser impenhorável o imóvel cuja usufrutuária era genitora do devedor e o utilizava como moradia[176]. Os argumentos utilizados foram o direito fundamental a moradia, com o consequente desdobramento no princípio da dignidade da pessoa humana e no Estatuto do Idoso (Lei n. 10.741/2003).

---

[173] No direito brasileiro, destaca-se a obra: DIAS, Maria Berenice. **Manual de direito das famílias**. Porto Alegre: Livraria do Advogado, 2010. p. 48.

[174] "PROCESSUAL – EXECUÇÃO – IMPENHORABILIDADE – IMÓVEL – RESIDÊNCIA – DEVEDOR SOLTEIRO E SOLITÁRIO – LEI 8.009/1990. – A interpretação teleológica do Art. 1º, da Lei 8.009/1990, revela que a norma não se limita ao resguardo da família. Seu escopo definitivo é a proteção de um direito fundamental da pessoa humana: o direito à moradia. Se assim ocorre, não faz sentido proteger quem vive em grupo e abandonar o indivíduo que sofre o mais doloroso dos sentimentos: a solidão. – É impenhorável, por efeito do preceito contido no Art. 1º da Lei 8.009/1990, o imóvel em que reside, sozinho, o devedor celibatário" (REsp 182.223/SP, Rel. Min. Sálvio de Figueiredo Teixeira, Rel. p/ Ac. Min. Humberto Gomes de Barros, Corte Especial, j. 06.02.2002, *DJ* 07.04.2003, p. 209). Ressalta-se que a proteção se dá para a pessoa solitária, e não no caso em que ocorre a separação dos membros da família e há dois imóveis que são utilizados por ela; nesse sentido: REsp 301.580/RJ, *Dje* 18.06.2013.

[175] Os civilistas contemporâneos tendem a se manifestar favoráveis a tal posicionamento; nesse sentido: TARTUCE, Flávio. **Direito civil**: lei de introdução e parte geral, cit., p. 295; GAGLIANO, Pablo Stolze; PAMPLONA FILHO, Rodolfo. **Novo curso de direito civil**. São Paulo: Saraiva, 2003. p. 290-291; FARIAS, Cristiano de; ROSENVALD, Nelson. **Direito civil**: teoria geral. Rio de Janeiro: Lumen Juris, 2006. p. 342; SCHREIBER, Anderson. **Direito à moradia como fundamento para impenhorabilidade do imóvel residencial do devedor solteiro**: diálogos sobre direito civil. Rio de Janeiro: Renovar, 2002. p. 84.

[176] REsp 950.663/SC, Rel. Min. Luis Felipe Salomão, 4ª Turma, j. 10.04.2012, *DJe* 23.04.2012.

Conforme outrora afirmado, o *homestead* surge no Direito americano com o objetivo de assegurar às famílias uma porção de terra rural livre de execuções[177]. O professor Álvaro Vilaça Azevedo conceitua bem de família como "um meio de garantir um asilo à família, tornando-se o imóvel onde a mesma se instala domicílio impenhorável e inalienável, enquanto forem vivos os cônjuges e até que os filhos completem sua maioridade"[178]. Também se pode conceituar o bem de família "como o imóvel utilizado como residência da entidade familiar ou da pessoa solteira, visando à concretização de um mínimo de direitos patrimoniais para que viva com dignidade"[179].

Atualmente, no sistema jurídico brasileiro existem duas espécies de bem de família, que convivem harmonicamente, em um sistema dualista. A primeira espécie, regulada pelo Código Civil de 2002 nos seus arts. 1.711 a 1.722, é o bem de família voluntário ou convencional. Já o segundo é o bem de família legal positivado na Lei n. 8.009/1990.

O bem de família convencional ou voluntário, como outrora dito, atualmente está regulamentado pelos arts. 1.711 a 1.722 do Código Civil de 2002. Trata-se daquele instituído pelos cônjuges, pela entidade familiar ou por terceiro, por meio de escritura pública ou testamentária (art. 1.714), devendo se ater ao limite de um terço do patrimônio líquido dos membros instituintes, nos termos do art. 1.711, podendo inclusive ser instituído por outras manifestações familiares[180].

O Código também prevê a possibilidade de o bem ser instituído por terceiro, todavia, nesse caso, os beneficiados (parágrafo único, art. 1.711) devem expressamente aceitar a instituição, não podendo se falar em aceitação tácita, até mesmo pelo fato de haver necessidade de residirem no imóvel (art. 1.717).

O objeto de instituição poderá ser prédio residencial (urbano ou rural), bem como seus acessórios (pertenças), inclusive podendo abranger valores mobiliários, se a renda servir para conservar o imóvel ou sustentar a família (art. 1.712). Nesse caso, deverão ser respeitadas as limitações, bem como os procedimentos, contidos no art. 1.713 e seus parágrafos.

O Código Civil estabelece exceções quanto à impenhorabilidade (art. 1.715), que seriam: a) dívidas anteriores; b) relacionadas ao prédio (*v.g.* IPTU); e c) despesas de condomínio. Ressalte-se que, nos dois últimos casos, a exceção incide mesmo sendo posterior à instituição do bem. Todavia, na existência de outros bens, o disposto nesse artigo segue a regra da subsidiariedade, uma vez que o seu parágrafo único prevê que tais dívidas devem recair primeiramente em outros bens.

A regra da inalienabilidade decorre do art. 1.717, de forma que, uma vez instituído o bem de família, qualquer alienação poderá ser feita apenas por meio de uma autorização judicial, sendo necessário haver concordância dos membros da entidade familiar e ser ouvido o Ministério Público.

---

[177] A primeira Lei nesse sentido é de 26 de janeiro de 1839 (VANCE, W. R. Homestead exemption laws. In: SELIGAMAN. **Encyclopaedia of the Social Sciences**. Nova Iorque: s.n., 1934).

[178] AZEVEDO, Álvaro Villaça. **Bem de família**. São Paulo: RT, 1999. p. 94.

[179] TARTUCE, Flávio; BRASILINO, Fábio Ricardo Rodrigues. O bem de família do fiador à luz do direito civil constitucional: a inconstitucionalidade do inciso VII, art. 3º da Lei n. 8.009/1990. In: MEZZAROBA, Orides; AYUDA, Fernando Galindo (Org.). **Encontro de Internacionalização do CONPEDI**. Barcelona: Ediciones Laborum, 2015. v. 9. p. 20.

[180] TARTUCE, Flávio. **Direito civil**: lei de introdução e parte geral, cit., p. 298.

Nas hipóteses de impossibilidade de manutenção do bem, o juiz poderá – a requerimento da parte e ouvido o Ministério Público – autorizar a extinção ou sub-rogação real dos bens em outros, nos termos do art. 1.719.

Quanto à administração do bem de família, o Código seguiu a atual orientação relativa à equidade nos relacionamentos familiares (nos termos do art. 226 da Constituição Federal e do art. 1.511 do Código Civil), ao dispor que compete a ambos os cônjuges; todavia, na contramão da desjudicialização dos conflitos conjugais, estabelece competência ao juiz para dirimir eventuais problemas[181].

Considerando ser o objetivo do bem de família a proteção à pessoa, independentemente da estrutura ou tipo familiar, a dissolução da sociedade conjugal por morte de um dos cônjuges não é motivo de extinção do bem de família, ou seja, não decorre da sociedade conjugal, podendo o cônjuge sobrevivente, em caso de único bem do casal, requerer a sua extinção (parágrafo único, art. 1.721)[182]. Assim, os efeitos permanecem enquanto viver o outro cônjuge (art. 1.716). Extingue-se a proteção com a morte de ambos os cônjuges e a maioridade dos filhos, salvo em casos de sujeição a curatela (art. 1.722).

Partindo do pressuposto adotado no presente trabalho (personalização do Direito Privado), verifica-se que o fato de existirem duas modalidades de bem de família não importa dizer que uma anula a outra. Pelo contrário, deve existir uma complementaridade e, dessa forma, ao se analisar o instituto, não se pode esquecer a existente proteção conferida pela Lei n. 8.009/1990[183].

No Brasil, poucos são os casos de adoção do bem de família consensual, de forma que a efetiva proteção do bem de família se dá pelos dispositivos da Lei n. 8.009/1990, cujo objetivo é versar sobre a impenhorabilidade do bem de família.

Ao analisar o art. 1º da Lei, Álvaro Villaça Azevedo estabelece como: "[...] o imóvel residencial, urbano ou rural, próprio do casal ou da entidade familiar, e/ou móveis da residência, impenhoráveis por determinação legal".

Tal legislação, diferentemente do que ocorre quanto ao bem de família convencional, visa apenas assegurar a impenhorabilidade, e não a inalienabilidade. Outra diferença que

---

[181] TARTUCE, Flávio. **Direito civil**: lei de introdução e parte geral, cit., p. 300. Também vai ao encontro de tal entendimento (DIAS, Maria Berenice. **Manual de direito das famílias**, cit., p. 592).

[182] Admite-se nesse caso a aplicabilidade da mencionada disposição a outras entidades familiares. No mesmo sentido: PEREIRA, Rodrigo da Cunha. **Código Civil anotado**. Porto Alegre: Síntese, 2004. p. 1.189.

[183] Sobre a convivência de ambos os institutos, vale citar: "O objetivo da modalidade convencional e legal é o mesmo: garantir um abrigo habitável para a família, de forma a ficar isento de execução por dívidas. O instituto coativo ampliou o campo de incidência, fazendo abranger também as plantações, as benfeitorias existentes no imóvel e todos os equipamentos, inclusive os de uso profissional, e os móveis que guarnecem a casa. Além de mais abrangente, é automático e independente de iniciativa do cidadão. Não há inconstitucionalidade a vislumbrar no diploma legal, que intenciona favorecer a família, com base na própria Constituição Federal. E qualquer habitação não pode prescindir de um mínimo de conforto e de bem-estar, proporcionados pelos móveis, utensílios, pertenças e benfeitorias que a integram [...]. Na verdade, a inalienabilidade no caso não existe como um fim em si mesma, mas apenas como um meio de usufruir pacificamente a habitação familiar" (MARMITT, Arnaldo. **Bem de família**. Rio de Janeiro: Aide, 1995. p. 50-51).

Cap. 1 · CONSTITUCIONALIZAÇÃO DO DIREITO PRIVADO | 41

vale destacar é que a atual legislação tem caráter de norma de ordem pública, ou seja, pode ser aplicada de ofício pelo julgador e tem eficácia retroativa, nos termos da Súmula n. 205 do Superior Tribunal de Justiça[184].

A regra geral institui que o imóvel deve ser utilizado como residência. Todavia, visando a ampla proteção do direito à moradia (art. 6º da Constituição Federal), o Superior Tribunal de Justiça consolidou o entendimento de que, em determinadas situações, pode ser considerado o bem de família indireto. Seria o caso em que o único imóvel está locado, porém seus rendimentos são revertidos para custeio e sobrevivência da família. Nesse sentido é a Súmula n. 486 do Superior Tribunal de Justiça.

Discussão existente relativa ao tema considera a possível existência de limitação do valor do bem, porém não se pode admitir tal interpretação, uma vez que normas restritivas de direito não podem ser interpretadas de forma extensiva. A própria legislação traz hipóteses legais sobre as exceções à impenhorabilidade, uma vez que a Lei n. 8.009/1990, no seu art. 1º, restringe as exceções de impenhorabilidade às contidas no texto legal[185].

Dessa forma, a interpretação que deve ser dada é no sentido de que os bens imóveis, independentemente do seu valor, devem ser protegidos pela impenhorabilidade. Vale ressaltar que o Superior Tribunal de Justiça admite em determinadas situações, nas quais o imóvel possa ser desmembrado sem que isso o descaracterize, que o seja, bem como que a uma parte (da residência) fique assegurada a proteção e a outra sirva para satisfação dos débitos[186].

Assim como ao imóvel, a Lei assegura a proteção da impenhorabilidade aos bens móveis, mesmo sendo o imóvel locado, excluindo-se a proteção aos "veículos de transporte, obras de arte e adornos suntuosos" (art. 2º).

A Lei prevê ainda algumas exceções à regra da impenhorabilidade, além da existente no art. 2º, estando tais exceções dispostas no art. 3º: a) créditos decorrentes de recursos financiados que originaram o imóvel; b) credor de pensão alimentícia, resguardando-se os direitos, sobre o bem, do seu coproprietário; c) para cobrança de tributos e condomínio do imóvel (obrigações *propter rem*); d) para execução de hipoteca sobre o imóvel, caso em que deverá ser oferecido em garantia real pelo casal ou entidade familiar; e) quando a origem tenha sido em ilícito penal, ou para execução de sentença penal condenatória de ressarcimento, indenização ou perdimento de bens, caso em que há a necessidade de prévia sentença penal condenatória (REsp 711.889/PR); por último, f) por obrigação decorrente de fiança em contratos de locação.[187]

---

[184] AZEVEDO, Álvaro Villaça. **Bem de família**, cit., p. 158 e 159.

[185] Nesse sentido é o entendimento do Superior Tribunal de Justiça: REsp 715.259/SP, Rel. Min. Luis Felipe Salomão, 4ª Turma, j. 05.08.2010, *DJe* 09.09.2010.

[186] AgRg no Ag 1406830/SC, Rel. Min. Marco Buzzi, 4ª Turma, j. 26.06.2012, *DJe* 01.08.2012.

[187] Defendemos que tal dispositivo é inconstitucional: TARTUCE, Flávio; BRASILINO, Fábio Ricardo Rodrigues. O bem de família do fiador à luz do direito civil constitucional: a inconstitucionalidade do inciso VII, art. 3º da Lei n. 8.009/1990. In: MEZZAROBA, Orides; AYUDA, Fernando Galindo (Org.). **Encontro de Internacionalização do CONPEDI**, cit., v. 9.

Para garantir um patrimônio mínimo, há uma intervenção estatal na autonomia privada do indivíduo, com o objetivo de assegurar a proteção à dignidade humana. Trata-se do *Estado-protetor*, na expressão utilizada por Rodrigo da Cunha Pereira, o qual legitima a intervenção em prol de um bem maior[188].

O que se busca é a releitura dos institutos do Direito Privado às brisas do Direito Civil-Constitucional, construindo novos horizontes e perspectivas e reconhecendo o indivíduo numa concepção solidária e contemporânea. Com isso, "a defesa de um patrimônio mínimo denota o caráter instrumental (meio) da esfera patrimonial em relação à pessoa (fim)"[189]. Não se trata de privilegiar o devedor em detrimento do credor; pelo contrário, o que se busca é a igualdade material nas relações. Portanto, em determinadas situações, há um sacrifício de interesses, em especial dos credores, em nome de um interesse maior, a dignidade pessoal[190].

1.3.4 O enfoque processual

A proteção à pessoa transcende o Direito material, assim o Código de Processo Civil traz em seus dispositivos hipóteses de impenhorabilidade de determinados bens. Portanto, a execução deve ser vista sob a ótica da dignidade humana[191].

Sustenta Luiz Edson Fachin que o ordenamento jurídico, tendo como pressuposto a Constituição, positiva princípios que devem ser observados na execução judicial, quando o Judiciário é provocado. São eles[192]:

a) princípio da *nulla executio sine titulo*: para tal princípio, é requisito essencial da execução a apresentação do título, nos termos do art. 778, *caput*, do Código de Processo Civil;

b) princípio da inércia ou da demanda: nos termos do art. 2º do Código de Processo Civil, o processo apenas se inicia por iniciativa do credor insatisfeito;

c) princípio da responsabilidade do exequente: positivado no art. 776 do Código de Processo Civil, que dispõe que o exequente arcará com os danos sofridos por uma execução sem justa obrigação;

d) princípio da determinação legal ou judicial dos atos executivos: de acordo com o art. 782, *caput*, do Código de Processo Civil, não dispondo a lei formas diversas, compete ao juiz(íza) determinar os atos executivos;

---

[188] PEREIRA, Rodrigo da Cunha. **Princípios norteadores do direito de família**. Belo Horizonte: Del Rey, 2006. p. 157.

[189] FACHIN, Luiz Edson. **Estatuto jurídico do patrimônio mínimo**, cit., p. 190.

[190] Nas palavras do autor: "Não se trata, porém, de causar 'mal' a outrem, ainda que de modo legítimo ou inimputável. Contudo, não se pode olvidar a possibilidade da ocorrência de sacrifício de interesses, especialmente de credores. Daí por que a migração proposta: entre a garantia creditícia e a dignidade pessoal, opta-se por esta que deve propiciar a manutenção dos meios indispensáveis à sobrevivência" (FACHIN, Luiz Edson. **Estatuto jurídico do patrimônio mínimo**, cit., p. 173).

[191] PÉREZ, Jesús González. **La dignidade de la persona**. Madrid: Civitas, 1986. p. 19.

[192] FACHIN, Luiz Edson. **Estatuto jurídico do patrimônio mínimo**, cit., p. 183-184.

Cap. 1 • CONSTITUCIONALIZAÇÃO DO DIREITO PRIVADO | 43

e) princípio da documentalidade: impõe a apresentação do título executivo, sob pena de indeferimento da inicial, nos termos do art. 784 do Código de Processo Civil;

f) princípio da liquidez e certeza do título executivo: conforme o art. 783 do Código de Processo Civil;

g) princípio da responsabilidade do devedor pelas obrigações assumidas com seus bens presentes e futuros, salvo às exceções legais: de acordo com o art. 789 do Código de Processo Civil;

h) princípio do interesse do credor: como reza o art. 797 do Código de Processo Civil;

i) princípio da escolha pelo credor do tipo de execução a ser ajuizada: segundo o art. 798, II, *a*, do Código de Processo Civil;

j) princípio da menor onerosidade da execução em face do executado: de acordo com o art. 805 do Código de Processo Civil;

k) princípio da relatividade quanto aos bens considerados impenhoráveis ou inalienáveis: nos termos do art. 832 do Código de Processo Civil;

l) princípio da substituição a qualquer tempo do bem penhorado por outro menos oneroso: segundo o art. 847 do Código de Processo Civil;

m) princípio da remição da execução a qualquer tempo: conforme o art. 826 do Código de Processo Civil;

n) princípio de que a execução não pode levar o executado a condição indigna.

Conforme pode ser observado, inicialmente a execução tem como objetivo satisfazer o credor, todavia pode ser relativizada, no intuito de compatibilizar-se com a proteção ao executado.

Além desses princípios, a legislação processual traz hipóteses de impenhorabilidade de determinados bens nos seus arts. 832 e 833, que oportunamente serão trabalhados.

Todos os exemplos trazidos, neste tópico, não compõem rol taxativo, já que, de acordo com Cristiano Chaves de Farias e Nélson Rosenvald, "o eventual rol de exemplos não é exauriente, dependendo do caso concreto, para que seja delimitada a extensão do patrimônio da pessoa humana [...] a partir da colisão entre valores patrimoniais destinados à garantia do crédito e valores patrimoniais vocacionados à proteção das situações existenciais, exigindo importante atuação interpretativa e construtiva"[193].

Como outrora já exposto, ao se falar em patrimônio mínimo, deve-se reconhecê-lo como conceito aberto, ou seja, dependente dos elementos fáticos. A teoria do patrimônio mínimo parte do pressuposto da universalidade do patrimônio, o que quer dizer que, a princípio, deve-se reconhecer que todo indivíduo possui patrimônio, mesmo ínfimo ou negativo; tal fato poderia ser fundamentado no art. 1º do Código Civil, que estipula ser toda pessoa capaz de direitos e deveres, bem como nos arts. 155 a 186 do Código Penal, que trazem crimes contra o patrimônio, nos quais, a princípio, qualquer pessoa poderia ser enquadrada como sujeito passivo. O problema é que partir do pressuposto da universalidade do patrimônio, ou seja, reconhecer que todos têm um patrimônio, ainda que negativo, não contempla uma grande parcela da população, que pouquíssimo ou nada tem.

---

[193] FARIAS, Cristiano Chaves; ROSENVALD, Nélson. **Direito civil**: teoria geral, cit., p. 316.

BEM JURÍDICO EMPRESARIAL – *Fábio Brasilino*

Vale, neste ponto, citar as palavras de Luiz Edson Fachin: "a ausência de patrimônio não permite, nem de longe, inferir a invalidade dos postulados aqui sustentados em favor de pessoa. A falta de objeto patrimonial não pode (nem deve jamais) acarretar o não comparecimento da pessoa ao estatuto de sujeito"[194].

A proteção do patrimônio mínimo é de extrema importância para o respeito à dignidade da pessoa humana, e esta não pode ser confundida com os mecanismos de acesso aos bens[195]. Portanto, ao Direito Privado, além de reconhecer a necessidade da proteção do mínimo existencial, compete também ser utilizado como mecanismo de garantia de acesso aos bens. Daí a importância da função social da empresa enquanto geradora de riquezas e bem-estar social, conforme será trabalhado oportunamente. Assim, no próximo tópico, analisar-se-á o problema do umbral de acesso ao Direito Privado, tendo como referência a obra do professor argentino Ricardo Luis Lorenzetti.

1.4 A TEORIA DO UMBRAL DE ACESSO AO DIREITO PRIVADO E O DIREITO PRIVADO COMO GARANTIDOR DE ACESSO AOS BENS

O Direito Privado e seus institutos sempre foram pensados na perspectiva do indivíduo já instalado e bem, ou seja, desconsiderava a existência de dois mundos, o do acesso e o da exclusão[196]. Como outrora trabalhado, o Código Civil de 1916, numa perspectiva patrimonialista, tinha como figuras centrais o chefe de família, o proprietário, o contratante e o testador. Isso importa dizer que não havia uma preocupação com a possibilidade de acesso aos bens[197]. Em tal perspectiva, o que se protegia, em relação à propriedade, era seu uso e sua defesa perante terceiros. De outro giro, em matéria contratual, a atenção estaria voltada às obrigações dos contratantes, respeito ao pactuado, modos de extinção e efeitos quanto ao seu descumprimento. Ao chefe de família cabia a obrigação com a prole, sendo a mulher mera colaboradora, e o testador devia tratar da legítima e de sua inalienabilidade, entre outras preocupações predominantemente patrimoniais. Sem mencionar ramos como o Direito do Trabalho, cujo cuidado era apenas com os que já possuíam a relação de emprego, e o Direito Processual, voltado aos litigantes.

O problema da visão do Direito Privado numa perspectiva patrimonialista, afastado da proteção ao *ser*, é econômico, pois há a produção de riquezas e bens, entretanto uma grande parte da população não tem acesso a eles. Ricardo Luis Lorenzetti, ao trabalhar com os ensinamentos de Ramón García Cotarelo, estabelece que "vivemos em uma 'sociedade de dois terços'. Uma reduzida minoria opulenta, uma maioria acomodada que se beneficia de políticas liberais e fiscalmente restritivas"; e complementa: "outro grupo, igualmente numeroso, que vai sendo progressivamente posto de lado, encaminhado ao 'quarto mundo'; são as faces obscuras do progresso tecnológico"[198]. Antonio Menger, em seu livro *Das bürgerlicher recht und die besitzlosen volksklassen*, título traduzido na versão

---

[194] FACHIN, Luiz Edson. **Estatuto jurídico do patrimônio mínimo**, cit., p. 290.

[195] FACHIN, Luiz Edson. **Estatuto jurídico do patrimônio mínimo**, cit., p. 286.

[196] LORENZETTI, Ricardo Luis. **Fundamentos do direito privado**, cit., p. 86.

[197] TEPEDINO, Gustavo. **Temas de direito civil**, cit., 2. ed., 1999.

[198] LORENZETTI, Ricardo Luis. **Fundamentos do direito privado**, cit., p. 85-86.

espanhola como *El Derecho Civil y los pobres*, defende que o Direito Privado nasce, na sua base – propriedade, liberdade contratual e direito hereditário –, numa visão individualista e sustenta que a classe dominante, à época vista como classe burguesa, utiliza-se do Direito Privado e o adapta de acordo com seus interesses[199].

Outra questão se relaciona ao excesso de consumo e ao fato de a pobreza caminhar lado a lado com ele, sendo consequentemente grande parte da população excluída de bens que inegavelmente são essenciais na sociedade contemporânea. Surgem políticas de acesso aos bens. Expandem-se as possibilidades de crédito a todas as classes sociais, sem qualquer preocupação ou prevenção com eventuais consequências de tal política. Isso faz com que estejamos em uma "sociedade de risco", utilizando-se o conceito de Ulrich Beck[200]. O acesso ao crédito fácil e desmedido, a todas as classes, faz com que haja uma falsa ilusão de ascensão social. Todavia, a questão a ser colocada, como dito alhures, é que há "um umbral de entrada ao Direito Privado, que importa a exclusão de grandes grupos de pessoas: nem todos chegam a ser proprietários, contratantes, trabalhadores ou autores em um processo"[201]. Sem contar, no caso do consumo e do acesso ao crédito, que não existem instrumentos de regulação aptos a preservar o mínimo existencial[202]. Ricardo Luis Lorenzetti chega a fazer a afirmação irônica de que o Direito Privado seria um hotel de luxo, que estaria aberto a todos, porém apenas os que podem pagar pela hospedagem teriam a prerrogativa de utilizá-lo[203].

Partindo-se desse pressuposto de desigualdade, contemporaneamente não mais se pode imaginar um Estado absenteísta. No século XIX, Antônio Menger já defendia que era obrigação do Estado oportunizar o acesso à justiça[204]. Ademais, o ideal de Estado mínimo e supervalorização do poder da sociedade civil não encontra mais fundamento. De acordo com Ramón García Cotarelo, a primazia da sociedade civil e do Estado, após um período adormecido, marcha novamente como um exército de zumbis, como se Keynes não tivesse existido e demonstrado que não mais é possível o retorno à configuração manchesteriana da sociedade, pois existem fatores materiais e ideias que impossibilitam esse retorno[205].

Outrossim, não se pode olvidar que o Estado Democrático de Direito tem por objetivos a construção de uma sociedade livre, justa e solidária, a erradicação da pobreza e a redução das desigualdades. Para tanto, é fundamental a participação do Estado por meio do dirigismo, legislativo e judicial, e instrumentos de intervenção estatal sobre o domínio

---

[199] MENGER, Antonio. **El derecho civil y los pobres**. Buenos Aires: Atalaya, 1947. p. 47.

[200] BECK, Ulrich. **Risk society**: towards a new modernity. London: Sage, 1992.

[201] LORENZETTI, Ricardo Luis. **Fundamentos do direito privado**, cit., p. 87.

[202] BERTONCELLO, Káren Rick Danilevicz. **Superendividamento do consumidor**: mínimo existencial – casos concretos. São Paulo: RT, 2015. p. 27.

[203] LORENZETTI, Ricardo Luis. **Fundamentos do direito privado**, cit., p. 87.

[204] MENGER, Antonio. **El derecho civil y los pobres**, cit., p. 68.

[205] COTARELO, Ramón García. La crisis del Estado del bienestar y la sociedad civil. **Cuenta y razón del pensamiento actual**, n. 31, 1987. Disponível em: <http://www.cuentayrazon.org/revista/pdf/031/Num 031_006.pdf>. Acesso em: 02 jun. 2016. p. 7.

econômico, previsto no art. 174 da Constituição Federal, uma vez que possibilitam vivenciar um regime econômico nos termos previstos no art. 170 da Constituição Federal[206].

Discussões quanto à falta de segurança jurídica, em casos em que há ingerência estatal nas relações privadas, por exemplo em matéria de contratos, acabam caindo por terra, pois a atual concepção é que a função social do Direito está no respeito às pessoas e a sua dignidade. Nesse sentido, Flávio Tartuce ensina-nos que, "à luz da *personalização e constitucionalização do Direito Civil*, pode-se afirmar que a real *função do contrato não é a segurança jurídica, mas sim atender os interesses da pessoa humana*" (grifos no original)[207].

Vale dizer que ao Direito compete promover os objetivos e finalidades sociais que são necessários ao desenvolvimento do Estado Democrático de Direito. Exemplo de tal situação é a relativização da responsabilidade limitada, no Direito Societário brasileiro, em que a limitação da responsabilidade é mitigada em prol de outros valores, inclusive sendo possível afirmar que o Direito Societário se *publicizou*, pois "se adaptou aos novos tempos deixando de lado alguns dos traços que historicamente lhe haviam conferido a designação de ramo do direito privado"[208].

A ideia de acesso ao Direito Privado, em tempos de *despatrimonialização* ou *repersonalização* dos direitos, objetiva oportunizar a todos os jurisdicionados o devido acesso aos institutos, o que importa dizer que apenas são legítimas as normas que fujam da dogmática vazia civilista do século passado e se preocupem com a promoção da dignidade da pessoa humana. Nesse ângulo, Ricardo Luis Lorenzetti trabalha o Direito Privado em dez perspectivas de acesso, quais sejam: ao trabalho; à justiça; das vítimas à reparação; à propriedade privada; aos bens públicos; ao mercado; ao discurso público-imprensa e indivíduo; à contratação; ao consumo; à saúde[209].

1.4.1 O acesso ao trabalho

A primeira preocupação trazida pelo autor argentino está relacionada ao desemprego e ao acesso ao trabalho. Ao se falar em ambiente de trabalho, numa perspectiva liberal, a oferta e a procura seriam suficientes para que os trabalhadores e empresários se encontrassem no ambiente do mercado, resultando em relações simétricas. Todavia, existem falhas estruturais – por diversos motivos, que não serão analisados no presente trabalho –, as quais impossibilitam a simetria das relações. O advento das tecnologias, a necessidade de redução de custos para ser competitivo e, em alguns casos, fenômenos de imigração colaboram com a precarização do trabalho, a marginalização e a exclusão

---

[206] Dirigismo não está sendo trabalhado somente no seu conceito político-econômico. Deve ser entendido como ação estatal que não apenas estabelece, por meio do Legislativo, normas limitadoras da autonomia da vontade visando o bem comum, mas também promove, por meio do Judiciário, a efetivação dessas normas.

[207] TARTUCE, Flávio. **Direito civil**: teoria geral dos contratos e contratos em espécie, 11. ed., cit., p. 63.

[208] SALAMA, Bruno Meyerhof. **O fim da responsabilidade limitada no Brasil**: história, direito e economia. São Paulo: Malheiros, 2014. p. 245.

[209] LORENZETTI, Ricardo Luis. **Fundamentos do direito privado**, cit., p. 87.

social desses indivíduos[210]. O desemprego e a precarização do trabalho são problemas sociais gravíssimos para o indivíduo, a família e a sociedade, portanto mecanismos legais devem ser criados objetivando solucionar a questão do desemprego e impedir a precarização do trabalho.

A situação de vulnerabilidade do desempregado ou do imigrante faz com que seja adotada a ideia do *mal menor*, ou seja, é preferível aceitar condições menos protetivas em prol do acesso ao emprego. O empregador, com um poder maior de barganha, condiciona os desempregados a aceitarem condições de trabalho que não respeitam os direitos sociais por décadas buscados. O argumento, mesmo que velado, é a possível demissão em caso de reclamação pelos direitos protetivos clássicos, já que sempre haverá outros que aceitem trabalhar com menos direitos.

A legislação argentina sustenta que as disposições contidas no *art. 14 bis* de sua Constituição Nacional são normas programáticas, o que importa dizer que não há *operatividade direta*, ou seja, não se possibilita ao desempregado obter emprego. Dispõe que a regulação jurídica ficou na mão do mercado e que, se antes a preocupação era com as relações entre as partes, atualmente ganha espaço a discussão quanto à diferenciação entre relação de trabalho e de serviços e surge a nova figura, o desempregado. Com isso, a flexibilidade aumenta e os direitos protetivos diminuem. Lorenzetti sustenta que as soluções apresentadas são "contratos de promoção de emprego aos jovens, de trabalho temporário, aprendizagem de novos empreendimentos"[211]. A proposta é tornar menos onerosas as áreas de difícil acesso e que atraiam novos empregos.

No caso brasileiro, não é muito diferente. Relativo ao acesso ao trabalho, a nosso ver, uma das políticas mais significativas é o Programa Jovem Aprendiz, de inclusão social via qualificação profissional, visando o acompanhamento, a orientação profissional

---

[210] No Brasil, há um crescente número de bolivianos trabalhando na indústria têxtil, muitas vezes em condições subumanas. Vale citar: "O artigo busca discutir um novo padrão migratório da Bolívia para o Brasil e para a Argentina, especialmente vinculado à precarização do trabalho e à inserção desses imigrantes em formas de trabalho precário. Esse padrão é aparentemente novo em relação à integração dos contingentes migrantes ao longo do século XX e vem produzindo consequências que ainda estão por ser mapeadas. Uma delas é a presença de um contingente de bolivianos confinado ao setor de costura, trabalhando e vivendo em oficinas clandestinas, com pouca visibilidade pública, como face de uma precarização mundializada, resultante do assim chamado 'custo chinês'. Resultante de um balanço bibliográfico e de uma incursão exploratória na pesquisa de campo tanto em São Paulo como em Buenos Aires, o artigo pretende apontar para aspectos específicos do fenômeno, combinando olhares e perspectivas que cruzam as dimensões migratórias, geracionais e de gênero" (RIZEK, Cibele Saliba; GEORGES, Isabel; SILVA, Carlos Freire da. Trabalho e imigração: uma comparação Brasil-Argentina. **Lua Nova: Revista de Cultura e Política,** São Paulo, n. 79, p. 111-142, 2010. Disponível em: <http://www.producao.usp.br/bitstream/handle/BDPI/13356/art_RIZEK_ Trabalho_e_imigracao_uma_comparacao_Brasil-Argentina_2010. pdf?sequence=1&isAllowed=y>. Acesso em: 23 jun. 2016). Também sobre o tema: SALADINI, Ana Paula Sefrin. **Trabalho e imigração:** os direitos sociais do trabalhador imigrante sob a perspectiva dos direitos fundamentais. 2011. 285 f. Dissertação. Faculdade de Direito da Universidade Estadual do Norte Pioneiro. Disponível em: <http://uenp.edu. br/index.php/editais-prograd-pibid/doc_view/1964-ana-paula-sefrin-saladini>. Acesso em: 23 jun. 2016.

[211] LORENZETTI, Ricardo Luis. **Fundamentos do direito privado,** cit., p. 90.

no interior da empresa e o ingresso do aprendiz em cursos de formação profissional. Foi instituído pela Lei n. 10.097/2000, que visa atender aqueles com idade entre 14 e 24 anos, bem como pessoas com deficiência, sem limite de idade, destinando para eles cota mínima de 5% (cinco por cento) e máxima de 15% (quinze por cento) do número total de funcionários. Em contrapartida, os contratantes têm as seguintes vantagens e incentivos: pagamento de apenas 2% do Fundo de Garantia do Tempo de Serviço; dispensa do aviso prévio remunerado; não incidência da multa rescisória etc. Outro exemplo, no caso brasileiro, é a simplificação e integração do processo de registro e legalização de empresários e de pessoas jurídicas, instituído pela Lei n. 11.598/2007, que abre a porta para legalização de pequenos empreendedores.

Diversas são as discussões e tentativas de flexibilizar as relações trabalhistas e muitos estudos são realizados no sentido de demonstrar a importância e os limites da flexibilização[212]. É inegável que o desemprego representa um sério problema social na atualidade; além das dificuldades causadas ao desempregado e seus familiares, é inegável o custo social, pois, por exemplo, em casos de demissão sem justa causa por iniciativa do empregador, o sujeito faz jus ao seguro-desemprego[213].

No plano internacional, ao reconhecer-se o desemprego como um grave problema social, foi aprovada a Convenção 158 da Organização Internacional do Trabalho, na 68ª reunião da Conferência Internacional do Trabalho. Entre as disposições, a mais importante está no seu art. 4º, que proíbe a dispensa imotivada por parte do empregador. A convenção foi internalizada ao Direito brasileiro por meio do Decreto n. 1.855/1996, todavia foi denunciada no mesmo ano (Decreto n. 2.100/1996) e tal denúncia é objeto de Ação Direito de Inconstitucionalidade (n. 1.625)[214].

A nosso ver, a aplicação das regras da Convenção seria de grande valia para reduzir os custos sociais das relações de trabalho e desemprego, traria segurança jurídica e

---

[212] Vale citar: VIGNOLI, Vanessa de Almeida. **Flexibilização da jornada de trabalho**: importância e limitações. 2010. 100 f. Dissertação. Faculdade de Direito da Universidade de São Paulo. Disponível em: <http://www.teses.usp.br/teses/disponiveis/2/2138/tde-04012011-160412/pt-br.php>. Acesso em: 04 jan. 2017; MARTINS, Luísa Gomes. **O princípio de proteção em face da flexibilização dos direitos trabalhistas**. 2010. 511 f. Dissertação. Faculdade de Direito da Universidade de São Paulo. Disponível em: <http://www.teses.usp.br/teses/disponiveis/2/2138/tde-20062011-120620/pt-br.php>. Acesso em: 04 jan. 2017.

[213] A lei que regula o seguro-desemprego no Brasil é a Lei n. 7.998/1990. Tal legislação foi objeto de modificação pela Lei n. 13.134/2015, que fez parte de medidas de austeridade fiscal visando equacionar as contas públicas. Na França, desde 2015 diversas são as discussões relativas à flexibilização das regras trabalhistas, em especial em relação à jornada de trabalho, sendo alvo de diversos protestos. A questão foi, inclusive, matéria de capa do Jornal Le Monde, no dia 6 de julho de 2016, após a aprovação das medidas e a busca da frente socialista pela censura (espécie de veto). Disponível em: <http://www.lemonde.fr/politique/article/2016/07/05/loi-travail-apres-le-nouveau-recours-au-49-3-une-motion-de-censure-de-gauche-est-elle-possibl e_4964277_823448.html>. Acesso em: 06 jul. 2016.

[214] Sobre a convenção, vale citar: MAIOR, Jorge Luiz Souto. **Proteção contra a dispensa arbitrária e aplicação da Convenção 158 da OIT**. Disponível em: <http:// www.calvo.pro.br/media/file/colaboradores/ jorge_luiz_souto_maior/jorge_luiz_souto_maior_protecao_contra_dispensa.pdf>. Acesso em: 05 jul. 2016.

colaboraria com a estabilização de tais relações. Ademais, facilitaria ao trabalhador o diálogo com o empregador quanto aos direitos trabalhistas, já que teria mais segurança na continuidade do emprego, aumentando a possibilidade negocial entre as partes, em que pese a impossibilidade de total supressão da vulnerabilidade e do desequilíbrio negocial do trabalhador na maioria dos casos[215].

A perspectiva de acesso ao trabalho é a que mais encontra relação com a necessidade de se preservar o *patrimônio mínimo empresarial*, pois, tanto na visão clássica como na contemporânea, um dos principais eixos da função da empresa é o da geração de empregos, por isso a importância em preservá-la.

1.4.2   O acesso à justiça

A segunda perspectiva mencionada por Lorenzetti, a de acesso à justiça, consiste em um movimento contra o positivismo jurídico que reduzia o juiz a *bouche de la loi* (boca da lei). Busca encimar a dogmática de pragmatismo no intuito de o Direito servir como verdadeiro instrumento de cidadania. Diversos são os trabalhos que discutem a temática. O que se objetiva no presente não é esmiuçar o conceito de *acesso à justiça*, mas sim identificar alguns obstáculos e oportunidades de acesso na perspectiva da preservação do *patrimônio mínimo empresarial*[216].

O problema do acesso transcende a mera existência formal de meios e oportunidades de se bater à porta do Judiciário. Deve-se reconhecer que a *justiça lenta* não respeita os direitos fundamentais daqueles que não podem suportar a espera; e a *justiça cara* exclui aqueles que não têm recursos[217]. A ideia de jurisdição atualmente supera a bilateralidade de conflitos tradicionais e passa a reconhecer o Direito como método de criação de normas jurídicas e como instrumento de concretização de direitos fundamentais[218].

Para se analisar alguns obstáculos ao acesso, deve-se entender o Direito como sistema aberto e vinculado que se apoia em uma interpretação contextual, assim não se examina apenas a dogmática do procedimento. Deve-se ir além e aferir a duração, os custos e os impactos às partes e à sociedade[219]. Com base nessas premissas, Lorenzetti

---

[215]   O Tribunal Regional do Espírito Santo (17ª Região) editou a Súmula n. 42 que julga inconstitucional o Decreto n. 2.100/1996 e assim dispõe: "A Convenção 158 da OIT é um tratado de direito humano social. A aprovação e ratificação de um tratado de direitos humanos é um ato complexo, necessitando da conjugação da vontade de dois Poderes [Executivo e Legislativo]".

[216]   Vale citar o seguinte trabalho: PEDROSO, João António Fernandes. **Acesso ao direito e à justiça**: um direito fundamental em (des)construção. O caso do acesso ao direito e à justiça da família e das crianças. 2011. 675 f. Tese. Faculdade de Economia da Universidade de Coimbra. Disponível em: <https:// estudogeral.sib.uc.pt/bitstream/10316/22583/1/Tese_Joao%20Pedroso.pdf>. Acesso em: 06 jul. 2016.

[217]   LORENZETTI, Ricardo Luis. **Fundamentos do direito privado**, cit., p. 92.

[218]   MARCONDES, Gustavo Viegas. O incidente de desconsideração da personalidade jurídica e sua aplicação ao reconhecimento, *incidenter tantum*, da existência de grupos econômicos. **Revista de Processo** 252, p. 41-57, fev. 2016.

[219]   CAPPELLETTI, Mauro; GARTH, Bryant. **Acesso à justiça**. Porto Alegre: Sergio Antonio Fabris, 1988. p. 6-11.

identifica três obstáculos: o econômico, o organizativo e o processual[220]. O primeiro diz respeito ao não acesso em decorrência da pobreza; já o segundo, aos interesses difusos e coletivos, que não são protegidos de forma eficaz; e o terceiro, aos métodos tradicionais, que não são eficazes.

Mauro Cappelletti e Bryant Garth, ao propor soluções práticas aos problemas de acesso, trazem três ondas de soluções. A primeira está ligada à assistência judiciária. A segunda, às novas formas de proporcionar proteção aos interesses difusos e coletivos (em especial no âmbito do consumidor e da proteção ambiental). Quanto à terceira, eles propõem chamá-la de "simplesmente 'enfoque de acesso à justiça' porque inclui os posicionamentos anteriores, mas vai muito além deles, representando, dessa forma, uma tentativa de atacar as barreiras ao acesso de modo mais articulado e compreensivo"[221].

No caso brasileiro, especialmente em relação à defesa do *patrimônio mínimo empresarial*, os grandes obstáculos estão relacionados ao custo do acesso e à lentidão, justamente para quem não pode esperar. Quanto à assistência jurídica (garantida pela Constituição Federal, nos termos do inciso LXXIV de seu art. 5º: "o Estado prestará assistência jurídica integral e gratuita aos que comprovarem insuficiência de recursos"), subdivide-se em gratuidade da justiça e assistência judiciária. A primeira está relacionada à dispensa das custas processuais; e a segunda consiste na indicação e no custeio estatal de Advogado, a fim de patrocinar a causa.

A gratuidade da justiça atualmente está disciplinada nos arts. 98 a 102 do Código de Processo Civil e dispõe que tanto a pessoa natural como a jurídica podem ser beneficiárias. Quanto à pessoa natural, há presunção *juris tantum* da hipossuficiência com a simples afirmação (art. 99, § 3º, do Código de Processo Civil). Já a pessoa jurídica depende de prova, conforme a Súmula n. 481 do Superior Tribunal de Justiça: "faz jus ao benefício da justiça gratuita a pessoa jurídica com ou sem fins lucrativos que demonstrar sua impossibilidade de arcar com os encargos processuais".

Na prática, o problema reside na prova dessa impossibilidade, pois na maioria dos casos é indeferido o pedido sob o argumento de não se ter provado a hipossuficiência de recursos[222]. Em relação ao custeio estatal de defensores, em especial aos empresários, este é quase inexistente: em primeiro lugar, pela dificuldade da prova da impossibilidade, conforme mencionado; em segundo, pelo fato de que as atuais defensorias, quando existentes, não dão conta nem mesmo de processos relativos a demandas de família, infância e criminais, quem dirá das de outras áreas[223]. Assim, dificilmente um empresário conseguiria o atendimento por Defensoria ou a nomeação de advogado dativo a ser custeado pelo Estado.

---

[220] LORENZETTI, Ricardo Luis. **Fundamentos do direito privado**, cit., p. 93.

[221] CAPPELLETTI, Mauro; GARTH, Bryant. **Acesso à justiça**, cit., p. 12.

[222] A título de exemplo, vale citar o AgRG no AREsp 797.154/MS, a nosso ver totalmente equivocado, no qual uma microempresária defendida pela Defensoria Pública do Estado do Mato Grosso teve indeferido o pedido sob o argumento de que não fora demonstrada sua incapacidade (AgRg no AREsp 797.154/MS, Rel. Min. Diva Malerbi (Desembargadora convocada TRF 3ª Região), 2ª Turma, j. 02.06.2016, *DJe* 08.06.2016).

[223] No Paraná, por exemplo, a Defensoria foi instalada apenas em 2011 e atende poucas cidades do Estado.

Quanto à questão da lentidão, esta se agrava, pois com os instrumentos e as possibilidades expropriatórias disponíveis (como penhora *on-line*, penhora do faturamento da empresa, entre outros), muitas vezes o empresário não pode esperar o julgamento de um recurso, por exemplo, ou a reconsideração pelo Juízo. Tais questões serão aprofundadas no último capítulo deste trabalho, quando se tratará dos instrumentos expropriatórios.

Alguns instrumentos de fato vêm colaborando com o acesso à justiça, como a possibilidade de as microempresas e empresas de pequeno porte proporem ações perante os Juizados Especiais (art. 8º, § 1º, II, da Lei n. 9.099/1995, conforme redação dada pela Lei Complementar n. 147/2014)[224]. Outras ferramentas de extrema importância são os meios consensuais de solução de controvérsias, como a mediação e a conciliação. A juíza Káren Rick Danilevicz Bertoncello, em sua tese de doutoramento, mostra a eficiência das soluções consensuais, quanto ao consumidor endividado, informando que nas audiências coletivas realizadas os acordos foram exitosos em 88,2% dos casos[225]. Tais propostas poderiam ser adotadas no âmbito das relações empresariais, em especial em caso de insolvência da empresa, visando assegurar o *mínimo existencial à empresa* e, consequentemente, o *patrimônio mínimo empresarial*.

1.4.3 O acesso das vítimas à reparação

O acesso das vítimas à reparação, a terceira perspectiva trazida por Lorenzetti, trata da responsabilidade civil, que tem como pressuposto *faute* ou culpa, no desenho romano-germânico do século XIX, e se "assemelha a um edifício dotado de portas difíceis de serem abertas: somente quem demonstre a culpa pode obter a reparação"[226]. Esses pressupostos estavam de acordo com os anseios, daquela época, de proteção à autonomia individual e ao desenvolvimento econômico-industrial, tendo como estímulos a limitação da responsabilidade com a personificação e a redução dos riscos da pessoa jurídica, já que submetida a responsabilidade subjetiva[227].

Com o desenvolvimento das atividades econômicas, e os riscos a elas inerentes, foi necessário refletir sobre a necessidade da culpa para caracterizar a responsabilidade[228]. O dano passa a ter papel principal; e a culpa, a ser coadjuvante. Assim, a responsabilidade

---

[224] Vale citar os seguintes enunciados do Fórum Nacional de Juizados Especiais: "ENUNCIADO 48 – O disposto no parágrafo 1º do art. 9º da Lei 9.099/1995 é aplicável às microempresas e às empresas de pequeno porte (nova redação – XXI Encontro – Vitória/ES)". "ENUNCIADO 135 (substitui o Enunciado 47) – O acesso da microempresa ou empresa de pequeno porte no sistema dos juizados especiais depende da comprovação de sua qualificação tributária atualizada e documento fiscal referente ao negócio jurídico objeto da demanda (XXVII Encontro – Palmas/TO)".

[225] BERTONCELLO, Káren Rick Danilevicz. **Superendividamento do consumidor:** mínimo existencial – casos concretos, cit., p. 109-132.

[226] LORENZETTI, Ricardo Luis. **Fundamentos do direito privado**, cit., p. 96.

[227] PONZANELLI, Giulio. **La responsabilità civile**: profili di diritto comparato. Bologna: Il Mulino, 1992. p. 53.

[228] Na Alemanha a doutrina da imputação objetiva começou no Direito Penal com Claus Roxin (ROXIN, Claus. **Funcionalismo e imputação objetiva no direito penal**. Rio de Janeiro: Renovar, 2002) e Günther Jakobs (JAKOBS, Günther. **A imputação objetiva no direito penal**. São Paulo: RT, 2000). No Direito Civil brasileiro: LIMA, Alvino. **Culpa e risco**. 2. ed. São Paulo: RT, 1999.

objetiva torna-se a melhor opção para assegurar a justiça distributiva, a solidariedade social e a eficiência econômica. Nas palavras de Flávio Tartuce, "a imputação objetiva é mais adequada ao sistema de segurança social, em que todos resultam compensados pelos danos sofridos"[229-230].

O jurista francês Raymond Saleilles estabelece que o fundamento da responsabilização objetiva não estaria no nexo causal, mas sim no risco profissional[231]. E Louis Josserand preocupa-se com a equidade e a proteção às vítimas, assim estaria diante do risco da coisa ou do risco criado[232]. Ademais, ao tratar-se da responsabilidade objetiva, na perspectiva empresarial, é possível a socialização do dano, já que, sob o ponto de vista econômico, este será repassado ao consumidor final.

Ana Frazão defende que a responsabilidade objetiva dos agentes econômicos "é nítido instrumento de realização da função social da empresa, na medida em que impõe aos primeiros [agentes econômicos] a plena assunção do risco empresarial", protegendo "aqueles que sofrem danos em razão das atividades empresariais e possibilitando, dessa maneira, a realização da justiça distributiva"[233]. Na perspectiva da reparação e da proteção do *patrimônio mínimo empresarial*, seria possível, por meio da responsabilidade civil, responsabilizar gestores que praticarem condutas reprováveis[234].

1.4.4   O acesso à propriedade privada

A quarta perspectiva trata do acesso à propriedade privada. Ricardo Luis Lorenzetti sustenta que estamos diante de uma situação em que temos necessidades ilimitadas e recursos limitados, ou seja, as expectativas são maiores que os bens existentes[235]. O acesso à propriedade sempre foi determinado pela lei da oferta e procura, ou seja, o indivíduo terá acesso à propriedade mediante pagamento. A Lei n. 601/1850, que dispõe sobre as terras devolutas do Império, já no seu art. 1º proibia a aquisição de terras por outro título que não o da venda e compra.

Na acepção clássica, a propriedade tem como função principal excluir os demais indivíduos do uso e gozo. O problema ocorre quando são necessários recursos, porém há dificuldade em adquiri-los. Assim, surge o problema do acesso, pois "há uma grande

---

[229]   TARTUCE, Flávio. **Responsabilidade civil objetiva e risco**: a teoria do risco concorrente. Rio de Janeiro: Forense, 2011. p. 67.

[230]   Sobre a evolução da responsabilidade civil, remetemos o leitor à seguinte obra: TARTUCE, Flávio. **Responsabilidade civil objetiva e risco**: a teoria do risco concorrente, cit., 2011.

[231]   SALEILLES, Raymond. **Théorie genérale de l´obligation**. Paris: Librairie Genérale de Droit et de Jurisprudence, 1925.

[232]   JOSSERAND, Louis. De la responsabilité du fait des choses inanimés. IN: CARVAL, Suzanne. **La construction de la responsabilité civile**. Paris Presses Universitaires de France, 2001. p. 30.

[233]   FRAZÃO, Ana. **Função social da empresa**: repercussões sobre a responsabilidade civil de controladores e administradores de S/As. Rio de Janeiro: Renovar, 2011. p. 115.

[234]   Sobre a temática, remetemos ao nosso trabalho: BRASILINO, Fábio Ricardo Rodrigues. Função social e preservação da empresa: a teoria da desconsideração da personalidade positiva como instrumento efetivador. **Revista de Direito Privado**, cit., p. 221-235.

[235]   LORENZETTI, Ricardo Luis. **Fundamentos do direito privado**, cit., p. 98-99.

quantidade de indivíduos que não têm possibilidades de pagar o preço que se estipula por bens essenciais"[236].

No caso empresarial, políticas públicas são criadas no intuito de fomentar a atividade econômica. Exemplo disso é o Fundo Nacional de Desenvolvimento, criado por meio do Decreto-lei n. 2.288/86, cujo objetivo, nos termos do seu art. 1º, é fornecer "investimentos necessários à dinamização do desenvolvimento nacional e apoio à iniciativa privada na organização e ampliação de suas atividades econômicas". E um dos financiamentos é o de máquinas e equipamentos (Finame), o qual utiliza recursos do Banco Nacional do Desenvolvimento (BNDES), que oferece diversas facilidades de pagamento. Tais políticas possibilitam que os empresários invistam em suas empresas, tendo acesso aos bens e, com isso, possibilitando o desenvolvimento econômico-social do País[237].

1.4.5   O acesso aos bens públicos

A quinta perspectiva, a de acesso aos bens públicos, tem como pano de fundo principal o meio ambiente. O desenvolvimento industrial sempre se deu com base na utilização do meio ambiente, que tem titularidade difusa. Nas palavras de Antônio Herman Benjamin, optou-se por "um bem cuja titularidade, pelo menos no que se refere a sua proteção, deve ser materializada e individualizada em alguém; o próprio Estado [entes federados] ou um ente privado (associação ou cidadão individualmente considerado)"[238].

Além disso, vale lembrar que um dos requisitos para se atender à função social da propriedade é a "utilização adequada dos recursos naturais disponíveis e preservação do meio ambiente", nos termos do inciso II do art. 186 da Constituição Federal. O respeito e a defesa do meio ambiente também representam princípio da ordem econômica (art. 170, VI, da Constituição Federal). E, por fim, a Constituição Federal traz o meio ambiente como bem de uso comum e essencial a todos (art. 225).

1.4.6   O acesso ao mercado

O acesso ao mercado, a sexta perspectiva, impõe a condição de livre acesso às empresas. Para tanto, necessária se faz a livre concorrência. Nesse contexto, surge o Direito da Concorrência; este, apesar de não haver um conceito fechado, pode ser definido como o ramo do Direito que visa estabelecer regras destinadas a disciplinar as relações de mercado, entre agentes econômicos, consumidores e Estado[239].

---

[236]   LORENZETTI, Ricardo Luis. **Fundamentos do direito privado**, cit., p. 99.

[237]   Sobre o tema: TJPR, 5ª C. Cível, AI 1.459.704-3, Curitiba, Rel. Leonel Cunha, Unânime, j. 01.12.2015.

[238]   BENJAMIN, Antônio Herman. **Dano ambiental**: prevenção, reparação e repressão. São Paulo: RT, 1993. p. 62.

[239]   Estado no sentido de regulador da Economia. Vale ressaltar que: "Pode-se identificar três interesses protegidos pelas normas de concorrência: o dos consumidores, o dos participantes do mercado (concorrentes) e o interesse institucional da ordem concorrencial" (SALOMÃO FILHO, Calixto. **Direito concorrencial**: as condutas. São Paulo: Malheiros, 2003. p. 61).

BEM JURÍDICO EMPRESARIAL – *Fábio Brasilino*

Outras conceituações podem ser destacadas, tais como as de: Ana Maria de Oliveira Nusdeo: "legislação que dá concretude aos princípios da livre-iniciativa, da livre concorrência e da repressão ao abuso do poder econômico – princípios de base da ordem econômica constitucional brasileira"[240]; Klaus Tiedemann: "Técnica de que lança mão o Estado contemporâneo para a implementação de políticas públicas, mediante a repressão ao abuso do poder econômico e a tutela da livre concorrência"[241]; e Isabel Vaz: "conjunto de regras e instituições destinadas a apurar e a reprimir as diferentes formas de abuso do poder econômico e a promover a defesa da livre concorrência"[242].

Pode-se dizer que todos os textos normativos que visam a regulação e a defesa da concorrência (repressão ao abuso do poder econômico) têm por finalidade evitar o domínio de mercado, assegurando a livre concorrência.

Salutar ressaltar que a ideia de regulamentação do poder econômico origina-se do pressuposto de que em toda sociedade na qual se busca uma regulação, nesse caso econômica, mister se faz que haja um corpo de regras mínimas, que garantam ao menos o funcionamento desse mercado. Nesse sentido, surge a legislação brasileira de defesa da concorrência. Deve-se funcionalizar o Direito no intuito de concretizar o que está previsto nos dispositivos jurídicos, e é neste contexto que entra a Lei n. 12.529/2011, que institui o Sistema Brasileiro de Defesa da Concorrência, com o objetivo de assegurar a livre concorrência[243].

1.4.7   O acesso ao discurso público-imprensa e indivíduo

A sétima perspectiva refere-se ao acesso ao discurso público-imprensa e indivíduo. Inegável na atualidade o poderio homogeneizador das redes de comunicações de massa, o qual tem se concentrado nas mãos de poucos proprietários, o que põe em risco "o pluralismo político, necessário para um regime democrático"[244].

A opinião pública é facilmente manipulada pelos meios de comunicação e, muitas vezes, o veredito é dado sem ao menos possibilitar-se o contraditório e a ampla defesa.

A título de exemplo, vale mencionar que o *Fantástico* (programa apresentado aos domingos pela Rede Globo de televisão) por vezes faz testes com produtos em seu quadro "Controle de Qualidade", por meio do Inmetro, e informa quais marcas foram aprovadas

---

[240]   NUSDEO, Ana Maria de Oliveira. **Defesa da concorrência e globalização econômica**: o controle da concentração de empresas. São Paulo: Malheiros, 2002. p. 63.

[241]   TIEDEMANN, Klaus. **Lecciones de derecho penal econômico**. Barcelona: PPV, 1993. p. 36.

[242]   VAZ, Isabel. **Direito econômico da concorrência**. Rio de Janeiro: Forense, 1993. p. 243.

[243]   "A funcionalização dos institutos jurídicos representa a superação do dogmatismo tradicional, por uma ordem jurídica e social adequada às necessidades e valores da sociedade contemporânea" (FERREIRA, Jussara Suzi Assis Borges Nasser. Função social e função ética da empresa. **Revista Jurídica da Unifil**, n. 2, ano II, p. 67-85, 2005).

[244]   MENEZES Neto, Elias Jacob de. O papel dos meios de comunicação de massas na função política da esfera pública em Jürgen Habermas: 1962 e 1990. In: VERONESE, Alexandre; ROVER, Aires José; AYUDA, Fernando Galindo (Org.). **Direito e novas tecnologias**. Florianópolis: Fundação Boiteux, 2012. p. 64-84. Disponível em: <http://www.publicadireito.com.br/artigos/?cod=9087b0efc7c7acd1>. Acesso em: 06 jul. 2016.

ou reprovadas, sem que haja a participação dos fornecedores dos produtos. Não se quer dizer que tais testes não sejam de grande valia para a defesa do consumidor, entretanto há um visível desrespeito a princípios constitucionais, em especial o contraditório e a ampla defesa, assegurados no inciso LV do art. 5º. Tal fato, inclusive, já foi objeto de ação indenizatória contra a emissora, que foi condenada ao pagamento de 100 (cem) salários mínimos a Richard Papile Laneza[245].

Em muitos casos, ante a ausência de defesa, a opção é pela ação indenizatória em casos de agressões à honra e à intimidade realizadas por meio da imprensa. De toda sorte, o acesso ao discurso público deve ser assegurado por meio do direito de réplica; e cabe ao Estado garantir que a Constituição seja respeitada, em especial os arts. 220 a 224, que tratam da comunicação social, assim como as normas da concorrência, outrossim se evitando monopólios.

1.4.8 O acesso à contratação

A oitava perspectiva diz respeito ao acesso à contratação. Atualmente, o contrato é uma das principais fontes de obrigações. Conforme outrora dito, o contrato funcionalizou-se em prol dos objetivos do Estado Democrático de Direito. Ricardo Luis Lorenzetti sustenta que as maiores atividades doutrinárias concentram as atenções no indivíduo já integrante dos contratos; todavia, numa perspectiva de acesso, a doutrina vem dando atenção ao período pré-contratual[246]. E afirma que "surgem assim os deveres pré-contratuais de boa-fé, informação, segurança, assim como a regulação da publicidade, que assumem a forma de uma 'rampa' de acesso à contratação"[247].

No Brasil, há proposta de alteração do art. 422 do Código Civil, a qual visa acrescentar a obrigatoriedade do respeito nas negociações preliminares. Decisão paradigmática, em um tribunal brasileiro, ficou conhecida como *caso dos tomates*[248]. A empresa CICA distribuía sementes a pequenos produtores, que sempre lhe vendiam a futura produção. Tal fato gerou uma expectativa quanto a possível celebração de compra e venda. Em determinado momento, a empresa distribuiu a semente, como era de praxe, todavia não

---

[245] Recurso especial n. 1.193.782 – SP (2010/0084819-8). Relator: Ministro Sidnei Beneti. 19 de agosto de 2010. Ministro Sidnei Beneti, Relator.

[246] Mário Júlio de Almeida Costa, ao tratar sobre fases anteriores à celebração do contrato, estabelece; "apontam-se aos negociadores certos deveres recíprocos, como, por exemplo, o de comunicar à outra parte a causa da invalidade do negócio, o de não adotar uma posição de reticência perante o erro em que esta lavre, o de evitar a divergência entre a vontade e a declaração, o de abster de propostas de contratos nulos por impossibilidade do objeto; e, ao lado de tais deveres, ainda em determinados casos, o de contratar ou prosseguir as negociações iniciadas com vista à celebração de um acto jurídico. O reconhecimento da responsabilidade pré-contratual reflecte a preocupação do direito de proteger a confiança depositada por cada um dos contratantes nas expectativas legítimas que o outro lhe crie durante as negociações, não só quanto à validade e eficácia do negócio, mas também quanto à sua futura celebração" (COSTA, Mário Júlio de Almeida. **Direito das obrigações**. 4. ed. Coimbra: Almedina, 1984. p. 226).

[247] LORENZETTI, Ricardo Luis. **Fundamentos do direito privado**, cit., p. 107.

[248] TJRS, EI 591.083.357, 3º Grupo de Câmaras Cíveis, Rel. Juiz Adalberto Libório Barros, j. 01.11.1991, Comarca de origem: Canguçu, *Jurisprudência TJRS*, Cíveis, 1992, v. 2, t. 14, p. 1-22.

56 | BEM JURÍDICO EMPRESARIAL – *Fábio Brasilino*

adquiriu os produtos, o que resultou em uma ação indenizatória[249]. Isso demonstra a preocupação de acesso aos contratos, que colaboram com a manutenção do *patrimônio mínimo empresarial*.

1.4.9   O acesso ao consumo

O direito de acesso ao consumo é a penúltima perspectiva trabalhada pelo autor argentino. Trata-se de uma prerrogativa primária dos consumidores, inclusive reconhecida pelas Nações Unidas (Resolução da Organização das Nações Unidas n. 39/248, de 1985, art. 3º).

A questão do acesso ao consumo e proteção também tem relação com o *patrimônio mínimo empresarial*, pois, em alguns casos, haveria a presença de dois contratantes empresários, todavia em uma relação de consumo. Conforme o Código de Defesa do Consumidor, considera-se consumidor "toda pessoa física ou jurídica que adquire ou utiliza produto ou serviço como destinatário final" (art. 2º). Neste ponto, a discussão está em torno da palavra *destinatário final*. Quando o empresário poderia ser caracterizado como sujeito da relação consumerista? Teorias divergem quanto à qualificação do consumidor nesses casos.

A *teoria finalista*, também conhecida como *subjetiva*, adotada pelo art. 2º do Código de Defesa do Consumidor, considera consumidor o destinatário final fático (o último da cadeia de consumo) e econômico (não utiliza o produto com o intuito de lucro, repasse ou transmissão onerosa). De acordo com essa teoria, apenas se caracterizaria como consumidor o não profissional, que adquirisse o produto para uso próprio e de sua família, o que restringe a figura do consumidor. O Enunciado n. 20 da I Jornada de Direito Comercial estabelece que "não se aplica o Código de Defesa do Consumidor aos contratos celebrados entre empresários em que um dos contratantes tenha por objetivo suprir-se de insumos para sua atividade de produção, comércio ou prestação de serviços".

Devido à limitação da teoria finalista e às injustiças que da sua aplicação podem advir, a *teoria maximalista*, contrapondo-a, busca ampliar o conceito de consumidor. Também conhecida como *objetiva*, visa estender a incidência da legislação consumerista a todos os agentes do mercado. O problema da total ampliação do conceito encontra óbice ao trabalhar-se com típicos contratos empresariais; por exemplo, nos contratos de distribuição e franquia, que são, em regra, de adesão, considerar a incidência do Código de Defesa do Consumidor os desqualificaria como empresariais[250]. Nesses casos, inexiste a relação de consumo.

A jurisprudência tende, em determinadas situações, a ampliar o conceito de consumidor, devido a sua flagrante hipossuficiência. Para Cláudia Lima Marques, surge

---

[249]   TARTUCE, Flávio. **Direito civil**: teoria geral dos contratos e contratos em espécie, 11. ed., cit., p. 103.

[250]   Sobre distribuição: TJPR, Agravo de Instrumento. Ação de rescisão de contrato de distribuição c/c cobrança e indenização por dano moral. 1.192.105-8 (Acórdão), Rel. Fábio Haick Dalla Vecchia, j. 10.06.2014, 7ª Câmara Cível, *DJ* 1367, 09.07.2014. A respeito de franquia, cita-se a seguinte decisão do STJ: REsp 687.322/RJ, Rel. Min. Carlos Alberto Menezes Direito, 3ª Turma, j. 21.09.2006, *DJ* 09.10.2006, p. 287.

a *teoria finalista aprofundada*, que "é uma interpretação finalista mais aprofundada e madura, que deve ser saudada". Defende que "em casos difíceis envolvendo pequenas empresas que utilizam insumos para a sua produção, mas não em sua área de expertise ou com uma utilização mista". Cita como exemplo "principalmente na área de serviços" e estabelece como necessária a prova da "vulnerabilidade, conclui-se pela destinação final de consumo prevalente"[251].

Nos casos em que há a figura de pequenas empresas, justifica-se a aplicação da *teoria maximalista* (ou *teoria finalista aprofundada*). Há ocasiões em que se aplica o Código de Defesa do Consumidor às pessoas jurídicas, na condição de consumidor equiparado (*bystander*), com fundamento nos arts. 2º, parágrafo único, 17 e 29[252].

Ao considerar-se a relação como de consumo, algumas vantagens práticas advêm ao contratante. As principais são: a) quanto ao ônus da prova nos processos judiciais e b) quanto ao foro competente para a propositura da ação contra o fornecedor.

Em relação à primeira vantagem, o Código de Processo Civil estabelece, no seu art. 373, que "o ônus da prova incumbe [...] ao autor, quanto ao fato constitutivo de seu direito" e "ao réu, quanto à existência de fato impeditivo, modificativo ou extintivo do direito do autor". Vale ressaltar que o atual Código de Processo Civil traz inovações quanto à carga dinâmica da prova, podendo o juiz, diante das particularidades dos fatos, inverter o ônus da produção da prova (art. 373, § 1º).

Em contrapartida, o Código de Defesa do Consumidor, no seu art. 6º, VIII, dispõe sobre o direito à inversão do ônus da prova "quando, a critério do juiz, for verossímil a alegação ou quando for ele hipossuficiente, segundo as regras ordinárias de experiências". O que isso importa na prática, ao se falar em relação de consumo, é que basta o autor alegar o fato para que o réu tenha que provar o contrário; por exemplo, numa lide em que se discute o defeito de um produto, bastaria o autor alegar que o produto está com defeito que competiria ao réu a prova de que não está. Em muitos casos, a prova é muito difícil para o réu. Assim, não teriam esse privilégio *os não destinatários finais*.

A segunda vantagem ocorre quanto ao disposto no art. 101, I, do Código de Defesa do Consumidor, que estabelece foro privilegiado aos consumidores. Assim, mesmo que no contrato haja cláusula de eleição de foro, é possível demandar no domicílio do consumidor. Considerando que esse recurso tem como finalidade proporcionar ao agente econômico uma defesa mais acessível e barata, por razão prática entendemos que deve ser aceita a aplicação dessa regra aos pequenos empresários, o que colabora com a ideia de preservação do *patrimônio mínimo empresarial*.

Em recentes decisões, o Superior Tribunal de Justiça tem aceitado a invalidade da cláusula de eleição de foro em contrato de franquia quando reconhecida a hipossuficiência; neste sentido, a seguinte decisão: "a cláusula de eleição de foro firmada em contrato de adesão de franquia é válida, desde que não tenha sido reconhecida a hipossuficiência de

---

[251] MARQUES, Cláudia Lima; BENJAMIN, Antonio Herman; BESSA, Leonardo Roscoe. **Manual de direito do consumidor**. 3. ed. São Paulo: RT, 2010. p. 87.

[252] Cita-se a seguinte decisão: TJPR, AC 4.876.264/PR, 0487626-4, Rel. Luiz Carlos Gabardo, j. 17.09.2008, 15ª Câmara Cível, *DJ* 7718.

BEM JURÍDICO EMPRESARIAL – *Fábio Brasilino*

uma das partes ou embaraço ao acesso da justiça. Precedentes" (AgRg no REsp 493.882/ DF, Rel. Min. Raul Araújo, 4ª Turma, julgado 21.08.2012, *DJe* 18.09.2012).

A doutrina não é unânime quanto à incidência de normas consumeristas aos empresários[253]. Todavia, na linha que estamos adotando, podemos chegar à conclusão de que, em regra, aplica-se a *teoria finalista*, considerando-se consumidor o destinatário final fático (o último da cadeia de consumo) e econômico (o que não utiliza o produto com o intuito de lucro, repasse ou transmissão onerosa); entretanto, quando presente a hipossuficiência (ou a vulnerabilidade, como alguns denominam), deve-se aplicar a *teoria maximalista* (ou *finalista aprofundada*).

1.4.10 O acesso à saúde

A última perspectiva de acesso trabalhada por Lorenzetti é relativa ao acesso à saúde. A Constituição argentina assegura o direito à saúde em seu art. 42; e a brasileira determina um acesso universal e igualitário em seu art. 196. A Constituição Federal impõe como dever do Estado assegurar a todos o direito à saúde. Entretanto, há diversas discussões a respeito de pedidos formulados contra negativas do Estado de conceder determinado tratamento, com base em argumentos como a *reserva do possível* ou grave lesão à economia e à saúde pública. No ano de 2007, a Ministra Ellen Gracie, então presidente do Supremo Tribunal Federal, na Suspensão de Tutela Antecipatória n. 91, trouxe mudanças ao posicionamento do Colendo Supremo, indeferindo o pedido de concessão de medicamento, sob os argumentos de recursos insuficientes e necessidade de racionalizar os gastos públicos, o que aumentou a discussão sobre a reserva do possível; todavia, a orientação majoritária é no sentido de reconhecer-se o direito na proteção à dignidade humana[254].

No âmbito empresarial, em casos em que o contrato de trabalho está suspenso, por auxílio-doença ou aposentadoria por invalidez, reconhece-se o direito do trabalhador em manter o plano de saúde ou assistência médica, nos termos da Súmula n. 440 do Tribunal Superior do Trabalho[255]. Também é muito comum reconhecer-se como arbitrária

---

[253] Paula A. Forgioni defende a não incidência das normas consumeristas nas relações entre empresários: "Embora louváveis os propósitos dos finalistas, a confusão entre os contornos do direito comercial e do direito do consumidor pode comprometer a percepção dos fundamentos do primeiro. As matérias possuem lógicas diversas, de forma que a aplicação do Código do Consumidor deve ficar restrita às relações de consumo, ou seja, àquelas em que as partes não se colocam e não agem como *empresa*. De outra parte, se o vínculo estabelece-se em torno ou em decorrência da *atividade empresarial* de ambas as partes, premidas pela busca do lucro, não se deve subsumi-lo à lógica consumerista, sob pena de comprometimento do bom fluxo de relações econômicas" (FORGIONI, Paula A. **Teoria geral dos contratos empresariais**. 2. ed. São Paulo: RT, 2010. p. 34).

[254] Sobre o Tema: STA 91, Rel. Min. Presidente, Decisão proferida pela Min. Ellen Gracie, j. 26.02.2007, *DJ* 05.03.2007, p. 23, *RDDP* 50, 2007, p. 165-167.

[255] "Súmula n. 440 do TST – AUXÍLIO-DOENÇA ACIDENTÁRIO. APOSENTADORIA POR INVALIDEZ. SUSPENSÃO DO CONTRATO DE TRABALHO. RECONHECIMENTO DO DIREITO À MANUTENÇÃO DE PLANO DE SAÚDE OU DE ASSISTÊNCIA MÉDICA – Res. 185/2012, *DEJT* divulgado em 25, 26 e 27.09.2012. Assegura-se o direito à manutenção de plano de saúde ou de assistência médica oferecido pela empresa ao empregado, não obstante suspenso o contrato de trabalho em virtude de auxílio-doença acidentário ou de aposentadoria por invalidez."

a dispensa de portadores de doenças graves, mesmo que não relacionadas ao contrato de trabalho[256]. Tais decisões demonstram que o acesso à saúde vai muito além de uma obrigação exclusiva do Estado.

No presente tópico, analisou-se a perspectiva do acesso aos bens e a sua relação com o *patrimônio mínimo empresarial*. Como outrora dito, na atual perspectiva de importância da empresa para a efetivação dos objetivos do Estado brasileiro, por exemplo na geração de bens econômico-sociais e como instrumento de acesso aos bens, faz-se necessário no próximo tópico analisar o conceito de empresa, como foi a sua evolução e qual a sua função social num sistema econômico capitalista, mas com perspectivas socializadoras de um Estado Democrático de Direito.

---

[256] Vale citar: TRT-1/RO 00012768320125010037/RJ, Rel. José Nascimento Araújo Netto, j. 28.01.2014, 1ª Turma, public. 19.02.2014.

2

EMPRESA E SUA FUNÇÃO SOCIAL

O tema central do presente trabalho é justificar e defender a *preservação da empresa* por meio do *patrimônio mínimo empresarial*, tendo como fundamento a sua *função social*. Diversas são as discussões quanto ao termo *empresa*. Alberto Asquini, por exemplo, atribui-lhe caráter poliédrico, quer dizer, quatro perfis[1]. De fato, é inegável que se trata de um importante agente social e, por isso, o presente tópico objetiva delimitar os conceitos envolvidos, bem como aferir como se deu a sua evolução com o passar dos tempos. Para tanto, a primeira necessidade é analisar a própria evolução do Direito Empresarial[2].

2.1 DA MERCANCIA AO FENÔMENO JURÍDICO DA EMPRESA

O comércio é uma das mais antigas manifestações do ser humano e deu-se de várias formas no decorrer da história[3]. Assim como o Direito, o comércio é indispensável para a existência e a manutenção da vida em sociedade. Com o desenvolvimento da humanidade, as infinitas necessidades humanas e os finitos recursos, fez-se necessária a criação de métodos capazes de assegurar a sobrevivência.

---

[1] ASQUINI, Alberto. Perfis da empresa. Tradução de Fábio Konder Comparato. **Revista de Direito Mercantil, Industrial, Econômico e Financeiro**, ano XXXV, n. 104, p. 109-126, out./dez. 1996.

[2] Concordamos com Paula A. Forgioni, quando afirma que a distinção entre Direito Mercantil, Direito Comercial e Direito Empresarial é estéril, por serem sinônimos. Todavia, por questões didáticas, utilizaremos os conceitos nos seguintes sentidos: a) Direito Mercantil: primeira fase, ligada aos mercadores medievais; b) Direito Comercial: segunda fase, ligada aos atos comerciais; e c) Direito Empresarial: terceira fase, ligada à teoria da empresa (FORGIONI, Paula A. **A evolução do direito comercial**: da mercancia ao mercado. São Paulo: RT, 2009. p. 13). Discute-se se a fase ligada aos mercadores seria realmente a primeira fase, pois a princípio não haveria a presença do Estado; inclusive, a própria Paula A. Forgioni não a reconhece como primeira fase. Entretanto, entendemos como desnecessária tal discussão e que a divisão em fases possibilita melhor organização didática.

[3] Com base no latim, *commercium* é trabalhado no sentido *lato sensu*.

Os autores Roberto Pereira Andrade e Luís Carlos Lisboa, em seu livro *Grandes enigmas da humanidade*, sustentam a existência de indícios de passagem dos fenícios pela Amazônia, para possíveis relações de comércio, pois haveria inscrições deles gravadas em pedras, com referências a diversos reis de Tiro e Sidon (887 a 856 a.C.), o que demonstra que a busca pela subsistência humana, por meio do comércio, não é recente[4].

O desenvolvimento e a regulação do comércio deram-se na dinâmica estabelecida entre os mercadores. Com isso, Paula A. Forgioni sustenta que "o direito comercial liga- -se ao *mercado* [...] seu objetivo sempre se relacionou à tutela do tráfico econômico, ou seja, à defesa do 'interesse geral do comércio', na expressão de Carvalho de Mendonça"[5]. Com base nessa situação que será analisada a primeira fase do Direito Empresarial, a qual denominaremos Direito Mercantil.

2.1.1 O Direito Mercantil

Por nascer no seio das dinâmicas estabelecidas entre os mercadores, poder-se- -ia dizer que haveria um pleno predomínio da *autonomia da vontade* e isso, *a priori*, permitiria aos negociantes realizar o que quisessem[6]. Todavia, verifica-se que o *Direito Mercantil* surge no intuito de proteger o funcionamento do mercado, ou seja, na sua gênese não está o interesse de proteger o agente individualmente considerado, mas sim assegurar o *bem do tráfico mercantil*[7]. Tal fato é de extrema importância para a proteção do *patrimônio mínimo empresarial*, pois está intimamente relacionado com a proteção do próprio funcionamento do mercado. Apenas se pode admitir e considerar a *raciona- lidade econômica* se ela se mostrar útil à *racionalidade jurídica*, o que importa dizer que o interesse dos agentes econômicos deve ser plasmado pelo Direito[8].

O *Direito Empresarial* sempre foi marcado por uma forte *tradição liberal* e, na visão tradicional, carrega consigo o ideal de intervenção mínima sobre o mercado. Todavia, o que se verifica é que o comércio, desde sua gênese, sofreu influências exógenas e também, há muito, as relações comerciais eram tidas como atividades públicas[9]. Nesse aspecto, deve-se reconhecer o Direito como instrumento de implementação de políticas públicas,

---

[4]   ANDRADE, Roberto Pereira; LISBOA, Luís Carlos. **Grandes enigmas da humanidade**. Rio de Janeiro: Vozes, 1968. p. 96-100.

[5]   FORGIONI, Paula A. **A evolução do direito comercial**: da mercancia ao mercado, cit., p. 14.

[6]   Atualmente, entende-se que há a superação da *autonomia da vontade* pela *autonomia privada*. Para mais esclarecimentos: TARTUCE, Flávio. **Direito civil:** teoria geral dos contratos e contratos em espécie, cit., 11. ed., p. 57-62.

[7]   FORGIONI, Paula A. **A evolução do direito comercial**: da mercancia ao mercado, cit., p. 15.

[8]   "O direito mercantil não busca a proteção dos agentes econômicos singularmente considerados, mas da torrente de suas relações" (FORGIONI, Paula A. **A evolução do direito comercial**: da mercancia ao mercado, cit., p. 16).

[9]   REHME, Paul. **Historia universal del derecho mercantil**. Madrid: Revista de Derecho Privado, 1941. p. 124 e ss.

portanto o mercado surge como (re)alocador de recursos na sociedade, indo ao encontro com a ideia de acesso, outrora trabalhada[10].

A disciplina jurídica da atividade econômica, assim como todo o Direito Privado, teve origem no Direito Civil romano (*jus privatorum*), e as limitações que decorriam de tal legislação eram sanadas tendo como base a equidade[11-12]. Aliado a tal fato, o comércio romano era eminentemente externo, portanto regulado pelo *jus gentium,* ou seja, pelo Direito dos estrangeiros. Com a queda do Império Romano, direitos locais passaram a surgir, e o Direito Canônico começou a ganhar forças[13]. Pelo fato de a *usura* ser rechaçada pelo Direito Canônico, pois o dinheiro era tido como estéril, ou seja, não poderia gerar juros, os comerciantes buscaram alternativas para o acesso ao crédito. Surgiram, então, institutos como a letra de câmbio e a nota promissória[14].

Contrapondo-se ao Direito Canônico-Romano é que nasce o *Direito Mercantil*[15]. Na gênese, o que se buscava era um regramento jurídico mais célere, de acordo com os anseios daquela classe, outrossim se iniciando a dicotomia – atualmente já superada, como outrora dito – entre Direito *comum* e *especial*[16]. O período mercantilista, a primeira fase do Direito Empresarial, teve como palco a Idade Média. Com o deslocamento do centro econômico, político e social para as cidades, iniciou-se um período de desenvolvimento do comércio e, considerando-se a inexistência de um Direito que atendesse aos anseios e às necessidades dos comerciantes (burguesia), surgiram as classes profissionais (mercadores e artesãos, por exemplo), que criaram regras com forte influência dos usos e costumes[17].

O desenvolvimento do comércio, naquela época, dava-se nas feiras medievais que eram organizadas no intuito de facilitar as transações. As cidades que as realizavam tinham a ordem garantida pelos senhores feudais e pelos comerciantes; artistas, banqueiros e pessoas em busca de diversão compareciam para participar. Como tais eventos eram realizados em diversas cidades, ou seja, cada local tinha as regras estipuladas pelo seu senhor, havia multiplicidade de normas, que poderiam ser aplicáveis aos diversos casos, o que, em algumas ocasiões, gerava antinomias.

---

[10] "A função do direito comercial ata-se, assim, à *implementação de políticas públicas*; não se esgota na busca do incremento do tráfico, desdobrando-se também na determinação do papel que o mercado desempenhará na alocação dos recursos em sociedade" (FORGIONI, Paula A. **A evolução do direito comercial**: da mercancia ao mercado, cit., p. 23).

[11] BONFANTE, Pietro. **Storia del commercio**. Turim: G. Giappichelli, 1946.

[12] Legislações anteriores já tratavam sobre temas relacionados, entretanto defendemos que o Direito Romano foi o que mais influenciou o Direito contemporâneo.

[13] MARTINI, Angelo de. **Corso di diritto commerciale**: parte generale. Milão: Giuffrè, 1983. p. 5-7.

[14] Vale citar o trabalho de Haroldo Malheiros Duclerc Verçosa, o qual trata sobre os aspectos jurídicos do câmbio (VERÇOSA, Haroldo Malheiros Duclerc. **Aspectos jurídicos do câmbio**. Dissertação. 1978, Faculdade de Direito da Universidade de São Paulo).

[15] ASCARELLI, Tullio. **Panorama do direito comercial**. São Paulo: Saraiva, 1947. p. 26.

[16] Sobre a particularidade do modo de surgimento do Direito Empresarial, vale citar: GALGANO, Francesco. **Lex mercatoria**. Il Mulino: Universale Paperbacks, 1976. p. 9.

[17] PONT, Manuel Broseta. **La empresa, la unificación del derecho de obligaciones y el derecho mercantil**. Madrid: Tecnos, 1965. p. 24.

64 | BEM JURÍDICO EMPRESARIAL – *Fábio Brasilino*

A solução foi a criação de uma *Justiça especializada*, organizada pelos comerciantes em corporações de artes e de ofícios, organizadas pelos pares, afastando-se a incidência das normas aplicáveis pelas comunas locais (Direito Romano, Bárbaro e Canônico) e formando-se Tribunais Consulares, em que os julgares (cônsules) eram eleitos pelos membros que estavam matriculados nas respectivas corporações[18] – situação extremamente assemelhada ao nosso atual instituto da arbitragem (Lei n. 9.307/1996). Nos julgamentos, o rito era sumário e pautado na boa-fé, adotando-se como fontes do Direito os usos e costumes mercantis e também a equidade[19].

Uma das vantagens de participar das feiras (ser matriculado) era que havia a proteção das pessoas e dos bens, durante a feira e também no caminho até ela; outra vantagem era uma espécie de remissão de débitos e delitos antigos; e ainda, por haver jurisdição exclusiva no Tribunal especial, os débitos, que eram cobrados com extremo rigor no Direito comum, inclusive por meio do arresto pessoal, eram substituídos por outras formas menos gravosas, o que inclusive justifica atualmente a proteção do *patrimônio mínimo empresarial*[20].

Teve início, então, um problema prático, que representa o principal dilema da distinção entre *civil* e *empresarial*, o qual ocuparia discussões em todas as fases e está relacionado à jurisdição: a quem as regras das corporações e a jurisdição dos tribunais especiais eram aplicadas? Paula A. Forgioni sustenta que era preciso definir "(i) quem estava efetivamente sujeito à jurisdição particular dos mercadores e, portanto, também ao seu direito especial" e também "(ii) os casos em que os juízes vinculados às comunas poderiam aplicar os estatutos das corporações de ofício a pessoas não matriculadas"[21].

Com o tempo, os Tribunais Consulares ampliaram o seu campo de abrangência, deixando de ser apenas "tribunais de classes" e passando a aceitar outras questões relacionadas ao comércio. Com isso, a competência deles começou a ser delimitada com base subjetiva, isto é, aplicava-se aquilo que versasse sobre "matéria de comércio"[22]. Com a

---

[18]   Tullio Ascarelli ressalta que a história das corporações se entrelaça à história constitucional das cidades (ASCARELLI, Tullio. **Corso di diritto commerciale:** introduzione e teoria dell'impresa. 3. ed. Milão: Giuffrè, 1962. p. 87-100).

[19]   CORSI, Francesco; FERRARA JR, Francesco. **Gli Imprenditori e le società**. 11. ed. Milão: Giuffrè, 1999. p. 6 e ss.

[20]   GOLSDSCHMIDT, Levin. **Storia universale del diritto commerciale**. Turim: UTET, 1913. p. 181-182.

[21]   FORGIONI, Paula A. A interpretação dos negócios empresariais no novo Código Civil brasileiro. **Revista de Direito Mercantil**, n. 130, p. 7-38. Disponível em: <http:// disciplinas. stoa.usp.br/pluginfile.php/341598/mod_resource/content/1/Forgioni%2C%20Paula.%20A%20 interpretac%CC%A7a%CC%83o%20dos%20nego%CC%81cios%20empresariais.pdf>. Acesso em: 21 jul. 2016. p. 17 e ss.

[22]   Há uma significativa perda de poder soberano das corporações e a sua ideia de jurisdição começa a ser deturpada; vale citar: "A influência do poder sobre o mundo do trabalho tornou-se mais forte quando o Edito de 1673 ordenou a organização de todos os ofícios do Reino em jurandas. Essas medidas, mal aplicadas nas províncias, seriam mais respeitadas em Paris. É ali que existia desde o século XIII uma sólida estrutura corporativa e contavam-se pouquíssimos ofícios livres. Contudo, o Edito de 1675, que reunia as mestrias dos *faubourgs* às da cidade, não foi aplicado nem ao *Faubourg Saint-Antoine* nem ao *Saint-Marcel*. Todos os estatutos dos ofícios foram reformu-

Cap. 2 • EMPRESA E SUA FUNÇÃO SOCIAL | 65

consolidação dos Estados soberanos, a jurisdição mercantil, antes privada, passou a ser incorporada pelo Estado e a liberdade anterior começou a diminuir[23]. Nesse momento inicia-se a segunda fase do Direito Empresarial.

2.1.2 O Direito Comercial

Com a ascensão dos Estados nacionais, do liberalismo, e ante a necessidade de conquistar novos mercados, fez-se necessária a libertação das amarras das corporações. Corolário a isso, a promulgação do Código Comercial francês positivou a noção de atos de comércio, havendo assim uma clara tentativa de adotar um sistema objetivo. O *Direito Comercial*, na segunda fase, manteve a característica de ser um Direito especial, todavia deslocava o olhar da pessoa (comerciante) para o objeto (ato de comércio); e a questão relativa à jurisdição e à aplicação do *ramo especial* remetia ao que seria ato de comércio[24].

O fato é que a jurisdição das corporações acabou sendo estendida, ou seja, não era imprescindível ser associado de qualquer corporação, mas sim realizar o comércio efetivamente. Com o advento dos Estados Nacionais, e com a ideia de soberania, a jurisdição passou a ser de competência do Estado, como alhures mencionado. De fato, não houve significativa alteração quanto a ser o *Direito Comercial* um Direito de classe, entretanto o poder foi deslocado ao ente estatal. A controvérsia da jurisdição era solucionada quanto à presença ou ausência dos *atos de comércio*, que eram entendidos como aqueles enumerados pela codificação, originariamente nos arts. 632 e 633 do Código francês, atualmente correspondentes aos arts. L110-1 e L110-2.

O Código francês (art. L121-1) definiria como comerciante aquele que praticasse atos de comércio de forma habitual. Manuel Broseta Pont resumia a codificação francesa em três conclusões: a) fora mantido o critério subjetivo do *Direito Mercantil*; b) o objetivo do

---

lados em 1673. Fixou-se o número de mestres e, em alguns casos, inclusive o de companheiros e aprendizes, a duração do aprendizado, as horas de trabalho e até o horário das refeições. Nenhuma iniciativa fora deixada aos mestres, e a redação desses estatutos, confirmado pelo Rei, havia sido confiada de modo mais ou menos oficial a um tal de Haranger, advogado eloquente e prolixo. O autoritarismo de Colbert ganhava aqui livre curso. A severa regulamentação dos ofícios tendia, sem dúvida, a gerar uma produção de qualidade e a impedir uma concorrência ruinosa, graças à limitação do número de mestres. Mas, em pouco tempo essa política foi desmentida pelos atos do poder, que se aplicou a extrair grandes somas das corporações. Pouco a pouco, quando o peso da guerra tornou-se maior, todos os meios pareceram apropriados. O Rei criou numerosos cargos de mestres, sem, no entanto, exigir a necessária competência dos seus adquirentes. Instituíram-se novos ofícios, usurpando os direitos dos ofícios antigos. Assim, de 1690 a 1714 criaram-se 550 cargos de barbeiro-banhista-proprietário de banhos públicos, separados dos cirurgiões-barbeiros; 300 cargos de cambistas; e 150 de botequineiro-comerciante de aguardente. Frequentemente, aliás, nem por isso o número de mestres aumentava. De fato, as corporações preferiam comprar os novos cargos e não nomear titulares, prática muito bem aceita, numa demonstração de que esses postos nem sempre correspondiam a uma necessidade real, mas visavam apenas a engordar os cofres do Estado" (WILHELM, Jacques. **A vida dos ofícios. Paris no tempo do Rei Sol**. São Paulo: Cia. das Letras/Círculo do Livro, 1988. p. 67-68).

[23] ASCARELLI, Tullio. **Corso di diritto commerciale:** introduzione e teoria dell'impresa, cit., p. 29-30.

[24] ASCARELLI, Tullio. **Corso di diritto commerciale:** introduzione e teoria dell'impresa, cit., p. 49.

art. 631 era definir quais seriam os atos de comércio e com isso delimitar competências; e c) a finalidade dos arts. 632 e 633 (atuais arts. L110-1 e L110-2) era estabelecer por lei o que seriam tais atos[25]. O sistema francês deparou-se com alguns problemas práticos, devido à falta de um sistema lógico e por, longe do pretendido, não conseguir objetivar qual seria o âmbito de incidência do *Direito Comercial*.

Diversos problemas surgiram, pois a delimitação entre *civil* e *comercial* era muito tênue. Por exemplo, um contrato de compra e venda cuja finalidade fosse a revenda do objeto contratual seria um ato de *comércio*; entretanto, começou-se a discutir se tal contrato estaria no âmbito de incidência do *Direito Comercial* caso fosse eventual. O desenvolvimento econômico e o aumento e a diversificação das atividades também contribuíam com a celeuma, já que se deixava a critério dos juristas e da jurisprudência solucionar os problemas. Outro fator que colaborava com a problemática era o fato de alguns institutos tipicamente do *Direito Comercial* começarem a se tornar comuns e usados por todos, como os títulos de créditos (letra de câmbio)[26].

Todas essas problemáticas fizeram com que, na Europa, algumas legislações posteriores retornassem ao sistema subjetivo, em que se buscava definir o comerciante. Exemplo de tal situação é o Código Comercial alemão de 1897, o qual definia como comerciante aquele que operava um comércio e como comércio qualquer atividade comercial ou industrial, salvo se a empresa (atividade econômica) não necessitasse criar *operações de negócios*. Tais operações poderiam ser comparadas ao nosso atual termo *elemento de empresa* (art. 966, parágrafo único, do Código Civil), ideia assemelhada ao que temos hoje no Direito brasileiro quanto aos profissionais liberais, que estão no mercado, mas fogem à disciplina do ramo empresarial.

No caso brasileiro, não tivemos algo parecido ao ocorrido na fase europeia do *Direito Mercantil*, portanto o nosso primeiro Código Comercial, de 1850, ao aferir as dificuldades enfrentadas na Europa, adotou um sistema misto, ou seja, subjetivo (relacionado à pessoa do comerciante) e objetivo (aludido ao exercício da mercancia). Paula A. Forgioni defende que "os autores do Código Comercial de 1850 evitaram enfrentar nesse texto normativo o problema do ato de comércio"[27].

O Código Comercial brasileiro de 1850 adotou o critério subjetivo no seu art. 4º, ao definir a proteção ao comerciante regular que estivesse matriculado nos então Tribunais do Comércio do Império, atuais Registros Públicos de Empresas Mercantis e Atividades Afins (Lei n. 8.934/1994). Isso não significa dizer que não eram reconhecidos os comerciantes irregulares; pelo contrário, eram reconhecidos, todavia não tinham os direitos assegurados, apenas os ônus da mercancia, e o mesmo acontecia com as sociedades de fato (arts. 304 e 305).

O critério objetivo (o que seriam atos de comércio) não foi disciplinado pelo Código, mas pelo conhecido Regulamento n. 737/1850, que na realidade era um Decreto (com

---

[25] PONT, Manuel Broseta. **La empresa, la unificación del derecho de obligaciones y el derecho mercantil**, cit., p. 50-51.

[26] PONT, Manuel Broseta. **La empresa, la unificación del derecho de obligaciones y el derecho mercantil**, cit., p. 63-68.

[27] FORGIONI, Paula A. **A evolução do direito comercial**: da mercancia ao mercado, cit., p. 41.

força de Lei) e tinha natureza eminentemente processual, ou seja, procurava delimitar questões de ordem do Juízo no Processo Comercial e, no seu art. 19, relacionava o que seria mercancia. Com isso, o sistema brasileiro superou o francês, pois visou conceituar objetivamente o ato de comércio, ao definir a incidência naqueles que praticassem mercancia de forma habitual (enquanto profissão) e exemplificar alguns atos que seriam considerados mercancia.

No Direito brasileiro, Carvalho de Mendonça, ao reconhecer as infindáveis disputas judiciais, no Direito francês, na busca pela delimitação do que seriam atos de comércio, bem como ao reconhecer a ampliação do domínio comercial nas mais abrangentes áreas, definiu atos de comércio aqueles que assim pudessem ser considerados sob três perspectivas: a) por sua natureza; b) por conexão ou dependência; ou c) por força ou autoridade da lei[28].

Haroldo Malheiros Duclerc Verçosa sustenta que o Código Comercial brasileiro antecipou a solução adotada posteriormente pelo Código italiano de 1942, que influenciou o Código Civil de 2002, sob o argumento de introduzir a figura do *empresário*. Segundo o autor, a "mercancia caracterizava-se como uma *atividade* profissional, ou seja, exercida habitualmente no tempo pelo empresário, com o intuito de lucro"[29].

Já Forgioni entende que o conceito de *empresa como ente que organiza fatores de produção* (propagado por Vivante) já aparecia em nossa literatura, todavia se objetivava apenas o reconhecimento de que a atividade industrial era disciplinada pelo Direito Comercial, concluindo que "o conceito de empresa vinha subordinado àquele de ato de comércio e apenas isto"[30-31].

Conforme outrora dito, as codificações europeias começaram a reconhecer a obsolescência da Teoria dos Atos de Comércio. No final do século XIX, o Código alemão positivou atos de comércio como "todos os atos praticados pelo comerciante relativos

---

[28] MENDONÇA, J. X. Carvalho de. **Tratado de direito comercial brasileiro**. 5. ed. Rio de Janeiro: Freitas Bastos, 1953. p. 432-526.

[29] VERÇOSA, Haroldo Malheiros Duclerc. **Direito comercial**: teoria geral. 4. ed. São Paulo: RT, 2014. p. 45.

[30] FORGIONI, Paula A. **A evolução do direito comercial**: da mercancia ao mercado, cit., p. 45.

[31] Paula A. Forgioni, ao estudar o primeiro período dos clássicos brasileiros, que está inserido no segundo período (*Direito Comercial*), na perspectiva mundial que estamos trabalhando no texto, conclui: "Em suma, nesse primeiro período, destacam-se os seguintes direcionamentos doutrinários: (i) o direito comercial tem seu principal foco na atividade de *intermediação*, embora a indústria integre seu objeto (v. § 1º do art. 19 do Regulamento 737, de 1850); (ii) a influência da doutrina estrangeira é sensível, destacando-se a de Thaller, Vidari, Endemann e, principalmente, Vivante; (iii) a concepção econômica propagada por Vivante, de empresa como ente organizador dos fatores de produção, é quase que unanimemente incorporada pela doutrina ao comentar o art. 19 do Regulamento 737; (iv) os autores, ao interpretar o art. 4º do Código Comercial e o Regulamento 73, consolidam o direito comercial com os direitos dos comerciantes, que disciplina também os atos de comércio; (v) quanto à nossa doutrina, podemos corroborar as conclusões de Ernesto Leme: 'Porque em verdade [...] a história do Direito Comercial no Brasil se divide em três fases distintas: – a de José da Silva Lisboa, Visconde de Cairu (1756-1835); – a de José Xavier Carvalho de Mendonça (1861-1930); – a de Waldemar Martins Ferreira (1885-1964)'" (FORGIONI, Paula A. **A evolução do direito comercial**: da mercancia ao mercado, cit., p. 54-55).

à sua atividade comercial"[32]. Reconhecia a impossibilidade de taxativamente definir o ato comercial. Trata-se de um retorno ao sistema subjetivista, em termos de noção de empresário tendo como fundo ato e atividade, o que quer dizer que o ato de comércio era relevante apenas se vinculado a uma exploração empresarial. Com isso, iniciou-se a terceira fase do *Direito Empresarial.*

2.1.3   O Direito Empresarial

Nos termos do art. 2.082 do Código Civil italiano de 1942, "é empresário quem exerce profissionalmente uma atividade econômica organizada para o fim da produção ou da troca de bens ou serviços". A Teoria da Empresa, debatida pelos italianos, sempre reconheceu a Empresa como uma *experiência jurídica* que tem uma realidade econômica (realidade pré-jurídica) e é um importante *fenômeno social,* assim reconhecido pela própria sociedade.

Tullio Ascarelli leciona que os elementos qualificadores do empresário são a *natureza da atividade* e *o exercício profissional e habitual.* Isso demonstra a existência de um elemento objetivo, já que não importa a qualidade do sujeito, mas sim uma atuação humana em um campo determinado e com uma finalidade específica[33]. O que se visa disciplinar é a atividade, que implica, por sua vez, uma pluralidade de atos, em que o agente a exerce por meio de vários negócios, sendo a substância do negócio o que a adjetiva como profissional.

Sob o viés italiano, o conceito de empresa partia de um ideal de *dirigismo econômico,* o que quer dizer que ela era vista como um instrumento viabilizador da ingerência estatal na economia. Os seus interesses deveriam ir ao encontro e harmonizar-se com o interesse da nação; neste sentido, é o que dispõe o art. 7º da *Carta del Lavoro* italiana, buscando substituir a lógica competitiva pela colaborativa.

A *Carta del Lavoro* influenciaria a unificação do Direito Privado, sendo a empresa colocada em situação epicentral, pois o regime fascista visa implantar uma doutrina corporativista e totalitária, o que quer dizer que "não é erigida ao centro do sistema jurídico por consequência da consagração da liberdade econômica, mas como instrumento para implementação do dirigismo estatal"[34]. Forgioni inclusive sustentaria que "a unificação do Código de 1942 não decorreu das observações de Vivante, mas principalmente de *razões políticas*"[35]. É permitida a liberdade econômica, entretanto a produção é vista como unitária e o que objetiva é o bem-estar dos indivíduos e o desenvolvimento da potência nacional. No intuito de controlar a economia e reconhecendo-se o caráter hegemônico da ascensão da empresa, esta é posta "como célula do tecido econômico vocacionada a

---

[32]   ARAÚJO, Vaneska Donato de. Noções gerais de direito empresarial. In: HERKENHOHH, Henrique G. (Coord.). **Direito de empresas**. São Paulo: RT, 2008. p. 20.

[33]   ASCARELLI, Tullio. **Corso di diritto commerciale**: introduzione e teoria dell'impresa, cit., p. 146-147.

[34]   FORGIONI, Paula A. **A evolução do direito comercial**: da mercancia ao mercado, cit., p. 73.

[35]   FORGIONI, Paula A. **A evolução do direito comercial**: da mercancia ao mercado, cit., p. 72.

perseguir os interesses nacionais"[36]. A produção será vista como interesse nacional, nos termos do art. 6º da *Carta*, por isso toda a sua organização deve ser feita em função do interesse nacional; daí a importância de o empresário ser o responsável pelos direcionamentos da produção perante o Estado.

Como a economia era dominada pelas empresas e estas tinham poder e influência significativos no seio social, o Estado assume a função de supervisão e de coordenação da atividade empresarial, de acordo com os anscios insculpidos na *Carta del Lavoro*, seguindo-se a pauta corporativista. A preocupação que se tinha, à época, era com a expansão do poderio das empresas, já que acumulavam as riquezas sociais, portanto influenciavam a política, podendo ser consideradas perigos sociais. Exigia-se "que se dispensasse às empresas tratamento que andasse além dos interesses tutelados pelo direito comercial, aproximando-o do método de análise próprio ao direito econômico"[37]. Isso quer dizer que os benefícios advindos da atividade empresarial deveriam ser canalizados em prol da sociedade.

Oriunda do movimento institucionalista alemão, tendo como base as ideais de Maurice Hauriou e Walther Rathenau, a visão fascista de empresa caminha para vê-la como instituição. Hauriou parte do Direito Público para a ideia de instituição ou empresa que se opera juridicamente num meio social. Para realizar essa *ideia*, os membros deverão se manifestar por órgãos de poder de acordo com os procedimentos previamente previstos e serão dirigidos por seus órgãos[38]. O autor afirma que existem dois tipos de instituições: as instituições-pessoa, que se personificam; e as instituições-coisa, que não se personificam. Naquelas, o poder organizado se interioriza e a ideia (objetivo) "torna-se o sujeito da pessoa moral que se depreende do corpo constituído"[39]. Já nestas, "os elementos do poder organizado e das manifestações de comunhão dos membros do grupo não são interiorizados no âmbito da ideia da obra", ou seja, eles existem no meio social e permanecem exteriores à ideia[40].

Na obra de Hauriou, o estudo é limitado às instituições-pessoa ou corporativas que tenham os seguintes elementos: "1º a ideia da obra a realizar num grupo social; 2º o poder organizado posto a serviço dessa ideia para sua realização; 3º as manifestações de comunhão que ocorrem no grupo social a respeito da ideia e de sua realização"[41].

A *ideia da obra a realizar* é, sem sombra de dúvida, o elemento mais importante, pois todo o corpo é instituído em prol dessa ideia, podendo ser comparada ao conceito de *fim social* ou *objetivo social* da empresa, que não pode ser confundido com função ou meta, já que aquela é mais ampla que esta.

O *poder de governo organizado* forma a vontade da corporação e espiritualiza o elemento humano nela; assim, a vontade subordina-se à ideia, ou seja, os atos devem

---

[36] FORGIONI, Paula A. **A evolução do direito comercial**: da mercancia ao mercado, cit., p. 72.

[37] FORGIONI, Paula A. **A evolução do direito comercial**: da mercancia ao mercado, cit., p. 74.

[38] HAURIOU, Maurice. **A teoria da instituição e da fundação**: ensaio de vitalismo social. Tradução de José Ignácio Coelho Mendes Neto. Porto Alegre: Sergio Antonio Fabris, 2009. p. 19.

[39] HAURIOU, Maurice. **A teoria da instituição e da fundação**: ensaio de vitalismo social, cit., p. 20.

[40] HAURIOU, Maurice. **A teoria da instituição e da fundação**: ensaio de vitalismo social, cit., p. 20.

[41] HAURIOU, Maurice. **A teoria da instituição e da fundação**: ensaio de vitalismo social, cit., p. 21.

70 | BEM JURÍDICO EMPRESARIAL – Fábio Brasilino

ir ao encontro aos anseios corporativos. Quanto à *manifestação de comunhão* entre os membros do grupo, trata-se de reunião de esforços e objetivos comuns para a realização de determinada atividade, podendo ser comparada com a atual ideia de *affectio societatis*, pois "esses movimentos de comunhão não se analisam de modo algum como manifestações de uma consciência coletiva". Isso significa que "são as consciências individuais que se comovem ao contato de uma ideia comum e que, por um fenômeno de interpsicologia, têm o sentimento de sua emoção comum"[42], ou seja, as vontades individuais formam a consciência coletiva. Portanto, as instituições corporativas sujeitam-se a um triplo movimento: *interiorização, incorporação* e *personificação*, que servirão de sustentáculo para a personalidade jurídica.

Assim, ao fazer uma análise fisiológica da instituição-pessoa, Hauriou conclui que os elementos de fundação são "1º a manifestação de vontade comum com intenção de fundar [elemento primordial]; 2º a redação dos estatutos; 3º a organização de fato da instituição corporativa; 4º o reconhecimento da sua personalidade jurídica"[43]. Isso se dá porque o autor entende que, para se perpetuar, a instituição "precisa encarnar-se numa instituição corporativa em vez de permanecer no estado livre num meio social dado"[44]. Com isso, ela pode exprimir-se, obrigar-se e ser responsável, o que chega próximo a nossa concepção de personalização, contida no art. 1º do Código Civil.

Rathenau, grande incentivador da escola institucionalista alemã, tentou "justificar o reinvestimento do lucro na sociedade, deixando, portanto, de distribuir dividendos", dada a importância da empresa para a sociedade[45]. Com isso, criou a doutrina do institucionalismo publicista. De acordo com Calixto Salomão Filho, a instituição não se reduzia aos interesses dos sócios[46]. Rathenau era engenheiro, industrial e buscava no primeiro pós-guerra fortalecer a indústria, considerando-a um grande instrumento para o renascimento econômico do país. Para ele, portanto, o fim da empresa era gerar riquezas para a comunidade, pois ela oferece trabalho, colabora com o progresso tecnológico e, assim, seu escopo não deveria ser apenas a busca pelo lucro e distribuição.

Forgioni sustenta que essa ideia leva a uma máxima atribuída a um administrador da Norddeustscher Lloyd (sociedade encarregada pelo transporte no Rio Reno): "o escopo da sociedade não é distribuir lucros para os acionistas, mas fazer andar suas balsas"[47]. Destaca a autora que essa corrente contemplaria o aspecto público das sociedades anônimas, então o interesse dos acionistas seria mais um entre tantos outros que são igualmente dignos de tutela[48].

---

[42] HAURIOU, Maurice. **A teoria da instituição e da fundação**: ensaio de vitalismo social, cit., p. 29.

[43] HAURIOU, Maurice. **A teoria da instituição e da fundação**: ensaio de vitalismo social, cit., p. 45.

[44] HAURIOU, Maurice. **A teoria da instituição e da fundação**: ensaio de vitalismo social, cit., p. 37.

[45] FORGIONI, Paula A. **A evolução do direito comercial**: da mercancia ao mercado, cit., p. 75.

[46] SALOMÃO FILHO, Calixto. **O novo direito societário**. 4. ed. São Paulo: Malheiros, 2015. p. 33.

[47] FORGIONI, Paula A. **A evolução do direito comercial**: da mercancia ao mercado, cit., p. 76.

[48] Paula A. Forgioni sustenta que a doutrina abranda as ideias de Rathenau e que Asquini assevera que o autor da frase provavelmente não pretendia negar os direitos dos acionistas, mas sim frear excessos (FORGIONI, Paula A. **A evolução do direito comercial**: da mercancia ao mercado, cit., p. 77).

Por ser instrumento de desenvolvimento econômico geral, a empresa emerge em si e com isso os seus interesses estão subjugados pelos da nação. Há intervenção e controle por parte do Estado, em especial do controlador, tornando a instituição útil e reduzindo os perigos. A teoria de Rathenau busca delimitar que a função econômica da empresa reside no interesse público, e não no meramente privado[49]. Há, por óbvio, acirradas críticas por parte dos liberais, que argumentam que tal situação levaria à destruição da empresa e que "a utilidade social da empresa reside na sua economicidade, e não na prestação de serviços públicos"[50].

Outro problema reside no fato de o institucionalismo e também a própria lei acionária alemã de 1937 estarem intimamente ligados à ideologia nazista, bem como o conceito de empresa, na Itália, ao fascismo. Todavia, vale lembrar que a "[...] a doutrina de Rathenau foi utilizada de forma distorcida pelo nazismo, tendo servido para justificar as maiores aberrações em nome do pseudointeresse público e do exacerbado nacionalismo"[51]. Interessante posicionamento que defenderia a necessidade de desvincular o institucionalismo da ideologia nazista é proposto por Calixto Salomão Filho: "se é verdade que muitos dos princípios da referida doutrina mostraram-se muito úteis ao nazismo, também é verdade que a formulação da doutrina se deu no período da República de Weimar, cujos princípios tenta aplicar ao campo societário"[52].

E na Itália, com a queda do fascismo, busca-se uma neutralização do conceito de empresa e, para tanto, revogam-se alguns artigos do *Codice Civile*, e a *Carta del Lavoro* deixa de ser o norte principiológico do sistema. A doutrina italiana se esforçaria para dissociar o conceito de empresa das políticas de dirigismo econômico dos fascistas.

O institucionalismo de Rathenau começa aos poucos a ser abrandado e suas ideias são desenvolvidas. Asquini sustentaria que supramencionada frase do administrador da Norddeustscher Lloyd não nega o direito de proveitos decorrentes dos resultados aos acionistas, mas sim busca frear excessos de avidez[53].

Calixto Salomão Filho faria a distinção entre o institucionalismo publicista de Rathenau e institucionalismo integracionista ou organizativo[54]. O autor defende que, entre o intervalo da Lei acionária alemã de 1937 e a Lei de 1965, existiram diversas legislações que devem ser consideradas como evolução da própria doutrina do Rathenau, tendo como principal característica a ascensão da participação operária nos órgãos diretivos das grandes empresas e passando a legislação alemã a adotar um sistema de decisão conjunta[55].

---

[49]   SALOMÃO FILHO, Calixto. **O novo direito societário**, cit., p. 33.

[50]   FORGIONI, Paula A. **A evolução do direito comercial**: da mercancia ao mercado, cit., p. 77.

[51]   SIMÕES, Paulo César Gonçalves. **Governança corporativa e o exercício do voto nas S.A.** Rio de Janeiro: Lumen Juris, 2003. p. 11. Em sentido assemelhado: COMPARATO, Fábio Konder. **O poder de controle na sociedade anônima**. São Paulo: RT, 1976. p. 309-310. Sobre a desvinculação: JAEGER, Pier Giusto. **L'interesse sociale**. Milão: Giuffrè, 1964. p. 41.

[52]   SALOMÃO FILHO, Calixto. **O novo direito societário**, cit., p. 34.

[53]   ASQUINI, Alberto. I battelli del Reno. **Rivista delle società**, 4 (1959), p. 617-633.

[54]   SALOMÃO FILHO, Calixto. **O novo direito societário**, cit., p. 34.

[55]   Sobre o tema da transformação da participação dos trabalhadores: PINTO, Mário; AZEVEDO, Amândio de. A participação dos trabalhadores na empresa: a legislação alemã de codecisão. Lisboa: [s.n.], 1972. 51 p. **Separata da Revista Análise Social**, v. VIII, n. 30-31, 1970. Disponível em: <http://analisesocial.ics.ul. pt/documentos/1224257244F5tXO2mj2Io62JW6.pdf>. Acesso em: 29 set. 2016.

A evolução legislativa buscava dar coerência às premissas institucionalistas, que *a priori* seriam pautadas na ideia de democratizar os agentes econômicos. No plano jurídico, isso ainda não era possível com a doutrina de Rathenau, pois nesta o controle se dava de acordo com os interesses de órgãos vinculados aos grupos controladores, portanto não parciais. Como consequência, não havia um real interesse que abrangeria todas as categorias (trabalhadores, sócios e a coletividade).

O que se buscava no pós-guerra era promover a *descartelização* e enfraquecer os centros de poder da indústria alemã. O que se busca com esse novo institucionalismo é conceber uma visão harmônica "e comum aos interesses dos vários tipos de sócios e dos trabalhadores e que se traduz no interesse à preservação da empresa"[56]. Fica claro com a participação operária, no modelo alemão, que o interesse social caminha ao lado do de manutenção da empresa. Até mesmo por isso, na Alemanha a preservação do conceito de personalidade jurídica foi deixada em segundo plano e a desconsideração da personalidade jurídica teve maior desenvolvimento teórico.

Como outrora dito, a doutrina alemã busca neutralizar as amarras do regime nazista às instituições, buscando democratizar os agentes econômicos, descentralizando os centros de poder e reconhecendo a importância da empresa para a sociedade. O mesmo ocorreu na Itália, pois com a queda do fascismo, a teoria da empresa começa a esterilizar o conceito de empresa do regime fascista. Em ambas as situações, a mudança de paradigma está em deslocar o vínculo da empresa como instrumento de controle do Estado. Aos poucos o *interesse nacional* vai cedendo lugar ao *interesse público*; e, por mais que as legislações sejam positivadas numa perspectiva de política econômica intervencionista, há uma preocupação maior com os valores e objetivos do Estado, e não meramente com o interesse daqueles que estão no poder.

Esses fatos repercutiram no Brasil, pois o Código Civil de 2002 e a Lei das Sociedades Anônimas, gestados no governo militar com políticas econômicas intervencionistas, consideraram a empresa como instituição e, com isso, as ações deveriam ser tomadas de acordo com os interesses sociais. Importante esclarecer que o fato de o conceito de empresa e a teoria da empresa terem surgido sob a égide de regimes totalitários e muitas vezes as suas premissas terem sido distorcidas por interesses políticos não pode interferir no reconhecimento da importância das empresas como agentes de desenvolvimento econômico-social.

Ao soltarem-se as amarras do corporativismo inerente aos regimes totalitários, o epicentro da empresa desloca-se à liberdade econômica, e os princípios da livre-iniciativa e da livre concorrência passam a disciplinar as atividades empresariais e a marcar o seu perfil. Forgioni defende que a partir da década de 1960, justamente por conta de tratados europeus, "a empresa passa de instrumento intervencionista a peça-chave da economia de mercado"[57].

O Tratado de Paris de 1951, que institui a Comunidade Europeia do Carvão e do Aço (CECA), positiva o conceito de empresa no seu art. 80º como aquelas que exerçam a atividade de produção de carvão e de aço, bem como as que exerçam habitualmente a atividade de distribuição, ressalvadas as que vendam ao consumidor final. E será na seara da defesa da concorrência que a noção unitária de empresa será construída no âmbito

---

[56] SALOMÃO FILHO, Calixto. **O novo direito societário**, cit., p. 35.

[57] FORGIONI, Paula A. **A evolução do direito comercial**: da mercancia ao mercado, cit., p. 83.

da Comunidade Europeia; o art. 43º institui a liberdade de empresa e, nos atuais arts. 81º e 82º, todos do Tratado da Comunidade Europeia, a noção de empresa é empregada como forma de regular a concorrência, ao proibir os acordos entre empresas cujo objeto possa afetar o comércio ou abuse da posição dominante.

Forgioni, ao analisar a sentença proferida na causa C-364/87, no âmbito da Comunidade Europeia, que traria a noção de empresa, esclarece que é ampla, "abrangendo qualquer sujeito ou centro autônomo de imputação jurídica, seja privado ou público, que desenvolva atividade relevante do ponto de vista econômico"[58]. O conceito comunitário é bastante amplo, pois a ideia de empresa muitas vezes assume contornos e atividades que vão além das tradicionalmente relevantes para o Direito Empresarial, como ocorre, por exemplo, com as atividades dos profissionais liberais, pois a interpretação das regras concorrenciais envolvem questões relacionadas a políticas industriais e competitivas, ou seja, os critérios utilizados por vezes são políticos.

A empresa, que outrora era tida como instrumento intervencionista, sob a influência dos tratados passa a incorporar no seu conceito o livre fluxo de relações econômicas. É reconhecida, portanto, como um fenômeno socioeconômico[59]. Com base nessa perspectiva, o próximo passo é analisar o fenômeno jurídico da empresa.

2.2   A TEORIA JURÍDICA DA EMPRESA

Indubitavelmente, o *fenômeno empresa* ganha amplitude e ainda maior importância na sociedade contemporânea, e tal fato decorre da própria evolução da sociedade. Conforme dito alhures, sendo o comércio inerente ao ser humano, a empresa torna-se instrumento de excelência da atividade econômica e passa a ser foco da disciplina jurídica. Ocorre que a empresa é objeto de regulação de diversos ramos do Direito, sendo inevitáveis os conflitos que permeiam as relações capital-trabalho, ainda mais na perspectiva do desenvolvimento sustentável. Cada ramo do Direito, ao valorar e julgar as condutas, parte dos seus próprios pressupostos, o que faz com que por vezes não ocorra uma visão integrada do fenômeno jurídico da empresa. Ter uma visão integrada é de extrema importância para a tese ora defendida, pois apenas assim se poderá chegar a um delimitador comum, que possa compatibilizar todos os interesses envolvidos. Faz-se necessária essa compatibilização de interesses, já que apenas dessa forma será possível uma convivência social adequada.

A compatibilização dos interesses é viável apenas se o fenômeno socioeconômico denominado *empresa* for plasmado pelo Direito, ou seja, transportado ao plano jurídico. O que ocorre é que essa transposição não é uma tarefa fácil, pois, em que pese os conceitos jurídicos estabelecidos em relação à empresa serem construções racionais de um processo histórico--político, estes devem ser revisitados e adaptados à própria dinâmica da realidade social.

Bulgarelli traça três dificuldades na transposição do fenômeno: a primeira se refere à ideia que se tem desse fenômeno social (noção econômica, organizacional, sociológica, institucional etc.); a segunda está relacionada à valoração dos interesses em jogo, ou seja,

---

[58]   FORGIONI, Paula A. **A evolução do direito comercial**: da mercancia ao mercado, cit., p. 86.

[59]   BULGARELLI, Waldirio. **A teoria jurídica da empresa**. São Paulo: RT, 1985. p. 16.

à sua importância para a realidade socioeconômica; e a terceira está ligada intimamente às demais, pois se relaciona ao modo de transposição para o plano jurídico[60].

Uma visão unitária da empresa deve ser feita, pois o termo *empresa* não pode ser fracionado de acordo com a disciplina, ou seja, não é plausível que para o Direito Empresarial seja um, para o Econômico outro, para o Trabalhista outro, e assim por diante. Então, o conceito deve ser unitário, e cada disciplina utilizará os aspectos, interesses e elementos que lhes forem inerentes. Daí a importância da influência do Código Civil italiano, que estabelece quatro aspectos relevantes do ponto de vista jurídico, o empresário, a atividade, o estabelecimento e a organização do trabalho. Nesse contexto, paradigmática a *Teoria da Empresa*, de Alberto Asquini, também conhecida como *Teoria do Fenômeno Poliédrico da Empresa*.

2.2.1 A teoria de Alberto Asquini

A teoria tem como marco o texto clássico originalmente intitulado *Profili dell'impresa*, publicado na *Rivista del Diritto Commerciale* no ano de 1943, chegando a nós a tradução elaborada por Fábio Konder Comparato, publicada sob o título "Perfis da empresa" na *Revista de Direito Mercantil* de n. 104, no ano de 1996[61].

A principal contribuição do autor é conceituar juridicamente a empresa sob o ponto de vista polissêmico do termo. Reconhece-a, portanto, como fenômeno econômico-social poliédrico, que possui perfis que serão ajustados às relações fáticas, de acordo com as perspectivas jurídicas em análise, amoldando-se no caso concreto e prevalecendo a perspectiva que melhor se enquadrar ao fenômeno econômico encarado. Assim, poder-se-ia ter a concepção de empresa como instituição. Há um campo social em que os agentes (perfis) atuam um com o outro, gerando um resultado uno, que impactará na formação da sociedade institucional.

No primeiro momento do texto, Asquini deixa claro que o conceito econômico da empresa deve ser o ponto de partida, e não o de chegada, sustentando que o fenômeno econômico é encarado de acordo com o perfil que melhor amolde o aspecto jurídico ao fenômeno econômico. Sob o ponto de vista econômico, defende que apenas podem ser consideradas empresas as atividades com base profissional, ou seja, é necessário que o produto da atividade econômica seja posto no mercado, pois a doutrina econômica entende que o risco da empresa se pauta na variação do tempo despendido com os resultados advindos. O empresário, por organizar os fatores de produção, tem como contrapartida o lucro (margem diferencial entre os resultados e os custos). Na economia de troca, verifica-se que o empresário tem caráter profissional.

Segundo Asquini, o Código Civil italiano de 1942 (que influenciou o brasileiro de 2002) introduz, na sua exposição de motivos, o conceito econômico, porém esse conceito não deverá ser imediatamente utilizado como noção jurídica. Isso porque traduzir os termos econômicos em jurídicos seria função do intérprete e apenas então seria possível adequar as noções jurídicas aos diversos aspectos do fenômeno econômico. Assim, a

---

[60] BULGARELLI, Waldirio. **A teoria jurídica da empresa**, cit., p. 73-74.

[61] ASQUINI, Alberto. Perfis da empresa. Tradução de Fábio Konder Comparato. **Revista de Direito Mercantil, Industrial, Econômico e Financeiro**, cit., p. 109-126.

forma como cada termo é utilizado ao longo do texto deve ser interpretada de acordo com os seus diversos entendimentos[62-63].

O autor defende que o caráter profissional é elemento natural na economia de troca e que a organização dos fatores de produção (capital, insumos, mão de obra e tecnologia) orienta o empresário na instituição de uma organização duradora, com intuito de ganho. Daí a importância da presente tese, ao assegurar o patrimônio mínimo empresarial como forma de satisfazer os interesses envolvidos no fenômeno empresa, que denominaremos *bem jurídico empresarial*.

Como outrora dito, Asquini analisa o fenômeno empresa em quatro perfis, que não possuem existências distintas. Entretanto, de acordo com a situação fática, um perfil prevalece em detrimento do outro e é plasmado por um conceito jurídico. São eles: o perfil subjetivo (a empresa como empresário), o perfil funcional (a empresa como atividade empresarial), o perfil patrimonial e objetivo (a empresa como patrimônio *aziendal* e estabelecimento), e o perfil corporativo (a empresa como instituição). Em seu trabalho, Asquini passa a analisar os conceitos com base no texto normativo do Código Civil italiano de 1942.

2.2.1.1 Perfil subjetivo

O primeiro perfil trabalhado pelo autor é o subjetivo, no qual considera a empresa como empresário. Para justificar tal posição, sustenta que o Código Civil italiano, assim como leis especiais, utiliza-se do termo empresa como sinônimo de empresário. Cita como exemplos os arts. 2.070, 2.188 e 2.570 do Código, bem como os arts. 1º, 2º, 195, 166, 202, 205 da Lei Falimentar, entre outros dispositivos. No Código Civil brasileiro, também vemos a utilização do termo empresa como sinônimo de empresário, vale citar: arts.

---

[62] Vale citar: "O conceito empresa é o conceito de um fenômeno econômico poliédrico, o qual tem sob o aspecto jurídico, não um, mas diversos perfis em relação aos diversos elementos que o integram. As definições jurídicas de empresa podem, portanto, ser diversas, segundo o diferente perfil, pelo qual o fenômeno econômico é encarado. Esta é a razão da falta da definição legislativa; é esta, ao menos em parte, a razão da falta de encontro das diversas opiniões até agora manifestadas na doutrina" (ASQUINI, Alberto. Perfis da empresa. Tradução de Fábio Konder Comparato. **Revista de Direito Mercantil, Industrial, Econômico e Financeiro**, cit., p. 109-126).

[63] "Afirmar, porém, que a noção de empresa entrou no novo Código Civil com um determinado significado econômico não quer dizer que a noção econômica de empresa seja imediatamente utilizável como noção jurídica. A exposição de motivos do novo Código assumiu o seu dever político, definindo os termos econômicos segundo os quais o conceito de empresa foi introduzido no novo Código. Traduzir os termos econômicos em termos jurídicos é tarefa do intérprete, como advertiu corretamente Santoro-Passarelli, no fascículo precedente desta Revista. Mas, defronte ao direito o fenômeno econômico de empresa se apresenta como um fenômeno possuidor de diversos aspectos, em relação aos diversos elementos que para ele concorrem, o intérprete não deve agir com o preconceito de que o fenômeno econômico de empresa deva, forçosamente, entrar num esquema jurídico unitário. Ao contrário, é necessário adequar as noções jurídicas de empresa aos diversos aspectos do fenômeno econômico. Donde, para indicar um aspecto jurídico próprio de empresa econômica, o código adotou um particular *nomen juris*, que deve ser respeitado. Nos demais casos, onde a palavra empresa é usada pelo código – por prática de linguagem ou pobreza de vocabulário – com sentido jurídico diverso, cabe ao intérprete aclarar os diferentes significados" (ASQUINI, Alberto. Perfis da empresa. Tradução de Fábio Konder Comparato. **Revista de Direito Mercantil, Industrial, Econômico e Financeiro**, cit., p. 113).

44, VI; 931; 968; 980-A. De igual forma, a Lei Falimentar brasileira, Lei n. 11.101/2005, também utiliza o conceito como sinônimo de empresário nos seus arts. 7º; 12, parágrafo único; 22, I, *h*; 47; 53, III, entre outros.

O Código Civil italiano traz a definição legal do que considera empresário no seu art. 2.082, que diz "é empresário quem exerce profissionalmente uma atividade econômica organizada, tendo por fim a produção ou a troca de bens ou serviços". Da definição, extraem-se quatro elementos, que identificam a presença ou a ausência da figura do empresário.

O primeiro elemento é "quem exerce", e, com isso, o Código estipula quem é o sujeito de direito, ou seja, a pessoa física ou jurídica que exerce a atividade econômica em nome próprio.

O segundo elemento é "uma atividade econômica organizada". Como outrora dito, é imprescindível o caráter profissional, o que quer dizer que o sujeito de direito deve organizar os fatores de produção (capital, mão de obra, insumos e tecnologia) para o desenvolvimento de determinada atividade econômica. Assim, conclui-se que estariam fora do conceito de empresário aqueles que exercessem a atividade econômica a custas e riscos alheios. De igual forma, não seriam considerados aqueles que exercessem atividades com caráter personalíssimo, como os profissionais intelectuais, salvo se organizados na forma de empresa, nos termos do art. 2.238 do Código italiano. E também não o seriam caso a produção fosse ocasional ou simplesmente para fazer testes e/ou uso particular.

Importante destacar nesse ponto que o que caracterizará o empresário não será a dimensão econômica do empreendimento, mas sim se a atividade assume características de atividade organizada e se essas atividades não têm caráter personalíssimo, como as atividades profissionais. Com isso, o que se percebe, na construção de Asquini, é a presença do elemento subjetivo (é empresário aquele que regularmente e de forma profissional exerce a atividade) e do elemento objetivo (são empresários os que pratiquem atos de comércio – elemento de empresa).

Conforme observado, no momento que foi trabalhada a evolução do Direito Empresarial, a tentativa de positivação do que seriam atos de comércio não era suficiente para enquadrar todas as realidades sociais, sendo necessária, portanto, a positivação genérica. Foi o que fez o Código alemão de 1897, ao disciplinar atos de comércio como "todos os atos praticados pelo comerciante relativos à sua atividade comercial", então focando no impacto da atividade no campo social (mercado) e deixando de lado a tentativa de positivar taxativamente.

O terceiro elemento, "com fim de produção para a troca de bens ou serviços", significa que o Código quer abranger todas as atividades econômicas que operem no mercado e aproximem os bens e/ou serviços do mercado de consumo[64]. Assim, quem produz ou aloca no mercado está enquadrado no conceito de empresário, já que distribuir bens é uma forma de produção, pois aproxima os bens do mercado de consumo.

---

[64] Vale citar: "[...] o conceito de empresa entrou no novo Código Civil, como expressamente declarado na exposição de motivos: 'O conceito de empresa acolhido pelo código é aquele da 'Carta del Lavoro', não ligado a setores particulares da economia, porém abrangendo cada forma de atividade produtiva organizada; agrícola, industrial, comercial, creditícia; nem ligado a especiais dimensões quantitativas, porém envolvendo a grande e média empresa, assim como a pequena empresa do cultivador direto do fundo, do artesão, do pequeno comerciante, salvo, para a pequena empresa, as particularidades do seu estatuto'" (ASQUINI, Alberto. Perfis da empresa. Tradução de Fábio Konder Comparato. **Revista de Direito Mercantil, Industrial, Econômico e Financeiro**, cit., p. 113).

O quarto e último elemento é "profissionalmente", o que quer dizer que a atividade não deve ser ocasional, mas sim contínua. Tal fato se confirma no art. 2.070 do Código Civil italiano, que, ao tratar da eficácia dos acordos coletivos de trabalho, amplia a sua aplicação aos não profissionais, ou seja, aos não empresários. Do conceito "profissionalmente" surge um *elemento natural*, porém não *essencial*, que é o objetivo de lucro. O lucro é *elemento natural*, pois o interesse da atividade do empresário é o proveito do empreendimento, o que vai inclusive ao encontro dos princípios da *Carta del Lavoro*. Em contrapartida, não é *elemento essencial*, pois há expressa previsão de entes públicos que serão considerados empresários (arts. 2.093 e 2.201 do Código italiano).

Todavia, o autor deixa clara a necessidade de as empresas terem resultados superavitários, sob pena inclusive de contrariar a sua própria função social, pois, ao não gerar riquezas e renda para a sociedade, consomem e não cumprem os seus compromissos (com sócios, fornecedores, trabalhadores etc.). Ter uma atividade autossustentável é extremamente necessário para a continuidade da atividade, seja pelos resultados superavitários ou pelo financiamento público (no caso das empresas públicas).

2.2.1.2 Perfil funcional

O segundo perfil estudado por Asquini é o da empresa como atividade empresarial, o perfil funcional, de acordo com o qual em "razão da empresa econômica ser uma organização produtiva que opera por definição, no tempo, guiada pela atividade do empresário [...] a empresa aparece como aquela força em movimento"[65]. O objetivo da empresa é ser produtiva, e em diversos textos normativos do Código Civil italiano o termo empresa é utilizado como sinônimo de atividade (arts. 2.084, 2.085, 2.196, 2.198, 2.203, 2.204 etc.).

No Código Civil brasileiro, em diversas situações o termo empresa também é utilizado no sentido de atividade (arts. 966, parágrafo único, 974, 1.085, 1.142 etc.). Como outrora dito, a atividade do empresário tem o caráter profissional, e reconhecer a atividade empresarial como requisito necessário significa que o empresário deve organizar os fatores de produção e realizar *operações fundamentais da empresa*, que são: as operações passivas (organização dos fatores de produção), as operações ativas (voltadas para a troca dos bens e/ou serviços) e as operações acessórias (as que auxiliam as operações). A existência da atividade empresarial pressupõe uma contínua realização de *operações fundamentais da empresa*, que serão reconhecidas como empresariais e, consequentemente, serão disciplinadas pelo regime jurídico empresarial.

Asquini utiliza-se dos ensinamentos de Francesco Carnelutti e classifica a atividade empresarial como o fato jurídico que tem relevância ao Direito, em contrapartida o estabelecimento seria a situação jurídica[66]. O perfil funcional está intimamente ligado

---

[65] ASQUINI, Alberto. Perfis da empresa. Tradução de Fábio Konder Comparato. **Revista de Direito Mercantil, Industrial, Econômico e Financeiro**, cit., p. 116.

[66] Segundo Carnelutti: "[...] fato resolve-se numa multiplicidade de situações, a primeira e a última das quais podem chamar-se [...] situação inicial e situação final. Entre uma e outra há um grupo mais ou menos numeroso de situações intermédias, que constituem o ciclo do fato. [...] À situação inicial adapta-se o nome de princípio do fato. Este é o ponto de partida do ciclo. À situação final dá-se o nome de evento [...]. Evento é precisamente aquilo que veio de qualquer coisa, e, por tal razão, a última situação, vinda das precedentes. Para que o grupo das situações, situação entre o

ao perfil subjetivo, pois ambos se complementam, já que atividade empresarial é considerada aquela praticada pelo empresário (ou conexa); e empresário é aquele que pratica a atividade, ou seja, os conceitos complementam-se em forma de círculo.

O autor sustenta, portanto, a importância do conceito de atividade empresarial, pois "para se chegar à noção de empresário é necessário partir do conceito de atividade empresarial"[67]. De igual forma, defende que, para se chegar ao conceito de empresário agrícola ou comercial (arts. 2.135 e 2.195 do Código italiano), faz-se necessário aferir a natureza da atividade. E conclui que "a atividade empresarial reduz-se, portanto, em uma série de operações (fatos materiais e atos jurídicos) que se sucedem no tempo, ligadas entre si por um fim comum"[68].

2.2.1.3 Perfil objetivo

O terceiro perfil é o patrimonial e objetivo, ou seja, a empresa enquanto patrimônio *aziendal* e como estabelecimento. Conforme trabalhado, do exercício da atividade empresarial, pelo empresário, originam-se diversas relações jurídicas (*operações fundamentais da empresa*), sendo a empresa a titular dos direitos e deveres, do que decorre o patrimônio que será afetado à atividade.

Segundo Asquini, o fenômeno da empresa, ao se projetar no terreno patrimonial, forma um patrimônio especial (*azienda*), que se separa do empresário, ressalvados os casos em que o empresário é uma pessoa jurídica constituída com aquela finalidade. Esse patrimônio especial é composto pelo complexo de relações jurídicas que fazem parte da atividade empresarial. O autor destaca que existem teorias que buscam a personificação desse patrimônio, entretanto tais teorias não são adotadas pela legislação italiana. Justifica tal argumentação com base no art. 2.363, que imputa a responsabilidade ilimitada pelas obrigações sociais ao acionista remanescente (único acionista em caso de insolvência). E também no art. 2.740, que imputará aos devedores responder pelas obrigações presentes e futuras da atividade empresarial, salvo nos casos em que houver a limitação da responsabilidade, por lei permitida.

---

princípio e o evento, constitua um fato, ou melhor, para que duas situações constituam respectivamente o princípio e o evento de um fato, é necessária, outrossim, uma ligação entre elas. Esta ligação é precisamente uma relação. É assim que a noção de fato se resolve em dois elementos: situação e relação. E, visto que o primeiro destes dois elementos é de nós já conhecido, convém que observemos o segundo. Trata-se [...] de uma relação entre situação e situação, isto é, de uma relação exterior à situação. Pode suceder que as situações, ainda que múltiplas, formal e espacialmente sejam idênticas e invariáveis. A coincidência formal e espacial entre o princípio e o evento não exclui o fato. É esta uma reflexão de notável importância para a teoria da realidade e para a teoria do direito. Na verdade, tal coincidência não exclui a pluralidade das situações e a sua ligação, que é uma ligação puramente temporal" (CARNELUTTI, Francesco. **Teoria geral do direito**. Tradução de Rodrigues Queirós. São Paulo: Saraiva, 1942. p. 54-57).

[67] ASQUINI, Alberto. Perfis da empresa. Tradução de Fábio Konder Comparato. **Revista de Direito Mercantil, Industrial, Econômico e Financeiro**, cit., p. 117.

[68] ASQUINI, Alberto. Perfis da empresa. Tradução de Fábio Konder Comparato. **Revista de Direito Mercantil, Industrial, Econômico e Financeiro**, cit., p. 117.

Em que pese a legislação italiana na maioria dos casos, não desassociar o patrimônio de afetação do restante do patrimônio por vezes se faz necessário, havendo inclusive relevância jurídica. O autor cita, como exemplos: a necessidade de desassociar nos casos do art. 365, em que há imposição de um inventário especial do patrimônio de menores; e quando há a obrigação de realizar o inventário para o exercício da empresa, conforme preceitua o art. 2.217. Menciona também relações em que há administração por terceiro ou compulsória, e casos de transferência e relações de concorrência.

No Direito brasileiro, quando do exercício da atividade por incapaz, ocorre algo assemelhado, pois o art. 974 do Código Civil prevê essa possibilidade, mediante autorização judicial (§ 1º), quando há a incapacidade superveniente ou em situações de sucessão. Em ambas as hipóteses, a autorização para continuidade da atividade dependerá da apreciação das circunstâncias e riscos da empresa; se autorizada a continuação da atividade, os bens que o incapaz já possuía e que forem estranhos ao acervo do patrimônio afetado não ficarão sujeitos aos resultados (§ 2º), o que demonstra que, mesmo no caso do empresário individual, teríamos a separação do patrimônio afetado e do patrimônio pessoal.

Retornando à análise do autor, Asquini sustenta que, diferentemente do que se entende por *azienda* (patrimônio de afetação), o estabelecimento não é considerado o complexo das relações jurídicas, mas sim o complexo de bens, materiais ou imateriais, que são utilizados no exercício da atividade empresarial, sendo uma unidade econômica, e não jurídica. A preocupação do autor não é posicionar-se quanto às diversas teorias existentes, mas sim analisar a noção que é dada pelo Código Civil italiano em relação a estabelecimento. Defende que a legislação italiana adota os dois conceitos, quais sejam, o de *patrimônio aziendal* (complexo de relações jurídicas) e também o de *azienda res* (complexo de bens). Assim, o art. 2.555 traz a noção de estabelecimento como "complexo de bens organizados pelo empresário para o exercício da empresa"; no mesmo sentido, o Código Civil brasileiro traz noção assemelhada no art. 1.142. Já o art. 2.112 do Código italiano considera o complexo de relações jurídicas ao transferir a *azienda*; tal transferência chamamos, no Direito brasileiro, de *contrato de trespasse* (arts. 1.143 e 1.144 do Código Civil brasileiro).

2.2.1.4 Perfil corporativo

O quarto e último perfil trabalhado por Asquini é o corporativo, ou seja, a empresa como instituição. Segundo o autor, enquanto os perfis anteriores partem do ponto de vista individualista do empresário, o perfil corporativo parte do pressuposto da empresa como organização de pessoas, empresários e empregados, os colaboradores. Defende que não há apenas diversos contratos de trabalho que os ligam, mas sim uma união de esforços que forma um núcleo social organizado. Isso quer dizer que há convergência de forças que visam buscar um fim econômico comum que vai além dos fins individuais, qual seja, a obtenção do melhor resultado econômico na produção[69].

---

[69] Vale citar: "Que seja este o perfil corporativo da empresa, não se tem dúvida. Definem a empresa, neste sentido, a *Carta del Lavoro* (Dich. VII) quando fala de empresário como 'organizador da empresa' e do empregado como 'colaborador ativo da empresa'; a exposição de motivos do Código Civil, quando diz que a empresa no sentido instrumental é a 'organização do trabalho no qual dá

Há uma relação hierárquica entre empresário e empregado, em que o primeiro tem poder de mando, e o segundo, dever de fidelidade. Nesse perfil, não se considera o trabalho como objeto, mas sim como sujeito de direito. Portanto, nas relações empresariais, há a efetiva participação tanto do empresário como dos empregados, o que justifica a participação dos funcionários em órgãos corporativos, a participação nos lucros etc.

A noção da empresa como organização de pessoas leva a enquadrá-la como instituição. Para definir instituição, Asquini parte dos ensinamentos da ciência do Direito Público, em especial de Romano, Gierke e Hauriou, conceituando-a como "toda organização de pessoas – voluntária ou compulsória – embasada em relações de hierarquia e cooperação entre os seus membros, em função de um escopo comum"[70]. Explica o jurista italiano que, para o reconhecimento da instituição como uma organização de pessoas, não importa dizer a sua personificação. Defende que pessoa jurídica e instituição vão para sentidos opostos: quanto à pessoa jurídica, trata-se de outorgar personalidade jurídica a uma organização de pessoas no intuito de desassociar-se dos indivíduos criadores das relações jurídicas externas da organização. Já a instituição se preocupa com as relações internas.

Com isso, defende que "a vida de uma organização de pessoas, como instituição, é uma vida interna que por si mesma não implica, de nenhum modo, personificação"[71]. Há que se destacar que reconhecer empresa como instituição é verificar a presença dos seus elementos, o fim comum, qual seja, são deixados de lado os interesses individuais – os do empresário (de organizar os fatores de produção e almejar lucro) e os dos empregados (os salários) –, em prol de resultados socialmente úteis. Ressalte-se também que existe uma cooperação no sentido de formar um regulamento interno que vai além das relações contratuais trabalhistas.

O objetivo de Asquini, ao analisar os perfis, não é romper a unidade do conceito de empresa, mas compreender e reconhecer que o fenômeno jurídico da empresa abrange o fenômeno econômico, portanto que é necessário que a disciplina jurídica considere distintamente os diversos aspectos existentes. Com isso, conclui que a teoria jurídica da empresa compreende "as seguintes partes: a) estatuto profissional do empresário; b) ordenamento institucional da empresa (disciplina o trabalho na empresa); c) disciplina do patrimônio aziendal e do estabelecimento; d) disciplina da atividade empresarial nas relações externas (relações de empresa)"[72].

[ ] lugar a atividade profissional do empresário' distinguindo-a do estabelecimento 'projeção patrimonial da empresa' (rel. n. 834; n. 1035); o texto do Código Civil quando sob o título 'Do trabalho na empresa', Livro V. Tít. II, dá conjuntamente o estatuto do empresário e dos colaboradores na empresa; quando diz que o empresário é o 'chefe da empresa' (art. 2086) e que os empregados têm perante o empresário a obrigação de obediência e fidelidade, com as relativas sanções disciplinares (arts. 2104, 2105, 2106); quando fala dos requisitos das diversas categorias dos colaboradores 'em relação à estrutura da empresa' (art. 2095) e em numerosas disposições (arts. 2145, 2173, etc.)" (ASQUINI, Alberto. Perfis da empresa. Tradução de Fábio Konder Comparato. **Revista de Direito Mercantil, Industrial, Econômico e Financeiro**, cit., p. 122).

[70] ASQUINI, Alberto. Perfis da empresa. Tradução de Fábio Konder Comparato. **Revista de Direito Mercantil, Industrial, Econômico e Financeiro**, cit., p. 123.

[71] ASQUINI, Alberto. Perfis da empresa. Tradução de Fábio Konder Comparato. **Revista de Direito Mercantil, Industrial, Econômico e Financeiro**, cit., p. 123.

[72] ASQUINI, Alberto. Perfis da empresa. Tradução de Fábio Konder Comparato. **Revista de Direito Mercantil, Industrial, Econômico e Financeiro**, cit., p. 125-126.

As contribuições de Asquini são inegáveis para a compreensão jurídica da empresa e influenciarão a doutrina brasileira. Dois pontos podem ser destacados e contribuem com a tese ora defendida. O primeiro é reconhecer o lucro como uma consequência natural, e não essencial, da profissionalização, ou seja, ao organizarem-se os fatores de produção, é natural que os resultados daí advindos sejam repassados aos seus titulares. O segundo é o reconhecimento do caráter institucional da empresa, o que importa dizer que há a preocupação com as convergências dos interesses em jogo dentro da relação empresarial, que são fruto da interação das partes interessadas (*stakeholders*). Esses dois pontos nos levam a entender a importância da preservação do patrimônio mínimo empresarial, pois o *bem jurídico empresarial* é o que produz riquezas e bem-estar social.

2.2.2   A teoria de Waldírio Bulgarelli

No Direito brasileiro, a teoria jurídica da empresa, com influência da codificação italiana, foi adotada pelo Código Civil de 2002. Uma importante contribuição para entender-se o fenômeno jurídico da empresa, no caso brasileiro, é a obra *Teoria jurídica da empresa*, de Waldírio Bulgarelli, na qual o autor analisa o então projeto de Código Civil, estando entre suas preocupações enquadrar e qualificar juridicamente o fenômeno empresa.

Trata-se, inegavelmente, de um fato socioeconômico relevante, porém, juridicamente, não há uma unidade de conceito na utilização do termo. A obra é datada de 1985, portanto foi escrita em um momento político de forte recessão e estagnação econômica, em que se buscava desvinculação das duas décadas de regime de exceção pelas quais o País havia passado. Havia lutas incessantes pelas liberdades individuais e contra o sucateamento do parque industrial; almejava-se a retomada da iniciativa privada no plano econômico, valorizando-se o espírito empreendedor individual.

Bulgarelli defende que o Direito Comercial sempre foi alvo de grandes e profundas transformações, pelo fato de que muito dos seus institutos aos poucos foram absorvidos pelo Direito comum, bem como em decorrência da sua nova feição em razão da sua íntima conexão com a economia. Todo esse processo de transformação e desenvolvimento da atividade econômica, iniciado na Revolução Industrial, faz com que a noção de empresa transcenda aquela mencionada de forma parca e hermética no Código Civil francês (tida como contrato de locação de serviços). A empresa passa a ser vista como um organismo para o exercício industrial e da atividade econômica como um todo, daí a sua importância na realidade socioeconômica[73].

---

[73]   Um dos pontos que o autor observa como importante e de substancial transformação é deslocar o centro do comerciante para a atividade econômica. Vale citar: "A profundidade das alterações pretendidas, como é evidente, diz respeito não só à unidade do Direito Obrigacional, sem distinção entre atos civis e mercantis, mas, também ao fato de que o comerciante deixará de ser o centro nuclear do sistema, igualando-se os tipos de atividades econômicas produtivas (principalmente os da indústria e de serviços), passando todos a figurar em um mesmo plano [passa a empresa a ser considerada] como noção referível à atividade econômica organizada de produção e circulação de bens e serviços para o mercado, exercida profissionalmente" (BULGARELLI, Waldirio. **A teoria jurídica da empresa**, cit., p. 6-7).

O autor defende que, apesar das alterações legislativas que tiveram como fonte de inspiração a legislação italiana, no caso brasileiro as condicionantes políticas são outras, pois não nasceram sob a égide de um regime fascista. Quanto à escolha do empresário e da atividade empresária como epicentro do novo sistema, afirma que decorre da realidade econômica, a ponto de ser entendida como fato tão marcante na sociedade (fato notório) que independe de ser provado. Reconhece o significado de empresa, de modo geral, como organização dos fatores de produção, todavia identifica que a legislação utiliza o termo sob vários aspectos (assim como reconhece Asquini).

Para construir sua teoria, Bulgarelli afere a posição da empresa para o mundo fático, tendo a função de agente de produção e circulação de bens ou serviços para uma economia de massa. Assim, defende que esse fenômeno deveria ser uno para a economia, entretanto para o Direito haveria noções jurídicas diversas (perfis) que integrariam o fenômeno que o autor chama de *essência da empresarialidade*.

Ao considerar a empresa na função de produção e circulação de bens e serviços em uma economia de massa, na qual impera o consumismo, o autor sustenta que mais responsabilidade é imposta ao fenômeno empresa, pois a titularidade se desloca do âmbito estrito dos direitos subjetivos e passa para o *direito-função* ou *poder-dever*. O que o autor quer dizer é que, devido à função social da empresa, os interesses que devem ser tutelados vão além do direito subjetivo privado, devendo ser resguardados e tutelados interesses superiores ou alheios. Tal fato é de extrema importância para a presente tese e ajudará a fundamentar o que denominaremos *bem jurídico empresarial*, que, por sua vez, justifica a preservação do patrimônio mínimo empresarial[74].

Ao discutir a existência de um interesse em si da empresa, Bulgarelli defende que o reconhecimento da iniciativa privada faz com que o interesse público seja conseguido por meio dos interesses individuais decorrentes da autonomia privada, portanto não haveria interesses que transcendessem ao do empresário. O fato de não haver tais interesses não significa que o empresário não tenha que respeitar limites e cumprir obrigações impostas pelo Direito, conforme outrora mencionado, quando tratamos da ideia de *publicização do Direito Privado*[75]. Obrigações e responsabilidades são impostas aos empresários em relação a todos os envolvidos na cadeia de produção, inclusive à própria economia do País, na busca por relações econômicas sustentáveis.

O autor contrapõe-se à ideia de Asquini de empresa como instituição, pois defende que nem todas podem ser assim consideradas, a exemplo de pequenas empresas que não têm empregados. Defende que a institucionalização da empresa busca atribuir-lhe personalidade jurídica, confundindo-a com o próprio conceito de empresário. Conclui que

---

[74] Sobre função, vale citar Fábio Konder Comparato: "Função em direito é um poder de agir sobre a esfera jurídica alheia no interesse de outrem, jamais em proveito do próprio titular" (COMPARATO, Fábio Konder. A reforma da empresa. **Revista de Direito Mercantil, Industrial, Econômico e Financeiro**, São Paulo, n. 50, p. 57-74, abr./jun. 1983. p. 58).

[75] Vale citar importante trecho que fundamenta essas afirmativas: "[...] a verdade é que se acabou por invocar em relação à atividade da empresa uma certa função social, justificadora da imposição de certas obrigações e de certas responsabilidades além da própria disciplina jurídica da empresa, que em si, já constitui uma limitação, em termos de liberdade de iniciativa" (BULGARELLI, Waldirio. **A teoria jurídica da empresa**, cit., p. 111).

a empresa, em que pese o emprego metonímico do termo, pode ser considerada em dois significados: um *"geral*, identificando a empresa com a ideia de *organização produtiva*, congregando trabalhadores e bens, de uso comum"; e outro *"específico*, como *atividade econômica organizada exercida profissionalmente*, pelo empresário, a que poderíamos mesmo chamar de empresa *stricto sensu*, ou empresa em sentido jurídico"[76].

Essa conclusão colabora para a trilogia da empresarialidade defendida por Bulgarelli. Com fundamento principalmente nas críticas feitas por Francisco Ferrara quanto à existência de quatro perfis, o autor sustenta que bastaria, para caracterizar a essência da empresarialidade, a trilogia: empresário, atividade econômica organizada e estabelecimento. Vale destacar nesse ponto que, por se referir à empresarialidade, o autor defende como essência do fenômeno empresa a atividade organizada de produção, e não o fato de se tratar de uma organização. Disso decorre a ideia da função da empresa no ambiente socioeconômico como fator para o desenvolvimento econômico-social.

Bulgarelli afirma que os três perfis (empresa, empresário e estabelecimento) estariam indissoluvelmente entrelaçados numa unidade lógica. Utiliza como analogia as figuras indispensáveis em relação a uma Letra de Câmbio (sacador, sacado e tomador), porém distingue a relação existente entre os perfis dessas figuras da relação empresarial, pois no caso da Letra de Câmbio uma pessoa poderia acumular duas funções, enquanto na empresa não haveria tal possibilidade, pois o sujeito de direito seria o empresário, o estabelecimento representaria os objetos de direito e a empresa seria o fato jurídico[77].

Ao transpor-se a noção econômica da empresa para a jurídica, o fenômeno é valorado e atinge o cerne, a empresarialidade, que traduz a unidade global do fenômeno socioeconômico[78]. Segundo o autor, o conceito pleno de empresa seria o *"exercício profissional da*

---

[76]   BULGARELLI, Waldirio. **A teoria jurídica da empresa**, cit., p. 125.

[77]   "Daí que o Direito (e se se quiser o jurista) vê na empresa o *empresário*, para o fim de torná-lo o centro de imputação, como sujeito; o *estabelecimento*, como complexo de bens organizados que o empresário utiliza, e como tal objeto de negócios jurídicos autônomos, e a *atividade econômica organizada* de produção de bens e serviços para o mercado (que se expressa por meio de uma série de atos ordenados em relação a um fim a atingir), com a finalidade de estabelecer um regime jurídico específico. E através desta, da atividade, identifica o empresário não só para atribuir-lhe responsabilidades como para dar-lhe proteção" (BULGARELLI, Waldirio. **A teoria jurídica da empresa**, cit., p. 154).

[78]   Vale citar a seguinte conclusão: "Da *empresarialidade*, pois, como a concebemos, pode-se dessumir: 1) o *empresário*, como agente responsável e titular do exercício profissional da atividade econômica organizada, qualificado como sujeito para torná-lo o centro de imputabilidade, sujeitando-o às normas sobre registro, publicidade, escrituração, falência, abuso do poder econômico, concorrência desleal, concordata e da locação mercantil. 2) o *estabelecimento*, como objeto, para o fim de reconhecer o complexo de bens organizados pelo empresário na sua unidade e ditar um regime de circulação e de negócios jurídicos, e ainda de proteção (concorrência, locação mercantil, etc.) servindo também para determinar o tipo de atividade. 3) a *empresa*, concebida como atividade econômica organizada, e qualificada como fato jurídico (ou comportamento) servindo como elemento qualificador do sujeito e do objeto. Daí ter também uma normatividade própria, pois não é simples atividade, mas, qualificada, ou seja: *organizada* com reflexos nos *bens* (estabelecimento) e nas *pessoas* (comunidade de trabalho, quando haja e assim seja reconhecida); *profissional* (em caráter continuado) e *econômica* (produzindo para o mercado)" (BULGARELLI, Waldirio. **A teoria jurídica da empresa**, cit., p. 170).

atividade econômica organizada, englobando o empresário, por via do agente que exerce a atividade, e o estabelecimento pelo significado de organização das atividades referidas aos bens organizados". Mais adiante, traz ainda um conceito descritivo: "atividade econômica organizada de produção e circulação de bens e serviços para o mercado, exercida pelo empresário, em caráter profissional, através de um complexo de bens"[79].

Trata-se de transmutar o conceito econômico de empresa, de *organização da atividade econômica* para *atividade econômica organizada*, o que significa que "não é a organização que dá a essência do fenômeno, mas a atividade de produzir, organizadamente"[80].

A teoria de Bulgarelli foi escrita em 1985, com base em um anteprojeto do Código Civil, o qual sofreu muitas alterações até a sua aprovação em 2002. Além disso, ocorreram profundas transformações sob o ponto de vista empresarial, em especial quanto à instituição de uma Constituição em que o Estado deixa de ser agente produtor, passando tal atribuição à iniciativa privada. Ao Estado passou a ser permitido atuar apenas em regime de exceção (art. 173 do Constituição Federal), tornando-se agente normativo e regulador da atividade econômica, com as funções de fiscalizar, incentivar e planejar (art. 174 da Constituição Federal, que foi regulado pela Lei n. 13.874/2019, que institui a Declaração de Direitos de Liberdade Econômica). Há um tratamento favorecido às empresas de pequeno porte, inclusive sendo tal fato elevado a princípio da ordem econômica (art. 170, IX, da Constituição Federal). Enfim, várias foram as transformações na realidade socioeconômica vivida à época da elaboração da teoria e da promulgação do Código Civil.

Inegável a contribuição do autor quanto ao reconhecimento da função da empresa no ambiente socioeconômico, já que, como dito outrora, sendo o papel da empresa produzir e circular bens ou serviços numa economia de massa, inevitavelmente o Direito deve preocupar-se em tutelar os diversos interesses envolvidos nessa relação. Isso deve ser feito, nas palavras do autor, "privilegiando ora o empresário capitalista (com destaque para o lucro) ora os trabalhadores (com as normas sobre a participação nos lucros e cogestão)" e também dando especial relevância à "proteção aos credores – interesse básico que sempre constitui o ponto essencial do fundamento de um regime jurídico privado ditado para empresa"[81].

Destaca-se, dentre as preocupações do autor, a proteção ao crédito público, sendo os credores definidos como os "fornecedores, os mutuantes, os acionistas – estes, em certas circunstâncias como, por exemplo, no caso de dividendos declarados e distribuídos, mas ainda não pagos", bem como "os obrigacionistas, os trabalhadores (por direitos julgados pela Justiça) e o Estado, por tributos"[82].

Por tratar-se de centro polarizador da atividade econômica contemporânea, vários interesses são convergidos à empresa e, devido a sua importância, a sua regulação e proteção transcendem ao Direito Comercial. Enquanto fenômeno econômico complexo, a empresa é regulada por diversos ramos, de acordo com os interesses existentes (públicos e/ou privados), sem contar a existência de diversos sujeitos na relação (empresários, empregados e trabalhadores), o que faz com que o fenômeno seja submetido a vários

---

[79] BULGARELLI, Waldirio. **A teoria jurídica da empresa**, cit., p. 154-155.

[80] BULGARELLI, Waldirio. **A teoria jurídica da empresa**, cit., p. 202.

[81] BULGARELLI, Waldirio. **A teoria jurídica da empresa**, cit., p. 104.

[82] BULGARELLI, Waldirio. **A teoria jurídica da empresa**, cit., p. 294.

Cap. 2 • EMPRESA E SUA FUNÇÃO SOCIAL | **85**

ramos do Direito. Com isso, a empresa ultrapassa a antiga noção de mera organização produtiva, pois seus deveres para com a sociedade autorizam "a conferir-lhe, por isso, uma *função social* consequentemente com a ideia natural de bem público"[83].

Conclui Bulgarelli que, ao elevar-se o fenômeno socioeconômico da empresa à condição de institutos jurídicos, os significados devem ser vistos sob o ponto de vista dos interesses protegidos. Assim, ao considerar-se o empresário como centro de imputação (ou seja, a atividade econômica é organizada para o mercado), deve-se levar em conta os seus destinatários para melhor regular-lhes e dar-lhes proteção[84].

Ao analisar o âmbito do Direito Comercial, a principal preocupação de Bulgarelli, foi quanto aos credores, sob a égide nominada *proteção do crédito público*. Os credores são classificados como os fornecedores, os mutuantes, os acionistas, os obrigacionistas, os trabalhadores e o Estado. Nessa preocupação, a legislação estipula possibilidades de cobrança ordinária, executiva ou por meio do remédio extremo da falência, além de imputar diversas obrigações, como a manutenção de livros obrigatórios, que visam dar publicidade, em especial sob o ponto de vista de fiscalização por parte do Estado. O autor sustenta que, em relação ao consumidor e à comunidade, apenas parte dos interesses ficam afetos ao Direito Comercial, o que é insuficiente, segundo ele.

Feitas essas considerações, resta agora verificar, sob o ponto de vista atual, como deve ser encarado o fenômeno jurídico empresa. Diversos autores buscaram conceituar juridicamente a empresa, todavia entendemos que as teorias de Asquini e Bulgarelli são suficientes para fundamentar a posição defendida na presente tese[85].

Um ponto em comum entre as teorias que buscam assimilar na esfera jurídica o fenômeno econômico-social empresa é reconhecê-la como fenômeno uno; a única divergência é quanto à forma de sua assimilação jurídica. A dificuldade encontrada decorre da própria complexidade do fenômeno, que espraia em diversas searas jurídicas, como nas relações societárias (entre os sócios), nas patrimoniais, nas trabalhistas, nas obrigacionais, ou até mesmo nas relações sociais, nas esferas ambiental e da concorrência, por exemplo.

Defendemos que o fenômeno empresa, de acordo com a sistemática do Código Civil de 2002, deve ser tomado sob o ponto de vista poliédrico, assim como fez Asquini. Todavia, ressalta-se que as devidas adaptações devem ser feitas, pois vale lembrar que o Código italiano disciplina também as relações de trabalho. A principal crítica de Bulgarelli quanto à desnecessidade de existência do quarto perfil (empresa como instituição, organização do trabalho), a nosso ver não se sustenta. De fato, numa leitura inicial, poder-se-ia dizer que reconhecer a empresa como organização do trabalho excluiria os pequenos empresários, em especial os hoje chamados MEI (microempreendedor individual), que por vezes não têm empregados.

---

[83]   BULGARELLI, Waldirio. **A teoria jurídica da empresa**, cit., p. 268.

[84]   PANUCCIO, Vicenzo. **Teoria giuridica dell'impresa**. Milão: Giuffrè, 1974. p. 17.

[85]   SALOMÃO FILHO, Calixto. A *fattispecie* empresário no Código Civil de 2002. **Revista do Advogado**, São Paulo, ano 28, n. 96, p. 11-20, mar. 2008; SZTAJN, Rachel. **Teoria jurídica da empresa**: atividade empresária e mercados. São Paulo: Atlas, 2004; CRISTIANO, Romano. **Conceito de empresa**. São Paulo: Arte & Cultura, 1995.

A segunda crítica realizada por Bulgarelli seria que considerar a empresa como instituição seria confundi-la com a própria noção de empresário, pois, segundo o autor, instituição teria que ter personalidade jurídica. Não se pode concordar com tal posicionamento. Asquini deixa muito claro que instituição e pessoa jurídica são coisas distintas e, com base no atual ordenamento jurídico brasileiro, isso se mostra claro, bastando analisar-se os arts. 41 a 44 do Código Civil. Não há na legislação referência às instituições como pessoa jurídica, assim o que se conclui é que as pessoas jurídicas são instituições, todavia nem toda instituição é pessoa jurídica.

Mesmo ao se falar em pequenos empreendimentos, há a organização do trabalho, mesmo que muitas vezes seja o próprio empresário quem o organiza. Ademais, o que se procura ao criar a pessoa jurídica é distinguir o agente produtivo do seu titular, o que é cada vez mais buscado pelo ordenamento jurídico, a exemplo da Lei n 12.411/2011, que instituiu o inciso VI do art. 44 do Código Civil, criando a empresa individual de responsabilidade limitada. Vale ainda citar que a Lei n. 13.874/2019 acrescenta o § 1º ao art. 1.052 do Código Civil, o qual possibilita a existência de sociedade limitada, por uma ou mais pessoas.

Importante ponto da teoria de Bulgarelli é reconhecer que, na relação empresarial, há apenas o interesse do empresário, não havendo interesses externos ao dele. Entretanto, reconhece o poder-dever, ou direito-função, em respeitar as exigências de respeitar o bem comum[86].

O que se conclui é que, ao plasmar-se ao Direito o fenômeno econômico *empresa*, deve-se reconhecer o ponto de vista poliédrico, em que o termo ora é entendido como empresário, ora como atividade, ora como estabelecimento. Do inter-relacionamento entre esses três perfis, surge o quarto, a empresa como instituição. A instituição criada, em regra, é uma organização duradoura e, a princípio, há apenas o interesse do empresário, que se beneficia das riquezas decorrentes de sua atuação, entretanto está vinculado ao direito-função ou poder-dever de gerar bem-estar social. A isso chamamos *bem jurídico empresarial*, que será objeto de análise do tópico 2.4, porém antes há que ser feita a discussão em relação a unidade do sistema e a própria autonomia do Direito Empresarial.

2.3 O NOVO DIREITO DA EMPRESA E A INCIDÊNCIA DOS VALORES CONSTITUCIONAIS NAS RELAÇÕES EMPRESARIAIS

Estamos defendendo no presente estudo que os valores constitucionais se aplicam a todo o Direito. Ao reconhecer a incidência de tais valores, devemos reconhecer a necessidade de vinculação do Direito Empresarial a eles. Os autores Felipe Ramos Ribas Soares, Louise Vago Matieli e Luciana da Mota Gomes de Souza Duarte sustentam se "necessário que se tenha em mente a vinculação do Direito Comercial aos valores constitucionais, o que não se dá de forma estanque, ou seja, os valores não são diferenciados de acordo com os setores civil, empresarial ou consumerista" e complementam "haverá

---

[86] A título de exemplo do interesse do empresário, vale citar o Enunciado n. 285 da IV Jornada de Direito Civil, em que se reconhece que "A teoria da desconsideração, prevista no art. 50 do Código Civil, pode ser invocada pela pessoa jurídica, em seu favor".

a incidência da normativa constitucional, até mesmo pela hierarquia desses valores, em toda a ordem jurídica"[87].

Feitas essas considerações e com a unificação do Direito Privado com o Código Civil de 2002, poderia ser questionada a própria autonomia científica do Direito Empresarial.

De acordo com Mário Delgado não mais se justificaria a autonomia do Direito Empresarial[88]. Nas palavras do autor "o que se poderia chamar hoje de 'direito comercial' ou 'direito empresarial' nada mais é do que a aplicação particularizada do direito civil a um grupo específico de fenômenos econômicos, externalizados por meio da relação de troca"[89].

Em artigo publicado na Revista de Direito Privado ao tratar sobre o dirigismo contratual e os contratos empresariais, defendemos que com a unificação do Direito Privado, especialmente no âmbito obrigacional, muito se discute na (des)necessidade de separação entre contratos civis e empresariais. Deve-se lembrar que a atual perspectiva de Direito Privado é a busca aos anseios sociais tendo como fundamento os valores constitucionais, ademais com o *Big Bang legislativo* a classificação entre civis e comerciais, no plano pragmático, perde importância. Vale citar Bulgarelli que diz "a distinção, na prática, entre os contratos civis mercantis perdeu muito da sua importância inicial, com a unificação da Justiça [...]"[90].

Isso não quer dizer que as diferenças não devam ser respeitadas – principalmente principiológicas, existentes entre Direito Civil e Empresarial –, entretanto devido à unificação do Direito obrigacional, com a utilização de cláusulas gerais, conceitos indeterminados e no âmbito dos princípios da eticidade, socialidade e operalidade é possível funcionalizar as relações privadas sem o total afastamento.

Essa lição já podia ser tirada inclusive antes da unificação feita pelo Código Civil. Conforme ensina Comparato[91] "não há, propriamente, contraposição de dois sistemas jurídicos distintos, em matéria de obrigações: o do Código Civil e o do Código Comercial". Complementa o autor: "o que há é um só sistema, no qual os dispositivos do Código de Comércio aparecerem como modificações específicas das regras gerais da legislação civil, relativamente às obrigações e contratos mercantis. A duplicidade legislativa aparece, tão só, no que tange a essas regras de exceção, dentro do sistema global".

---

[87] SOARES, Felipe Ramos Ribas; MATIELI, Louise Vago; DUARTE, Luciana da Mota Gomes de Souza. Unidade do ordenamento na pluralidade das fontes: uma crítica à teoria dos microssistemas. In: SCHREIBER, Anderson; KONDER, Carlos Nelson (Org.). **Direito civil constitucional**. São Paulo: Atlas, 2016. p. 86.

[88] DELGADO, Mário Luiz. O direito de empresa e a unificação do direito privado. Premissas para superação da autonomia científica do "direito comercial". In: DELGADO, Mário Luiz; ALVES, Jones Figueirêdo (Coord.). **Questões controvertidas**: direito de empresa. Rio de Janeiro: Forense, 2010. p. 17-44.

[89] DELGADO, Mário Luiz. **Codificação, descodificação e recodificação do direito civil brasileiro**, cit., p. 450-451.

[90] BULGARELLI, Waldirio. **Contratos mercantis**. 4. ed. São Paulo: Atlas, 1987. p. 38.

[91] COMPARATO, Fábio Konder. **Novos ensaios e pareceres de direito empresarial**. Rio de Janeiro: Forense, 1981. p. 251.

Com a unificação há uma teoria geral dos contratos e a necessidade de distinção, entre civil, consumidor ou empresarial, reside apenas no momento da interpretação deste contrato, respeitando as especificidades na práxis.

Como outrora dito, inegável a incidência das normas constitucionais nas relações empresariais. Resta, portanto, analisar se há autonomia científica entre Direito Civil e Direito Empresarial[92].

Ao se falar em autonomia, Paula Forgioni defende que não apenas a autonomia formal deve ser levada em consideração, mas também a "dessemelhança dos *princípios, dos vetores jurídicos* que dão vida às relações por elas ordenadas (autonomia material)"[93].

Apesar dos sólidos argumentos de que o Direito Comercial teria uma autonomia forjada pela história trazidos Mário Luiz Delgado, não podemos concordar[94].

Poderíamos utilizar de um argumento substancial de que a Constituição Federal no seu art. 22, I, reconhece o Direito Comercial como ramo autônomo. Além disso, a existência de um regime falimentar aplicável apenas aos empresários demonstra a existência de dois ramos distintos.

Os costumes comerciais (usos e práticas mercantis) ganham relevância ao ponto de ser permitido o seu assentamento nas Juntas Comerciais nos termos do art. 8º, VI, da Lei n. 8.934/1994, portanto indo além do disposto no art. 4º da Lei de Introdução às Normas do Direito Brasileiro.

Ademais, cada vez mais há uma busca pela especialização, assim considerar todo o Direito Privado como Direito Civil impede o próprio desenvolvimento da ciência. Importante destacar que o fato de defendermos a autonomia do Direito Empresarial não significa que ele deve ser considerado um sistema fechado, conforme quer instituir o Projeto de Código Comercial. Feitas essas considerações, o próximo passo será analisar os fundamentos constitucionais do bem jurídico empresarial.

2.4 BEM JURÍDICO EMPRESARIAL E SEUS FUNDAMENTOS CONSTITUCIONAIS

O ponto de vista da empresa sob a tríade gerar lucros, empregos e tributos há muito foi superado. Conforme tem sido defendido no presente estudo, às empresas são postas condicionantes no intuito de satisfazer os fundamentos e objetivos do Estado brasileiro (arts. 1º

---

[92] Vale citar: "Essa autonomia que o direito comercial (hoje chamado também de direito empresarial) possui em relação ao direito civil não significa, todavia, que eles sejam ramos absolutamente distintos e contrapostos. Direito comercial e direito civil, como ramos englobados na rubrica *direito privado*, possuem, não raro, institutos jurídicos comuns. Ademais, o direito comercial, como regime jurídico especial que é, muitas vezes socorre-se do direito civil – este entendido, pode-se dizer, como um regime jurídico geral das atividades privadas – para suprir eventuais lacunas de sue arcabouço normativo" (RAMOS, André Luiz Santa Cruz. **Direito empresarial esquematizado**. 6. ed. São Paulo: Método, 2016. p. 18-19).

[93] FORGIONI, Paula A. **A evolução do direito comercial brasileiro**: da mercancia ao mercado. São Paulo: RT, 2009. p. 20.

[94] DELGADO, Mário Luiz. **Codificação, descodificação e recodificação do direito civil brasileiro**, cit., p. 439.

e 3º da Constituição Federal). A teoria de Bulgarelli não é suficiente para justificar a atual concepção da função social da empresa a ponto de merecer proteção enquanto bem jurídico coletivo (em sentido amplo). Segundo o autor, empresa seria a atividade econômica organizada que teria como essência produzir de forma organizada. Dada a importância da produção de produtos e serviços para a sociedade de massa, deveres seriam impostos à atividade, o que lhe conferiria a ideia natural de bem público. Não se pode concordar com tal argumentação, pois ela não coaduna com o conceito de bem público estabelecido no art. 98 do Código Civil.

Ademais, a organização dos bens para a atividade econômica tem valor econômico sob o ponto de vista empresarial. A própria legislação reconhece a possibilidade de sua transferência (art. 1.143 do Código Civil). Inclusive, subsiste a regra da não concorrência (art. 1.147 do Código Civil), ou seja, uma vez realizado o contrato de *trespasse,* não poderá o empresário organizar a mesma atividade. Portanto, se essa atividade de produzir de forma organizada for considerada bem público, não poderá ser objeto de negócio jurídico particular, podendo apenas ser objeto de transferência mediante autorização legislativa do ente ao qual pertence, o que a nosso ver não seria possível, pois não há como delimitar o detentor dos benefícios gerados pelo fenômeno empresa[95].

Com isso, o que defendemos é que, quando se utiliza a expressão "função social da empresa", o termo "empresa", sob o ponto de vista jurídico, deve ser encarado como empresa-instituição-organização que surge do inter-relacionamento entre empresa-empresário (sujeito), empresa-estabelecimento (objeto) e empresa-atividade (fato jurídico). Conforme o esquema abaixo:

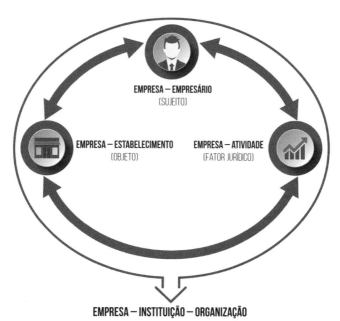

---

[95] Sobre o tema: MARRARA, Thiago. Bens estatais: aquisição, usos, alienação e tutela. In: PIETRO, Maria Sylvia Zanella Di Pietro (Org.). **Tratado de direito administrativo**: direito administrativo dos bens e restrições estatais à propriedade. São Paulo: RT, 2014. v. 3, p. 248-267.

Assim, entendemos que o fenômeno empresa, enquanto instituição-organização, tem dupla função. A primeira é atingir os objetivos do empresário (lucro); a segunda, ser geradora de bem-estar social (em sentido amplo). Com isso, o que se verifica é que, conforme outrora trabalhado o Direito Privado, além de assegurar o mínimo existencial, tem como função buscar políticas de acesso aos bens, portanto a empresa surge como importante instrumento na busca do desenvolvimento sustentável. Para analisar o *bem jurídico empresarial,* teremos de aferir o próprio conceito de *bem*, na sequência transportar do Direito Penal para o Direito Privado a noção de *bem jurídico* e verificar a noção e a classificação de *bem* para o Direito Civil, no intuito de aferir se a empresa- -instituição-organização se enquadraria como *bem*, sob a perspectiva do Direito Civil, ou se se consideraria o *bem jurídico empresarial* um direito coletivo em sentido amplo.

2.4.1 Noção de bem

Ao se falar da noção de *bem*, que vem do latim *bonum*, estamos diante de uma palavra multifacetária, ou seja, há um problema vocabular e filosófico, portanto o que se verifica é que pode ser estudada como um termo (expressão), um conceito ou uma entidade[96]. Sob o ponto de vista semântico, pode-se ter uma definição de *bem*, de igual forma uma definição da ideia de *bem* ou uma definição real de *bem*. Ao analisar sob o ponto de vista da definição real, deve-se distinguir qual espécie de realidade, ente ou ser, propriedade de um ser ou de um valor. Pode-se dizer que *bem* é aquilo que possui valor sob qualquer aspecto, ou seja, é um objeto de satisfação independente da finalidade[97].

Então, a ideia de *bem* vincula-se à de utilidade, em uma relação em que um sujeito tem a necessidade e o objeto pode satisfazê-la. Trata-se de uma interação de ordem subjetivo-objetiva entre um sujeito e um objeto. *Bem* seria tudo que pode ser desejado por alguém[98]. Vale ressaltar que o significado de *bem* sob o ponto de vista filosófico é diverso do jurídico, já que aquele considera *bem* tudo o que proporciona ao ser humano

---

[96] MORA, José Ferrater. **Diccionario de filosofía**: tomo I. Buenos Aires: Sudamericana. Disponível em: <http://www.mercaba.org/Filosofia/FERRATER/Jos%C3%A9%20Ferrater%20Mora%20-%20 Diccionario% 2 0Filos%C3%B3fico%20B.pdf>. Acesso em: 23 jan. 2017. p. 208.

[97] "BEM – (Advérbio do adjetivo bom, e substantivo). O que possui valor sob qualquer aspecto; o que é objeto de satisfação ou de aprovação em qualquer ordem de finalidade; o que é perfeito em seu gênero, bem-sucedido, favorável, útil; é o termo laudativo universal dos juízos de apreciação; aplica-se ao voluntário e ao involuntário" (SANTOS, Mário Ferreira dos. **Dicionário de filosofia e ciências culturais**. Disponível em: <https://pt.scribd. com/doc/31093685/Dicionario-de-Filosofia- -e-Ciencias-Culturais>. Acesso em: 23 dez. 2016. p. 209).

[98] "É bem tudo quanto é apetecido enquanto se apetece ou é apetecido. Como todo ser é apetecido, é ele bom. Bom é de todos os seres, só dos seres, porque o nada, enquanto nada, não pode ser objeto de apetência, porque é nada; e é sempre, porque sempre o ente apetece algum bem. Consequentemente é uma propriedade transcendental do ser, pois contém tudo quanto se requer necessariamente numa propriedade" (SANTOS, Mário Ferreira dos. **Dicionário de filosofia e ciências culturais**, cit., p. 211).

Cap. 2 • EMPRESA E SUA FUNÇÃO SOCIAL | 91

satisfação, e este considera *bens* como "valores materiais ou imateriais que podem ser objeto de uma relação de direito"[99].

Os autores de Direito Penal há muito estudam a noção de *bem*, e este estaria intimamente ligado ao objeto de estudo da matéria. Arturo Rocco distingue *bem* de *interesse*. Enquanto o primeiro é tudo o que é apto a satisfazer às necessidades humanas, o segundo relaciona-se a um juízo de valor que o sujeito emite sobre o objeto enquanto meio de satisfação[100]. Portanto, *bem,* quando adjetivado com a palavra *jurídico,* pode ser conceituado como tudo que satisfaça às necessidades humanas e seja passível de consideração pelo Direito. Com isso, para existir intervenção por meio do Direito Penal, necessário se faz aferir o *bem* que está em jogo. Assim, há uma relação entre *bem jurídico* e pena, ocorrendo uma simbiose entre o valor de *bem jurídico* e a *função da pena*[101]. Apenas os *bens jurídicos fundamentais* seriam, então, objeto de proteção do legislador penal. Os demais *bens jurídicos* seriam de responsabilidade dos outros ramos, o que não importa dizer que os *bens jurídicos fundamentais* não tenham proteção em outros ramos. Dois problemas surgem e são debatidos pelos penalistas: o primeiro seria aferir quais e/ou o que seria *bens jurídicos fundamentais*; o segundo, qual é o real conceito de *bem jurídico*. O que interessa para nós é a discussão do conceito de *bem jurídico*.

2.4.2 O conceito de bem jurídico

Em sentido subjetivista e tendo como base uma tradição neokantiana, o *bem jurídico* teria como fonte o valor cultural, cultura entendida em seu sentido mais amplo, como um sistema normativo. Portanto, as fontes dos *bens jurídicos* estariam nos valores culturais, que por sua vez se baseiam nas necessidades individuais. Tais necessidades, ao serem socialmente aceitas, são encaradas como valores culturais, e no momento em que há a necessidade de proteção jurídica se transformam em *bens jurídicos*[102]. No sentido objetivista, o autor alemão Hans Welzel o conceitua como um bem vital da comunidade, seja sob o ponto de vista individual ou coletivo, que devido a sua relevância social tem

---

[99] Vale citar: "Filosoficamente, *bem* é tudo quanto pode proporcionar ao homem qualquer satisfação. Nesse sentido se diz que a saúde é um bem, que a amizade é um bem, que Deus é o sumo bem. Mas, se filosoficamente saúde, amizade e Deus são bens, na linguagem jurídica não podem receber tal qualificação. Juridicamente falando, bens são valores materiais ou imateriais que podem ser objeto de uma relação de direito. O vocábulo, que é amplo no seu significado, abrange coisas corpóreas e incorpóreas, coisas materiais ou imponderáveis, fatos e abstenções humanas" (MONTEIRO, Washington de Barros; PINTO, Ana Cristina de Barros Monteiro França. **Curso de direito civil**: parte geral. 44. ed. São Paulo: Saraiva, 2012. p. 189).

[100] ROCCO, Arturo. **El objeto del delito y de la tutela jurídica penal**. Montevideo-Buenos Aires: Julio César Faria, 2001. p. 273-287.

[101] LAGUIA, Ignácio Muñagorri. **Sanción penal y política criminal**: confrontación com la nueva defensa social. Madrid: Reus, 1977. p. 107.

[102] ANGIONI, Francesco. **Contenuto e funzioni del concetto di bene giuridico**. Milano: Giuffrè, 1983. p. 138-139.

proteção jurídica[103]. Deve-se concluir que a noção de *bem jurídico* está relacionada às necessidades humanas que surgem da *práxis*[104].

O conceito de Luiz Regis Prado é de extrema importância para o que estamos defendendo. Para esse autor, "bem jurídico vem a ser um ente (dado ou valor social) material ou imaterial haurido do contexto social, de titularidade individual ou metaindividual reputado como essencial para a coexistência e o desenvolvimento do homem em sociedade"[105]. Rui Carvalho Piva conceitua os *bens jurídicos* como "valores materiais e imateriais, que servem de objeto a uma relação jurídica"[106]. Desses conceitos se conclui que empresa, sob o ponto de vista de instituição-organização, que é o sentido utilizado quando se fala em função social da empresa, seria um *bem jurídico*, que, conforme dito, denominamos *bem jurídico empresarial*.

Resta analisar se o sentido de empresa no perfil instituição-organização poderia ser enquadrado como *bem*, sob o ponto de vista do Direito Civil, ou seja, como objeto do direito de propriedade.

2.4.3 A disciplina dos bens no Código Civil

O Código Civil disciplina os *bens* no seu Livro II, entre os arts. 79 e 103. Um dos problemas da legislação é que não empregou como critério de classificação a utilidade ou essencialidade do *bem* às pessoas humanas. Portanto, em que pese a superação do "ser" em detrimento do "ter" e com isso a valorização da dignidade humana, limitou-se a classificar os bens em: a) bens considerados em si mesmos (imóveis e móveis, infungíveis e fungíveis, inconsumíveis e consumíveis, indivisíveis e divisíveis, singulares e coletivos); b) bens reciprocamente considerados (principais e acessórios); e c) bens considerados quanto ao seu domínio (públicos e particulares).

Não há uma definição do que seria bem, apenas a classificação. Todavia se pode fazer uma construção doutrinária e entender *bens* como objetos de direito suscetíveis de apropriação e mensuração econômica. Uma discussão, até mesmo ante a falta de conceituação do que seria *bem*, estaria relacionada à distinção entre *coisas* e *bens* enquanto objetos dos direitos subjetivos.

A doutrina brasileira ocupou-se de tal discussão, uma vez que, assim como no linguajar popular, na técnica jurídica é comum a confusão dos termos. A título de exemplo, o Código Civil de 1916 tratava, no seu Livro II, Capítulo I, Seção I, dos bens imóveis; na sequência, na Seção II, tratava das coisas fungíveis e consumíveis. Na doutrina portuguesa, Carlos Alberto da Mota Pinto defende que seria elemento essencial para caracterizar as coisas a natureza corpórea; já para os bens não haveria tal exigência[107]. Em contrapartida,

---

[103] WELZEL, Hans. **Derecho penal**: parte general. Buenos Aires: Roque Depalma, 1956.

[104] LUÑO, Antonio Enrique Pérez. **Los derechos fundamentales**. Madrid: Tecnos, 2004. p. 182.

[105] PRADO, Luiz Regis. **Tratado de direito penal brasileiro**: parte geral. São Paulo: RT, 2014. p. 370.

[106] PIVA, Rui Carvalho. **Bem ambiental**. São Paulo: Max Limonad, 2000. p. 98.

[107] Vale citar: "No desenvolvimento da sua vida o homem serve-se das coisas, utilizando-as para satisfazer as suas necessidades e para conseguir os seus fins. Enquanto as pessoas são 'fins em si mesmas' ('Zwecke an sich' em linguagem kantiana), as coisas são meios ao serviço dos fins das

o Código Civil português, no art. 202, dispõe: "1. diz-se coisa tudo aquilo que pode ser objeto de relações jurídicas". O autor português critica tal disposição, sob o argumento de ampliar o sentido da coisa. Com isso, os direitos de prestações, o modo de ser das pessoas, que não são coisas em sentido jurídico, são abrangidos pelo disposto no Código. No mesmo sentido do Código português, o espanhol, no seu art. 333, diz que todas as coisas que são ou podem ser apropriadas consideram-se bens móveis ou imóveis.

Ao analisar a legislação italiana, Alberto Trabucchi defende que o legislador italiano preferiu não definir coisas, deixando-as no sentido vastíssimo de entidade material ou imaterial. Então, *bem* seria a qualificação jurídica da coisa que pode ser considerada objeto de interesse humano[108]. O autor fundamenta seu entendimento no art. 810 do Código italiano. O Código Civil alemão, que serve de fundamento para alguns autores modernos brasileiros, estabelece no art. 90 que as coisas são apenas os objetos físicos.

No Direito brasileiro, a discussão se deveu à confusão feita pelo Código Civil de 1916. Washington de Barros Monteiro, seguindo os ensinamentos do jurista italiano Carmelo Scuto, defende que "o conceito de coisas corresponde ao de bens, mas nem sempre há perfeita sincronização entre as duas expressões", e afirma que, "às vezes, coisas são o gênero e bens, a espécie; outras, estes são o gênero e aquelas, a espécie; outras, finalmente, são os dois termos usados como sinônimos, havendo então entre eles coincidência de significação"[109].

Monteiro sustenta que não serão todas as coisas materiais que interessarão ao mundo do Direito. Apenas seriam *bens*, em sentido jurídico, aquelas que fossem passíveis de apropriação pelo homem e que tivessem valor econômico. Defende que não se pode confundir a palavra "coisa" no sentido vulgar com seu significado jurídico. Para o autor, em sentido vulgar, seria tudo aquilo que existe além do homem; já no jurídico, "tudo quanto seja suscetível de posse exclusiva pelo homem, sendo economicamente apreciável"[110]. Da análise do texto do referido autor, chegamos à conclusão de que, apesar de se tratar de uma versão editada após a vigência do Código Civil de 2002, o autor por vezes se utiliza dos conceitos como sinônimos, assim como o Código Civil de 1916[111]. A preocupação

---

pessoas, meios desprovidos de valor autónomo, isto é, de um valor que abstraia da sua aptidão para satisfazer necessidades ou interesses humanos. Por sua vez o homem *tem necessidade de se servir das coisas como condição* da sua sobrevivência e do seu progresso. A detenção, o uso e a disposição das coisas permite ao homem satisfazer necessidades fundamentais ou secundárias e potencia a sua possibilidade real de se propor determinadas finalidades e de escolher entre várias vias para a realização desses fins. Em suma, *o domínio e o uso das coisas permite ao homem talhar para si uni espaço, maior ou menor de liberdade.* II - O domínio e o uso das coisas não pode traduzir-se, porém, numa mera sujeição de facto dos bens ao poder do homem, numa simples relação de posse" (PINTO, Carlos Alberto Mota. **Teoria geral do direito civil**, cit., p. 144).

[108] TRABUCCHI, Alberto. **Istituzioni di diritto civile**. Padova: Cedam, 1978. p. 389.

[109] MONTEIRO, Washington de Barros; PINTO, Ana Cristina de Barros Monteiro França. **Curso de direito civil**: parte geral, cit., p. 189.

[110] MONTEIRO, Washington de Barros; PINTO, Ana Cristina de Barros Monteiro França. **Curso de direito civil**: parte geral, cit., p. 190.

[111] Sílvio de Salvo Venosa, de igual forma, não faz distinção entre os termos (VENOSA, Sílvio de Salvo. **Direito civil**: parte geral. 8. ed. São Paulo: Atlas, 2008. p. 284-285).

de Monteiro estaria em enquadrar os *bens* que podem fazer parte do patrimônio da pessoa, por isso afirma que coisas e bens econômicos é que constituirão o patrimônio e que os não suscetíveis de aferição monetária não estão cobertos pelo manto do Direito.

Alguns problemas podemos destacar do posicionamento do autor. Conforme outrora citado, nem todos os bens suscetíveis ao Direito estão disciplinados na lei civil, pois apenas na *práxis* os bens são valorados de acordo com os interesses da coletividade, e assim passam a ter proteção jurídica. Portanto, não cabe apenas ao Direito Civil proteger os bens jurídicos, mas sim a todo o ordenamento.

Sobre as divergências doutrinárias quanto à distinção entre *bens* e *coisas*, Marcelo Junqueira Calixto sustenta que os autores formularam diversos critérios para conceituar os dois institutos, explicando: "ora se afirma que as coisas representam um conceito mais amplo, englobando os bens, ora se entende que o conceito de bem, em sentido lato, engloba aquelas e os bens em sentido estrito"[112].

Autores como Flávio Tartuce, Miguel Maria de Serpa Lopes, Maria Helena Diniz e Silvio Rodrigues adotam o critério de que as coisas seriam o gênero, enquanto os bens, a espécie. Miguel Maria de Serpa Lopes, ao fazer a distinção entre coisas e bens, sustenta que "todos os bens são coisas, mas nem todas as coisas são bens. Sob o nome de coisa, pode ser chamado tudo quanto existe na natureza, exceto a pessoa". E complementa: "como *bem* só é considerada aquela coisa que existe proporcionando ao homem uma utilidade, porém com o requisito essencial de lhe ficar suscetível de apropriação"[113].

Maria Helena Diniz concorda com tal entendimento e defende que nem todas as coisas são passíveis de consideração pelo Direito, por isso entende que as "coisas abrangem tudo quanto existe na natureza, exceto a pessoa, mas como 'bens' só se consideram as coisas existentes que proporcionam ao homem uma utilidade, sendo suscetíveis de apropriação, constituindo, então, o seu patrimônio"[114]. A preocupação da autora em relação ao objeto do Direito está apenas em aferir o que pode ou não fazer parte do patrimônio da pessoa.

Para sustentar que *coisa* é gênero e *bem* é espécie, Silvio Rodrigues argumenta com o fato de que, para ser considerada bem econômico, a *coisa* tem que ser útil ao homem. Da mesma forma, "como os interesses humanos são ilimitados e os bens econômicos, por definição, limitados, surge, naturalmente, entre os homens, um conflito de interesses quando disputam um bem". Por fim, o autor esclarece que esse "conflito de interesses, se regulado pelo direito, dá lugar a uma *relação jurídica*"[115]. Reconhece ele que o Direito Civil apenas se interessa pelas coisas suscetíveis de apropriação, e que existem outros valores que, embora também sejam preciosos para os homens, fogem da alçada do Direito Privado, pois não têm conteúdo econômico. Flávio Tartuce entende que o conceito de

---

[112] CALIXTO, Marcelo Junqueira. Dos bens. In: TEPEDINO, Gustavo (Coord.). **A parte geral do novo Código Civil**: estudos na perspectiva civil-constitucional. 3. ed. Rio de Janeiro: Renovar, 2007. p. 153.

[113] LOPES, Miguel Maria de Serpa. **Curso de direito civil**: introdução, parte geral e teoria dos negócios jurídicos. 3. ed. São Paulo: Freitas Bastos, 1960. p. 354.

[114] DINIZ, Maria Helena. **Curso de direito civil brasileiro:** teoria geral do direito civil. 30. ed. São Paulo: Saraiva, 2013. p. 365-366.

[115] RODRIGUES, Silvio. **Direito civil**: parte geral. 30. ed. São Paulo: Saraiva, 2000. p. 109-110.

Silvio Rodrigues "é simples e perfeito, servindo *como uma luva* pelo que consta do atual Código Civil Brasileiro, na sua Parte Geral"[116].

Arnoldo Wald, em livro atualizado e ampliado com a colaboração de Álvaro Villaça Azevedo, ao tratar da discussão, defende que a noção de *bem* é mais ampla que a de *coisa*, pois aquele abrange todos os valores materiais ou imateriais que possam ser objeto de relação jurídica. Com isso, classifica *bem jurídico* como "todo interesse protegido pela lei, abrangendo, para alguns autores, tanto as coisas como as obrigações e sendo incluídos no rol dos bens os próprios direitos da personalidade, ou seja, os direitos à liberdade, ao nome, à honra"[117]. Entendemos que o autor confunde o conceito de *bem* sob o ponto de vista do Direito Civil com o conceito de *bem jurídico*, que a nosso ver são coisas distintas, conforme será defendido no presente estudo.

Contrapondo-se a esses posicionamentos estão os autores que entendem ser *bens* o gênero e *coisas* a espécie, entre eles Clóvis Beviláqua, Paulo Nader, Orlando Gomes, César Fiuza e Renan Lotufo. Para Beviláqua, *bem* teria um conceito mais amplo que o de *coisa*. Tendo como base o ordenamento jurídico alemão, defende que coisas são objetos corporais: "ao lado das coisas e dos bens econômicos, outros há de ordem moral, inapreciáveis como a vida, a liberdade, a honra, e os que constituem objetos dos direitos de família puros". O autor complementa dizendo que "os bens econômicos formam o nosso patrimônio (art. 57). Os bens não econômicos são irradiações da personalidade, que, por não serem susceptíveis de medida de valor, não fazem parte do nosso patrimônio"[118].

Paulo Nader destaca que o Código Civil, ao tratar dos bens, apenas se ocupa daqueles que são corpóreos ou materiais, todavia deixa claro que isso não importa negar outros bens, não corpóreos. Na perspectiva da teoria do direito subjetivo, o autor reconhece que há fatos sociais que são juridicizados e se transformam em normas jurídicas, o que faz com que os direitos subjetivos girem em função dos bens, e reafirma: "como se disse, estes não se resumem aos de natureza corpórea tratados na Parte Geral [...]. Em outras palavras, os *bens* constituem objeto do Direito, não *o objeto do direito*"[119]. O que o autor quer dizer é que o Direito não se ocupa apenas com os *bens*, portanto são objetos do Direito, mas o Direito não se limita a disciplina jurídica dos bens. Defende o doutrinador que o conceito de *bem* é gênero, enquanto *coisa* é espécie, pois apenas se refere aos objetos corpóreos.

Orlando Gomes sustenta que não se pode confundir *bem* e *coisa*, pois o primeiro seria gênero; o segundo, espécie. Para ele, "a palavra *bem* confunde-se com o objeto dos direitos; designa as coisas e ações humanas (*comportamento* que as pessoas podem exigir umas das outras)"[120]. Justifica afirmando que bem seria gênero, pois os bens podem

---

[116]   TARTUCE, Flávio. **Direito civil**: lei de introdução e parte geral, cit., 12. ed., p. 282.

[117]   WALD, Arnoldo. **Curso de direito civil brasileiro**: introdução e parte geral. 8. ed. São Paulo: RT, 1995. p. 155.

[118]   BEVILÁQUA, Clóvis. **Código Civil dos Estados Unidos do Brasil comentado**. Rio de Janeiro: Editora Rio, 1979. p. 269.

[119]   NADER, Paulo. **Curso de direito civil**: parte geral. 9. ed. Rio de Janeiro: Forense, 2013. p. 260.

[120]   GOMES, Orlando. **Introdução ao direito civil**. 19. ed. Rio de Janeiro: Forense, 2008. p. 179.

ser objeto do Direito mesmo sem valor econômico, enquanto coisa precisa ter utilidade patrimonial. Na sequência, diz que "não se deve confundir *coisa* com *objeto de direito*"[121].

Cesar Fiuza sustenta que "*coisa*, para o Direito, é todo bem econômico, dotado de existência autônoma, e capaz de ser subordinado ao domínio das pessoas", e defende que "o Código Civil de 2002 utiliza apenas o termo 'bem', mais genérico"[122]. Segundo Renan Lotufo, para ser considerado *bem,* devem estar presentes "o valor e o vínculo jurídico, ou seja, a possibilidade de apropriação pelas pessoas"[123]. Utiliza-se como fundamento o art. 90 do Código Civil alemão.

Lotufo sustenta que na sociedade contemporânea há enormes modificações no âmbito do direito de propriedade, e isso reflete na própria ideia e classificação de bens[124].

Pablo Stolze Gagliano e Rodolfo Pamplona Filho definem *bens jurídicos* como "toda a utilidade física ou ideal, que seja objeto de um direito subjetivo"[125]. Os autores fazem a distinção de *bem jurídico lato sensu* e *stricto sensu*. Defendem que, "em sentido jurídico, *lato sensu*, bem jurídico é a utilidade, física ou imaterial, objeto de uma relação jurídica, seja pessoal ou real"[126].

Em sentido estrito, os autores sustentam que a doutrina costuma utilizar como sinônimos de *coisa* aqueles objetos corpóreos passíveis de apropriação. Seguem a linha do Direito alemão e identificam "a *coisa* sob o aspecto de sua *materialidade*, reservando o vocábulo aos objetos corpóreos. Os *bens*, por sua vez, compreenderiam os objetos corpóreos ou materiais (coisas) e os ideais (bens imateriais)". Complementam eles que "há bens jurídicos que não são coisas: a liberdade, a honra, a integridade moral, a imagem, a vida"[127].

Para Caio Mário da Silva Pereira, os bens jurídicos são os objetos do Direito. O autor emprega essa expressão em sentido amplo ou genérico, ou seja, não faz distinção entre a materialidade e a patrimonialidade[128]. Sustenta que "os bens, especificamente

---

[121] GOMES, Orlando. **Introdução ao direito civil**, cit., 19. ed. p. 180.

[122] FIUZA, César. **Direito civil:** curso completo. 18. ed. São Paulo: RT, 2015. p. 235-236.

[123] LOTUFO, Renan. **Curso avançado de direito civil**: parte geral. São Paulo: RT, 2002. p. 170.

[124] LOTUFO, Renan. **Curso avançado de direito civil**: parte geral, cit., p. 173.

[125] GAGLIANO, Pablo Stolze; PAMPLONA FILHO, Rodolfo. **Novo curso de direito civil:** parte geral. 16. ed. São Paulo: Saraiva, 2014. p. 305.

[126] GAGLIANO, Pablo Stolze; PAMPLONA FILHO, Rodolfo. **Novo curso de direito civil:** parte geral, cit., 16. ed., p. 306.

[127] GAGLIANO, Pablo Stolze; PAMPLONA FILHO, Rodolfo. **Novo curso de direito civil:** parte geral, cit., 16. ed., p. 308.

[128] "São bens jurídicos, antes de tudo, os de natureza patrimonial. Tudo que se pode integrar no nosso patrimônio é um bem, e é objeto de direito subjetivo. São os *bens econômicos*. Mas não somente estes são objeto de direito. A ordem jurídica envolve ainda outros bens inestimáveis economicamente, ou insuscetíveis de se traduzirem por um valor pecuniário. Não recebendo, embora, esta valoração financeira, e por isso mesmo não integrando o patrimônio do sujeito, são suscetíveis de proteção legal. Bens jurídicos sem expressão patrimonial estão portas adentro do campo jurídico; o estado de filiação, em si mesmo, não tem expressão econômica; o direito ao nome, os poderes sobre os filhos não são suscetíveis de avaliação. Mas são bens jurídicos, embora não patrimoniais. Podem ser, e são, objeto de direito. Sobre eles se exercer, dentro dos limites traçados pelo direito

considerados, distinguem-se das *coisas*, em razão da materialidade destas: as *coisas* são materiais ou concretas, enquanto que se reserva para designar os imateriais ou abstratos o nome *bens,* em sentido estrito"[129].

Um dos problemas que vemos nos debates acerca da distinção entre *coisas* e *bens* reside no fato de que *bem jurídico* não pode ser entendido como apenas aqueles disciplinados entre os arts. 79 e 103 do Código Civil, até mesmo porque o próprio Direito Civil não se resume a isso. A título de exemplo, o art. 3º da Lei n. 9.610/1998, que equipara os direitos autorais a bens móveis. O legislador de 2002 pecou ao não classificar os *bens* de acordo com sua essencialidade humana, o que, nas palavras de Beatriz Souza Costa e Elcio Nacur Resende, "seria de grande utilidade prática, uma vez que poder-se-ia elencar os bens indisponíveis, impenhoráveis, úteis, voluptuários, bens de família etc. na medida em que cada um tivesse maior valoração ao ser humano e à sociedade em que vive"[130].

Talvez o legislador de 2002 não tenha positivado a teoria dos *bens* numa visão mais constitucional, pois a teoria sempre fora bipartida em bens públicos e privados. A preocupação dos autores, conforme fica claro nas conceituações expostas, sempre foi a de considerar bem/coisa como objeto suscetível de apropriação privada e limitar a classificação utilizando os seguintes critérios tradicionais: a) quanto à tangibilidade (corpóreos e incorpóreos); b) quanto à mobilidade (imóveis e móveis); quanto à fungibilidade (infungíveis e fungíveis); c) quanto à consuntibilidade (consumíveis e inconsumíveis); d) quanto à divisibilidade (divisíveis e indivisíveis); e) quanto à individualidade (singulares ou individuais e coletivos ou universais); f) quanto à dependência em relação a outro bem – bens reciprocamente considerados (principais ou independentes e acessórios ou dependentes); g) em relação ao titular do domínio (particulares ou privados e públicos ou do Estado). A teoria dos bens está sempre atrelada à teoria do objeto do direito de propriedade ou àquela do objeto do direito subjetivo.

Por isso, em uma leitura civil-constitucional, concordamos com Marcelo Junqueira Calixto quando diz que "a relevância de um bem jurídico não é dada pela possibilidade de seu gozo exclusivo, não estando a teoria dos bens atrelada à teoria do objeto do direito de propriedade ou àquela do objeto do direito subjetivo". Complemento o autor: "[...] assim, a caracterização de um interesse como bem jurídico não é feita com base em uma única regra mas decorre de todo o ordenamento, de seus princípios"[131]. Com base nessa perspectiva será analisada a evolução do conceito de bens jurídicos.

---

positivo, o poder jurídico da vontade, e se retiram da incidência do poder jurídico da vontade alheia" (PEREIRA, Caio Mário da Silva Pereira. **Instituições de direito civil:** introdução ao direito civil. 24. ed. Rio de Janeiro: Forense, 2011. p. 335).

[129] PEREIRA, Caio Mário da Silva Pereira. **Instituições de direito civil:** introdução ao direito civil, 24. ed., cit., p. 336.

[130] COSTA, Beatriz Souza; RESENDE, Elcio Nacur. O bem sob a ótica do direito ambiental e do direito civil: uma dicotomia irreconciliável? **Revista Brasileira de Políticas Públicas**, Brasília, v. 1, n. 3, p. 43-70, dez. 2011. p. 54.

[131] CALIXTO, Marcelo Junqueira. Dos bens. In: TEPEDINO, Gustavo (Coord.). **A parte geral do novo Código Civil:** estudos na perspectiva civil-constitucional, cit., p. 156.

2.4.4 A evolução do conceito de bem jurídico e o bem jurídico empresarial

Feitas essas considerações, resta saber se empresa pode ser considerada um *bem* enquanto objeto de direito de propriedade. Como outrora dito, Bulgarelli sustenta que o fenômeno empresa, quando plasmado pelo Direito, deve levar em conta a trilogia da empresarialidade, sendo o termo ora entendido como empresário, ora como estabelecimento empresarial e, por fim, a utilização correta do termo, como atividade. Assim, para o autor, o termo *empresa* é considerado atividade organizada, e devido à importância dessa atividade para a coletividade é equiparado a *bem público*.

Tal argumento já foi outrora refutado. Entendemos que deve ser reconhecido o caráter poliédrico do termo *empresa* e que apenas poderíamos considerar um *bem* enquanto objeto de direito de propriedade quando estivermos analisando *empresa* no seu perfil objetivo, qual seja, *empresa* enquanto sinônimo de estabelecimento empresarial, que, para nossa atual legislação, é conceituado como "todo complexo de bens organizado, para exercício da empresa, por empresário, ou por sociedade empresária", nos termos do art. 1.142 do Código Civil.

Para analisar a ideia de *função social da empresa*, na qual o termo *empresa* deve ser entendido como instituição-organização, entendemos não ser possível enquadrá-la nos critérios tradicionais da análise da teoria dos *bens* enquanto objeto de direito de propriedade, conforme positivado pelo atual Código Civil brasileiro.

Pietro Perlingieri, ao analisar o art. 810 do Código Civil italiano, entende ser equivocado atrelar a teoria dos *bens* ao estudo da propriedade. Dois são os seus argumentos: primeiro defende que os problemas ligados à propriedade demonstram limitações para abordar o assunto; segundo, que "não se deve exaurir a teoria dos bens na teoria dos direitos reais"[132]. Conclui afirmando que "não parece aceitável a orientação pela qual as características dos bens objeto do direito de propriedade sejam as características de qualquer bem"[133].

Nesse mesmo sentido, Luiz Antonio Rizzatto Nunes esclarece: "pode-se dizer que o conceito jurídico de 'bem' tem significação mais ampla do que o mero conceito econômico de bem"[134].

É importante destacar que os sistemas jurídicos contemporâneos tendem a reconhecer a pessoa humana como centro orientador do Direito, portanto ocorre uma tendência universal à ampliação de direitos, e novos *bens* começam a ser reconhecidos às pessoas humanas.

André Franco Montoro, por exemplo, destaca cinco direitos, cuja titularidade nem sempre é possível aferir, que atualmente são assegurados: "1. O direito ao ambiente sadio; 2. O direito ao trabalho; 3. Os direitos do consumidor; 4. O direito de participação; 5.

---

[132] PERLINGIERI, Pietro. **Perfis do direito civil**: introdução ao direito civil constitucional, cit., 3. ed., p. 235.

[133] PERLINGIERI, Pietro. **Perfis do direito civil**: introdução ao direito civil constitucional, cit., 3. ed., p. 235.

[134] NUNES, Luiz Antônio Rizzatto. **Manual de introdução ao estudo do direito**. 2. ed. São Paulo: Saraiva, 1999. p. 136.

O direito ao desenvolvimento"[135]. Assim, como defendemos que atualmente a *summa divisio* clássica Direito Público x Direito Privado está superada, de igual forma a ideia de *bem jurídico público* x *bem jurídico privado* também há muito se encontra superada.

Até mesmo porque o próprio Direito Civil estabelecerá limites à propriedade ao incorporar uma visão constitucional e limitando seu exercício a respeito das finalidades econômicas e sociais, por exemplo, no art. 1.228 do Código Civil. Por mais que o direito individual à propriedade seja preservado, ocorre uma funcionalização desse direito[136]. Vale lembrar os ensinamentos de Mauro Cappelletti, que afirma existir um abismo entre o público e o privado, por isso a necessidade de superação[137].

Com a evolução e o desenvolvimento da sociedade, as linhas entre as titularidades ficam cada vez mais tênues. Rodolfo de Camargo Mancuso, no livro *Interesses difusos,* estabelece uma "escala crescente de coletivização" que utilizará como critério o aumento no número de titulares. Segundo o autor, a escala iniciaria em: 1) interesses individuais, aqueles considerados do indivíduo isoladamente; 2) interesses sociais, os das pessoas jurídicas; 3) interesses coletivos, os valores de determinadas categorias e grupos sociais definidos; 4) interesses públicos ou gerais, os da coletividade representada pelo Estado; 5) interesses difusos, aqueles que, por sua indefinição, transcendem os públicos; são os interesses que "se reportam ao homem, à nação, ao justo"[138].

O desenvolvimento faz com que os conflitos transcendam os interesses individuais, e com isso ocorre uma adaptação dos interesses, levando em conta os conflitos coletivos. A existência de bens que não são passíveis de apropriação impede os indivíduos de serem proprietários daquele bem. Por outro lado, deixá-los na titularidade das pessoas jurídicas de direito público também seria um risco.

Apenas a título de exemplo, no caso brasileiro, se considerarmos os rios e mares um bem público, nos termos do art. 99, I, do Código Civil, desde que cumpridas as exigências dos arts. 100 e 101 do mesmo Código, poderia ser alienado, o que seria inaceitável. Aliado a isso, o pós-guerra fez crescer a preocupação de que os direitos metaindividuais não fiquem a cargo da Administração Pública. Conforme outrora dito, interesse público não pode mais ser entendido como interesse da Administração Pública.

O autor Renato Alessi classifica o interesse público em primário e secundário; o primeiro estaria envolto em valores de interesse geral da coletividade, ligados aos objetivos do Estado e ao bem-estar social (no caso brasileiro, disciplinado no art. 3º da Constituição Federal); já o segundo está relacionado aos interesses da Administração Pública[139].

---

[135] MONTORO, André Franco. **Introdução à ciência do direito**. 23. ed. São Paulo: RT, 1995. p. 9.

[136] De acordo com Otto von Gierke o Direito deve ter como fonte a consciência comum (GIERKE, Otto von. **La función social del derecho privado y otros estudios**. Granada: Comares, 2015. p. XVII).

[137] CAPPELLETTI, Mauro. Formazioni sociali interessi di gruppo davanti alla giustizia civile. **Rivista di Diritto Processuale**, ano XXX, n. 3, p. 361-402, jul./set. 1975.

[138] MANCUSO, Rodolfo de Camargo. **Interesses difusos**: conceito e legitimação para agir. 3. ed. São Paulo: RT, 1994. p. 69.

[139] ALESSI, Renato. **Instituciones de derecho administrativo**. Traducción dela 3. edición italiana por Buenaventura Pellisé Prats. Barcelona: Bosch, Casa Editorial, 1970. t. I.

No Direito brasileiro, segundo José Carlos Barbosa Moreira, a defesa do direito metaindividual já era preconizada pela Lei n. 4.717/65 (Lei da Ação Popular)[140]. O objetivo da lei é propiciar aos cidadãos a legitimidade para pleitear a anulação ou a declaração de nulidade de atos lesivos ao patrimônio público, nos termos do seu art. 1º. O § 1º define o que é considerado patrimônio público. Na sequência, outras legislações surgiram preocupadas com a defesa de direitos coletivos, tais como: Lei n. 6.938/1981 (Política Nacional do Meio Ambiente), Lei n. 7.347/1985 (Ação Civil Pública), Lei n. 8.078/1990 (Código de Defesa do Consumidor). Com a evolução legislativa, há a criação legal dos direitos coletivos *lato sensu*, quais sejam, os direitos difusos, coletivos e individuais homogêneos.

2.4.4.1 Os direitos difusos

O Código de Defesa do Consumidor, em seu art. 81, parágrafo único, I, conceitua os "interesses ou direitos difusos, assim entendidos, para efeitos deste código, os transindividuais, de natureza indivisível, de que sejam titulares pessoas indeterminadas e ligadas por circunstâncias de fato". O conceito legal é composto por quatro elementos cumulativos.

Ao dispor que os interesses ou direitos difusos são transindividuais, a preocupação é determinar a titularidade do direito sob seu aspecto subjetivo. A característica metaindividual ou supraindividual desse direito transcende o indivíduo e ultrapassa o cunho individual. Assim, o titular é a coletividade, que, por sua vez, representa-se por sujeitos indeterminados e/ou indetermináveis. Nas palavras de Daniel Amorim Assumpção Neves, "não têm por titular um só sujeito nem mesmo um grupo determinado de sujeitos, referindo-se a um grupo social, a toda a coletividade, ou mesmo a parcela significativa dela"[141].

Não havendo determinação na titularidade, o segundo elemento é a indivisibilidade, uma vez que não há possibilidade de fracioná-lo, não sendo possível cindi-lo. Uma vez violado, afeta à coletividade, e, ocorrendo a tutela jurisdicional, todos são beneficiados.

José dos Santos Carvalho Filho, ao abordar o assunto, chega a cinco conclusões lógicas. Primeiro, "os interesses e direitos difusos são aqueles que dizem respeito aos bens indivisíveis"; segundo, "os bens indivisíveis, a seu turno, são aqueles em que não é viável uma forma diferenciada de gozo ou utilização"; terceiro, "nisto está implicado que o tipo de interesse dos membros de uma dada coletividade são, quantitativa e qualitativamente, iguais"; quarto, "ademais, por isso mesmo, esses bens não são suscetíveis de apropriação exclusiva"; e quinto, "daí é que não se pode cogitar de atribuir-se a alguém, mais do que a outro(s) uma titularidade própria ou mais envergada, do que as dos demais inseridos no mesmo contexto"[142].

O terceiro elemento diz respeito à titularidade dos interesses ou direitos difusos, que segundo o Código seriam pessoas indeterminadas. Daniel Amorim Assumpção Neves

---

[140] MOREIRA, José Carlos Barbosa. **Temas de direito processual**. São Paulo: Saraiva, 1977. p. 110.

[141] TARTUCE, Flávio; NEVES, Daniel Amorim Assumpção. **Manual de direito do consumidor**: direito material e processual, cit., 3. ed., p. 597.

[142] CARVALHO FILHO, José dos Santos. **Ação civil pública**. 7. ed. Rio de Janeiro: Lumen Juris, 2009. p. 151.

Cap. 2 • EMPRESA E SUA FUNÇÃO SOCIAL | 101

faz uma observação quanto ao equívoco cometido pelo legislador. Segundo o autor, "os titulares, não são sujeitos indeterminados, mas sim a coletividade. Essa coletividade, naturalmente, é formada por pessoas humanas"[143].

De fato, devemos defender que o dispositivo legal deve ser interpretado de maneira a entender que o titular do direito difuso é a coletividade, todavia não se pode concordar que esta é composta apenas por pessoas humanas, pois seria uma visão limitada da atual concepção de direitos que se tem em relação às pessoas jurídicas. Não se quer negar que o centro e o fim do ordenamento jurídico é a pessoa humana, conforme veementemente defendido em outros pontos deste trabalho, entretanto nos parece claro que os direitos difusos afetam também as pessoas jurídicas, até mesmo porque o próprio Código de Defesa do Consumidor admite a pessoa jurídica como consumidor[144].

Outro ponto a ser destacado é que em algumas situações a indeterminabilidade é relativa, pois, "mesmo que seja possível a determinação, sendo a mesma extremamente difícil e trabalhosa, o direito continua a ser difuso"[145].

O quarto e último elemento diz respeito à ligação por uma circunstância fática dos sujeitos, que segundo Celso Bastos abrange "toda uma categoria de indivíduos unificados por possuírem um denominador fático qualquer em comum", dispensando a existência de uma relação jurídica[146].

2.4.4.2   Os direitos coletivos

O parágrafo único do art. 81 do Código de Defesa do Consumidor conceitua no seu inciso II os interesses ou direitos coletivos (*stricto sensu*) como "os transindividuais, de natureza indivisível de que seja titular grupo, categoria ou classe de pessoas ligadas entre si ou com a parte contrária por uma relação jurídica base". Assim como o direito difuso, o coletivo é transindividual (primeiro elemento) e indivisível (segundo elemento), ou seja, ultrapassa a esfera individual de direitos e obrigações e são considerados direitos essencialmente coletivos.

Importante frisar que o dispositivo legal deixa claro que o titular do Direito é um grupo, classe ou categoria (terceiro elemento), o que importa dizer que os sujeitos não são considerados individualmente. A principal diferença dos difusos se relaciona à determinabilidade dos titulares: enquanto aquele não está ligado por uma relação jurídica, mas sim fática, este, ao revés, está ligado por uma relação jurídica (terceiro elemento), e justamente por isso tem como traço característico a determinabilidade de seus titulares.

---

[143]   TARTUCE, Flávio; NEVES, Daniel Amorim Assumpção. **Manual de direito do consumidor**: direito material e processual, cit., 3. ed., p. 598.

[144]   Sobre o tema sugerimos a leitura: ROCHA, Luciano Velasque. **Consumidor pessoa jurídica**. Curitiba: Juruá, 2014.

[145]   TARTUCE, Flávio; NEVES, Daniel Amorim Assumpção. **Manual de direito do consumidor**: direito material e processual, cit., 3. ed., p. 598.

[146]   BASTOS, Celso. A tutela dos interesses difusos no direito constitucional brasileiro. **Vox Legis**, São Paulo, ano 13, v. 152, ago. 1981.

102 BEM JURÍDICO EMPRESARIAL – *Fábio Brasilino*

Na práxis, nem sempre é fácil a distinção entre direitos difusos e coletivos, até mesmo porque de uma mesma relação fática podem surgir tutelas de direitos coletivos *lato sensu*. Nesse sentido é a lição de Hugo Nigro Mazzilli: o que "pode ocorrer é que uma única combinação de fatos, sob uma única relação jurídica, venha a provocar o surgimento de interesses transindividuais de mais de uma categoria"[147].

2.4.4.3   Os direitos individuais homogêneos

Por fim, sucintamente o inciso III do parágrafo único do art. 81 do Código de Defesa do Consumidor conceitua interesses ou direitos individuais homogêneos como "os decorrentes de origem comum". O que se verifica é que o legislador não trouxe elementos suficientes para definir o que seriam os direitos individuais homogêneos, assim uma das discussões que a doutrina faz é em relação ao alcance da expressão "origem comum". Kazuo Watanabe, por exemplo, defende que "a origem comum pode ser de fato ou de direito, e a expressão não significa, necessariamente, uma unidade factual e temporal"[148]. No mesmo sentido, Celso Antônio Pacheco Fiorillo defende que "é possível concluir que se trata de direitos *individuais*, cuja origem decorre de uma mesma causa. Na verdade, a característica de ser um direito coletivo é atribuída por conta da *tutela coletiva*, à qual esses direitos poderão ser submetidos"[149].

É nessa ideia de tutela coletiva que tem que ser encarada a questão de ser ou não um direito individual homogêneo. Daniel Amorim Assumpção Neves, ao analisar sob o ponto de vista processual, destaca que dois elementos compõem a causa de pedir: fato e fundamento jurídico, o que importa dizer que sempre quando ocorrer um dano em decorrência do mesmo fato ou de fatos assemelhados os danos são de origem comum. E também sustenta que mesmo que de fatos distintos, todavia com mesmo fundamento jurídico, também decorreriam de origem comum. O autor irá defender que, além da origem comum, também deveria estar presente outro elemento que seria a homogeneidade, pois não haveria justificativa em casos em que houvesse apenas interesse individual ou de um número muito reduzido de consumidores[150].

Um fato que deve ser levado em consideração é o de que a compreensão do instituto apenas será possível se analisado sob as lentes do sistema processual de liquidação e execução de tais direitos. Ressalte-se que os legitimados a propor ação civil pública agem como legitimados extraordinários, ou seja, pleiteiam direito alheio em nome próprio, por isso deve prevalecer a dimensão coletiva em detrimento da individual[151]. O que importa dizer que "os fundamentos devem aproveitar a todos os titulares do direito, sendo inviável a formulação de pretensão com

---

[147]   MAZZILLI, Hugo Nigro. **A defesa dos interesses difusos em juízo**. 15. ed. São Paulo: Saraiva, 2002. p. 59.

[148]   WATANABE, Kazuo. **Código de defesa do consumidor comentado pelos autores do anteprojeto**. 10. ed. Rio de Janeiro: Forense, 2011. p. 76.

[149]   FIORILLO, Celso Antônio Pacheco. **Curso de direito ambiental brasileiro**. 11. ed. São Paulo: Saraiva, 2010. p. 59.

[150]   TARTUCE, Flávio; NEVES, Daniel Amorim Assumpção. **Manual de direito do consumidor**: direito material e processual, cit., 3. ed., p. 602-603.

[151]   FIORILLO, Celso Antônio Pacheco. **Curso de direito ambiental brasileiro**, cit., p. 59.

fundamentos que se aplicam somente a um ou mesmo alguns dos indivíduos"[152]. E a própria liquidação da decisão tem de ser factível, sob pena de se tornar inviável.

Feitas essas considerações, o que se verifica é que a dicotomia entre o *bem público* e o *bem privado* está superada. Surge uma nova natureza jurídica de bem, o *bem difuso,* que não é público e nem privado[153]. É a partir do texto constitucional de 1988 que diversos dispositivos terão conteúdo de interesse difuso, por exemplo, o art. 170, que institui os princípios da ordem econômica e foi regulado pela Lei n. 13.874/2019. É nessa perspectiva que devemos enquadrar a empresa enquanto instituição-organização. Com base nisso, devemos aferir quais seriam os fundamentos constitucionais para considerar o *bem jurídico empresarial* como um bem difuso.

A Constituição Federal estabelece como fundamento do Estado, no inciso IV do art. 1º, "os valores sociais do trabalho e da livre-iniciativa", o que importa dizer que transfere à iniciativa privada a produção dos bens. Tal fato fica bem claro no art. 173, quando estabelece que, "ressalvados os casos previstos nesta Constituição, a exploração direta de atividade econômica pelo Estado só será permitida quando necessária aos imperativos da segurança nacional ou a relevante interesse coletivo, conforme definidos em lei". Então, à iniciativa privada é transferido o poder-dever de exploração direta da atividade econômica, e a atuação deve ser feita de acordo com os valores sociais do trabalho, respeitados os princípios da ordem econômica (art. 170) e os objetivos do Estado brasileiro (art. 3º).

Da análise de tais dispositivos não restam dúvidas de que o *bem jurídico empresarial* tem de ser enquadrado como bem difuso, o que justifica a proteção do patrimônio mínimo empresarial. Portanto, conforme dito alhures, ao se trabalhar o termo *função social da empresa*, o termo *empresa* deve ser analisado sob o ponto de vista da empresa enquanto instituição-organização, que por sua vez tem como fonte material o *bem jurídico empresarial,* que é um bem difuso. Todavia, não é a única forma de garantir o patrimônio mínimo empresarial conforme será objeto de estudo no próximo tópico.

2.5 EMPRESA COMO PESSOA JURÍDICA TITULAR DE DIREITOS FUNDAMENTAIS

A Constituição Federal assegura diversos princípios, garantias, liberdades e prerrogativas que visam reconhecer o papel social das empresas. Nessa perspectiva André Ramos Tavares apresenta à comunidade jurídica o que ele chama de Direito Constitucional da Empresa, que segundo o autor não pode ser reduzido aos princípios de Direito Econômico. Estabelece, dentre outros princípios e regras: "i) as conhecidas liberdades públicas e a garantia de autonomia para o setor"; "ii)os direitos fundamentais, com especial relevo para a liberdade de expressão, na qual se aloca a importante liberdade de propaganda, de difundir marcas, produtos e serviços"; "iii) os direitos inerentes ao funcionamento do

---

[152] TARTUCE, Flávio; NEVES, Daniel Amorim Assumpção. **Manual de direito do consumidor**: direito material e processual, cit., 3. ed., p. 603-604.

[153] Sobre o tema: "Um tema central que se refere ao *bem ambiental*, um bem jurídico inserido em um outro contexto, nem público nem privado, ou seja, um bem jurídico inserido no contexto da forma geral do direito denominada *direito coletivo em sentido amplo*, na sua espécie *direito difuso*" (PIVA, Rui Carvalho. **Bem ambiental**, cit., p. 97).

Poder Judiciário e do próprio Estado Constitucional de Direito, como o devido processo legal, entre outros direitos do processo, e o direito à segurança jurídica"; "iv) a garantia do cumprimento de contratos"[154].

Além da proteção que deve ser dada à empresa, enquanto instituição-organização, temos que analisar a proteção que pode ser dada à empresa, enquanto sujeito de direitos, ou seja, a pessoa jurídica enquanto titular de direitos fundamentais.

A Constituição brasileira diferente de outras Constituições, como por exemplo a Lei Fundamental da Alemanha (art. 19, III) e da Constituição da República Portuguesa de 1976 (art. 12.2), não estipulou cláusula expressa que assegura a titularidade de direitos fundamentais às pessoas jurídicas[155]. Coube a doutrina e jurisprudência reconhecer tal possibilidade[156]. O fundamento estaria no *caput* do art. 5º da Constituição Federal que estabelece "todos são iguais perante a lei, sem distinção de qualquer natureza". Uma vez sendo a pessoa jurídica sujeito de direitos, logo são titulares de direitos fundamentais.

A análise da titularidade dos direitos fundamentais pelas pessoas jurídicas, deverá levar em conta as limitações decorrentes da sua natureza. Jorge Miranda entende que não seria o caso de equiparação entre pessoas jurídicas e naturais, mas sim é o caso de uma cláusula implícita de limitação[157]. Em contrapartida, Dimitri Dimoulis e Leonardo Martins entendem que há uma verdadeira equiparação[158].

Em alguns casos a Constituição de forma expressa atribui a titularidade. São exemplos: a) a possibilidade de as associações representarem seus filiados (art. 5º, XXI); b) os sindicatos defenderem os interesses da categoria (art. 8º, III); c) a autonomia dos partidos políticos e o direito a recursos do fundo partidário, o acesso gratuito ao rádio e à televisão (art. 17, § 1º e § 3º); d) alguns direitos fundamentais dos contribuintes (art. 150); e) tratamento favorecido às empresas de pequeno porte (art. 170, IX); f) autonomia das universidades (art. 207); dentre outros.

O Supremo Tribunal Federal, em relação ao direito à imagem, assegura os direitos das pessoas jurídicas, inclusive pode sofrer dano moral nos termos da Súmula n. 227.

Assegurar os direitos fundamentais às pessoas jurídicas é de extrema importância para proteger o *bem jurídico empresarial*. Assim, o próximo passo é analisar a função social da empresa como instrumento legitimador da proteção do patrimônio mínimo empresarial.

---

[154]   TAVARES, André Ramos. **Direito constitucional da empresa**. São Paulo: Método, 2013. p. 13-14.

[155]   SARLET, Ingo Wolfgang Sarlet. **A eficácia dos direitos fundamentais**: uma teoria geral dos direitos fundamentais na perspectiva constitucional, cit., p. 263.

[156]   MENDES, Gilmar Ferreira; COELHO, Inocêncio Mártires; BRANCO, Paulo Gustavo Gonet. **Curso de direito constitucional**. São Paulo: Saraiva/IBDP, 2007. p. 261.

[157]   MIRANDA, Jorge. **Manual de direito constitucional**. 3. ed. Coimbra: Editora Coimbra, 2000. p. 219.

[158]   DIMOULIS, Dimitri; MARTINS, Leonardo. **Teoria geral dos direitos fundamentais**. São Paulo: RT, 2007. p. 97.

2.6 FUNÇÃO SOCIAL DA EMPRESA COMO INSTRUMENTO LEGITIMADOR DA PROTEÇÃO DO PATRIMÔNIO MÍNIMO EMPRESARIAL

Indubitável a importância da empresa para a sociedade contemporânea, e há um crescente aumento dos interesses em torno desse instituto. Imprescindível a continuidade dos negócios da empresa, pois ela passa a ser vista como verdadeira célula social. Paulo Roberto Colombo Arnoldi e Taís Cristina de Camargo Michelan sustentam que "é dessa instituição social que provém a grande maioria dos bens e serviços consumidos pelo mercado, além de prover o Estado da maior parcela de suas receitas fiscais"[159].

Com a crise do Estado Social, novos caminhos se abrem no intuito de atenuar e administrar as tensões entre a liberdade e a igualdade. Nessa perspectiva, o Estado brasileiro adota essa ideia e instala um Estado Democrático de Direito (art. 1º da Constituição Federal). Estabelece como seus fundamentos a soberania, a cidadania, a dignidade da pessoa humana, os valores sociais do trabalho e da livre-iniciativa e o pluralismo político. Aliado aos fundamentos, o art. 3º positiva os objetivos fundamentais do Estado brasileiro, que busca construir uma sociedade livre, justa e solidária, com a erradicação da pobreza e da marginalização, a redução das desigualdades sociais e regionais, garantindo o desenvolvimento nacional e com isso promovendo o bem de todos, sem preconceitos ou outras formas de discriminação. Todos esses princípios fundamentais devem ser encarados como normas deontológicas e vinculantes que servem de sustentáculo às demais normas.

Nesse contexto, começa-se a falar em função social, que, segundo Rosa Maria de Andrade Nery, deve ser entendido "como um elemento da sociabilidade e de mantença da totalidade do tecido social, de forma harmônica e não contraditória"[160]. Ao se falar em função social, o principal objetivo é atingir a justiça social esperada pelo texto constitucional. Assim, considerando que a palavra *função* está relacionada a utilidade, serventia, valor etc., e *social* relaciona-se à sociedade, ou seja, aquilo que é conveniente para a sociedade, ao se fazer a junção dos dois termos há a concepção de funcionalismo, ou seja, visa-se explicar os institutos sob a perspectiva de atender às necessidades coletivas. O que se busca é o estímulo à socialização, no intuito de preservar e aperfeiçoar as relações interpessoais de acordo com o projeto constitucional.

2.6.1 Fundamentos jusfilosóficos

O Estado Democrático de Direito tem como pilar assegurar autonomia aos cidadãos, sendo estes titulares do direito de realizar seus projetos de vida, ou seja, exercer de forma plena as liberdades. Entretanto, o exercício das liberdades deve ser compatibilizado com o dos demais indivíduos integrantes da sociedade. O que importa dizer, nas palavras de Ana Frazão, que, "por meio da autonomia, a liberdade e a igualdade são vistas em uma

---

[159] ARNOLDI, Paulo Roberto Colombo; MICHELAN, Taís Cristina de Camargo. Novos enfoques da função social da empresa numa economia globalizada. **Revista de Direito Privado**, v. 11, p. 244-255, jul./set. 2002. p. 244.

[160] NERY, Rosa Maria de Andrade. **Introdução ao pensamento jurídico e à teoria geral do direito privado**, cit., p. 249.

perspectiva de interpenetração e complementaridade e não de oposição". Isso imporá "a reflexão sobre critérios que possibilitem a coexistência entre os iguais direitos dos membros da sociedade e, consequentemente, sobre a justiça social"[161].

As discussões relacionadas à justiça social não são simples. Os ultraliberais defendem que, devido à heterogeneidade dos valores, seria impossível a implementação de qualquer justiça que não a do Estado formal de direito sem ser antidemocrática e totalitária[162]. Porém, deve ser levado em consideração que a experiência do Estado liberal nos mostrou que apenas assegurar as liberdades formais não é suficiente para assegurar o livre desenvolvimento dos projetos pessoais, haja vista que os problemas advindos sempre esbararão na ausência de bens materiais, o que faz a liberdade cair no vazio. Nesse sentido, Roberto Mangabeira Unger sustenta a necessidade de todos herdarem da sociedade "um conjunto de direitos e recursos básicos para dar início a uma trajetória de vida e mantê-la, a despeito dos extremos de azar e insegurança", e complementa que "todos deveriam, portanto, ter disponíveis as ferramentas necessárias para uma ação cívica e econômica efetiva"[163].

Além disso, o conceito de liberdade apenas pela ótica econômica na realidade não liberta o ser humano e, consequentemente, não mede o desenvolvimento, já que hoje a liberdade deve ser "como o reconhecimento dos direitos sociais e culturais das minorias, portanto da diversidade, e do direito de cada um ser ele mesmo e de combinar seus valores e suas formas de ação com os utensílios da razão instrumental"[164]. Portanto, não apenas a ótica econômica deve ser levada em consideração, pois o fim do desenvolvimento deve representar uma existência digna com justiça social.

Lafayete Josué Peter defende a necessidade de implementação de oportunidades sociais, pois apenas assim teremos indivíduos que possam de fato ser autônomos. Segundo o autor, "não precisam ser vistos, sobretudo, como beneficiários passivos de engenhosos programas de desenvolvimento". Segundo ele, existe "uma sólida base racional para que se venha a reconhecer o papel positivo da condição de agente livre e sustentável"[165].

Entende-se que, para chegar à condição de livre – no sentido de ter oportunidades sociais –, faz-se necessária a riqueza, entretanto não se pode dizer que a riqueza seria o fim principal para a busca da felicidade. Se a riqueza fosse o objeto principal, não poderia ser vista como adjetivo ao fim almejado. Melhor dizendo, a riqueza, o crescimento econômico e toda forma de desenvolvimento cujo conteúdo esteja relacionado à renda devem

---

[161] FRAZÃO, Ana. **Função social da empresa:** repercussões sobre a responsabilidade civil de controladores e administradores de S/As, cit., p. 183-184.

[162] Nesse sentido: HAYEK, Friedrich A. **Direito, legislação e liberdade.** São Paulo: Visão, 1985; NOZICK, Robert. **Anarchy, state and utopia.** Estados Unidos: Basic Books, 1974.

[163] UNGER, Roberto Mangabeira. **Democracia realizada:** a alternativa progressista. São Paulo: Boitempo, 1999. p. 134.

[164] TOURAINE, Alain. **Crítica da modernidade.** 6. ed. Petrópolis: Vozes, 1999. p. 352-353.

[165] PETTER, Lafayete Josué. **Princípios constitucionais da ordem econômica:** o significado e o alcance do art. 170 da Constituição Federal. São Paulo: RT, 2008. p. 86.

Cap. 2 · EMPRESA E SUA FUNÇÃO SOCIAL | **107**

ser utilizados como instrumentos na melhora da qualidade de vida, e não como fim em si mesmo. Trata-se de reconhecer o direito das pessoas a ter liberdades substantivas[166].

Em uma sociedade plural como a contemporânea, não há como desassociar liberdade e igualdade, então a autonomia deverá ser analisada sob critérios que viabilizem compatibilizar a justiça social com os diferentes projetos de vida existentes. Não se nega a dificuldade de fixar critérios abstratos e universais de justiça, todavia se faz necessário compatibilizar a democracia e os direitos fundamentais[167].

Jürgen Habermas defende que os membros da comunidade deveriam escolher seus critérios de justiça e suas leis. Isso se daria no espaço público por meio da comunicação, e daí surgiria a autonomia pública ou autodeterminação. Apenas então seria possível a legitimidade do Direito[168]. Caberia, portanto, à autonomia pública assegurar o debate democrático, por meio da comunicação, deliberação e escolha dos melhores argumentos, sob as lentes da autonomia privada, respeitando as liberdades individuais e funcionalizando os direitos subjetivos[169].

A liberdade como atributo indispensável à configuração da plenitude do *ser* requer a convivência com diversas liberdades. Dessa forma, deve haver limites para que seja possível a todos o exercício da sua, de maneira consciente. No exercício das faculdades, cada sujeito é responsável pelos resultados daí advindos. Impossível não imaginar atritos, discordâncias e conflitos nessas interações sociais justamente devido à liberdade, ainda mais na sociedade pós-moderna[170]. Portanto, surge a importância do respeito a certos *direitos fundamentais* cuja observação possibilita alcançar os anseios sociais. A *ordem jurídica* deve se preocupar não apenas em disciplinar o presente, mas também em almejar um futuro melhor a todos os participantes.

---

[166] SEN, Amartya. **Desenvolvimento como liberdade**. São Paulo: Companhia das Letras, 2000. p. 49.

[167] Luigi Ferrajoli defende que não é possível a existência da democracia sem assegurar os direitos fundamentais (FERRAJOLI, Luigi. Las garantías constitucionales de los derechos fundamentales. **DOXA Cuadernos de filosofía del derecho**, Alicante: Marcial Pons, n. 29, p. 15-31, 2006). No mesmo sentido é o entendimento de Celso Fernandes Campilongo, para quem é "ridículo submeter os direitos fundamentais ao escrutínio do maior número. A regra da maioria tem um limite claro: não é legítima – nem ela nem nenhuma outra – para condicionar, suprimir ou reduzir os direitos essenciais da pessoa humana" (CAMPILONGO, Celso Fernandes. **Direitos e democracia**. São Paulo: Max Limonad, 2000. p. 53).

[168] HABERMAS, Jürgen. **Faticidad y validez**. Madrid: Trotta, 2001. p. 645-647.

[169] Nesse sentido: "não há direito algum sem a autonomia privada das pessoas do direito. Portanto, sem os direitos fundamentais que asseguram a autonomia privada dos cidadãos, não haveria tampouco um médium para a institucionalização jurídica das condições sob as quais eles mesmos podem fazer uso da autonomia pública ao desempenharem seu papel de cidadãos do Estado. Dessa maneira, a autonomia privada e a pública pressupõem-se mutuamente, sem que os direitos humanos possam reivindicar um primado sobre a soberania popular, nem essa sobre aquele" (HABERMAS, Jürgen. **A inclusão do outro**: estudos de teoria política. São Paulo: Loyola, 2002. p. 293).

[170] O termo pós-moderno é utilizado com os ensinamentos de Eduardo Carlos Bianca Bittar. Ao trabalhar o termo, traz como marco teórico os anos 1960, que, segundo o autor, foi um momento em que alguns paradigmas da modernidade foram revistos na busca por novas formas de combater a racionalidade brutalizante da vida na perspectiva moderna (BITTAR, Eduardo Carlos Bianca. Direito na pós-modernidade. **Revista Sequência**, n. 57, p. 131-152, dez. 2008).

A necessidade de respeito à autonomia privada se dá devido ao fato de que a dignidade da pessoa humana surge como centro norteador de todo o sistema jurídico brasileiro, ou seja, é o princípio que confere unidade de sentido a todos os demais princípios, conforme já amplamente debatido no presente estudo.

Como um dos desdobramentos da liberdade, a atividade econômica em uma sociedade capitalista como a nossa tem como fim a organização produtora de lucros, e que, conforme outrora dito, jamais poderá renunciar a essa finalidade. Todavia, devido principalmente à publicização do Direito Privado, essa atividade não pode ter apenas o ponto de vista egoísta do lucro, mas sim preocupar-se com todos os atores envolvidos. Atualmente é axiomática a importância social da empresa, seja sob o prisma da geração de empregos, do desenvolvimento econômico-social e da geração de lucros a seus titulares.

O conceito de função social tem origem nos diálogos socráticos contidos no livro *A república*, de Platão, em que a cidade ideal resultaria da interação do homem e da pólis de acordo com a importância e utilidade daquele para esta. Trata-se de transcender os interesses egoístas, centrados nas ações individuais, em respeito a valores com dimensões sociais[171].

No ordenamento jurídico pátrio, o princípio da função social da empresa é reconhecido de forma sistemática, pois se faz necessária a apreciação de distintos dispositivos legais que, por meio de uma interpretação sistemática, levam à conclusão de que às empresas não são apenas impostas as perspectivas de lucro, mas também se reconhece a necessidade e importância para o desenvolvimento sustentável da sociedade.

2.6.2 Fundamentos constitucionais

A Constituição Federal estabelece, no art. 5º, XIII, a liberdade do exercício profissional, mas nos termos do inciso XXIII essa liberdade está condicionada a atender sua função social. Nesse contexto, a liberdade condiciona-se à busca pelo desenvolvimento e consequente alcance da justiça social. Portanto, estão positivados os princípios norteadores, que orientam a ação estatal e também a atuação dos entes privados. Aliados a tais pressupostos, o art. 170, ao funcionalizar as ações, no sentido de atribuir uma liberdade substancial e integral, elenca os princípios gerais da ordem econômica e adota a economia de mercado, entretanto positivou como fim assegurar a todos uma existência digna[172].

Vale ressaltar que, ao se tratar da relação de mercado, não se pode dizer que os princípios, preceitos e/ou fundamentos positivados são apenas aqueles contidos no art. 170 *et seq* da Constituição Federal de 1988, tendo em vista que é possível encontrar outras disposições que se aplicam. A título de exemplo, os objetivos do Estado, positivados no art. 3º da Constituição Federal. Todavia, as normas principais que instruem a ordem

---

[171] FORMAIO, Leonardo Cosme. A função social da recuperação judicial nas microempresas e empresas de pequeno porte à luz do princípio da dignidade da pessoa humana. In: DARCANCHY, Mara Vidigal (Coord.). **Direito empresarial**. Florianópolis: Funjab, 2013. Disponível em: <www.publicadireito.com.br/artigos/? cod=035042d40726e6ac>. Acesso em: 05 jun. 2015.

[172] PETTER, Lafayete Josué. **Princípios constitucionais da ordem econômica**: o significado e o alcance do art. 170 da Constituição Federal, cit., p. 97-98.

econômica estão nos arts. 170 e seguintes. Todas as ações, sejam públicas ou privadas, devem seguir tais preceitos, e dessa forma o Estado brasileiro é fundado na valorização do trabalho humano e na livre-iniciativa, tendo como fundamento a garantia de uma existência digna. Almeja-se garantir o desenvolvimento – no sentido pleno –, ou seja, visa-se ao crescimento econômico. Consequentemente, as políticas públicas têm de estar voltadas à busca de uma liberdade substancial e integral.

Os fundamentos contidos no *caput* do art. 170 da Constituição Federal não são absolutos, até mesmo pela contrariedade (*v.g.*, livre-iniciativa x valorização do trabalho humano) ao princípio da livre-iniciativa, que aparentemente sofre limitações[173].

Considerando ser a valorização do trabalho humano fundamento da República Federativa do Brasil, nos termos do art. 1º, IV, da Constituição Federal, tendo a ordem social base no primado do trabalho e como objetivo o bem-estar e a justiça social (art. 193), a ordem econômica, ou melhor, os atores sociais que atuarem nela, terão sua livre-iniciativa limitada em prol da justiça social. Daí decorre a ideia da função social da empresa.

Valorizar o trabalho humano significa que deve existir mais trabalho (no sentido de maior número de vagas) – ideal quantitativo – e também que cada vez a busca seja pelo melhor trabalho – ideal qualitativo. Contrapondo-se à ideia de valorização do trabalho humano, verifica-se outro fundamento da ordem econômica: a livre-iniciativa, esta entendida como a oportunidade de todos para exercer atividades econômicas, ou melhor, adentrar no mercado de produção de bens e serviços.

O princípio da livre-iniciativa está intimamente ligado a alguns direitos fundamentais, como o direito à liberdade, contido no *caput* do art. 5º da Constituição Federal e no inciso XIII desse mesmo artigo, que dispõe ser livre o exercício de qualquer trabalho, ofício ou profissão e consequentemente o disposto no parágrafo único do art. 170 da Constituição Federal, que assegura a todos o livre exercício de qualquer atividade econômica. Qualquer restrição – ação negativa por parte do Estado – visando a reprimir esses abusos do poder econômico deverá observar todos esses preceitos, tendo como limite a dignidade da pessoa humana.

Nesse contexto, a finalidade da ordem econômica consiste em assegurar a todos uma existência digna, conforme os ditames da justiça social. Isso significa que em todas as relações – inclusive nas privadas de natureza econômica – deverá ser levada em conta a pessoa humana (respeitar a individualidade) e também a justiça social (respeitar a dignidade da coletividade). Percebe-se que o legislador constituinte optou por uma economia de mercado, entretanto fugiu da concepção estritamente liberal ao disciplinar alguns princípios que fundamentam a intervenção do Estado em determinadas situações.

Na era da globalização, não se pode mais pensar em um Estado cujas barreiras são intransponíveis, até mesmo porque com a tecnologia não há condições de limitar o tráfego, seja de informações, cultura ou qualquer outro. Ponderado com tais premissas deve ser visto o princípio constitucional da soberania nacional. As estruturas administrativas, políticas e jurídicas do Estado-nação não desapareceram, porém veem alguns de seus

---

[173] PETTER, Lafayete Josué. **Princípios constitucionais da ordem econômica**: o significado e o alcance do art. 170 da Constituição Federal, cit., p. 209.

instrumentos relativizados, tais como a gestão normalizadora de mercados, a intervenção no âmbito trabalhista, a produção de insumos e serviços por meio de empresas públicas, o estabelecimento de barreiras alfandegárias, a imposição de determinadas restrições à propriedade privada em face de sua função social e a utilização de políticas tributárias na indução de comportamentos, financiamentos de programas sociais e distribuição de renda. Ressalta-se que estas apenas podem ser utilizadas se respeitados os limites constitucionais e se forem legítimas; nesse ponto se considera a importância de utilizar indicadores como o IDH, por exemplo[174].

A priori, poder-se-ia dizer que se trata da "autodeterminação da condução da política econômica". Todavia, a globalização e a expansão das fronteiras acabam por homogeneizar os mercados, de certa forma internacionaliza os setores produtivos e, consequentemente, altera as relações interpessoais[175]. Nesse patamar, é um erro pensar em uma ordem econômica apenas visando a seus aspectos internos e não considerar fatores exógenos, pois o Estado vê sua autoridade fragilizada pelo processo de redefinição da soberania. Perde-se o equilíbrio entre os poderes e ocorre a perda da autonomia de seu aparato burocrático.

Em seguida, são estabelecidos os princípios da propriedade privada (art. 170, II, da Constituição Federal) e da função social da propriedade (art. 170, III, da Constituição Federal), segundo a qual aos entes privados são conferidos os direitos/poderes de exercer sobre a coisa um poder jurídico. Todavia, esse direito de adquirir (acesso à propriedade), usar e fruir dos bens de sua titularidade, transmitir (poder dispor) e não ser privado dela encontra limites na questão da função social[176].

É no exercício das faculdades relativas à propriedade que se substancia a função social, ou seja, surge a garantia da propriedade como proteção ao indivíduo, como externalização da liberdade humana, ligada aos direitos de primeira dimensão/geração, no que tange à oponibilidade contra o Estado. Se por um lado a Constituição assegura a propriedade como direito fundamental, ela limita esse direito/poder na função social em prol da dignidade coletiva.

O princípio constitucional da livre concorrência confirma a opção ideológica do legislador constituinte pela economia de mercado. Isso significa que se deverá assegurar um equilíbrio nas relações, ao ponto em que todos possam estar no mercado – sob o aspecto da liberdade de concorrência[177].

---

[174] Sobre o tema recomendamos nosso trabalho: BRASILINO, Fábio Ricardo Rodrigues. **Incentivos fiscais em face da federação de cooperação**: limites legais, constitucionais e legitimações. Rio de Janeiro: Lumen Juris, 2014.

[175] PETTER, Lafayete Josué. **Princípios constitucionais da ordem econômica**: o significado e o alcance do art. 170 da Constituição Federal, cit., p. 210.

[176] CANOTILHO, José Joaquim Gomes; MOREIRA, Vital. **Constituição da República Portuguesa anotada**. Coimbra, 1993. p. 577. Entendimento semelhante é: "De facto, o direito de propriedade privada não é reconhecido como um direito absoluto, podendo ser objeto de *limitações ou restrições*, as quais se relacionam com Princípios gerais do direito (função social da propriedade, abuso de direito)" (SANTOS, António Carlos dos; GONÇALVES, Maria Eduarda; MARQUES, Maria Manuel Leitão. **Direito económico**. Coimbra: Almedina, 2008. p. 43).

[177] Define-se concorrência como a: "[...] ação competitiva desenvolvida por agentes que atuam no mercado de forma livre e racional. Isto é, trata-se da disputa saudável por parcela de mercado entre

Cap. 2 · EMPRESA E SUA FUNÇÃO SOCIAL | 111

O Estado tem a obrigação de conferir proteção ao processo competitivo, ou seja, deve garantir a todos condições de participar desse ciclo econômico, com o fim de poderem livremente entrar, permanecer e sair sem qualquer interferência de terceiros. No ordenamento brasileiro a fiscalização se dá por meio do Sistema Brasileiro de Defesa da Concorrência – SBDC, positivado na Lei n. 12.529, de 30 de novembro de 2011, composto pelo Conselho Administrativo de Defesa Econômica – CADE e pela Secretaria de Acompanhamento Econômico do Ministério da Fazenda – SEAE.

O princípio constitucional da defesa do consumidor visa reconhecer o consumidor como um elo importante para a economia de mercado e tem dupla função: proteger o consumidor dentro de uma perspectiva microeconômica (relativa aos preços) e microjurídica (um sistema, ou melhor, um microssistema jurídico, visando à regulação dessas relações sociais).

Internacionalmente, a proteção ao consumidor é consagrada pela Organização das Nações Unidas, que estabelecem diretrizes visando ao fortalecimento da legislação e políticas de proteção do consumidor, por meio da Resolução n. 39/248, de 9 de abril de 1985. A União Europeia impôs níveis comunitários por intermédio dos Regulamentos do Conselho de 14 de abril de 1975 e de 19 de maio de 1981[178]. A Constituição portuguesa, nesse sentido, positiva, no seu art. 60, o reconhecimento dos direitos consumeristas, por meio de ações estatais. Quatro são os eixos: a) proteção do consumidor contra práticas comerciais desleais e abusivas; b) informação, formação e educação do consumidor; c) representação, organização e consulta; e d) proteção do consumidor contra produtos defeituosos e perigosos[179].

No Brasil, a defesa do consumidor se dá por meio da Lei n. 8.078/1990[180]. O Código de Defesa do Consumidor tem como objetivo fortalecer o consumidor em suas relações, dando ampla proteção e reconhecendo sua vulnerabilidade, com maior interferência do Estado em tais relações privadas. Juntamente com as normas de defesa da concorrência, são fontes de balizamento do mercado, como forma de controlar os excessos do poderio econômico, que atinge não apenas o consumidor final, mas todo o sistema.

Pelo princípio da defesa do meio ambiente, as atividades econômicas devem ser pautadas nos ideais de desenvolvimento econômico sustentável e preservação do meio ambiente[181]. A preocupação não deve ser apenas com a preservação, mas

---

agentes que participam de uma mesma etapa em ciclo econômico (produção – circulação – consumo). Assim, deve o Estado intervir de forma a garantir que a competição entre os concorrentes de um mesmo mercado ocorra de forma justa e sem abusos (monopólio, oligopólio, truste, cartel etc.), garantindo-se, assim, o equilíbrio entre a oferta e a procura, bem como a defesa da eficiência econômica" (FIGUEIREDO, Leonardo Vizeu. **Lições de direito econômico**. Rio de Janeiro: Forense, 2011. p. 58-59).

[178] FONSECA, João Bosco Leopoldino da. **Direito econômico**. Rio de Janeiro: Forense, 2010. p. 95.

[179] SANTOS, António Carlos dos; GONÇALVES, Maria Eduarda; MARQUES, Maria Manuel Leitão. **Direito econômico**, cit., p. 57-61.

[180] Em nível constitucional, têm-se os seguintes dispositivos que tratam da defesa do consumidor: arts. 5º, XXXII, 24, VIII, 150, § 5º, e 170, V, da Constituição Federal e o art. 48 do Ato das Disposições Constitucionais Transitórias – ADCT.

[181] PRIEUR, Michel. **Droit de l'environnement**. 2. ed. Paris: Dalloz, 1991. p. 25.

também com a recuperação do que já foi degradado, sob pena de não assegurar uma boa qualidade de vida às gerações futuras. A Constituição brasileira eleva a proteção ambiental ao nível de norma constitucional em seu art. 225, conclamando o Poder Público e a coletividade ao dever de preservá-lo. A ordem econômica deve ser planejada no sentido de promover uma melhor utilização dos recursos, e uma das políticas atuais está voltada para o aumento do custo da poluição nos fatores de produção; o objetivo seria inviabilizá-la[182].

O princípio econômico constitucional da busca à redução das desigualdades regionais e sociais, que tem como fundamento implementar as políticas estatais adotadas, deve visar ao desenvolvimento nacional e regional, por meio de seus planos (art. 21, IX, da Constituição Federal). Tais ações devem ser compatibilizadas (art. 174, § 1º, da Constituição Federal), podendo o Estado articular-se no sentido de criar inclusive regiões (art. 43 da Constituição Federal), no ideal de atingir o objetivo do Estado brasileiro (art. 3º, III, da Constituição Federal). Além dessas questões que fundamentam o princípio, outro objetivo intrínseco seria o reconhecimento constitucional de que no País existem regiões privilegiadas e marginalizadas.

A Constituição traz o princípio da busca do pleno emprego – que se poderia conceituar como a racionalização dos fatores de produção: capital e trabalho, na busca pelo equilíbrio entre oferta e demanda. Esse princípio tem dupla acepção, ou, melhor dizendo, tem como fundamento a questão de atingir os objetivos insculpidos na República (art. 3º da Constituição Federal). De outro lado, está ligado à questão da arrecadação do Estado, já que, quanto maior o número de pessoas economicamente ativas, maior será o Produto Interno Bruto (PIB) e, consequentemente, a renda *per capita* e a arrecadação de tributos.

Tal princípio objetiva que o Estado, por meio de políticas públicas, expanda as oportunidades de emprego e busque medidas anti-inflacionárias, visando a manter ou até mesmo aumentar o poder aquisitivo do trabalhador. Portanto, trata-se da maximização racional do uso de um dos fatores de produção, que é o ser humano. Como visto, os princípios visam balizar a dicotomia existente entre interesse econômico e social.

O mercado de trabalho brasileiro é caracterizado por uma heterogeneidade, herança do subdesenvolvimento, o que se reflete na estrutura ocupacional, onde se encontram diversos níveis e graus de desenvolvimento tecnológico e produtividade, com um número considerável de pessoas trabalhando na informalidade e não havendo regularidade do trabalho. A melhoria de tal situação encontra-se intimamente ligada à ideia de desenvolvimento econômico, portanto, nesse ponto, entraria a atuação estatal no sentido de dar oportunidades às empresas políticas que visem a efetivar os princípios constitucionais.

O princípio que oportuniza um tratamento favorecido às empresas de menor porte está estritamente ligado ao equilíbrio concorrencial. Num mercado heterogêneo como é o capitalista, faz-se necessário buscar a igualdade material como forma da própria manutenção da livre-iniciativa. Aliado a isso, o art. 179 da Constituição Federal impõe tratamento diferenciado em relação a políticas tributárias.

---

[182] FIGUEIREDO, Leonardo Vizeu. **Lições de direito econômico**, cit., p. 60.

Várias são as medidas e políticas governamentais visando funcionalizar o instituto, como a Lei Federal n. 9.317/1996 (Simples Federal), depois as Leis Complementares ns. 123/2006, 127/2007 e a 139/2011, que tratam do Simples Nacional. Tais princípios são vitais para que haja uma harmonização das relações socioeconômicas. Da sua análise se verificam imposições postas às empresas em relação a sua função social.

Também fundamentam a existência da função social da empresa os artigos constitucionais que disciplinam a função social da propriedade[183]. Frise-se que a função social da empresa decorre da função social da propriedade disciplinada na Constituição Federal (arts. 5º, XXII, 182, § 2º, e 186). Ao garantir o direito de propriedade, a Constituição limita o poder do Estado no campo econômico. Todavia, considerando as premissas do Estado Democrático de Direito, regulamentou as hipóteses em que pode ocorrer a ingerência estatal nos bens sob o domínio privado. A propriedade é vista sob a perspectiva de um direito individual fundamental, e em contrapartida esse direito deve ser utilizado de acordo com os anseios sociais.

Diante desse quadro, a disciplina jurídica constitucional da propriedade urbana inova ao impor ao proprietário "ônus e comandos obrigatórios visando ao interesse social da comunidade, sem compensação em seu patrimônio"[184]. Há imposição do respeito aos planos diretores como forma de cumprir a função social da propriedade urbana, conforme preceitua o § 2º do art. 182 da Constituição Federal. Permite ao Poder Público municipal, nos termos da lei federal, exigir do proprietário a correta utilização do solo urbano (art. 182, § 4º, da Constituição Federal).

Em relação à propriedade rural, o art. 186 da Constituição Federal elenca os requisitos para aferir se esta cumpre ou não a função social da propriedade. Carlos Alberto Dabus Maluf considera cumprida a função social "quando, simultaneamente, atende a seu aproveitamento racional e adequado, à utilização adequada dos recursos naturais disponíveis e preservação do meio ambiente". De igual forma, "à observância das disposições que regulam as relações de trabalho, à exploração que favoreça o bem-estar dos proprietários e trabalhadores"[185].

2.6.3 Fundamentos infraconstitucionais

Além das normas constitucionais que fundamentam o princípio da função social da empresa, a legislação brasileira infraconstitucional, em especial o Código Civil de 2002, assegura ao empresário o caráter de agente social, devendo exercer suas atividades econômicas balizadas pelos princípios sociais, tendo plena consciência de sua função, situando na empresa uma natureza importante de agente social, dotado de conceituado poderio econômico. As empresas são responsáveis por consideráveis fatores necessários

---

[183] Sobre as limitações ao direito de propriedade: MALUF, Carlos Alberto Dabus. **Limitações ao direito de propriedade**: de acordo com o Código Civil de 2002 e com o estatuto da cidade. 3. ed. São Paulo: RT, 2011.

[184] MALUF, Carlos Alberto Dabus. **Limitações ao direito de propriedade**: de acordo com o Código Civil de 2002 e com o estatuto da cidade, cit., p. 102.

[185] MALUF, Carlos Alberto Dabus. **Limitações ao direito de propriedade**: de acordo com o Código Civil de 2002 e com o estatuto da cidade, cit., p. 102.

à sobrevivência da sociedade, pois elas geram empregos e recolhem tributos, além de movimentar a economia por meio da compra e venda de bens e também pela prestação de serviços, ou seja, são pilares do desenvolvimento econômico-social.

Com a inclusão do art. 49-A, parágrafo único, no Código Civil, que dispõe: "A autonomia patrimonial das pessoas jurídicas é um instrumento lícito de alocação e segregação de riscos, estabelecido pela lei com a finalidade de estimular empreendimentos, para a geração de empregos, tributo, renda e inovação em benefício de todos", resta evidente a intenção de reconhecer a função social da empresa. Além disso, dois institutos em especial podem ser citados, pois reconhecem a função social e estão intimamente ligados ao exercício da empresa. O primeiro é a função social do contrato, que limita a liberdade de contratar, no art. 421 do Código Civil. A Lei n. 13.874/2019 acrescentou o parágrafo único neste artigo, que dispõe: "Nas relações contratuais privadas, prevalecerão o princípio da intervenção mínima e a excepcionalidade da revisão contratual". Em que pese referido dispositivo querer limitar a atuação do Poder Judiciária, nos pactos privados, entendemos que não apenas os fins econômicos servem de diretriz à existência, validade e eficácia dos contratos, mas também os sociais. Ademais, a intervenção nos contratos sempre foi exceção. Não custa lembrar que há a necessidade de respeitar os interesses coletivos inclusive nos contratos empresariais. Tal afirmação se confirma com o disposto no Enunciado n. 26 da I Jornada de Direito Comercial, que estabelece: "O contrato empresarial cumpre sua função social quando não acarreta prejuízo a direitos ou interesses, difusos ou coletivos, de titularidade de sujeitos não participantes da relação negocial".

Em complemento a essa determinação, o art. 422 do Código Civil obriga os contratantes a agir com probidade e boa-fé. Ressalta-se que, em boa hora, a Lei n. 13.874/2019, em seu art. 3º, V, reconhece como direito subjetivo da pessoa gozar de presunção de boa-fé. A relação com a função social da empresa reside na ideia de que a atuação empresarial pressupõe diversos contratos de natureza civil, empresarial, consumerista, trabalhista etc. Portanto, em tais relações devem ser respeitados os aspectos da sociabilidade disciplinados pela codificação[186]. Assim, inegável a aplicação de tais dispositivos nas relações empresariais, conforme o entendimento do Enunciado n. 29 da I Jornada de Direito Comercial[187].

O segundo instituto que evidencia o reconhecimento da função social é o relacionado à propriedade (art. 1.228, § 1º, do Código Civil) e a sua limitação. Sendo a empresa uma das mais importantes manifestações do direito de propriedade, a I Jornada de Direito Civil reconhece a necessidade de levar em consideração o princípio da função social ao interpretar as normas relativas a ela (Enunciado n. 53), já que a propriedade na atual concepção se funcionalizou em prol dos interesses coletivos[188]. Ana Frazão faz importante observação ao dizer que, "se a função social seria capaz de alterar a

---

[186] Sobre a temática remetemos mais uma vez o leitor a: TARTUCE, Flávio. **Função social dos contratos**: do Código de Defesa do Consumidor ao Código Civil de 2002, cit.

[187] "Enunciado n. 29. Aplicam-se aos negócios jurídicos entre empresários a função social do contrato e a boa-fé objetiva (arts. 421 e 422 do Código Civil), em conformidade com as especificidades dos contratos empresariais."

[188] "Enunciado n. 53 – Art. 966. deve-se levar em consideração o princípio da função social na interpretação das normas relativas à empresa, a despeito da falta de referência expressa."

própria estrutura da propriedade, o mesmo raciocínio poderia ser aplicado aos bens de produção utilizados pela empresa". Arremata dizendo que a "função social diria respeito aos compromissos e obrigações para com os empregados, os consumidores e a comunidade como um todo"[189].

Ainda no plano infraconstitucional, ao adentrar legislações específicas do Direito Empresarial, a Lei da Sociedade Anônima (Lei n. 6.404/1976) expressamente estabelece a necessidade do respeito à função social da empresa. O parágrafo único do art. 116 impõe limitação ao poder do controlador na função social. E o *caput* do art. 154 limita a atuação do administrador ao respeito do bem público e da função social da empresa. Por fim, a Lei n. 11.101/2005 contempla o instituto da função social da empresa ao positivar a recuperação judicial (art. 47) e extrajudicial.

Destaca-se que, além das responsabilidades econômicas e legais, exigem-se das empresas também responsabilidades éticas, morais e sociais. As empresas têm de conciliar a necessidade de obter lucros com comportamentos ético-legais. Ademais, deve-se compreender que elas não são apenas meras produtoras de bens, mas também fazem parte de um contexto sociopolítico, ou seja, trata-se de um ente político[190]. Exemplo disso é a Lei n. 12.846/2013 (Lei Anticorrupção), que visa responsabilizar de forma objetiva (administrativa e civil) as pessoas jurídicas pela prática de atos contra a Administração Pública. Tal legislação de certa forma funcionaliza e traz operabilidade ao disposto no *caput* do art. 54 da Lei n. 6.404/76 (respeitar o bem público).

Nesse sentido, o art. 2º da Lei Anticorrupção, dispõe que "as pessoas jurídicas serão responsabilizadas objetivamente, nos âmbitos administrativo e civil, pelos atos lesivos previstos nesta Lei praticados em seu interesse ou benefício, exclusivo ou não". Nessa lógica, expandem-se os papéis das organizações no intuito de abranger e valorizar questões de caráter social e político, obrigando seus administradores a adequar-se aos anseios sociais do papel social da empresa de acordo com os objetivos do Estado Democrático de Direito. Vale lembrar que as corporações não podem utilizar seu potencial homogeneizador exclusivamente tendo como base os interesses privados, já que elas têm uma função social insculpida em todo o ordenamento pátrio.

2.6.4   Fundamentos doutrinário e jurisprudencial

Adriano de Oliveira Martins resume a ideia de função social da empresa ao dizer que "consiste, pois, no fato de que o empresário ou o administrador da empresa assume o poder-dever de conciliar a atividade empresarial com a observância de um plexo de deveres jurídicos, positivos e negativos, em benefício da vida social", deixando claro que "o cumprimento da função social da empresa não exclui o intento de lucro perseguido

---

[189]   FRAZÃO, Ana. **Função social da empresa:** repercussões sobre a responsabilidade civil de controladores e administradores de S/As, cit., p. 110. Esse é o entendimento também de: VAZ, Isabel. **Direito econômico das propriedades.** 2. ed. Rio de Janeiro: Forense, 1993. p. 151.

[190]   Sobre o tema recomendamos a leitura de: MCCALL, Brian. **La corporación como sociedad imperfecta.** Madrid: Marcial Pons, 2015. Capítulo III. Constitucionalismo corporativo: entender la corporación como una comunidad política.

pelo empresário ou pelos sócios, mas, antes, pressupõe uma compatibilização de tal escopo com determinados deveres jurídicos"[191].

Já Fábio Ulhoa Coelho diz que a função social é cumprida quando "gera empregos, tributos e riqueza, contribui para o desenvolvimento econômico, social e cultural da comunidade em que atua, de sua região ou do país", além de adotar "práticas empresariais sustentáveis visando à proteção do meio ambiente e ao respeito aos direitos dos consumidores". Na sequência, dispõe que, "se sua atuação é consentânea com estes objetivos, e se desenvolve com estrita obediência às leis a que se encontra sujeita, a empresa está cumprindo sua função social". Por fim, conclui que "os bens de produção reunidos pelo empresário na organização do estabelecimento empresarial estão tendo o emprego determinado pela Constituição Federal"[192]. Não podemos concordar com tal posicionamento.

A preocupação do autor em relação à função social da empresa tem caráter restritivo e delimitador. Ademais, se apenas cumprisse a função social, a empresa que "gera riquezas", que desenvolve sua atividade "com estrita obediência às leis" e assim por diante, como poderíamos falar em recuperação da empresa conforme preceitua o art. 47 da Lei n. 11.101/2005? Quem pede recuperação está em condições financeiras precárias, ou seja, não gera riquezas sustentáveis e muito menos observa a estrita obediência às leis, já que inegável o inadimplemento de diversas obrigações.

Outro fato que deve ser levado em consideração relaciona-se à situação prevista no parágrafo único do art. 60 (na recuperação judicial) e no inciso II do art. 141 (na falência) da referida lei, pois em ambas as situações, quando há alienação de unidades produtivas, o adquirente não se sub-roga, nem mesmo em caráter de sucessão tributária e/ou trabalhista, por exemplo, das dívidas daquele empresário, o que demonstra a clara intenção de preservar a empresa e todas as benesses sociais advindas. Deve-se reconhecer o valor social das empresas, com os diversos benefícios que a atividade gera para a coletividade, ou seja, ter uma concepção positiva em que há o "reconhecimento do papel positivo que a atividade empresarial desempenha na sociedade brasileira"[193].

O próprio Supremo Tribunal Federal evoluiu para um entendimento amplo da função social da empresa. Nessa perspectiva, na Ação Direta de Inconstitucionalidade n. 3.934-2-DF, os Ministros analisaram a inconstitucionalidade dos arts. 60, parágrafo único, 83, I e IV, c, e 141, II, da Lei n. 11.101/2005. O art. 60, parágrafo único, institui a possibilidade de alienação judicial, em caso de recuperação judicial, de filiais ou unidades livres de qualquer ônus. O art. 83 limita a condição de preferência nos créditos trabalhistas ao teto de 150 (cento e cinquenta) salários mínimos, no inciso I, e o rebaixa à condição de crédito quirografário, no inciso IV. O art. 141, II, possibilita em caso de falência a alienação dos ativos, também livre de qualquer ônus.

A ação foi proposta pelo Partido Democrático Trabalhista e fundamenta o argumento da inconstitucionalidade por afronta formal ao art. 7º, I, da Constituição,

---

[191] MARTINS, Adriano de Oliveira. **Recuperação de empresa em crise**: a efetividade da autofalência no caso de inviabilidade da recuperação. Curitiba: Juruá, 2016. p. 60.

[192] COELHO, Fábio Ulhoa. **Princípios do direito comercial**: com anotações ao projeto de Código Comercial, cit., p. 37.

[193] TAVARES, André Ramos. **Direito constitucional da empresa**, cit., p. 93.

pois, segundo a argumentação, a matéria disciplinada por lei ordinária (despedida arbitrária ou sem justa causa) apenas poderia ser regulada por lei complementar. Sob o aspecto material, defende que, ao liberar os arrematantes das obrigações trabalhistas, feriria "os valores constitucionais da dignidade da pessoa humana, do trabalho e do pleno emprego". Ao rebaixar parte das verbas trabalhistas superiores a 150 (cento e cinquenta) salários mínimos à condição de crédito quirografário, violaria "a garantia do direito adquirido", além da "vedação de tomar-se o salário mínimo como referência de qualquer natureza".

Em seu voto, o Ministro Ricardo Lewandowski refuta o alegado quanto à inconstitucionalidade formal, pois não há relação entre a matéria tratada pela lei e o argumento utilizado (despedida arbitrária ou sem justa causa), e também refuta a argumentação quanto à reserva de lei complementar.

De igual forma, afasta os argumentos da inconstitucionalidade material, pois, segundo o relator, "o referido diploma legal buscou, antes de tudo, garantir a sobrevivência das empresas em dificuldades [...] autorizando a alienação de seus ativos, tendo em conta, sobretudo, a função social que tais complexos patrimoniais exercem". Defende o Ministro que o objetivo do processo na realidade é contribuir com a preservação dos vínculos trabalhistas e proteger a cadeia de fornecedores.

Arremata defendendo a higidez constitucional dos textos legais ao sustentar que "a inocorrência de sucessão dos créditos trabalhistas, particularmente porque o legislador ordinário, ao concebê-los, optou por dar concreção a determinados valores constitucionais", que são "a livre-iniciativa e a função social da propriedade – de cujas manifestações a empresa é uma das mais conspícuas – em detrimentos de outros, com igual densidade axiológica".

Quanto ao direito adquirido, defende o Ministro que não há perda de direitos por parte dos trabalhadores, mas sim são transferidos de classe e perdem o seu caráter preferencial. Inclusive sustenta que limitar os credores preferenciais vai de acordo com a ideia de preservação da empresa e deixa de lado a preocupação exclusiva com o credor.

Em relação à limitação dos créditos trabalhistas, defende que "o estabelecimento de um limite quantitativo para a inserção dos créditos trabalhistas na categoria de preferenciais", ao fazer uma análise histórica, "significou um rompimento com a concepção doutrinária [...] cujo principal enfoque girava em torno da proteção do credor e não da preservação da empresa". No âmbito do Direito Internacional, cita como exemplo o art. 7.1 da Convenção da Organização Internacional do Trabalho n. 173, que possibilita à legislação nacional limitar o privilégio dos créditos trabalhistas.

O voto do Ministro Carlos Ayres Brito traz importante contribuição ao debate ao sustentar estar "por trás da interpretação conflito de visões. De um lado, uma visão macroeconômica, que tem o foco no dinamismo da economia e que, por isso mesmo, visa ao benefício de toda a coletividade", contrapondo essa visão a outra, "um pouco mais microscópica e um pouco mais rente a aparentes interesses subjetivos individualizados, mas que, no fundo, reverte em dano geral, porque não permite a recuperação das empresas, nem que a lei atinja os seus objetivos". Concordamos plenamente com esse posicionamento, uma vez que são comuns as decisões que visam apenas o interesse do credor, e não o da coletividade (*bem jurídico empresarial*)[194]. Por fim, a ação restou julgada improcedente, consequentemente declarando constitucionais os referidos dispositivos.

Uma das principais consequências decorrentes da função social é a preservação e manutenção da atividade empresarial como fonte geradora de bens econômico-sociais[195]. De fato, a compreensão da função social da empresa deve ser vista de forma mais ampla, e temos de concordar com Ana Frazão quando sustenta que "o aspecto de manutenção estável e duradoura da atividade e da rentabilidade empresariais é fator imprescindível a ser considerado no interesse social, até por ser pressuposto do atendimento de todos os demais interesses"[196]. Como já afirmado, as empresas têm hoje grande importância social, seja para gerar empregos, ajudar no desenvolvimento etc. Assim, ganha importância o ideal de sua preservação.

2.6.5 Função social e preservação da empresa

O princípio da preservação da empresa é formulado pela doutrina e jurisprudência, tendo como base normas relacionadas à resolução da sociedade quanto a um sócio (arts. 1.028 *et seq* do Código Civil), da desconsideração da personalidade jurídica (arts. 50 do Código Civil e 28, *caput*, do Código de Defesa do Consumidor) e do ideal de recuperação judicial positivado pela Lei n. 11.101/2005 (Lei de Recuperação e Falência) no art. 47.

Também no Direito Tributário o princípio ganha proteção, primeiro ao afastar a responsabilidade tributária por sucessão em casos de falência e recuperação, conforme já visto, e segundo com a possibilidade de disciplinar de forma diferenciada o parcelamento tributário para empresas em recuperação (art. 155-A, §§ 3º e 4º, do Código Tributário Nacional).

Segundo Misabel Abreu Machado Derzi, "trata-se de uma inovação, no âmbito tributário, que tanto procura efetivar o princípio da preservação da empresa, facilitando a

---

[194] Vale citar importante passagem de Ana Frazão ao analisar a celeuma entre preservação da empresa e direitos dos trabalhadores: "Mesmo na Alemanha, onde a proteção dos interesses dos trabalhadores tem uma grande repercussão na organização das sociedades empresárias, entende-se que o interesse econômico dos trabalhadores não pode ser mais valorizado do que o interesse da empresa no objetivo de lucro e a manutenção da rentabilidade a longo prazo, até porque, para a adequada consideração dos interesses dos trabalhadores, é mais pertinente a observância diferenciada da legislação e da jurisprudência para a proteção dos trabalhadores, bem como a realização da distribuição de benefícios sociais voluntários" (FRAZÃO, Ana. **Função social da empresa:** repercussões sobre a responsabilidade civil de controladores e administradores de S/As, cit., p. 215).

[195] Eloy Pereira Lemos Junior defende que a preservação da empresa seria a principal consequência da função social. Vale citar: "Encontra-se, portanto, a função social da empresa na geração de riquezas, manutenção de empregos, pagamento de impostos, desenvolvimentos tecnológicos, movimentação do mercado econômico, entre outros fatores, sem esquecer do papel importante do lucro, que deve ser o responsável pela geração de reinvestimentos que impulsionam a complementação do ciclo econômico, realimentando o processo de novos empregos, novos investimentos, sucessivamente" (LEMOS JUNIOR, Eloy Pereira. **Empresa & função social**. Curitiba: Juruá, 2008. p. 24).

[196] FRAZÃO, Ana. **Função social da empresa:** repercussões sobre a responsabilidade civil de controladores e administradores de S/As, cit., p. 2015.

Cap. 2 • EMPRESA E SUA FUNÇÃO SOCIAL | **119**

superação da crise econômico-financeira no processo de recuperação judicial", como também "visa viabilizar, já no processo falimentar, o pagamento dos créditos extraconcursais daqueles que preferem ao tributário"[197]. Disso se extrai que o objetivo e a proteção juridicamente concedida referem-se a preservar a empresa enquanto instituição-organização, atividade, empreendimento e os bens sociais advindos. Todavia, é inegável que tal princípio decorre de valores constitucionais como a livre-iniciativa e a propriedade privada.

De acordo com tal princípio, a subsistência da empresa é imprescindível, e esta não pode ficar condicionada aos interesses de determinados sócios ou credores. Como defendemos, do inter-relacionamento entre empresário, estabelecimento e atividade surge a empresa, que, devido a sua importância para a sociedade, é elevada a *bem jurídico*, o qual denominamos *empresarial*, e esse *bem* tem de ser considerado como um *bem difuso*. Por ter natureza de *bem difuso*, conforme já defendido, são transindividuais, indivisíveis, de titularidade de pessoas indeterminadas e ligadas por circunstâncias de fato. Resta evidenciado que o interesse individual não pode ser óbice para a preservação.

Sobre o tema, até mesmo antes da Constituição Federal de 1988 o Supremo Tribunal Federal, no ano de 1979, em uma lide na qual um acionista buscava a dissolução total da sociedade e os outros, a dissolução parcial, prevaleceu a tese da conservação do empreendimento[198].

Com o advento da Constituição de 1988, o entendimento é reforçado pelo Superior Tribunal de Justiça, ao defender que nem mesmo a maioria dos sócios seria capaz de requerer a dissolução total: "a sua continuidade ajusta-se ao interesse coletivo, por importar em geração de empregos, em pagamento de impostos, em promoção do desenvolvimento de comunidades em que se integra, e em outros benefícios gerais"[199]. Em decisão recente, o Superior Tribunal de Justiça confirma que em casos de viabilidade se deve buscar a preservação da empresa[200].

Tomando como base o princípio da preservação da empresa, o Supremo Tribunal Federal, também antes da Constituição Federal de 1988, posicionou-se pela manutenção da sociedade, de dois sócios, mesmo com a morte de um sócio[201]. Destaca-se que à época não havia a hipótese legal que temos atualmente no inciso IV do art. 1.033 do Código Civil, que prevê a possibilidade da manutenção da sociedade ao prever o prazo de 180 (cento e oitenta) dias para a recomposição da pluralidade de sócios. No caso da não recomposição, o parágrafo único possibilita a transformação em empresa individual de responsabilidade limitada ou para empresário individual. A solução antes da hipótese legal

---

[197] DERZI, Misabel Abreu Machado. O princípio da preservação das empresas e o direito à economia de impostos. In: ROCHA, Valdir de Oliveira (Org.). **Grandes questões atuais do direito tributário**. São Paulo: Dialética, 2006. p. 339-340.

[198] STF, RE 91044-RS, Rel. Décio Miranda, j. 07.08.1979, 2ª Turma, *DJ* 31.08.1979, v. 1142-03, p. 777, *RTJ* 91-01, p. 351.

[199] STJ, REsp 61278/SP 1995/0008381-7, Rel. Min. Cesar Asfor Rocha, j. 25.11.1997, T4 – 4ª Turma, *DJ* 06.04.1998, p. 121, *LEXST* 108, ago. 1998, p. 108, *RDR* 12, p. 346, *RSTJ* 106, p. 324.

[200] STJ, REsp 247002/RJ 2000/0008775-0, Rel. Min. Nancy Andrighi, j. 04.12.2001, T3 – 3ª Turma, *DJ* 25.03.2002, p. 272, *LEXSTJ* 155, p. 178, *RDR* 23, p. 323, *RSTJ* 153, p. 238.

[201] STF, RE 104596/PA, Rel. Leitão de Abreu, j. 23.04.1985, 2ª Turma, *DJ* 21.06.1985, p. 10089, *Ement* 01383-02, p. 363, *RTJ* 114-02, p. 851.

do art. 1.033, parágrafo único, do Código Civil, nas situações de sobrevivência apenas de um sócio, é apurar os haveres e liquidar as cotas do falecido em favor de seus herdeiros[202].

Em relação aos credores, a preservação da empresa fica evidente quando há a impossibilidade de penhora integral e indiscriminada do faturamento[203]. Situação parecida ocorre quando estamos diante de bem essencial para a atividade e este é considerado impenhorável[204]. Conclui-se que não há dúvidas de que ocorre projeção do princípio da função social da empresa no ideal de sua preservação, o que importa dizer que, devido aos diversos interesses que residem na continuidade da atividade econômica, a interrupção não poderá depender apenas de interesses individuais.

Exemplo de que ao se falar em preservação da empresa é o caso do Tribunal de Justiça do Estado de São Paulo da Cerâmica Gyotoku Ltda. No presente caso, o Banco Itaú BBA S/A agravou decisão que homologou o plano de recuperação judicial da empresa Cerâmica Gyotoku, cuja assembleia geral de credores havia aprovado a proposta de conceder carência de dois anos para o início do pagamento, após era previsto o pagamento de 2,3% da receita líquida (faturamento menos impostos) no terceiro ano, 2,5% no quarto não e 3% do quinto ao décimo oitavo. Até o sexto ano o dinheiro seria distribuído *per capita*, sem quaisquer juros e após o décimo oitavo ano, caso houvesse, ocorreria a remissão das dívidas.

A instituição financeira defende que apesar de, em regra, a assembleia ser soberana, no presente caso há graves violações aos princípios gerais do Direito, a diversos princípios constitucionais e às regras de ordem pública, não apresentando condições constitucionais, principiológicas e legais para ser homologado pelo Poder Judiciário. Resta evidente a incidência das normas fundamentais no Direito Privado. Os argumentos foram acatados e o agravo teve provimento para fim de decretar a invalidade (nulidade) da deliberação da assembleia geral de credores, determinando a apresentação de outro plano em trinta dias.

Outro ponto que vem causando bastante preocupação e está intimamente ligado à ideia de preservação da empresa são os casos sobre escândalos de corrupção que abalam o País, como, por exemplo, a Lava-Jato, Eficiência e a Carne Fraca. Indubitavelmente que em tais situações ocorrem diversas consequências econômicas às pessoas jurídicas, afetando todos os atores envolvidos. Se de um lado é fato que a sociedade atual almeja e quer um basta nessas situações, por outro deve haver uma preocupação com essas empresas envolvidas, pois conforme outrora trabalhado são de extrema importância para o desenvolvimento econômico e social.

Nesse sentido, o Desembargador Henrique Nelson Calandra, no dia 24 de abril de 2017, no Conselho Superior de Assuntos Jurídicos e Legislativos da Fiesp (Conjur) apresenta proposta de projeto de lei que propõe medidas de proteção em favor das pessoas

---

[202] STJ, REsp 138428/RJ, 1997/0045458-4, Rel. Min. Ruy Rosado de Aguiar, j. 18.12.1997, T4 – 4ª Turma, *DJ* 30.03.1998, p. 74.

[203] STJ, REsp 251151/RJ, 2000/0024166-0, Rel. Min. Cesar Asfor Rocha, j. 15.06.2000, T4 – 4ª Turma, *DJ* 22.10.2001, p. 327, *RSTJ* 152, p. 407.

[204] STJ, REsp 864962/RS, 2006/0156531-0, Rel. Min. Mauro Campbell Marques, j. 04.02.2010, T2 – 2ª Turma, *DJe* 18.02.2010.

jurídicas suspeitas de envolvimento com esses ilícitos[205]. As medidas propostas são: a) "afastamento cautelar do sócio envolvido em ilícito penal de que trata esta lei, enquanto perdurar a apuração de sua responsabilidade"; b) "nomeação de interventor judicial"; c) "capitalização da sociedade, com o aporte de recursos necessários a sua recuperação"[206].

Como se pode perceber, o princípio da preservação da empresa está intimamente ligado ao patrimônio mínimo empresarial, pois, para desenvolver as atividades, faz-se necessário assegurar o mínimo de patrimônio para que a empresa sobreviva. Assim, o próximo passo é analisar as limitações aos instrumentos expropriatórios, tendo como perspectiva o patrimônio mínimo empresarial e a preservação da empresa.

---

[205] Exemplo de grandes empresas que pediram recuperação judicial são: a) Lupatech; b) Galvão; c) Proema; d) Carvajal Informações; e) Schahin; f) Amal; g) OAS; h) Alumini. Disponível em: <http://exame.abril.com.br/negocios/8-grandes-empresas-que-pediram-recuperacao-judicial-no-ano/>. Acesso em: 01 jul. 2017. Atualmente um dos mais noticiados pedidos de recuperação é o da empresa Oi, chamado *Recuperação Judicial Oi*. O processo foi distribuído sob o n. 0203711-65.2016.8.16.0001 e está na 7ª Vara Empresarial da Comarca da Capital do Estado do Rio de Janeiro. Maiores informações: <http://www.recuperacao judicialoi.com.br/>.

[206] Disponível em: <http://www.fiesp.com.br/noticias/especialistas-defendem-no-conjur-protecao-a--pessoas-juridicas/>. Acesso em: 01 jul. 2017.

3

PRESERVAÇÃO DA EMPRESA E DEFESA DO PATRIMÔNIO MÍNIMO EMPRESARIAL

Partindo de uma perspectiva constitucional e tendo como centro norteador a pessoa humana, o presente estudo tem demonstrado a evolução dos institutos jurídicos no intuito de valorizar o *ser* em detrimento do *ter*. Ao Direito Privado são impostas condicionantes. Deve assegurar o patrimônio mínimo às pessoas e também deve servir de instrumento de acesso. No capítulo anterior restou demonstrada a importância que a empresa adquiriu com a evolução dos institutos jurídicos e da própria sociedade. Em decorrência da sua função social, necessário se faz existirem instrumentos que viabilizem a sua continuação. Desse pressuposto, o intuito do presente capítulo é aferir as modalidades existentes no sistema jurídico de instrumentos expropriatórios, bem como analisar quais são os seus limites e como esses instrumentos dialogam com a ideia de patrimônio mínimo empresarial e a preservação da empresa. O primeiro passo será discutir a atual legislação referente às empresas em crise.

3.1 RECUPERAÇÃO E PRESERVAÇÃO DA EMPRESA: O DIREITO DAS EMPRESAS EM CRISE

A legislação atual que contempla o direito das empresas em crise é a Lei n. 11.101/2005. Trata-se do principal instituto jurídico que traz positivada uma clara preocupação com a recuperação e a preservação da empresa. Apesar da função social da empresa, conforme outrora dito, já estar positivada há muito na legislação infraconstitucional, na Lei das Sociedades Anônimas, o principal marco normativo que de fato visa efetivar o princípio sem sombra de dúvidas é a Lei de Falência e Recuperação. Portanto, o presente tópico tem como objetivo verificar como evoluímos em termos de Direito das empresas em crise, para na sequência analisar criticamente a relação existente na atual legislação com a ideia de patrimônio mínimo, verificando as limitações e possibilidades de efetivação da proteção ao *bem jurídico empresarial*.

Se de um lado é axiomático que o atual direito da empresa em crise tem como marco o imperativo da sobrevivência, em conformidade com o princípio da função social da empresa, de outro se verifica que tal fato apenas ocorreu com longas transformações na linha evolutiva do Direito falimentar[1]. A falência sempre encarou o devedor como um doente terminal, em relação ao qual a única coisa a ser feita seriam a liquidação e o pagamento dos credores. Todavia, partindo de um ideal pragmático e objetivo, essa noção é substituída pela ideia de recuperação e manutenção da empresa, seja por meio da recuperação do empresário, ou, em caso de crise irreversível, utilizar de forma produtiva os bens do devedor, como, por exemplo, alienar o estabelecimento empresarial a outro empresário, que manterá os empregados no exercício da atividade empresarial[2]-[3].

3.1.1 Contextualização histórica

A origem da falência remete à própria origem do Direito Empresarial. Assim, na Idade Média, após sistemático descumprimento das obrigações, alguns mercadores fugiam dos locais onde estavam estabelecidos, e com isso a ideia de fuga e ocultação sempre esteve relacionada à insolvência[4]. Nesse ínterim, o termo *fugitivus* passou a se relacionar ao insolvente, e tal fato ganha importância até hoje como ato falimentar; por exemplo, o contido na alínea *f* do inciso II do art. 94 da Lei n. 11.101/2005, que se refere a "ocultar-se, deixando furtivamente o seu domicílio"[5]. As normas estatutárias dos mercadores derivaram do Direito Romano, como a *datio in solutum per iudicem*, a *missio in possessionem* e o *sequestro*. De acordo com os ensinamentos de Alfredo Rocco, tratava-se de dar uma destinação especial às normas gerais[6].

No Direito Romano clássico é possível encontrar traços do Direito Concursal. Renzo Provinciali chama o *pactum ut minus solvatur* de concordata da maioria[7]. Tal instituto regulava questões relativas ao Direito das Sucessões ao regular as relações entre os herdeiros e os credores. Assim, ao vender os bens deixados, pagavam-se as dívidas e o restante era transmitido aos sucessores. E no século XIII, com os estatutos de Siena

---

[1]   Há uma discussão em relação a utilizar a expressão "Direito Falimentar", pois *falimentar* deriva do italiano *falimento*, o que seria um excesso de "italianismo", preferindo alguns chamar de Direito Concursal. Entendemos ser uma discussão estéril. Ademais, a expressão "falimentar" tem maior tradição no Direito brasileiro.

[2]   Sobre o tema: TOLEDO, Paulo Fernando Campos Salles de. A preservação da empresa mesma na falência. IN: DE LUCCA, Newton; DOMINGUES, Alessandra Azevedo (Org.). **Direito recuperacional**: aspectos teóricos e práticos. São Paulo: Quartier Latin, 2009. p. 517-534. No mesmo sentido: PUGLIESI, Adriana Valéria. **Direito falimentar e preservação da empresa**. São Paulo: Quartier Latin, 2013. p. 275-281.

[3]   Estudo realizado em 2013 aponta que só 1% das empresas sai da recuperação judicial no Brasil. Disponível em: <http://economia.estadao.com.br/noticias/geral,so-1-das-empresas-sai-da--recuperacao-judicial-no-brasil-imp-,1085558>. Acesso em: 01 jul. 2017. Uma que deu certo foi da empresa Recrusul, de Sapucaia do Sul (RS). Disponível em: <http://www.conjur.com.br/2008--dez-29/juiz_finaliza_recuperacao_judicial_empresa_sul>. Acesso em: 01 jul. 2017.

[4]   SANTARELLI, Umberto. **Per la storia del fallimento nelle legislazioni italiane dell'età intermedia**. Padova: Cedam, 1964. p. 48.

[5]   FERRARA, Francesco. **Il fallimento**. Milano: Giuffrè, 1966. p. 54-55.

[6]   ROCCO, Alfredo. **Il fallimento**: teoria generale e origine storica. Milano: Giuffrè, 1962. p. 187.

[7]   PROVINCIALI, Renzo. **Manuale di diritto fallimentare**. 4. ed. Milano: Giuffrè, 1962. p. 62.

Cap. 3 · PRESERVAÇÃO DA EMPRESA E DEFESA DO PATRIMÔNIO MÍNIMO EMPRESARIAL | 125

e Verona, a falência ganhou os elementos essenciais que caracterizam o instituto, quais sejam, a execução coletiva do devedor, a venda dos bens e o rateio dos resultados entre os credores[8].

Em relação à discussão se na Idade Média a falência aplicava-se apenas aos mercadores, os autores Alfredo Rocco e Cesare Vivante defendem ser instituto típico dos mercadores. Em contrapartida, Umberto Santarelli afirma que incidia a todos, em que pese ser na grande maioria aplicado aos comerciantes[9]. O autor brasileiro Nelson Abrão, ao analisar tal situação, conclui que de fato o instituto não era destinado apenas aos comerciantes, mas é evidente que na maioria dos casos era aplicado aos mercadores, pois estes lidavam habitualmente com o crédito[10].

No Direito brasileiro, o Direito Falimentar tem origem no Direito português. Inicialmente era regulado pelas Ordenações Afonsinas, de 1446, que após a revisão, em 1521, passaram a se chamar Ordenações Manuelinas. O tratamento do devedor insolvente era rigoroso, prevendo-se até mesmo a prisão em caso de quebra definitiva, o que seria agravado pelas Ordenações Filipinas, de 1603. Todavia, tal legislação diferenciava a falência entre culposa e inocente. Resta claro que o objetivo de tal legislação era proteger o crédito[11].

Com a Lei da Boa Razão, de 1756, houve a criação da Junta do Comércio, e o instituto da falência passou a ser aplicado apenas aos comerciantes. Com a independência do Brasil, as legislações portuguesas continuam em vigor, e a Lei da Boa Razão como previa a aplicação subsidiária das leis de nações civilizadas, o Direito francês (*Code Napoléon*, de 1807) serviu de base para o Direito Concursal brasileiro. Trata-se de uma legislação com intenso rigor, ao falido, no intuito de proteger o credor dos maus pagadores. Como outrora dito, tal Código influenciou o Código Comercial de 1850, que regulava, entre os arts. 797 e 913, o título denominado "Das Quebras", que, além da falência, dispunha também sobre a moratória, a concordata e o contrato de união. Acontecimentos como a falência da Casa Bancária Vieira Souto, em 1864, e também a do empresário Irineu Evangelista de Sousa (Visconde de Mauá), em 1866, fizeram necessária a revisão das regras então vigentes[12].

O Decreto n. 3.065/1882 alterou os arts. 844 a 847 do Código Comercial e instituiu a concordata por abandono. No lugar da necessidade de aprovação por dois terços, passou à maioria simples dos presentes. Tal fato aconteceu porque o pedido do Visconde de Mauá pela concordata não obteve aprovação devido ao fato de seus credores estarem

---

[8]   SANTARELLI, Umberto. **Per la storia del fallimento nelle legislazioni italiane dell'età intermedia**, cit., p. 39.

[9]   ROCCO, Alfredo. **Il fallimento:** teoria generale e origine storica, cit., p. 185; VIVANTE, Cesare. **Trattato di diritto commerciale**: I commercianti. 5. ed. Milano: Francesco Vallardi, 1929. p. 328-329; SANTARELLI, Umberto. **Per la storia del fallimento nelle legislazioni italiane dell'età intermedia**, cit., p. 87.

[10] ABRÃO, Nelson. **Curso de direito falimentar**. 5. ed. São Paulo: Leud, 1997. p. 29.

[11] FERREIRA, Waldemar Martins. **Instituições de direito comercial**. Rio de Janeiro: Freitas Bastos, 1951. p. 31.

[12] CALDEIRA, Jorge. **Mauá, o empresário do Império**. São Paulo: Companhia das Letras, 2004. p. 522-523.

espalhados pelo País, não atingindo, portanto, o quórum. A preocupação das leis sempre foi a de resguardar os direitos dos credores e evitar fraudes. Tal fato fica notório no art. 798 do Código Comercial de 1850, que instituía que "a quebra ou falência pode ser casual, com culpa, ou fraudulenta", e na sequência estabelecia quando seria qualificada com culpa nos arts. 800 e 801 e fraudulenta, arts. 802, 803 e 804.

Nessa ideia de proporcionar a manutenção do crédito público e os interesses dos credores foi construído o Decreto-lei n. 7.661/1945. A falência passaria a ser instituto exclusivo dos comerciantes, e a lei falimentar tinha caráter bifrontal, ou seja, continha regras de Direito material e processual. Objetivava a execução coletiva, em que os bens eram arrecadados e depois distribuídos entre os credores. A falência tinha como finalidade precípua a busca pela liquidação do patrimônio. Também previa a concordata preventiva e a suspensiva, tendo como espécies a dilatória, cujo objetivo era prorrogar o prazo de pagamento, a remissória, que visava abatimento em parte da dívida, e a mista, cujo objetivo era o abatimento da dívida, mas também a dilação no pagamento. A concordata objetivava assegurar benefícios aos devedores que cumprissem determinados requisitos legais. Tal instituto foi objeto de crítica, pois na prática era extremamente deficiente e muitas vezes apenas proporcionava o enriquecimento do concordatário em detrimento dos credores e do comércio.

Considerando que o Direito Concursal clássico se tornara obsoleto, foi necessário fazer uma reforma. O arcaico Direito de quebra, que na realidade apenas fazia a discriminação entre empresários capazes e incapazes, já não supria as necessidades dos empresários. Um dos integrantes do anteprojeto espanhol da lei concursal de 1983, Angel Rojo Fernandes-Rio, defendeu que era preciso estabelecer uma nova filosofia ao Direito Concursal, em que a busca não seria apenas pelos direitos e interesses dos credores, ou pelos direitos e interesses do devedor, mas que reconheça os superiores direitos e interesses da empresa, em especial dos seus empregados e de toda a comunidade, já que as dificuldades econômicas preocupavam toda a coletividade[13]. Assim, o Direito da insolvência deixou de se preocupar apenas com os interesses dos credores, e algumas vezes com os interesses da economia nacional, passando a seguir os anseios do interesse social.

Em tal perspectiva, os principais países do mundo iniciaram revisões e reformas em suas legislações falimentares, no intuito de buscar balizar os diversos interesses envolvidos e manter as fontes produtivas. Os Estados Unidos, por exemplo, foram um dos países pioneiros do chamado Direto da empresa em crise. A chamada Lei de Companhias Ferroviárias americana, de 1867, trouxe diversos mecanismos preventivos em relação à liquidação das empresas ferroviárias. Tais mecanismos posteriormente seriam ampliados a outras pessoas jurídicas por meio do *Bankruptcy Act* (1898) e do *Chandler Act* (1938), e contavam com dois institutos: a *corporate reorganization* e a *arrangement*, o que iniciava a dicotomia corporativa e a concordata. Na sequência, o capítulo 11 do *United States Code* acaba com a dicotomia e mantém apenas o *arrangement,* que tem como

---

[13]   FERNANDES-RIO, Angel Rojo. **La reforma del derecho de quebra.** Madrid: Civitas, 1982. p. 127. Sobre o anteprojeto espanhol: RUIZ, Manuel Olivencia. **Reforma concursal y crisis económica**. Disponível em: <http://www.cuatrecasas.com/media_repository/docs/esp/reforma_concursal_y_crisis_economica._592.pdf>. Acesso em: 08 mar. 2017.

Cap. 3 · PRESERVAÇÃO DA EMPRESA E DEFESA DO PATRIMÔNIO MÍNIMO EMPRESARIAL | 127

principais fundamentos dar continuidade nos negócios em curso e trazer economia aos processos falimentares[14].

Na França, o Direito da empresa em crise nasce na *Ordonnance* 67.820/1967. Trata-se de um diploma legal que se aproxima da *corporate reorganization* norte-americana e busca possibilitar que o devedor faça um plano de recuperação, que, uma vez julgado viável, suspende as ações e execuções contra o devedor. A Lei francesa n. 84-148/1984 também regulou a possibilidade de uma composição amigável preventiva, e com a isso a França foi criando mecanismos cujo objetivo era colaborar com a superação do agravamento das crises nas empresas[15].

O interessante dessa lei francesa reside no fato de que as empresas que não pudessem se recuperar com recursos próprios poderiam requerer ao juiz que designasse um conciliador, mantendo a ideia de que no Direito das empresas em crise o poder decisório está, em sua maioria, nas mãos das partes, e não nas do juiz. Também previu dois diferentes procedimentos que levavam em conta o faturamento e o número de empregados. Waldo Fazzio Junior sustenta que o ápice da legislação francesa encontra fundamento na Lei n. 94-475/1994, que "reforça os meios preventivos da insolvência, simplifica os procedimentos, moraliza os planos de recuperação e traz medidas mais eficazes no sentido de assegurar os direitos dos credores"[16].

A lei de insolvência alemã de 1994 (*Insolvenzordnung*), na seção 1, prevê como interesse do processo de insolvência satisfazer coletivamente os credores, todavia também contempla a possibilidade de reorganização da empresa e permite a continuação do negócio enquanto tramita o procedimento da insolvência[17].

São comuns práticas e medidas extrajudiciais, em legislações comparadas, que busquem a superação da crise. Nesse sentido, a lei de reorganização das sociedades por ações japonesa (Lei n. 72/1992) tem caráter marcadamente recuperatório. Os arts. 138 a 141 da Lei de Falências do Chile (1931) prevê a possibilidade de convênio extrajudicial. No mesmo sentido é a legislação peruana de 1932. O que se percebe é a convergência de todas as legislações pela busca da recuperação da empresa, claro que sempre respeitando as especificidades culturais e econômicas dos países.

Seguindo a tendência contemporânea, o Decreto-lei n. 7.661/1945 foi revogado e deu lugar à Lei n. 11.101/2005, que iniciou a fase denominada Direito da empresa em crise, cujos institutos buscaram ampliar a proteção à empresa em razão da sua manifesta função social, tornando a falência a exceção. Foram criados os institutos da recuperação judicial, da recuperação extrajudicial e da recuperação judicial, com base no plano especial para microempresas e empresas de pequeno porte. Os objetivos da lei são lutar contra o

---

[14]   FAZZIO JUNIOR, Waldo. **Nova lei de falência e recuperação de empresas**, cit., p. 26-27.

[15]   COELHO, Fábio UIhoa. **Comentários à nova lei de falências e de recuperação de empresas**. São Paulo: Saraiva, 2005. p. 113-114.

[16]   FAZZIO JUNIOR, Waldo. **Nova lei de falência e recuperação de empresas**. 2. ed. São Paulo: Atlas, 2005. p. 27.

[17]   COELHO, Fábio UIhoa. **Comentários à nova lei de falências e de recuperação de empresas**, cit., p. 114.

alto índice de desemprego e retomar o desenvolvimento econômico do país, dois pontos que na época estavam em destaque.

A legislação atual foi vista com bons olhos, em que pesem os ajustes e aprimoramentos necessários, e dentre as evoluções, em relação à legislação anterior, pode-se destacar: a) a busca pela superação da crise dos empresários viáveis; b) retirar do mercado os inviáveis, realocando os negócios no mercado; e c) equilibrar os interesses dos credores com a finalidade de preservação da empresa.

3.1.2   A legislação atual e o enfoque na preservação da empresa

A legislação adotou a teoria da empresa e criou novos institutos que vão ao encontro das finalidades da lei. Diverso do que ocorria com o sistema engessado das concordadas, ao se falar em superação da crise, por meio da recuperação, a legislação permite ao empresário livremente propor um plano de recuperação, traçando as diretrizes necessárias para o equilíbrio financeiro. Ampliou-se o rol de credores passíveis de serem incluídos no plano de recuperação, excluindo apenas os referidos no art. 49, §§ 3º e 4º, além dos credores fiscais, que de toda sorte devem oferecer planos de parcelamento. Em respeito, e também efetivando o mandamento constitucional contido no inciso IX do art. 170, a atual legislação brasileira possibilita um plano especial a ser adotado pelos pequenos e microempresários, com regramento próprio, simplificado e menos oneroso.

O princípio da preservação da empresa desempenha papel fundamental como norteador do Direito da empresa em crise brasileiro. Segundo Jorge Lobo, é necessária a preservação, pois a empresa "representa um valor objetivo de organização que deve ser preservado, pois toda crise da empresa causa um prejuízo à comunidade"[18]. O que se verifica é a preocupação do novo Direito Concursal brasileiro com a manutenção da empresa e não apenas com a liquidação judicial dos bens do empresário. Até mesmo porque há a possibilidade de o empresário falir por circunstâncias alheias a sua vontade e também sem necessariamente estar insolvente, como é o caso da falência por ato falimentar nos termos do inciso III do art. 94 da Lei n. 11.101/2005. Sem contar o disposto no art. 75 da referida lei, ao dizer que "a falência, ao promover o afastamento do devedor de suas atividades, visa a preservar e otimizar a utilização produtiva dos bens, ativos e recursos produtivos, inclusive os intangíveis, da empresa".

Portanto, temos de entender que o princípio da preservação da empresa decorre do princípio da função social da propriedade e da empresa, que atualmente norteia o Direito Empresarial. Com isso, as regras do atual Direito Concursal se tornam mais próximas do Direito Público. Supera as orientações de exclusivo cunho privado, que almejavam apenas executar e liquidar o patrimônio.

Segundo José da Silva Pacheco, "a lei deve ter o escopo de atender os anseios e tendências manifestadas na segunda metade do século XX e princípio deste século XXI, no sentido de salvaguardar a empresa, que tem uma função social". E complementa: "por

---

[18]   LOBO, Jorge. **Direito concursal**. 2. ed. Rio de Janeiro: Forense, 1998. p. 19.

Cap. 3 • PRESERVAÇÃO DA EMPRESA E DEFESA DO PATRIMÔNIO MÍNIMO EMPRESARIAL | **129**

isso, deve subsistir às crises, em benefício dos que nela trabalham, da comunidade em que atua, dos mercados de fatores de produção e de consumo do local"[19].

O termo "empresa", quando falamos em *princípio da preservação da empresa,* também é utilizado enquanto instituição que nasce do inter-relacionamento entre empresário, estabelecimento e atividade. De igual forma, como outrora trabalhamos ao analisar o sentido no *princípio função social da empresa,* justifica-se tal argumento, pois a legislação não se preocupa necessariamente apenas com a atividade. A primeira preocupação é recuperar aqueles empresários viáveis, podendo conter o plano, por exemplo, a extinção de determinada atividade econômica. Analisar o termo enquanto sinônimo de atividade econômica limita o plano de incidência do princípio.

Quando pensamos, portanto, na ideia de *preservação da empresa,* o primeiro passo é tentar recuperar o empresário, tanto que a regra da legislação é a recuperação judicial, seja a requerida pelo empresário mediante petição inicial ou em sede de defesa, nos termos do art. 96, VII, da Lei n. 11.101/2005. Em caso de inviabilidade, o que se busca é preservar a atividade econômica e os bens sociais daí advindos, bem como dar destinação produtiva aos bens do empresário.

Ao incorporar ao Direito brasileiro tais visões, o art. 47 da lei expressamente prevê que o objetivo da legislação é "viabilizar a superação da situação de crise econômico--financeira do devedor", justificando-se tal viabilização, pois ela permite "a manutenção da fonte produtora, do emprego dos trabalhadores e dos interesses dos credores, promovendo, assim a preservação da empresa, sua função social", sem contar ser importante ferramenta para "o estímulo da atividade econômica".

Ao interpretar tal disposição, deve ser respeitado, primeiro, viabilizar a manutenção da fonte produtora (empresário), na sequência manter o emprego dos trabalhadores e por último, quando não atentar contra as duas primeiras possibilidades, atender aos anseios dos credores. Gladston Mamede, ao trabalhar o assunto, defende que, "embora a recuperação da empresa possa atender, sim, aos interesses – e direitos patrimoniais – do devedor ou da sociedade empresária, não é essa a finalidade da recuperação"[20]. O que se verifica é que o instituto foi criado para preservar a empresa – sua função social – e também estimular a atividade econômica do país. Trata-se de respeitar o cânone constitucional contido nos incisos II e III do art. 3º, que definem os objetivos do Estado brasileiro, em especial garantir o desenvolvimento nacional e erradicar a pobreza e a marginalização e reduzir as desigualdades sociais e regionais.

Quando a legislação dispõe que primeiro se deve tentar recuperar o empresário, é preciso deixar claro que são apenas aqueles viáveis, pois os não viáveis serão retirados da atividade econômica[21]. De acordo com Waldo Fazzio Junior, são viáveis "aquelas

---

[19] PACHECO, José da Silva. Das disposições preliminares e das disposições comuns à recuperação judicial e à falência. In: SANTOS, Paulo Penalva (Coord.). **A nova lei de falências e de recuperação de empresas**: Lei 11.101/05. Rio de Janeiro: Forense, 2007. p. 5.

[20] MAMEDE, Gladston. **Direito empresarial brasileiro**: falência e recuperação de empresa. 2. ed. São Paulo: Atlas, 2007.

[21] Importante ressaltar que quando defendemos que os empresários inviáveis têm que ser retirados do mercado não significa que o empresário inexperiente, por exemplo, tem que necessariamente

empresas que reúnem condições de observar os planos de reorganização estipulados nos arts. 47 (recuperação judicial) e 161 (recuperação extrajudicial)", complementando que "a aferição dessa viabilidade está ligada a fatores endógenos (ativo e passivo, faturamento anual, nível de endividamento, tempo de constituição e outras características da empresa) e exógenos (relevância socioeconômica da atividade)"[22]. No mesmo sentido, o autor André Luiz Santa Cruz Ramos defende que "se destina aos devedores viáveis. Se a situação de crise que acomete o devedor é de tal monta que se mostra insuperável, o caminho da *recuperação* lhe deve ser negado, não restando outra alternativa a não ser a decretação de sua falência"[23].

A legislação preocupou-se em trazer critérios objetivos mínimos para os empresários que podem requerer a recuperação judicial. O *caput* do art. 48 estabelece a necessidade de exercer regularmente suas atividades há mais de dois anos, e cumulativamente deve ter os seguintes requisitos: "I – não ser falido, e se o foi, estejam declaradas extintas, por sentença transitada em julgado, as responsabilidades daí decorrentes"; "II – não ter, há menos de 5 (cinco) anos, obtido concessão de recuperação judicial"; "III – não ter, há menos de 5 (cinco) anos, obtido concessão de recuperação judicial com base no plano especial"; "IV – não ter sido condenado ou não ter, como administrador ou sócio controlador, pessoa condenada por qualquer dos crimes previstos nesta Lei".

Em relação aos critérios objetivos, discussão que poderia ser feita refere-se ao lapso temporal de dois anos trazido no *caput*. Justifica-se tal lapso, pois, segundo estudos realizados pelo Sebrae – Serviço Brasileiro de Apoio às Micro e Pequenas Empresas sobre a mortalidade e sobrevivência dos empresários, a época da promulgação da lei, verifica-se que apenas 71,9% das empresas criadas sobreviveram em 2005[24].

Tudo isso demonstra que empresários mais jovens tendem a não manter a atividade empresarial, assim os custos sociais não compensariam para tentar mantê-los. Adriano de Oliveira Martins sustenta que "a permanência da empresa não é instituto destinado a manter privilégios ou situações favoráveis a alguns em detrimento dos outros, mas se trata de salvar o viável". O autor defende não se tratar de "garantir o funcionamento a qualquer custo de organismos inertes que deixam de ser produtivos. Não se aplicarão,

---

ser excluído do mercado. Entendemos que está mais relacionado às circunstâncias e dos riscos da empresa, assim como da conveniência em continuá-la. Autores que se filiam na análise econômica do Direito, trabalhando com critérios de eficiência, dentre eles: COASE, Ronald H. The problem of social cost. **The Journal of Law and Economics,** v. 3, p. 1-44, Oct. 1960. Disponível em: <http://www2.econ.iastate.edu/classes/tsc220/hallam/Coase.pdf>. Acesso em: 20 jun. 2017; DURÁN Y LALAGUNA, Paloma. **Una aproximación al análisis económico del derecho**. Granada: Comares, 1992; POSNER, Richard A. **Economic analysis of law**. Toronto: Little, Brown and Company, 1992; MATHIS, Klaus. **Law and Economics in Europe**: foundations and applications. London: Springer, 2014.

[22] FAZZIO JUNIOR, Waldo. **Nova lei de falência e recuperação de empresas**, cit., p. 31.

[23] RAMOS, André Luiz Santa Cruz. **Direito empresarial esquematizado.** Rio de Janeiro: Forense, 2016. p. 812.

[24] Disponível em: <https://www.sebrae.com.br/Sebrae/Portal%20Sebrae/Anexos/Sobrevivencia_das_empres as_no_Brasil_2011.pdf>. Acesso em: 13 mar. 2017.

Cap. 3 • PRESERVAÇÃO DA EMPRESA E DEFESA DO PATRIMÔNIO MÍNIMO EMPRESARIAL | **131**

dessa forma, recursos da comunidade a empresas em tais condições, haja vista ser necessário cessar sua atividade" em prol do interesse público[25].

A legislação também estipula, em seu art. 49, quais são os créditos sujeitos a recuperação. Todos os créditos anteriores ao pedido, ainda que não vencidos, estão sujeitos a ela (*caput*). O § 1º salvaguarda os direitos dos credores em relação aos coobrigados, ou seja, fica nítida a intenção de preservar a empresa, e não de trazer benefícios ao devedor, já que o processo poderá continuar em relação aos coobrigados, fiadores e obrigados de regresso. O § 2º estipula que as condições originariamente contratadas ou definidas em lei serão mantidas, salvo se o plano trouxer alguma disposição diversa.

O § 3º excepciona os créditos que não estarão sujeitos a recuperação: "credor titular da posição de proprietário fiduciário de bens móveis ou imóveis, de arrendador mercantil, de proprietário ou promitente vendedor de imóvel cujos respectivos contratos contenham cláusula de irrevogabilidade ou irretratabilidade", incluindo as "incorporações imobiliárias, ou de proprietário em contrato de venda com reserva de domínio". Mantém os direitos relativos à propriedade e proíbe "a venda ou a retirada do estabelecimento do devedor dos bens de capital essenciais a sua atividade empresarial", no prazo de 180 de suspensão contidos no art. 6º, § 4º[26].

Um dos problemas de tal limitação é que na maioria das vezes parte considerável das dívidas é oriunda desses tipos de contratos, já que o fomento à empresa se dá por meio de financiamentos, por exemplo, o BNDES-Finame, que financia, geralmente a longo prazo, a produção e a aquisição de máquinas e equipamentos. Com isso, o prazo de 180 dias não é suficiente para que possa o empresário se recuperar, em especial se tal bem for essencial à atividade. O § 4º também deixa de fora os credores de importâncias entregues em moeda como adiantamento de contrato de câmbio para exportação.

A legislação preocupou-se também em exemplificar os meios pelos quais poderia ser realizada a recuperação judicial, conforme o art. 50: "I – concessão de prazos e condições especiais para pagamento das obrigações vencidas ou vincendas"; "II – cisão, incorporação, fusão ou transformação de sociedade, constituição de subsidiária integral, ou cessão de cotas ou ações, respeitados os direitos dos sócios, nos termos da legislação vigente"; "III – alteração do controle societário"; "IV – substituição total ou parcial dos administradores do devedor ou modificação de seus órgãos administrativos"; "V – concessão aos credores de direito de eleição em separado de administradores e de poder de veto em relação às matérias que o plano especificar"; "VI – aumento de capital social"; "VII – trespasse ou arrendamento de estabelecimento, inclusive à sociedade constituída pelos próprios empregados"; "VIII – redução salarial, compensação de horários e redução da jornada, mediante acordo ou convenção coletiva"; "IX – dação em pagamento ou novação de dívidas do passivo, com ou sem constituição de garantia própria ou de

---

[25] MARTINS, Adriano de Oliveira. **Recuperação de empresa em crise**: a efetividade da autofalência no caso de inviabilidade da recuperação, cit., p. 86.

[26] Vale citar as seguintes decisões que se preocupam com a preservação da empresa: (TJRS, AI 70065381063/RS, Rel. Elisabete Correa Hoeveler, j. 24.07.2015, 13ª Câmara Cível, *DJ* 28.07.2015) e (TJMG, AI 10701140437909001/MG, Rel. Mariza Porto, j. 07.05.2015, 11ª Câmara Cível, public. 19.05.2015).

terceiro"; "X – constituição de sociedade de credores"; "XI – venda parcial dos bens"; "XII – equalização de encargos financeiros relativos a débitos de qualquer natureza, tendo como termo inicial a data da distribuição do pedido de recuperação judicial, aplicando-se inclusive aos contratos de crédito rural, sem prejuízo do disposto em legislação específica"; "XIII – usufruto da empresa"; "XIV – administração compartilhada"; "XV – emissão de valores mobiliários"; "XVI – constituição de sociedade de propósito específico para adjudicar, em pagamento dos créditos, os ativos do devedor".

Já o plano de recuperação deverá conter, nos termos do art. 53: "I – discriminação pormenorizada dos meios de recuperação a ser empregados, conforme o art. 50 desta Lei, e seu resumo"; "II – demonstração de sua viabilidade econômica"; e "III – laudo econômico-financeiro e de avaliação dos bens e ativos do devedor, subscrito por profissional legalmente habilitado ou empresa especializada". Os pequenos empresários, como outrora dito, podem pedir com base em um plano especial (arts. 70 e seguintes).

Alguns problemas práticos surgem. Quando se defere a recuperação judicial, há a suspensão das ações e das prescrições no prazo improrrogável de 180 dias, e, depois, há "o direito dos credores de iniciar ou continuar suas ações e execuções, independentemente de pronunciamento judicial", nos termos do § 4º do art. 6º. O § 5º estabelece que, "após o fim da suspensão, as execuções trabalhistas poderão ser normalmente concluídas, ainda que o crédito já esteja inscrito no quadro-geral de credores".

Conforme outrora dito, o art. 6º, § 4º da LRFE traz limitação temporal quanto ao prazo de suspensão das ações e execuções. O problema reside na parte final do §4º, pois em uma leitura literal, sem fazer jurisdição constitucional, análise sistemática da lei e levar em conta os princípios da função social e preservação da empresa, poderia defender que quando se defere a recuperação judicial, há a suspensão das ações e das prescrições no prazo improrrogável de 180 dias, e, depois, há "o direito dos credores de iniciar ou continuar suas ações e execuções, independentemente de pronunciamento judicial", nos termos do § 4º do art. 6º da LRFE.

Assim, as ações individuais poderiam retornar o que muitas vezes inviabilizaria, ou pelo menos, dificultaria o plano de recuperação. A discussão que é feita no plano jurisprudencial é quanto à possibilidade de relativizar a norma contida no art. 6º, § 4º da LRFE e com isso ampliar o prazo de suspensão.

O Superior Tribunal de Justiça, ao trabalhar o assunto fixou a seguinte tese: "o simples decurso do prazo legal de 180 dias de que trata o art. 6º, § 4º, da Lei n. 11.101/2005, não enseja a retomada automática"[27]. O informativo n. 450 do Superior Tribunal de Justiça

---

[27] Disponível em: <http://www.stj.jus.br/internet_docs/jurisprudencia/jurisprudenciaemteses/Jurisprud%C3%AAncia%20em%20teses%2035%20-%20Recupera%C3%A7%C3%A3o%20Judicial%20I.pdf>. Acesso em 27 fev. 2018. Para a fixação da tese foram utilizados os seguintes precedentes: AgRg no CC 127629/MT, Rel. Ministro JOÃO OTÁVIO DE NORONHA, SEGUNDA SEÇÃO, julgado em 23.04.2014, DJe 25.04.2014; RCD no CC 131894/SP, Rel. Ministro RAUL ARAÚJO, SEGUNDA SEÇÃO, julgado em 26.02.2014, DJe 31.03.2014; AgRg no CC 125893/DF, Rel. Ministra NANCY ANDRIGHI, SEGUNDA SEÇÃO, julgado em 13.03.2013, DJe 15.03.2013; AgRg nos EDcl no Ag 1216456/SP, Rel. Ministra Maria Isabel Gallotti, Quarta Turma, julgado em 12.03.2013, DJe 21.03.2013; AgRg no CC 119624/GO, Rel. Ministro LUIS FELIPE SALOMÃO, SEGUNDA SEÇÃO, julgado em 13.06.2012, DJe 18.06.2012; AgRg no CC 104500/SP, Rel.

traz uma decisão da Quarta Turma de relatoria do Ministro Aldir Passarinho Junior que foi julgada em 05 de outubro de 2010 que é de suma importância para a discussão ora lançada, trata-se do REsp n. 1.193.480-SP.

A discussão do referido julgado se origina de um agravo de instrumento manejado contra decisão proferida em ação de indenização, promovida por passageiras em razão de transporte aéreo internacional. O processo estava em fase de execução de carta de sentença e o recurso atacava o deferimento do levantamento de valores depositados em favor das passageiras, com isso afastou a alegação de novação, nos termos do art. 59 da Lei n. 11.101/2005, sob o argumento da irretroatividade da lei.

Em sede de agravo, a empresa então recuperanda, sustentou que liberar os valores depositados ameaçava a continuidade do plano de recuperação, com isso prejudicando não apenas a empresa, mas também os demais credores. Defendeu, com fundamento no art. 49 da Lei n. 11.101/2005, que todos os créditos anteriores ao pedido estão submetidos ao plano de recuperação e no caso por mais que a decisão era anterior a vigência da lei, os créditos executados entrariam no plano, sob pena de privilégio no recebimento dos mesmos. Sustentou que, por força do art. 59 da referida lei, havia ocorrido a novação da obrigação e assim o titular do crédito deveria se habilitar no juízo concursal, nos termos do art. 7º, sob pena de ferir à ordem de preferência dos créditos (art. 83).

A vigésima primeira Câmara de Direito Privado do Tribunal de Justiça de São Paulo deu provimento ao recurso e reformou a decisão com fundamento na ocorrência de novação, nos termos do art. 59, com isso indeferindo o levantamento dos valores. Tal decisão foi atacada por meio do Recurso Especial sob os seguintes argumentos: a) o crédito decorrente da indenização já estava depositado em juízo e os bens objeto da execução iniciou sob a vigência da lei anterior; b) desde o deferimento da recuperação judicial transcorreram mais de 180 (cento e oitenta dias), com isso poderia prosseguir as execuções suspensas; e c) não há nos autos prova que o valor devido as recorrentes estaria relacionado no pedido de recuperação. Com isso requereu a reforma da decisão de segunda instância no intuito de que os valores deveriam ser liberados.

A Quarta Turma do Superior Tribunal de Justiça, por unanimidade, negou provimento ao recurso especial, nos termos do voto do relator, além do Ministro relator, participaram do Julgamento os Ministros João Otávio de Noronha, Luis Felipe Salomão, Raul Araújo e Maria Isabel Gallotti.

Em relação ao primeiro argumento, o voto do relator foi no sentido de não ser acolhido, pois apesar do depósito dos valores ter sido feito na vigência da Lei n. 7.661/1945, o pedido de recuperação foi feito sob a vigência da nova Lei, portanto não poderia ser afastada a incidência.

Ministro Vasco Della Giustina (desembargador convocado do TJ/RS), SEGUNDA SEÇÃO, julgado em 27.04.2011, DJe 02.06.2011; CC 112390/PA, Rel. Ministro SIDNEI BENETI, SEGUNDA SEÇÃO, julgado em 23.03.2011, DJe 04.04.2011; CC 137051/SP (decisão monocrática), Rel. Ministro MARCO AURELIO BELLIZZE, julgado em 27.04.2015, DJe 08.05.2015; AREsp 638727/SP (decisão monocrática), Rel. Ministro MOURA RIBEIRO, julgado em 12.03.2015, DJe 16.03.2015; CC 132807/SC (decisão monocrática), Rel. Ministro ANTONIO CARLOS FERREIRA, julgado em 16.04.2015, DJe 05.05.2015.

De igual forma, o segundo argumento foi afastado, pois o entendimento da Corte é no sentido de que, salvo exceções legais, o deferimento da recuperação suspende as execuções, mesmo que iniciadas anteriormente ao seu pedido. Argumenta que a Corte tem interpretado a Lei n. 11.101/2005 sistematicamente, ou seja, sob as lentes do princípio da preservação da empresa, portanto o simples decurso do prazo, sem que haja a aprovação do plano de recuperação judicial após o seu deferimento, não enseja a retomada automática das execuções individuais, ainda mais se a empresa recuperanda não tem culpa pela morosidade da aprovação.

E por fim, afasta o terceiro e último argumento utilizando o art. 7º, § 1º, e art. 52, § 1º, da Lei n. 11.101/2005 e sustenta não proceder a argumentação quanto a ausência de prova de que o crédito estaria no plano, pois poderiam, os credores, requerer habilitação do seu crédito no juízo concursal.

Nos parece ser coerente possibilitar a dilação do prazo de suspensão em homenagem ao princípio da preservação da empresa, pois é pública e notória a morosidade do Poder Judiciário. Na maioria das vezes não é possível, no pequeno lapso temporal de 180 (cento e oitenta dias), seguir todos os mandamentos legais e aprovar o plano de recuperação. Portanto, defendemos que deve haver a dilação dos prazos nos casos em que o devedor não tem culpa, na mesma linha o Enunciado n. 42 da I Jornada de Direito Comercial que fico assim ementado: "o prazo de suspensão previsto no art. 6º, § 4º, da Lei 11.101/2005 pode excepcionalmente ser prorrogado, se o retardamento do feito não puder ser imputado ao devedor".

A suspensão dos processos em face da devedora tem como objetivo resguardar os ativos da devedora que serão utilizados quando do oferecimento do plano de recuperação. Suspendem-se as ações, e com isso se preserva a possibilidade de uma negociação equilibrada quanto ao plano recuperacional, sem a pressão dos credores individuais. O intuito do legislador seria tornar o procedimento recuperacional o mais célere possível. Todavia, são públicas e notórias as condições da prestação jurisdicional, e o problema se generaliza quando se trata da prestação do serviço jurisdicional.

A celeridade é uma das últimas qualidades existentes em nosso Poder Judiciário, portanto não ampliar nada mais é do que retomar a condição de desigualdade que a norma buscou amenizar. Assim, uma vez que a demora na aprovação do plano de recuperação não se dê por culpa da devedora, é razoável que seja elastecido o prazo de suspensão dos processos, sob pena de inviabilizar-se a homologação do plano de recuperação. Ademais, após a entrada em vigor do Código de Processo Civil, ao juiz são concedidos maiores poderes, o que no presente caso seria plenamente aplicável, em especial o inciso VI do art. 139, que dispõe sobre a possibilidade de o juiz dilatar os prazos processuais.

Em relação ao prazo de 180 dias ser considerado em dias úteis, entendemos que esse é o melhor entendimento, pois estamos diante de verdadeiro prazo processual, o que importa dizer que não poderia ser contado senão em dias úteis, ante a omissão legislativa da Lei n. 11.101/2005 e a aplicação subsidiária do Código de Processo Civil. Todavia esse não é o entendimento do Superior Tribunal de Justiça que entendeu ser em dias corridos[28].

---

[28] RECURSO ESPECIAL. RECUPERAÇÃO JUDICIAL. ADVENTO DO CPC/2015. APLICAÇÃO SUBSIDIÁRIA. FORMA DE CONTAGEM DE PRAZOS NO MICROSSISTEMA DA LEI DE 11.101/2005. CÔMPUTO EM DIAS CORRIDOS. SISTEMÁTICA E LOGICIDADE DO REGIME ESPECIAL DE RECUPERAÇÃO JUDICIAL E FALÊNCIA. 1. O Código de Processo Civil, na qualidade de lei

Após aprovado o plano, salvo as exceções legais, há a novação dos créditos anteriores ao pedido e com isso deve seguir o plano de recuperação. André Luiz Santa Cruz Ramos faz uma crítica às decisões do Superior Tribunal de Justiça, em especial ao CC 112.979/DF, que seria equivocado aplicar a suspensão após a aprovação do plano. Segundo o autor "uma vez aprovado o plano, há uma novação dos créditos a ele submetidos, e a decisão que homologa constitui novo título executivo em favor dos credores. Assim, as eventuais execuções contra o devedor, que estavam suspensas, devem ser oportunamente extintas"[29].

De fato, a *priori*, parece ilógico a suspensão após a aprovação do plano, entretanto na *práxis* surge um problema quando estamos falando em execuções trabalhistas, tributárias e em ações de busca e apreensão, por exemplo. Surge o problema, pois muitas vezes com a retomada das ações, algumas podem inviabilizar a recuperação, assim como equalizar a retomada das ações – ou não suspensão no caso das fiscais –, com a ideia de preservação?

Superada a discussão quanto a possibilidade de ampliação do prazo de suspensão das ações, é necessário analisar a questão da competência para decidir sobre os bens afetados à recuperação judicial.

---

geral, é, ainda que de forma subsidiária, a norma a espelhar o processo e o procedimento no direito pátrio, sendo normativo suplementar aos demais institutos do ordenamento. O novel diploma, aliás, é categórico em afirmar que "permanecem em vigor as disposições especiais dos procedimentos regulados em outras leis, as quais se aplicará supletivamente este Código" (art. 1.046, § 2°). 2. A Lei de Recuperação e Falência (Lei 11.101/2005), apesar de prever microssistema próprio, com específicos dispositivos sobre processo e procedimento, acabou explicitando, em seu art. 189, que, "no que couber", haverá incidência supletiva da lei adjetiva geral. 3. A aplicação do CPC/2015, no âmbito do microssistema recuperacional e falimentar, deve ter cunho eminentemente excepcional, incidindo tão somente de forma subsidiária e supletiva, desde que se constate evidente compatibilidade com a natureza e o espírito do procedimento especial, dando-se sempre prevalência às regras e aos princípios específicos da Lei de Recuperação e Falência e com vistas a atender o desígnio da norma-princípio disposta no art. 47. 4. A forma de contagem do prazo – de 180 dias de suspensão das ações executivas e de 60 dias para a apresentação do plano de recuperação judicial – em dias corridos é a que melhor preserva a unidade lógica da recuperação judicial: alcançar, de forma célere, econômica e efetiva, o regime de crise empresarial, seja pelo soerguimento econômico do devedor e alívio dos sacrifícios do credor, na recuperação, seja pela liquidação dos ativos e satisfação dos credores, na falência. 5. O microssistema recuperacional e falimentar foi pensado em espectro lógico e sistemático peculiar, com previsão de uma sucessão de atos, em que a celeridade e a efetividade se impõem, com prazos próprios e específicos, que, via de regra, devem ser breves, peremptórios, inadiáveis e, por conseguinte, contínuos, sob pena de vulnerar a racionalidade e a unidade do sistema. 6. A adoção da forma de contagem prevista no Novo Código de Processo Civil, em dias úteis, para o âmbito da Lei 11.101/05, com base na distinção entre prazos processuais e materiais, revelar-se-á árdua e complexa, não existindo o entendimento teórico satisfatório, com critério seguro e científico para tais discriminações. Além disso, acabaria por trazer perplexidades ao regime especial, com riscos a harmonia sistêmica da LRF, notadamente quando se pensar na velocidade exigida para a prática de alguns atos e na morosidade de outros, inclusive colocando em xeque a isonomia dos seus participantes, haja vista a dualidade de tratamento. 7. Na hipótese, diante do exame sistemático dos mecanismos engendrados pela Lei de Recuperação e Falência, os prazos de 180 dias de suspensão das ações executivas em face do devedor (art. 6, § 4°) e de 60 dias para a apresentação do plano de recuperação judicial (art. 53, caput) deverão ser contados de forma contínua. 8. Recurso especial não provido. (REsp 1699528/MG, Rel. Ministro Luis Felipe Salomão, Quarta Turma, julgado em 10.04.2018, *DJe* 13.06.2018)

[29] RAMOS, André Luiz Santa Cruz. **Direito empresarial esquematizado.** Rio de Janeiro: Forense, 2016. p. 823.

Os problemas surgem pelo fato de a lei excluir alguns créditos, que muitas vezes são parte considerável das dívidas existentes, dos efeitos da recuperação e também permitir a continuidade de algumas execuções. Uma vez deferida a recuperação judicial, todas as ações seriam suspensas e o prazo de suspensão poderia ser prorrogado pelo juízo concursal, em homenagem ao princípio da preservação da empresa, até a aprovação do plano.

Instaurada a recuperação judicial, o juízo universal falimentar é formado. Dessa maneira, as decisões relacionadas à empresa submetida ao procedimento deverão ser resolvidas por ele, sob pena de inviabilizar a preservação da empresa. As exceções, ao juízo universal, são as demandas fiscais, trabalhistas, as ilíquidas e as que a empresa recuperanda for parte autora. Entretanto, coadunamos com o posicionamento de Adriano de Oliveira Martins, segundo o qual deferido o pedido de recuperação cabe ao juízo universal "a competência para atos de execução referentes a créditos apurados em outros juízos, tais como alienação de ativos e pagamentos de credores"[30].

A dificuldade é compatibilizar a recuperação judicial, com a possibilidade de concluir as execuções trabalhistas, mesmo estando o crédito já inscrito no quadro de credores (§ 5º do art. 6º da LRFE); com a não suspensão das execuções físicas (§ 7º do art. 6º) e ao fato de excluir os credores do § 3º do art. 49 da LRFE – credor fiduciário, por exemplo –, dos efeitos da recuperação (§ 3º do art. 49).

Antes de dirimir as questões e problemáticas levantadas acima, importante se ter em mente que quaisquer discussões relacionadas aos bens afetados à recuperação deverão ser dirimidas pelo juízo universal. Marcelo M. Bertoldi e Marcia Carla Pereira Ribeiro defendem que "o juízo universal da recuperação está vinculado ao princípio da universalidade (um só juízo para todas as medidas judiciais) e ao princípio da unidade (que visa à eficiência do processo, a fim de evitar a repetição de atos e contradições)"[31].

Em relação ao primeiro problema, relacionado ao conflito de competência entre o juízo universal e as execuções trabalhistas, a Segunda Seção do Superior Tribunal de Justiça, por oportunidade do julgamento do CC 112.390-PA (informativo 467), reiterou que compete ao juízo que "processa a recuperação judicial julgar as causas que envolvam interesses e bens da empresa que teve deferido o processamento da sua recuperação judicial"[32].

---

[30] MARTINS, Adriano de Oliveira. **Recuperação de empresa em crise:** a efetividade da autofalência no caso de inviabilidade da recuperação. Curitiba: Juruá, 2016. p. 98.

[31] BERTOLDI, Marcelo M.; Ribeiro, Marcia Carla Pereira. **Curso avançado de Direito Comercial.** São Paulo: Revista dos Tribunais, 2015. p. 547.

[32] "CONFLITO POSITIVO DE COMPETÊNCIA. JUÍZO FALIMENTAR E JUÍZO TRABALHISTA. EXECUÇÃO TRABALHISTA. ARREMATAÇÃO DE IMÓVEL. CARTA DE ARREMATAÇÃO REGISTRADA. I – Compete ao Juízo onde se processa a recuperação judicial julgar as causas em que estejam envolvidos interesses e bens da empresa recuperanda, inclusive para o prosseguimento dos atos de execução que tenham origem em créditos trabalhistas. II – Ocorre que, tendo sido registrada a carta de arrematação, deixa-se de declarar a nulidade do ato, esclarecendo-se que o produto da alienação judicial deverá ser encaminhado pelo Juízo trabalhista ao Juízo falimentar, habilitando-se o credor trabalhista nos autos da falência, a fim de que sejam observadas as preferências legais. Conflito conhecido, declarando-se a competência do Juízo falimentar". (CC 112.390/PA, Rel. Ministro Sidnei Beneti, Segunda Seção, julgado em 23.03.2011, *DJe* 04.04.2011)

Nessa perspectiva, o informativo 466 já havia noticiado o julgamento do CC 112.799-DF, realizado pela Segunda Seção[33]. Trata-se de importante precedente, pois reconhece que à Justiça do Trabalho compete apenas o julgamento da ação "até a apuração do crédito, cujo valor deverá constar da sentença e, posteriormente, ser inscrito no quadro geral de credores, isso no intuito de concentrar, no juízo da recuperação judicial, todas as decisões que cuidem do patrimônio da sociedade". Resta nítido o objetivo de viabilizar a recuperação judicial.

Discussão que deve ser feita, ainda em relação ao tema, é quanto a constitucionalidade da parte final do § 5º do art. 6º da LRFE que assim dispõe: "mas, após o fim da suspensão, as execuções trabalhistas poderão ser normalmente concluídas, ainda que o crédito já esteja inscrito no quadro-geral de credores". A nosso ver, carece de constitucionalidade tal dispositivo, devendo ser reconhecida a sua inconstitucionalidade com redução do texto, por ofender ao art. 5º, *caput* da Constituição Federal, ou seja, o princípio da isonomia, vejamos.

Na hipótese, de o juízo falimentar, permitir que os credores continuem as execuções, caso o plano de recuperação tenha sido aprovado ocorrerá a novação das dívidas anteriores (art. 59 da LFRE), inclusive as trabalhistas, portanto o seu recebimento será de acordo com o contido no plano. Não seria coerente permitir que a execução trabalhista individual se conclua, até mesmo porque há constituição de novo título executivo (§ 1º do art. 59 da LFRE) e ela oportunamente deve ser extinta.

Em relação aos bens afetados à recuperação – mesmo não considerando os argumentos relativos a novação –, não seria possível que fossem utilizados para satisfação do crédito trabalhista da execução que se pretende, pois conforme outrora dito estes devem servir ao plano, portanto são impenhoráveis. Entretanto, em remota hipótese de existir bens não afetados ao plano de recuperação, por exemplo valores penhorados em processos judicias em que a empresa recuperanda é exequente – não afetados pelo plano de recuperação pela sua inexigibilidade imediata –, se poderiam ser objeto de penhora no rosto dos autos, nos termos do art. 860 do CPC.

---

[33] "PROCESSUAL CIVIL. CONFLITO POSITIVO DE COMPETÊNCIA. JUÍZO DE DIREITO E JUÍZO DO TRABALHO. RECUPERAÇÃO JUDICIAL. PROCESSAMENTO DEFERIDO. NECESSIDADE DE SUSPENSÃO DAS AÇÕES E EXECUÇÕES. COMPETÊNCIA DO JUÍZO DA RECUPERAÇÃO JUDICIAL. PRECEDENTES. 1. Uma vez deferido o processamento da recuperação judicial, ao Juízo Laboral compete tão somente a análise da matéria referente à relação de trabalho, vedada a alienação ou disponibilização do ativo em ação cautelar ou reclamação trabalhista. 2. É que são dois valores a serem ponderados, a manutenção ou tentativa de soerguimento da empresa em recuperação, com todas as consequências sociais e econômicas dai decorrentes – como, por exemplo, a preservação de empregos, o giro comercial da recuperanda e o tratamento igual aos credores da mesma classe, na busca de 'melhor solução para todos' –, e, de outro lado, o pagamento dos créditos trabalhistas reconhecidos perante a justiça laboral. 3. Em regra, uma vez deferido o processamento ou, a fortiori, aprovado o plano de recuperação judicial, revela-se incabível o prosseguimento automático das execuções individuais, mesmo após decorrido o prazo de 180 dias previsto no art. 6º, § 4, da Lei 11.101/2005. 4. Conflito conhecido para declarar a competência do Juízo de Direito da Vara de Falências e Recuperações Judiciais do Distrito Federal". (CC 112.799/DF, Rel. Ministro Luis Felipe Salomão, Segunda Seção, julgado em 14.03.2011, *DJe* 22.03.2011)

A parte final do § 5º do art. 6º autoriza essa possibilidade. Eventual execução trabalhista mesmo estando com o crédito inscrito no quadro-geral de credores, poderia em tese, caso encontre um processo em que o direito da empresa recuperanda esteja sendo discutido – e não mais suspenso os processos nos termos do § 4º do art. 6º –, proceder com a execução do seu crédito trabalhista penhorando tais direitos. Evidente que isso fere não apenas ao princípio da isonomia, mas também a própria ideia de concurso de credores, que orienta a atual legislação. Assim, defendemos a inconstitucionalidade do § 5º do art. 6º da LRFE, com redução do texto. Os créditos trabalhistas, portanto, devem ser discutidos na especializada, entretanto satisfeitos no juízo universal.

Em relação a não suspensão das execuções físicas (§ 7º, art. 6º) importante destacar que é condição para o pedido de recuperação judicial apresentação de certidões negativas, nos termos do art. 57, inclusive havendo previsão legal para parcelamentos tributários (art. 68). Com o parcelamento a exigibilidade do crédito tributário é suspensa (art. 151, VI do CTN), o que possibilita à empresa apresentar certidão positiva com efeito de negativa. Nesses casos, a execução fiscal deve ser suspensa não em virtude da recuperação, mas sim pela inexigibilidade do crédito tributário.

Ademais, o Superior Tribunal de Justiça tem o entendimento de que, "em razão do deferimento da recuperação judicial da empresa executada, são vedados atos judiciais que importem na redução do patrimônio"[34]. Parece-nos bem coerente tal posicionamento, pois, embora algumas execuções não sejam suspensas, os bens que estão afetados no plano de recuperação devem ser resguardados para aquela finalidade em respeito ao patrimônio mínimo empresarial.

Outros problemas surgem quando da competência para dispor sobre a alienação de bens de empresa que está em recuperação e a destinação dos valores auferidos. Há casos em que surge o conflito com execuções trabalhistas ou até mesmo fiscais que também pretendem

---

[34] "PROCESSUAL CIVIL. TRIBUTÁRIO. EMBARGOS DE DECLARAÇÃO RECEBIDOS COMO AGRAVO REGIMENTAL. EXECUÇÃO FISCAL. VIOLAÇÃO DO ART. 535 DO CPC. INEXISTÊNCIA. EMPRESA EM RECUPERAÇÃO JUDICIAL. PENHORA E ALIENAÇÃO DE BENS DA EMPRESA PARA SATISFAZER O EXECUTIVO FISCAL. IMPROPRIEDADE DO ATO DE CONSTRIÇÃO JUDICIAL. PRESERVAÇÃO DA EMPRESA. 1. Em virtude do nítido caráter infringente, com fundamento no princípio da fungibilidade recursal, recebo os presentes Embargos como Agravo Regimental. 2. Não se configura a ofensa ao art. 535 do Código de Processo Civil, uma vez que o Tribunal de origem julgou integralmente a lide e solucionou a controvérsia, tal como lhe foi apresentada. 3. O entendimento esposado pela Corte *a quo* está em consonância com a orientação do STJ, no sentido de que, embora a execução fiscal não se suspenda em razão do deferimento da recuperação judicial da empresa executada, são vedados atos judiciais que importem na redução do patrimônio da empresa ou excluam parte dele do processo de recuperação, sob pena de comprometer, de forma significativa, o seguimento desta. Assim, sedimentou-se o entendimento de que 'a interpretação literal do art. 6º, § 7º, da Lei 11.101/05 inibiria o cumprimento do plano de recuperação judicial previamente aprovado e homologado, tendo em vista o prosseguimento dos atos de constrição do patrimônio da empresa em dificuldades financeiras'. 4. Embargos de Declaração recebidos como Agravo Regimental, ao qual se nega provimento" (EDcl no REsp 1505290/MG, Rel. Min. Herman Benjamin, 2ª Turma, j. 28.04.2015, *DJe* 22.05.2015).

Cap. 3 • PRESERVAÇÃO DA EMPRESA E DEFESA DO PATRIMÔNIO MÍNIMO EMPRESARIAL | 139

a expropriação dos bens[35]. A dificuldade surge quando o juízo em que tramita a execução fiscal, por exemplo, desrespeita a competência do juízo da recuperação, e os valores angariados são depositados em favor da Fazenda Nacional. Com base no princípio da preservação da empresa, a Segunda Seção do Superior Tribunal de Justiça estabelece que a competência para decidir em relação aos atos constritivos é do juízo universal, pois este é o que tem melhores condições de decidir se determinado ato expropriatório inviabiliza ou não o plano[36].

O entendimento é o de que, quanto aos bens afetados, o juízo universal da falência ou recuperação é o competente para tratar sobre o assunto. Considerando tal entendimento, restou assim enunciada a Súmula n. 480 do Superior Tribunal de Justiça: "O juízo da recuperação judicial não é competente para decidir sobre a constrição de bens não abrangidos pelo plano de recuperação da empresa". Ou seja, em relação aos bens abrangidos no plano de recuperação, a competência para decidir é do juízo universal; para os não abrangidos, o juízo singular.

Coaduna com o posicionamento exposto o Enunciado n. 74 da II Jornada de Direito Comercial, promovida pelo Conselho da Justiça Federal, que defende: "embora a execução fiscal não se suspenda em virtude do deferimento do processamento da recuperação judicial, os atos que importem em constrição do patrimônio do devedor devem ser analisados pelo Juízo recuperacional, a fim de garantir o princípio da preservação da empresa". Diversas são as decisões que fundamentam tal posicionamento[37].

Quanto a hipótese do § 3º, art. 49, discussão pertinente é em relação a possibilidade de ação de busca e apreensão prosseguir em relação à empresa em recuperação judicial, quando o bem alienado fiduciariamente é indispensável à sua atividade. Em recente de-

---

[35] "AGRAVO REGIMENTAL NO CONFLITO DE COMPETÊNCIA. EXECUÇÃO FISCAL EM PROCESSAMENTO NO JUÍZO LABORAL. ANTERIOR DEFERIMENTO DA RECUPERAÇÃO JUDICIAL. LEI N. 11.101/05. INTERPRETAÇÃO SISTEMÁTICO-TELEOLÓGICA DOS SEUS DISPOSITIVOS. MANUTENÇÃO DA ATIVIDADE ECONÔMICA. PRECEDENTES DA SEGUNDA SEÇÃO DO STJ. ALEGAÇÃO DE VIOLAÇÃO DO ART. 97 DA CF/1988. INEXISTÊNCIA. MANUTENÇÃO DA DECISÃO MONOCRÁTICA QUE CONHECEU DO CONFLITO PARA DECLARAR A COMPETÊNCIA DO JUÍZO DE DIREITO DA 1ª VARA CÍVEL DA COMARCA DE SANTA ROSA – RS. AGRAVO REGIMENTAL A QUE SE NEGA PROVIMENTO" (AgRg no CC 134.470/RS, Rel. Min. Paulo de Tarso Sanseverino, 2ª Seção, j. 24.09.2014, *DJe* 01.10.2014).

[36] "CONFLITO DE COMPETÊNCIA. RECUPERAÇÃO JUDICIAL. EXECUÇÃO FISCAL. PRINCÍPIO DA PRESERVAÇÃO DA EMPRESA. 1) Apesar de a execução fiscal não se suspender em face do deferimento do pedido de recuperação judicial (art. 6º, § 7º, da LF n. 11.101/05, art. 187 do CTN e art. 29 da LF n. 6.830/1980), submetem-se ao crivo do juízo universal os atos de alienação voltados contra o patrimônio social das sociedades empresárias em recuperação, em homenagem ao princípio da preservação da empresa. 2) Precedentes específicos desta Segunda Secção. 3) Conflito conhecido para declarar a competência do juízo de direito da 8ª Vara Cível de São José do Rio Preto-SP para a análise dos atos constritivos sobre o ativo das empresas suscitantes" (CC 114.987/SP, Rel. Min. Paulo de Tarso Sanseverino, 2ª Seção, j. 14.03.2011, *DJe* 23.03.2011).

[37] Nesse sentido: AgRg no CC 132.239/SP, Rel. Min. Marco Aurélio Bellizze, 2ª Seção, j. 10.09.2014, *DJe* 16.09.2014; AgRg no CC 87.263/RJ, 2ª Seção, Rel. Min. Marco Buzzi, *DJe* 19.08.2014; EDcl no AgRg no CC 131.063/SP, 2ª Seção, Rel. Min. Paulo de Tarso Sanseverino, *DJe* 31.03.2014; AgRg no CC 119.203/SP, 2a Seção, Rel. Min. Antônio Carlos Ferreira, *DJe* 03.04.2014; AgRg no CC 136.392/GO, 2ª Seção, Rel. Min. Marco Aurélio Bellizze, *DJe* 29.10.2014; e AgRg no CC 129.622/ES, 2ª Seção, Rel. Min. Raul Araújo, *DJe* 29.09.2014.

cisão, a Terceira Turma do Superior Tribunal de Justiça no Recuso Especial 1660893/MG, de relatoria da Ministra Nancy Andrighi, seguiu o entendimento da Corte Superior no sentido de que o mero decurso do prazo de 180 dias contido no art. 6º, §4º da LFRE, não autoriza o retorno automático das ações e reconheceu a competência do juízo universal para decidir sobre o destino dos bens essenciais à atividade da empresa[38]. No mesmo sentido, a Segunda Seção já havia decido a situação no CC 146631/MG[39].

Na linha que estamos defendendo, a melhor solução é a seguinte: a suspensão das ações (§ 4º do art. 6º da LFRE) pode ser ampliada até a aprovação do plano de recuperação, caso a demora não seja imputada ao devedor. Após, em situações excepcionais, em que ficar demonstrado que o bem é essencial, cabe ao juízo falimentar decidir sobre a destinação do mesmo, resguardando o direito de recebimento do credor fiduciário.

Ainda falando em recuperação, outro ponto demonstra a intenção do legislador de preservar a empresa. O art. 67 dispõe: "Os créditos decorrentes de obrigações contraídas pelo devedor durante a recuperação judicial, inclusive aqueles relativos a despesas com fornecedores de bens ou serviços e contratos de mútuo, serão considerados extraconcursais". Trata-se de um incentivo aos fornecedores de manter o fornecimento dos produtos

---

[38] "PROCESSUAL CIVIL. RECURSO ESPECIAL. AÇÃO DE BUSCA E APREENSÃO. DEFERIMENTO DO PROCESSAMENTO DA RECUPERAÇÃO JUDICIAL. PRAZO DE SUSPENSÃO. ALIENAÇÃO FIDUCIÁRIA. ESSENCIALIDADE DO BEM. AVALIAÇÃO NECESSÁRIA. 1. Ação ajuizada em 03.09.2012. Recurso Especial interposto em 19.08.2016 e concluso ao Gabinete em 24.03.2017. Julgamento: CPC/15. 2. O propósito recursal é decidir se a ação de busca e apreensão deve prosseguir em relação à empresa em recuperação judicial, quando o bem alienado fiduciariamente é indispensável à sua atividade produtiva. 3. A concessão de efeito suspensivo ao recurso especial deve ser pleiteada de forma apartada, não se admitindo sua inserção nas próprias razões recursais. Precedentes. 4. O mero decurso do prazo de 180 dias previsto no art. 6º, § 4º, da LFRE não é bastante para, isoladamente, autorizar a retomada das demandas movidas contra o devedor, uma vez que a suspensão também encontra fundamento nos arts. 47 e 49 daquele diploma legal, cujo objetivo é garantir a preservação da empresa e a manutenção dos bens de capital essenciais à atividade na posse da recuperanda. Precedentes. 5. Apesar de credor titular da posição de proprietário fiduciário de bens móveis ou imóveis não se submeter aos efeitos da recuperação judicial, o juízo universal é competente para avaliar se o bem é indispensável à atividade produtiva da recuperanda. Nessas hipóteses, não se permite a venda ou a retirada do estabelecimento do devedor dos bens de capital essenciais a sua atividade empresarial (art. 49, §3º, da Lei 11.101/05). Precedentes. 6. Recurso especial conhecido e parcialmente provido". (REsp 1660893/MG, Rel. Ministra NANCY ANDRIGHI, TERCEIRA TURMA, julgado em 08.08.2017, *DJe* 14.08.2017)

[39] "CONFLITO POSITIVO DE COMPETÊNCIA. RECUPERAÇÃO JUDICIAL. BUSCA E APREENSÃO. ALIENAÇÃO FIDUCIÁRIA DE VEÍCULOS. BENS ESSENCIAIS À ATIVIDADE EMPRESARIAL. PRESERVAÇÃO DA EMPRESA. COMPETÊNCIA DO JUÍZO UNIVERSAL. 1. Conflito de competência suscitado em 04.05.2016. Atribuído ao Gabinete em 14.11.2016. 2. Apesar de o credor titular da posição de proprietário fiduciário de bens móveis ou imóveis não se submeter aos efeitos da recuperação judicial, o juízo universal é competente para avaliar se o bem é indispensável à atividade produtiva da recuperanda. Nessas hipóteses, não se permite a venda ou a retirada do estabelecimento do devedor dos bens de capital essenciais à sua atividade empresarial (art. 49, §3º, da Lei 11.101/05). Precedentes. 2. Na espécie a constrição dos veículos alienados fiduciariamente implicaria a retirada de bens essenciais à atividade da recuperanda, que atua no ramo de transportes. 3. Conflito conhecido. Estabelecida a competência do juízo em que se processa a recuperação judicial". (CC 146.631/MG, Rel. Ministra Nancy Andrighi, Segunda Seção, julgado em 14.12.2016, *DJe* 19.12.2016)

e/ou serviços, pois, caso não fossem considerados extraconcursais, haveria o risco de ninguém mais ter interesse em permanecer fornecendo produtos.

Outro dispositivo que demonstra o claro intuito de preservar a empresa e também colabora com o nosso entendimento de que o termo "empresa" deve ser encarado em sentido mais amplo do que empresa enquanto atividade refere-se a eventuais alienações de parte ou totalidade das unidades produtivas.

Uma das opções que o empresário tem é vender parte da empresa, caso aprovada a alienação judicial de filiais ou unidades produtivas isoladas do devedor. Nos termos do art. 60, parágrafo único, "o objeto da alienação estará livre de qualquer ônus e não haverá sucessão do arrematante nas obrigações do devedor, inclusive as de natureza tributária". Nesse mesmo sentido, o entendimento do Enunciado 47 da I Jornada de Direito Comercial: "nas alienações realizadas nos termos do art. 60 da Lei n. 11.101/2005, não há sucessão do adquirente nas dívidas do devedor, inclusive nas de natureza tributária, trabalhista e decorrentes de acidentes de trabalho".

Fica claro que a intenção do legislador foi a de assegurar o sucesso da recuperação judicial e principalmente manter os postos de trabalho, ou seja, preservar a empresa. Caso o empresário adquirente deva sucedê-la nas dívidas, em especial as trabalhistas e tributárias, que facilmente podem atingir o patrimônio dos sócios, em especial do administrador, parece-nos claro que nenhum empresário faria tal aquisição, o que demonstraria o insucesso da preservação da empresa.

Na impossibilidade da recuperação do empresário, conforme dito, este deve ser retirado do mercado. Considerando que o objetivo da lei é a preservação da empresa, sempre que possível devem ser maximizados os seus ativos. Fábio Ulhoa Coelho defende que "nem toda falência é um mal. Algumas empresas, porque são tecnologicamente atrasadas, descapitalizadas ou possuem organização administrativa precária, devem mesmo ser encerradas". Ainda segundo o autor, "para o bem da economia como um todo, os recursos – materiais, financeiros e humanos – empregados nessa atividade devem ser realocados para que tenham otimizada a capacidade de produzir riqueza"[40].

A preferência será sempre pela alienação conjunta dos ativos. Pretende-se com isso manter a empresa e as benesses daí advindas, e nesses casos, assim como ocorre na recuperação judicial, não há a sucessão. Vale citar o art. 141: "Na alienação conjunta ou separada de ativos, inclusive da empresa ou de suas filiais, promovida sob qualquer das modalidades de que trata este artigo"; e o inciso II: "o objeto da alienação estará livre de qualquer ônus e não haverá sucessão do arrematante nas obrigações do devedor, inclusive as de natureza tributária, as derivadas da legislação do trabalho e as decorrentes de acidentes de trabalho".

Na falência, o administrador é afastado da administração da empresa, e em seu lugar o juiz estipulará um administrador judicial. Nesse sentido o art. 75: "a falência, ao promover o afastamento do devedor de suas atividades, visa a preservar e otimizar a utilização produtiva dos bens, ativos e recursos produtivos, inclusive os intangíveis, da empresa". Sempre que possível, a atividade empresarial será mantida como forma de garantir o disposto no art. 75.

---

[40] COELHO, Fábio Ulhoa. **Comentários à nova lei de falências e de recuperação de empresas**, cit., p. 116-117.

142 | BEM JURÍDICO EMPRESARIAL – *Fábio Brasilino*

Conforme se pode perceber, a atual legislação muda de paradigma, e a falência, antes como vista como espécie de pena e execução forçada, agora cede lugar a preceitos e instrumentos que valorizem a função social da empresa. Em decorrência da importância da empresa para a sociedade contemporânea, atualmente a preocupação primordial é com sua preservação. Preservar a empresa significa mantê-la enquanto instituição, conservando os bens sociais proporcionados pela sua existência, que surge do inter-relacionamento entre o empresário-sujeito, o estabelecimento-objeto e a atividade-fato jurídico. Portanto, em um primeiro momento a preocupação da legislação será a de assegurar ao empresário sua recuperação. Demonstrada a inviabilidade de recuperar, ele é retirado do mercado pela decretação da falência.

No intuito de maximizar os ativos e preservar a empresa, sempre que possível, todos os recursos devem ser empregados em nome da destinação produtiva por meio da alienação conjunta. É perceptível pelo exposto que a atual legislação em diversas oportunidades se preocupa com a ideia do patrimônio mínimo empresarial. Exemplo claro é a competência do juízo universal para decidir a destinação dos bens, sobrepondo-se a interesses inclusive do Poder Público (no caso da execução fiscal) no intuito de salvaguardar a empresa passível de recuperação. Feitas essas considerações, o próximo passo é analisar como a teoria da desconsideração da personalidade positiva pode ser utilizada na ideia de preservar o patrimônio mínimo empresarial.

3.2   A TEORIA DA DESCONSIDERAÇÃO DA PERSONALIDADE

3.2.1   Os efeitos da personalização

Ao se falar em pessoa jurídica, vários são os posicionamentos quanto à sua natureza. O Código Civil de 1916, no seu art. 20, estabelece a autonomia patrimonial de tais entes. O atual Código Civil, com as alterações da Lei n. 13.874/2019, deixa clara a autonomia da pessoa jurídica em relação aos seus sócios ao acrescentar o art. 49-A que dispõe: "A pessoa jurídica não se confunde com os seus sócios, associados, instituidores ou administradores". Tal fato é reafirmado no parágrafo único do referido artigo e também no § 7º do art. 980-A, que estabelece: "Somente o patrimônio social da empresa responderá pelas dívidas da empresa individual de responsabilidade limitada, hipótese em que não se confundirá, em qualquer situação, com o patrimônio do titular que a constitui, ressalvados os casos de fraude." Assim, uma vez cumprido o disposto no art. 45 do Código Civil, começa a existência legal das pessoas jurídicas, passando elas a ter direitos e deveres, que são diversos dos de seus membros, por se tratar de pessoas distintas[41].

Diversas foram as teorias e subteorias que visavam definir a pessoa jurídica, a ponto de Francesco Ferrara estabelecer que a "literatura [era] extraordinariamente rica e variada, na qual figuram os melhores nomes do mundo jurídico, cuja organização em teorias autônomas apresenta singular dificuldade"[42]. Duas teorias foram determinantes para a atual concepção de pessoa jurídica no ordenamento jurídico brasileiro: a teoria da ficção de Savigny e a teoria da realidade orgânica ou objetiva de Gierke e Zitelman.

---

[41]   TARTUCE, Flávio. **Direito civil**: lei de introdução e parte geral, cit., p. 227.

[42]   FERRARA, Francesco. **Teoria delle persone giuridiche**. 2. ed. Napoli: Marghieri, 1923. p. 133.

Cap. 3 • PRESERVAÇÃO DA EMPRESA E DEFESA DO PATRIMÔNIO MÍNIMO EMPRESARIAL | **143**

Para Savigny, a pessoa jurídica seria a extensão do conceito de pessoa feita pela lei. Ao trabalhar com a capacidade jurídica, esclarece o autor que a considera "também como extensiva aos sujeitos artificiais criados por simples ficção. Tais sujeitos são por nós denominados pessoa jurídica"[43].

Já a teoria da realidade orgânica ou objetiva de Gierke e Zitelman, em contraposição à teoria da ficção, afirmava que as pessoas jurídicas seriam entidades vivas, com realidade, independência e vontade consciente. Tais afirmações se davam "pois como estas nascem, vivem, e se extinguem não por artifícios do Estado, mas por ação das forças sociais"[44].

Os autores italianos Navarrini e Faggella formularam interessante conceito relativo à pessoa jurídica. Para os autores, "existe pessoa jurídica quando existe um ente, reconhecido explicitamente ou implicitamente pela lei, o qual possa, como tal, entrar em relações patrimoniais com terceiros". E complementam: "isto é, ter direitos e obrigações próprias, que concentrem nele, encontrem a base e o meio de satisfação num patrimônio exclusivamente próprio da mesma entidade"[45].

Um ponto em comum, nas teorias e no conceito analisados, reside no fato de reconhecer que a pessoa jurídica e seus membros possuem capacidades, interesses e legitimações distintas. O presente trabalho adota o posicionamento da nova geração de civilistas, ou seja, a teoria da realidade técnica. Segundo os defensores de tal posicionamento, a pessoa jurídica tem existência real, todavia a sua personalidade é adquirida pelo direito, portanto tem capacidade jurídica própria. Trata-se de uma teoria intermediária, ao reconhecer a sua procedência jurídica, mas com atuação social.

Dessa forma, é oportuno reconhecer o interesse da pessoa jurídica, inclusive no âmbito do Superior Tribunal de Justiça. O relator Ministro Herman Benjamin, ao tratar do tema desconsideração da personalidade, diz "importa[r] prejuízo às pessoas físicas afetadas pelos efeitos das obrigações contraídas pela pessoa jurídica. A rigor, ela resguarda interesses de credores e da própria sociedade empresária indevidamente manipulada" (AgRg no REsp 1307639/RJ, 2ª T., j. 17.05.2012, Rel. Min. Herman Benjamin, *DJe* 23.05.2012)[46]. Com isso, reconhece-se a ausência de "legitimidade [e] interesse recursal para questionar decisão que, sob o fundamento de ter ocorrido dissolução irregular, determina a responsabilização dos sócios". Corrobora a tese da dissociação de interesses o fundamento utilizado com fulcro no Enunciado n. 285 da IV Jornada de Direito Civil, sobre a possibilidade de invocação da teoria em favor dela. Ou seja, a própria pessoa jurídica pode invocar a desconsideração, logo se conclui pela existência de interesses próprios e distintos dos de seus sócios.

---

[43]   SAVIGNY, Federico Carlo Di. **Sistema del diritto romano attuale**. Torino: Unione Tipografico, 1888. p. 240.

[44]   RÁO, Vicente. **O direito e a vida dos direitos**, cit., p. 727.

[45]   NAVARRINI, U.; FAGELLA, G. **Das sociedades e associações comerciais**. Rio de Janeiro: José Konfino, 1950. p. 198.

[46]   Sobre o tema: EDcl no AREsp 14.308/MG, Rel. Min. Humberto Martins, Segunda Turma, *DJe* 27.10.2011; REsp 932.675/SP, Rel. Ministro Castro Meira, Segunda Turma, *DJ* 27.8.2007, p. 215; REsp 793.772/RS, Rel. Ministro Teori Albino Zavascki, Primeira Turma, *DJe* 11.2.2009. 9. Agravo Regimental não provido" (AgRg no REsp 1307639/RJ, Rel. Min. Herman Benjamin, 2ª Turma, j. 17.05.2012, *DJe* 23.05.2012).

Assim, considerando a existência da pessoa jurídica (realidade técnica), verifica-se que ela tem personalidade. Nas palavras de Pontes de Miranda, a personalidade é a possibilidade de encaixar os suportes fáticos que, pela incidência das regras jurídicas, se tornem fatos jurídicos, portanto a possibilidade de ser sujeito de direito". Complementa o autor afirmando que "personalidade é o mesmo que (ter) capacidade de direito, poder ser sujeito de direito"[47].

Ao personalizar algo ou alguém, a ordem jurídica delimita apenas o proibido e obrigatório, superando a necessidade de especificação de todos os atos que podem ser feitos (permitidos), nos termos do art. 5º, II, da Constituição Federal. Dessa maneira, sendo reconhecidos como sujeitos de direitos e deveres, três efeitos são decorrentes, a saber, a titularidade obrigacional, a titularidade processual e a titularidade patrimonial.

O primeiro efeito, a titularidade obrigacional, impõe legitimação à celebração dos negócios jurídicos aos entes, os quais manifestarão a sua vontade negocial, por meio dos seus respectivos representantes, e, como decorrência disso, assumirá as consequências. O segundo, de natureza eminentemente processual, estabelece a legitimidade da pessoa jurídica, e não dos seus membros, para figurar nos polos ativo e passivo, nos termos dos arts. 17 e 18 do Código de Processo Civil.

Sobre a titularidade patrimonial, o terceiro efeito, o que se verifica é o princípio da autonomia patrimonial, ou seja, a separação dos patrimônios da pessoa jurídica dos de seus membros, que, no atual ordenamento jurídico, tem grande importância, ante a existência da regra da subsidiariedade contida no art. 1.024 do Código Civil e no art. 795 do Código de Processo Civil[48].

Inegável a necessária dissociação dos interesses da pessoa jurídica e dos de seus membros. A separação subjetiva da sociedade e dos seus integrantes é de extrema importância, em especial o princípio da autonomia patrimonial. Essa sistemática possibilita melhor gerência negocial em matéria obrigacional, tributária etc. Porém, deve-se mitigar tal princípio quando presente a ilicitude, ou seja, quando utilizado de forma a fraudar credores ou mesmo facilitar a prática de abuso de direito. Corroboram essa afirmação os ensinamentos de Rolf Serick, para quem a pessoa jurídica está rigorosamente separada da personalidade dos seus membros e afirma que a jurisprudência alemã demonstra que as vezes se faz necessário penetra, na personalidade, para alcançar os titulares da pessoa[49].

Nesse contexto, surge a teoria da desconsideração da personalidade jurídica (*disregard of the legal entity*), que tende "a impedir que a pessoa jurídica seja utilizada, com sucesso, para fins imorais ou antijurídicos"[50].

---

[47] PONTES DE MIRANDA, F. C. **Tratado de direito privado**. Rio de Janeiro: Borsoi, 1972. p. 207-209.

[48] COELHO, Fábio Ulhoa. **Curso de direito comercial**: direito de empresa. 15. ed. São Paulo: Saraiva, 2011. p. 33.

[49] SERICK, Rolf. **Aparencia y realidad en las sociedades mercantiles**: el abuso de derecho por medio de la persona jurídica. Barcelona: Ariel, 1958. p. 31-32.

[50] OLIVEIRA, J. Lamartine Corrêa de. **A dupla crise da pessoa jurídica**. São Paulo: Saraiva, 1979. p. 262.

3.2.2 Contextualização histórica da teoria da desconsideração

Originada na jurisprudência do *common law* (Inglaterra e Estados Unidos da América), destaca-se como marco inicial na Inglaterra em 1897, no caso Salomon *versus* Salomon & Co. Ltd.[51]. Na situação, foi reconhecida a desconsideração da personalidade, após aferir que Mr. Salmon detinha total controle societário, não havendo justificativa para existir a separação. Outro caso, o Standard Oil Co., no ano de 1908, a decisão foi proferida ao reconhecer a entidade como monopolista da produção de petróleo refinado julgado pela Corte Suprema de Ohio em 1892.

No plano doutrinário, o principal sistematizador foi Rolf Serick, ao defender tese de doutorado na Universidade de Tübingen, na Alemanha, em 1953[52]. No Brasil destacam-se os seguintes autores: Rubens Requião, J. Lamartine de Oliveira, João Casillo, Fábio Konder Comparato, Marçal Justen Filho e Fábio Ulhoa Coelho[53].

Como visto, a teoria da desconsideração da personalidade jurídica surgiu como forma de limitar a ilicitude ou o uso fraudulento da autonomia patrimonial, havendo a formulação subjetiva, quando presentes a fraude e o abuso do direito, e a formulação objetiva, formulada por Fábio Konder Comparato, ligada à confusão patrimonial[54].

Outra vertente de evolução da teoria é a chamada desconsideração inversa, em que a separação subjetiva da pessoa jurídica do sócio é desconsiderada para responsabilizá-la por obrigação do sócio[55]. Tal teoria é usualmente utilizada no caso de existência de pessoas jurídicas, em especial associativas e fundacionais, principalmente no âmbito do Direito de família e das sucessões. Rolf Hanssen Madaleno foi um dos pioneiros a tratar da teoria, no Brasil, com o artigo intitulado "A efetivação da *disregard* no juízo de família", a aplicabilidade da teoria[56].

---

[51]   Existem divergências quanto ao marco inicial. João Batista Lopes (LOPES, João Batista. Desconsideração da personalidade jurídica no novo Código Civil. **Revista dos Tribunais**, São Paulo: RT, v. 818. p. 36-46, dez. 2003), por exemplo, entende que o precedente mais antigo é a decisão do Juiz Marshall, proferida em 1809, no caso Bank of United States *vs*. Deveaux. Nos Estados Unidos – no *case* State *vs*. Standard Oil Co. –, uma decisão foi proferida ao reconhecer a entidade como monopolista na produção de petróleo refinado, julgado pela Corte Suprema de Ohio, em 1892.

[52]   SERICK, Rolf. **Rechtsform unde Realität juristischer Personen**. Milão: Giuffrè, 1966.

[53]   REQUIÃO, Rubens. **Aspectos modernos de direito comercial I**. São Paulo: Saraiva, 1977. p. 67-86; OLIVEIRA, J. Lamartine Corrêa de. **A dupla crise da pessoa jurídica**, cit., p. 613; CASILLO, João. Desconsideração da pessoa jurídica. **Revista dos Tribunais**, São Paulo: RT, ano 68, v. 528, p. 24-40, out. 1979; COMPARATO. Fábio Konder. **O poder de controle na sociedade anônima**. 3. ed. Rio de Janeiro: Forense, 1983; JUSTEN FILHO, Marçal. **Desconsideração da personalidade societária no direito brasileiro**. São Paulo: RT, 1987; COELHO, Fábio Ulhoa. **Desconsideração da personalidade jurídica**. São Paulo: RT, 1989.

[54]   COMPARATO. Fábio Konder. **O poder de controle na sociedade anônima**, cit., p. 283.

[55]   BASTID, Suzanne; DAVID, René; LUCHAIRE, François (Org.). **La personalité morale et sés limites**. Études de droit compare et de droit internacional public. Paris: LGDJ, 1960. p. 47.

[56]   MADALENO, Rolf Hanssen. **A efetivação da *disregard* no juízo de família**. Disponível em: <http://www.gontijo-familia.adv.br/2008/artigos_pdf/Rolf_Madaleno/EfetivDisregard.pdf>. Acesso em: 02 jun. 2017. Também desenvolve a ideia no livro: MADALENO, Rolf Hanssen. **Direito de família**: aspectos polêmicos. Porto Alegre: Livraria do Advogado, 1998. p. 27.

Muitas vezes a personalidade jurídica é utilizada pelos devedores como forma de fraudar a obrigação pensional. Nesse contexto, Luiz Alberto Caimmi e Guillermo Pablo Desimone entendem plenamente possível penetrar nas formas jurídicas e desconsiderar a separação patrimonial[57]. Atualmente, a teoria tradicional está positivada nos arts. 50 do Código Civil e 28, *caput*, do Código de Defesa do Consumidor; e, na forma inversa, no § 2º do art. 133 do Código de Processo Civil. A doutrina comercialista costuma dividir a incidência da teoria em aplicação correta e incorreta[58].

Todavia, ao se falar no Direito brasileiro, o presente estudo adota a classificação em teoria maior (positivada nos arts. 50 do Código Civil, 28, *caput*, do Código de Defesa do Consumidor e 133, § 2º, do Código de Processo Civil) e teoria menor (positivada em outros microssistemas). O fundamento de utilizar essa classificação está no Enunciado n. 51 da I Jornada de Direito Civil: "A teoria da desconsideração da personalidade jurídica – *disregard doctrine* – fica positivada no novo Código Civil, mantidos os parâmetros existentes nos microssistemas legais e na construção jurídica sobre o tema". De igual forma, a jurisprudência do Superior Tribunal de Justiça entende a existência dessas duas teorias, que foram positivadas no ordenamento brasileiro[59].

3.2.3 A teoria e a sua positivação no ordenamento jurídico brasileiro

O pressuposto da teoria maior é a ilicitude caracterizada pelo desvio de finalidade (teoria subjetiva) ou a confusão patrimonial (teoria objetiva). Por outro lado, a teoria menor não exige tais pressupostos, bastando, em regra, a mera insolvência.

A teoria menor foi positivada no § 5º do art. 28 do Código de Defesa do Consumidor, de igual forma no art. 4º da Lei n. 9.605/1998 (Lei do Meio Ambiente), no art. 34, parágrafo único, da Lei n. 12.529/2011 (Lei de Defesa da Concorrência), no art. 23 do Decreto n. 2.953/1999 e no § 3º do art. 18 da Lei n. 9.847/1999. Estas duas últimas referem-se às atividades relativas ao petróleo e combustíveis. No âmbito trabalhista, adota-se também essa teoria, utilizando como fundamento o princípio da proteção ao trabalhador e a lei comum como fonte subsidiária, por força do art. 8º, § 1º, da Consolidação das Leis do Trabalho, que diz que "o direito comum será fonte subsidiária do direito do trabalho" e art. 769 sobre matéria processual.

Quanto aos arts. 134 e 135 do Código Tributário Nacional, entendemos não se tratar de desconsideração da personalidade, mas sim de responsabilidade pessoal dos praticantes do ato.

---

[57] CAIMMI, Luis Alberto; DESIMONE, Guillermo Pablo. **Los delitos de incumplimiento de los deberes de asistencia familiar e insolvencia alimentaria fraudulenta**. 2. ed. Buenos Aires: Depalma, 1997. p. 23.

[58] COELHO, Fábio Ulhoa. **Curso de direito comercial**: direito de empresa, cit., p. 67; BERTOLDI, Marcelo M.; RIBEIRO, Marcia Carla Pereira. **Curso avançado de direito comercial**. 5. ed. São Paulo: RT, 2009. p. 151.

[59] Nesse sentido: REsp 1311857/RJ (rel. Min. Nancy Andrighi, j. 13.05.2014, public. 02.06.2014); AgRg no AgREsp 159.889/SP (rel. Luis Felipe Salomão, j. 15.10.2013, public. 18.10.2013); AgRg no Ag 1342443/PR (Min. Massami Uyeda, j. 15.05.2012, public. 24.05.2012); AgRg no AgREsp 275.810/ MG (Min. Maria Isabel Gallotti, j. 28.05.2013, public. 12.06.2013).

Até o presente momento, demonstrou-se que a teoria da desconsideração da personalidade sempre foi utilizada e positivada sob o aspecto negativo (punitivo/repressivo/desestímulo). No caso da maior e da inversa, parte-se do pressuposto da ilicitude (Enunciado n. 7 da I Jornada de Direito Civil); no caso da menor, o pressuposto é a insolvência. Em artigo publicado na *Revista de Direito Empresarial*, propomos uma evolução da teoria, a qual denominamos teoria da desconsideração da personalidade positiva[60].

3.2.4 A evolução da teoria e a desconsideração da personalidade positiva

A proposta de evolução da teoria originou-se da evolução do próprio conceito e abrangência do bem de família. Com base no fundamento na dignidade da pessoa humana, analisou-se a possibilidade de considerar o patrimônio empresarial como bem de família. Passa-se, portanto, a analisar a evolução do conceito de bem de família e qual o reflexo na teoria da desconsideração da personalidade.

Ao se falar em bem de família (*homestead*), sua proteção decorre do direito à moradia, contido no art. 6º da Constituição Federal de 1988, da dignidade da pessoa humana, da solidariedade (art. 3º, I, da Constituição Federal), bem como da necessidade de preservar as bases de dignidade do devedor e possibilitar seu recomeço de vida[61]. Há uma tendência à ampliação na proteção de bens às pessoas que, a princípio, não seriam consideradas entidades familiares nos termos do art. 226 da Constituição Federal, decorrentes do casamento ou da união estável. Ao ampliar a concepção de família, surgem novas formas e classificações da entidade familiar, além das tradicionais contidas no art. 226 da Constituição Federal, por exemplo, a família anaparental[62].

Nesse sentido, é emblemática a decisão do Superior Tribunal de Justiça no REsp 182.223/SP (Rel. Min. Sálvio de Figueiredo Teixeira, Rel. p/ Ac. Min. Humberto Gomes de Barros, Corte Especial, j. 06.02.2002, *DJ* 07.04.2003), que, ao declarar a impenhorabilidade de imóvel de devedor solteiro e solitário, utiliza-se de interpretação teleológica do art. 1º da Lei n. 8.009/1990, de forma a assegurar ao indivíduo o direito à moradia[63].

O que se verifica é que a proteção na realidade estaria ligada à pessoa, a ponto de o Superior Tribunal de Justiça sedimentar o entendimento de que a abrangência da Lei n. 8.009/1990 vai além da família ao proteger a pessoa solteira, separada ou viúva (Súmula n. 364 do Superior Tribunal de Justiça).

O Superior Tribunal de Justiça (REsp 950.663/SC, Rel. Min. Luis Felipe Salomão, 4a Turma, j. 10.04.2012, *DJe* 23.04.2012) entendeu ser impenhorável o imóvel cuja usufrutuária era genitora do devedor e o utilizava como moradia. O argumento utilizado

---

[60] BRASILINO, Fábio Ricardo Rodrigues. A teoria da desconsideração da personalidade positiva. **Revista de Direito Empresarial**, cit., p. 91-105.

[61] AZEVEDO, Álvaro Villaça. **Bem de família**, cit., p. 158-159; ZILVETI, Ana Marta Cattani de Barros. **Novas tendências do bem de família**, cit., p. 256.

[62] DIAS, Maria Berenice. **Manual de direito das famílias**, cit., p. 48.

[63] EREsp 182.223/SP, Rel. Min. Sálvio de Figueiredo Teixeira, Rel. p/ Ac. Min. Humberto Gomes de Barros, Corte Especial, j. em 06.02.2002, *DJ* 07.04.2003, p. 209.

foi o direito fundamental à moradia, com o consequente desdobramento no princípio da pessoa humana e o Estatuto do Idoso (Lei n. 10.741/2003)[64].

Reforçam tal argumento outras ampliações jurisprudenciais, com base no patrimônio mínimo e na proteção do bem de família. A discussão reside na possibilidade de desconsiderar a personalidade, em especial o efeito patrimonial, e reconhecer como bem de família, no intuito de proteger a moradia dos sócios, um imóvel de titularidade da pessoa jurídica. Serão utilizados como paradigmas os seguintes julgados: REsp 264.431/SE e REsp 621.399/RS.

No primeiro aresto, trata-se de um imóvel de propriedade da pessoa jurídica dado em garantia, em favor de terceira pessoa jurídica. Desse modo, a hipotecante e seus sócios não foram beneficiários pelo empréstimo, o bem é único e serve de moradia à entidade familiar de seus titulares, portanto se entendeu que deveria ser reconhecida a impenhorabilidade, com fulcro no art. 1º da Lei n. 8.009/1990.

Apenas a desconsideração da personalidade jurídica possibilita o afastamento dos efeitos da personalização e a mitigação do princípio da autonomia patrimonial. Ou seja, na situação em epígrafe, tratava-se de empresa familiar, o imóvel era destinado também à moradia e foi dado em garantia em favor de outrem. Dessa maneira, a titularidade patrimonial foi afastada em prol da proteção da entidade familiar.

O segundo acórdão trata de embargos à execução fiscal que foram julgados procedentes, por reconhecer como bem de família, mesmo estando o imóvel formalmente em nome da pessoa jurídica, ou seja, foi desconsiderada a autonomia patrimonial. O imóvel em questão era de propriedade da sociedade comercial, todavia os únicos sócios, em regime de empresa familiar, utilizavam-no como residência.

Ao declarar a impenhorabilidade de imóvel da pessoa jurídica (empresa familiar) que, além de ser sede da pequena empresa familiar, serve de moradia aos membros da entidade familiar, a decisão respeita um dos fundamentos basilares do Direito brasileiro: a dignidade humana. Nos termos do acórdão, "impõe-se exegese humanizada, à luz do fundamento da república voltado à proteção da dignidade da pessoa humana, por isso que, expropriar em execução por quantia certa esse imóvel, significa o mesmo que alienar bem de família".

Essa decisão demonstra a aplicação principiológica dos institutos infraconstitucionais, com base nas normas fundamentais, pois, no momento da interpretação, "[...] o aplicador da norma infraconstitucional, dentre mais de uma interpretação possível, deverá buscar aquela que a compatibilize com a Constituição [...]", na busca da valorização da pessoa, inclusive se sobrepondo ao interesse estatal e da supremacia do interesse público sobre o privado, já que se tratava de execução fiscal[65]. Fundamenta tal posicionamento o seguinte entendimento doutrinário: "A impenhorabilidade da Lei n. 8.009/1990, ainda que tenha com destinatários as pessoas físicas, merece ser aplicada a certas pessoas jurídicas,

---

[64] REsp 950.663/SC, Rel. Min. Luis Felipe Salomão, 4ª Turma, j. 10.04.2012, *DJe* 23.04.2012.

[65] BARROSO, Luís Roberto; BARCELLOS, Ana Paula de. O começo da história. A nova interpretação constitucional e o papel dos Princípios no Direito brasileiro. **Revista da EMERJ**, cit., p. 52.

às firmas individuais, às pequenas empresas com conotação familiar, por exemplo, por haver identidade de patrimônios"[66].

É indubitável que, quando um imóvel de propriedade da pessoa jurídica é considerado bem de família, ocorre a mitigação do princípio da autonomia patrimonial. Portanto, só é possível afastar os efeitos da personalização por meio da desconsideração, *in casu*, da teoria da desconsideração da personalidade jurídica que denominamos positiva. Nas duas situações em estudo, foi utilizada essa teoria ao se reconhecer a impenhorabilidade do imóvel, de titularidade da pessoa jurídica, que servia de moradia para os sócios desta.

Em outra oportunidade, buscamos ampliar a incidência da desconsideração positiva em prol da preservação da empresa em artigo publicado na *Revista de Direito Privado*[67]. Assim, nesse segundo enfoque, o que se analisa é a utilização da teoria no intuito de efetivar os princípios da função social e da preservação da empresa. Serão utilizados como fundamentos o Enunciado n. 285 da IV Jornada de Direito Civil da Conselho da Justiça Federal e o art. 790, VII, do Código de Processo Civil.

Como visto, em decorrência da personalidade jurídica adquirida, separam-se os interesses e direitos subjetivos da pessoa jurídica dos de seus titulares. Dessa maneira, a *disregard, a priori,* visa proteger os credores, mas entendemos que, de maneira reflexa, protege também a própria pessoa jurídica da atuação deletéria dos sócios. Em razão de sua autonomia, poderá agir contra a vontade de um ou mais membros sempre que não estiver de acordo com os objetivos sociais.

Nesse sentido, na IV Jornada de Direito Civil, foi aprovado o Enunciado n. 285, que dispõe: "A teoria da desconsideração, prevista no art. 50 do Código Civil, pode ser invocada pela pessoa jurídica, em seu favor". Essa discussão é, frequentemente, travada quando da análise de interesse recursal da pessoa jurídica em caso de desconsideração. O Superior Tribunal de Justiça, em diversos julgados, tem entendido que não há interesse recursal, uma vez que a decisão beneficia, mesmo que de forma reflexa, a pessoa jurídica. Nesse sentido é o entendimento da relatora Min. Nancy Andrighi, que, por ocasião do julgamento do REsp 1.421.464/SP, publicado no *Diário da Justiça* em 12.05.2014, assim diz: "O interesse na desconsideração ou, como na espécie, na manutenção do véu protetor, podem partir da própria pessoa jurídica". Complementa afirmando que se faz necessária a presença dos "requisitos autorizadores (...) da medida excepcional, esta seja capaz de demonstrar a pertinência de seu intuito, o qual deve sempre estar relacionado à afirmação de sua autonomia, vale dizer, à proteção de sua personalidade".

Na prática, o requerimento da desconsideração da personalidade poderia ser feito pela pessoa jurídica representada por alguns dos seus sócios, ou pelo Ministério Público, em favor dela, quando couber intervir no processo como *custos legis*, nos termos dos arts. 50 do Código Civil e 133, *caput*, do Código de Processo Civil. A título de exemplo, poderia ocorrer tal pedido em caso de recuperação judicial, em que o Ministério Público atuaria por força do art. 52, V, da Lei n. 11.101/2005 (Lei de Recuperação e Falência), no

---

[66] FACHIN, Luiz Edson. **Estatuto jurídico do patrimônio mínimo,** cit., p. 154.

[67] BRASILINO, Fábio Ricardo Rodrigues. Função social e preservação da empresa: a teoria da desconsideração da personalidade positiva como instrumento efetivador. **Revista de Direito Privado,** v. 63, p. 221-235, jun./set. 2015.

intuito de preservar a empresa, tendo em vista sua função social. Uma vez desconsiderada a personalidade, ocorre a incidência do inciso VII do art. 790 do Código de Processo Civil, que assim dispõe: "Art. 790. São sujeitos à execução os bens: (...) VII – do responsável, nos casos de desconsideração da personalidade jurídica". Trata-se de grande mudança trazida pelo novo Código Processual, uma vez que o incidente de desconsideração possibilita o contraditório e a ampla defesa nos termos do art. 5º, LV, da Constituição Federal.

Atualmente tramita o Projeto de Lei n. 69 de 2014, que visa disciplinar o procedimento de declaração judicial de desconsideração da personalidade jurídica. Ao nosso ver a grande contribuição do projeto é que se aplica o incidente de desconsideração em outras hipóteses que não a da desconsideração, nos termos do parágrafo único do art. 1º do Projeto, como é o caso do redirecionamento tributário (arts. 134 e 135 do Código Tributário Nacional), o que infelizmente não vem sendo aceito pelo Poder Judiciário, inclusive vai aprovado em seminário nacional do Enfam-Escola de Formação e Aperfeiçoamento de Magistrados, o Enunciado n. 53: "O redirecionamento da execução fiscal para o sócio-gerente prescinde do incidente de desconsideração da personalidade jurídica previsto no artigo 133 do CPC/2015".

Um problema que vemos no Projeto é que a sua preocupação é exclusiva quando estamos diante da desconsideração sob o fundamento da teoria maior e não há uma preocupação quanto a possibilidade de ser pleiteado pela própria pessoa jurídica. O art. 6º tem a seguinte redação: "Os efeitos da decretação de desconsideração da personalidade jurídica não atingirão os bens particulares de membro, de instituidor, de sócio ou de administrador que não tenha praticado ato abusivo da personalidade em detrimento dos credores da pessoa jurídica e em proveito próprio".

Ou seja, simplesmente desconsidera a teoria menor, cujo pressuposto é a insolvência, assim entendemos que todos os sócios devem ser responsáveis.

Portanto, defendemos que é plenamente possível a utilização da teoria da desconsideração da personalidade jurídica positiva de duas formas: a primeira visando proteger a entidade familiar ao reconhecer como bem de família um imóvel de titularidade da pessoa jurídica; a segunda quando desconsidera a personalidade em favor da própria pessoa jurídica, como forma de preservação da empresa em razão da sua função social. Em ambos os casos, de maneira reflexa, protege também a própria pessoa jurídica da atuação deletéria dos seus sócios[68].

---

[68] Vale ressaltar que quando utilizamos os termos "atuação deletéria" não estamos falando em casos de responsabilidade pessoal dos sócios, mas sim de abuso da personalidade nos termos do art. 50 do Código Civil. Sobre a responsabilidade pessoal do(s) sócio(s), vale citar os seguintes Enunciados: n. 59, I, Jornada de Direito Civil. Arts. 990, 1.009, 1.016, 1.017 e 1.091: os sócios-gestores e os administradores das empresas são responsáveis subsidiária e ilimitadamente pelos atos ilícitos praticados, de má gestão ou contrários ao previsto no contrato social ou estatuto, consoante estabelecem os arts. 990, 1.009, 1.016, 1.017 e 1.091, todos do Código Civil. E o n. 48 da I Jornada de Direito Comercial. A apuração da responsabilidade pessoal dos sócios, controladores e administradores feita independentemente da realização do ativo e da prova da sua insuficiência para cobrir o passivo, prevista no art. 82 da Lei n. 11.101/2005, não se refere aos casos de desconsideração da personalidade jurídica.

Cap. 3 • PRESERVAÇÃO DA EMPRESA E DEFESA DO PATRIMÔNIO MÍNIMO EMPRESARIAL | **151**

A segunda possibilidade aconteceria, por exemplo, por intermédio do Ministério Público, em casos de recuperação judicial, sempre quando ficarem demonstrados indícios do abuso da personalidade. Portanto, a teoria poderia ser utilizada como forma de proteger o bem jurídico empresarial, outrossim preservando a empresa. Feitas essas considerações, o próximo passo é analisar a relação entre os instrumentos expropriatórios e patrimônio mínimo empresarial diante da nova perspectiva do Direito Privado.

3.3 ASPECTOS PROCESSUAIS E PATRIMÔNIO MÍNIMO

Cada vez mais há a humanização das decisões pacificadoras dos litígios. Tal fato se dá pela tendência global a modificar as estruturas dos meios de produção e utilização dos bens em prol de um bem-estar coletivo. Trata-se de fazer uma releitura do próprio conceito de propriedade, conforme outrora trabalhado. Essa tendência à funcionalização social da propriedade parte do pressuposto de um poder-dever do proprietário de funcionalizar sua propriedade não apenas de acordo com seus anseios particulares, mas sim com base em uma função social fundamentada no bem comum.

O princípio da dignidade da pessoa humana surge no atual ordenamento jurídico brasileiro como centro norteador, portanto todas as relações, inclusive as privadas, devem tê-lo nessa perspectiva. Há uma aplicação principiológica, e com isso a dimensão patrimônio e dignidade agrega um novo fato à função social. Assim, a funcionalização do patrimônio ocorre quando a função social e a dignidade humana encimam o direito de propriedade, o que faz com que os bens não sejam tratados como um fim, mas sim como um meio de preservar a condição digna de seu donatário.

Conforme outrora mencionado, o Direito Privado deve tanto assegurar um patrimônio mínimo como ser fonte de acesso aos bens. Para tanto, necessário se faz assegurar e conciliar a ideia de expropriação de bens com o ideal de preservação dos bens de titularidade das pessoas jurídicas tendo como fundamento os princípios da função social e preservação da empresa.

O Processo Civil, seguindo esse paradigma, com o atual Código, inova substancialmente ao trazer, no início das suas disposições, a positivação das normas fundamentais, reafirmando no plano infraconstitucional a necessidade de sua aplicação. Nessa perspectiva, os autores Humberto Theodoro Júnior, Dierle Nunes, Alexandre Melo Franco Bahia e Flávio Quinaud Pedron, ao tratarem sobre os fundamentos e a sistematização da nova ordem processual privada brasileira, esclarecem que "o novo CPC somente pode ser interpretado a partir de suas premissas, **de sua unidade,** e especialmente de suas normas fundamentais", complementando "que não será possível interpretar/aplicar dispositivos ao longo de seu bojo sem levar em consideração seus princípios e sua aplicação dinâmica (substancial)" (grifo no original)[69]. O que se busca é operacionalizar o processo no intuito de efetivar o Direito material de forma justa, ampliando-se o contraditório (art. 10) e fortalecendo o dever de uma fundamentação mais acirrada (arts. 11 e 489).

---

[69] THEODORO Júnior, Humberto et al. **Novo CPC**: fundamentos e sistematização. 2. ed. Rio de Janeiro: Forense, 2015. p. 19.

Com a utilização cada vez mais crescente dos princípios enquanto normas fundamentadoras, o novo processo visa melhorar o acesso à justiça, de forma democrática, buscando sedimentar "um sistema dogmático íntegro e adequado que leve a sério os princípios do modelo constitucional de processo e que aplique normas de tessitura aberta, torna imperiosa uma compreensão precisa da teoria dos princípios"[70]. O que se percebe é que no Código de Processo Civil há uma abertura para um sistema principiológico.

A sociedade atual caminha para uma maior complexidade dos casos[71]. Assim, deve-se dar espaço à discricionariedade judicial com base na hermenêutica constitucional. Nesse contexto, a atual legislação processual permite uma decisão judicial democrática e o respeito à história institucional é valorizado, assim o art. 926 determina que "os tribunais devem uniformizar sua jurisprudência e mantê-la estável, íntegra e coerente".

A hegemonia axiológica dos princípios passa a compor a base do sistema jurídico. Isso faz com que ocorra um aperfeiçoamento da ciência do Direito, sem esquecer as contribuições positivistas. A busca é pela plenitude do ser humano, cumprindo, outrossim, as exigências do paradigma do Estado Democrático de Direito.

A postura teórica reconhece o Direito como produto cultural (elemento antropológico) que atua na experiência hermenêutica, diferentemente do que acontecia com o positivismo a desconsideração. Luigi Ferrajoli afirma que há um conjunto de direitos, chamados por ele de *esfera do não decidível,* que não podem ser desprezados[72]. Trata-se dos direitos fundamentais, que se originam de uma construção histórica de conquistas. A *experiência jurídica* é levada em consideração, de forma que a interpretação não fica condicionada à vontade do aplicador da norma. Assim, diferentemente do que ocorria no positivismo, não fica o jurista condicionado ao silogismo de ordenar, no plano abstrato, de acordo com o sistema coerente e racional e em seguida aferir o problema da aplicação do Direito.

O que se percebe é que o Direito sofre com limitações endógenas e consequentemente com a limitação do discurso jurídico, este, diante da impossibilidade de solução, por meio de argumento jurídicos, abre caminho ao discurso prático. Outrossim, implantam-se valores no sistema jurídico. E é nessa perspectiva que o atual Código procura fixar um processo democrático/justo. Em seu art. 8º, determina que, "ao aplicar o ordenamento jurídico, o juiz atenderá aos fins sociais e às exigências do bem comum, resguardando e promovendo a dignidade da pessoa humana e observando a proporcionalidade, a razoabilidade, a legalidade, a publicidade e a eficiência". É com base nessas premissas que devemos analisar os princípios orientadores da execução.

Ao se falar em processo de execução, os primeiros princípios são da tipicidade dos títulos executivos (*nulla executio sine lege*) e *nulla executio sine titulo*. Considerando que

---

[70]   THEODORO Júnior, Humberto et al. **Novo CPC**: fundamentos e sistematização, cit., p. 19.

[71]   Exemplo da complexidade dos casos foi o julgamento, no Supremo Tribunal Federal, da ADI n. 3.510/DF, Relator Ministro Ayres Britto e julgamento em 29.05.2008, que tratou sobre a inconstitucionalidade do art. 5º da Lei n. 11.105/2005 (Lei de Biossegurança), que discutiu questões relacionadas ao direito à vida, à saúde, ao planejamento familiar, dentre outros.

[72]   FERRAJOLI, Luigi. **A democracia através dos direitos**: o constitucionalismo garantista como modelo teórico e como projeto político, cit., p. 58.

os atos de constrição judicial deixam o executado em situação claramente desvantajosa, há a exigência da prévia previsão legal e da existência do título[73]. É o que dispõe o art. 783 do Código de Processo Civil: "a execução para cobrança de crédito fundar-se-á sempre em título de obrigação certa, líquida e exigível". E, de acordo com Araken de Assis, "a ausência de título gera nulidade cominada (*nulla executio sine titulo*), a teor do art. 803, I"[74].

Outro princípio que é de extrema importância, na atual perspectiva do Direito, é o da patrimonialidade. Segundo tal princípio, conforme dispõe o art. 789 do Código de Processo Civil, "o devedor responde com todos os seus bens presentes e futuros para o cumprimento de suas obrigações, salvo as restrições estabelecidas em lei". No mesmo sentido, o art. 391 do Código Civil determina que, pelo "inadimplemento das obrigações respondem todos os bens do devedor", e o art. 942, primeira parte: "os bens do responsável pela ofensa ou violação do direito de outrem ficam sujeitos à reparação do dano causado"[75]. Trata-se de grande conquista, pois proíbe o arresto pessoal, e a execução não mais é vista sob o ponto de vista da vingança pessoal[76].

O princípio do exato adimplemento determina que o credor deve obter o mesmo resultado que seria alcançado em caso de cumprimento voluntário. Deve-se buscar a eficiência da execução, e esta deve se limitar àquilo que seja suficiente para o cumprimento da obrigação. O art. 831 do Código de Processo Civil esclarece que "a penhora deverá

---

[73]   NEVES, Daniel Amorim Assumpção. **Manual de direito processual civil**. 6. ed. São Paulo: Método, 2014. p. 931.

[74]   ASSIS, Araken de. **Manual da execução**. 18. ed. São Paulo: RT, 2016. p. 143.

[75]   Em relação à responsabilidade patrimonial, vale citar Arruda Alvim: "Trata-se da chamada *responsabilidade patrimonial*, que, apesar de ser tema que envolve interminável controvérsia doutrinária, pode ser definida como o *estado de sujeitabilidade aos atos de execução em que se encontram os bens do devedor, ou eventualmente de um terceiro, para o caso do descumprimento de determinada dívida*. O tema, como se sabe, passou a interessar à ciência jurídica a partir de meados do sec. XIX, quando, através da obra de Alois Brinz, tomou-se a consciência da distinção entre *dívida* e *responsabilidade* (*Schuld und Haftung*). Aquela recai sobre a *pessoa do devedor*, de quem o credor tem o direito de exigir uma dada *prestação*. A responsabilidade, a seu turno, recai sobre o *patrimônio* do obrigado ou de um terceiro, que pode ser objeto das atividades executivas em caso de inadimplemento. Prova da distinção que haveria entre as figuras é o fato de que pode haver *dívida sem responsabilidade patrimonial* assim como *responsabilidade sem dívida própria* (como ocorre com o fiador, ou com terceiro que oferece bem seu em hipoteca como garantia de dívida alheia)" (ALVIM, Arruda. **Novo contencioso cível no CPC/2015**. São Paulo: RT, 2016. p. 373).

[76]   Ainda temos a prisão civil do devedor de alimentos. Em relação ao depositário infiel, a Súmula Vinculante n. 25 do Supremo Tribunal Federal põe fim à discussão ao confirmar a não aplicabilidade de tal meio coercitivo. Vale citar: "No direito romano a execução era extremamente violenta, permitindo-se a privação corporal e até mesmo a morte do devedor. A famosa Lei das XII Tábuas choca ao estabelecer que em determinadas condições seria possível 'dividir o corpo do devedor em tantos pedaços quantos sejam os credores'. O próprio direito romano passou por uma tímida, mas nítida, humanização da execução a partir do momento em que passou a regular limites à atuação do exequente, em especial a limitação à morte e divisão do corpo do devedor. Apesar de certos avanços, enquanto não abandonou a ideia de vingança privada o direito romano não conseguiu se desvincular do excesso nos meios executivos para a satisfação na execução" (NEVES, Daniel Amorim Assumpção. **Manual de direito processual civil**, cit., p. 978).

recair sobre tantos bens quantos bastem para o pagamento do principal atualizado, dos juros, das custas e dos honorários advocatícios".

Considerando ser o credor o beneficiário da execução, ele pode desistir a qualquer tempo. Trata-se do princípio da disponibilidade do processo pelo credor, positivado por meio do art. 775 do Código de Processo Civil, segundo o qual "o exequente tem o direito de desistir de toda a execução ou de apenas alguma medida executiva".

Toda execução apenas se justifica se trouxer alguma vantagem ao credor. Assim, o princípio da utilidade dispõe sobre a necessidade de ser útil ao credor e não apenas trazer prejuízos ao devedor. Conforme outrora dito, a execução não pode mais ser vista sob o ponto de vista da vingança pessoal. Nas palavras de Daniel Amorim Assumpção Neves, "não se justifica, portanto, processo de execução apenas para prejudicar o devedor", e traz um exemplo: "é também o princípio da utilidade que impede a aplicação das *astreintes* quando o juiz se convence que a obrigação se tornou materialmente impossível de ser cumprida"[77].

Apesar de a execução ter como fundamento satisfazer o interesse do credor, o art. 805 do Código de Processo Civil estabelece o princípio da menor onerosidade "quando por vários meios o exequente puder promover a execução, o juiz mandará que se faça pelo modo menos gravoso para o executado". Tal princípio é de extrema importância para a proteção do bem empresarial. Em situações em que há penhora *on-line* no intuito de preservar a empresa em dificuldades é possível uma medida menos gravosa, por exemplo, a penhora de parte do faturamento da empresa. E também vale lembrar que outros princípios devem ser aplicados à execução, como o da boa-fé objetiva, o do contraditório etc.

Conforme exposto, a execução deve recair sobre os bens do executado, nos termos do art. 831 do Código de Processo Civil. Todavia, nos termos do art. 832, "não estão sujeitos à execução os bens que a lei considera impenhoráveis ou inalienáveis". No item anterior, demonstramos que os bens afetados pela recuperação judicial estão indisponíveis para atos de expropriação, salvo quando autorizados pelo juízo universal. O Código de Processo traz no seu art. 833 quais bens são consideráveis impenhoráveis, além de outros que são considerados impenhoráveis como o bem de família, que, conforme outrora mencionado, pode atingir inclusive quando o bem fizer parte do patrimônio da pessoa jurídica.

Quanto aos bens considerados impenhoráveis, a principal discussão que é travada na jurisprudência, em relação ao patrimônio empresarial, refere-se ao inciso V, que considera impenhoráveis "os livros, as máquinas, as ferramentas, os utensílios, os instrumentos ou outros bens móveis necessários ou úteis ao exercício da profissão do executado". Aplica-se essa hipótese de impenhorabilidade de forma excepcional às pessoas jurídicas, sempre quando for demonstrada a essencialidade do bem à atividade empresarial. A 2ª Turma do Superior Tribunal de Justiça, no Recurso Especial n. 1.224.774/MG de relatoria do Ministro Mauro Campbell Marques, reconheceu a impenhorabilidade de bem útil e necessário para a continuidade de pequenas empresas em que os sócios atuem pessoalmente, utilizando como fundamento o art. 649, V, do Código de Processo de 1973 (atual art. 833, V).

---

[77] NEVES, Daniel Amorim Assumpção. **Manual de direito processual civil**, cit., p. 936.

Dispõe o art. 834: "podem ser penhorados, à falta de outros bens, os frutos e os rendimentos dos bens inalienáveis". Algumas discussões no âmbito jurisprudencial surgem tendo como base tal disposição[78].

O art. 185-A do Código Tributário Nacional possibilita que, em caso de o devedor tributário, após devidamente citado, não pagar ou nomear bens à penhora e se não forem encontrados bens penhoráveis, seja determinada a indisponibilidade pelo juiz de seus bens e direitos. A 2ª Turma do Superior Tribunal de Justiça, em processo de relatoria do Ministro Humberto Martins, ao discutir a incidência de tal dispositivo e a decretação da indisponibilidade dos bens da empresa, julgou pela impossibilidade, fundamentando que a indisponibilidade de bens e direitos da executada traria riscos à continuidade da atividade econômica.

Abre-se a discussão: em alguns casos de medida excepcional, poderia ser requerida a penhora do faturamento da empresa e também de créditos futuros de operações de cartão de crédito e de débito.

Ao analisar a possibilidade da penhora sobre o faturamento, a 1ª Turma do Superior Tribunal de Justiça, em processo de relatoria do Ministro Napoleão Nunes Maia Filho, entendeu pela possibilidade de ser penhorado 5% do faturamento[79].

No mesmo sentido, a 2ª Turma do Superior Tribunal de Justiça, em processo de relatoria do Ministro Herman Benjamin, decidiu que em casos excepcionais há a possibilidade de penhora de valores de créditos futuros que resultam de vendas feitas pelo cartão de crédito e débito[80].

Um problema recorrente ocorre quando, por meio do instituto da penhora *on-line*, o bloqueio de valores se der sobre capital de giro. Em relação ao tema, Humberto Theodoro Júnior entende não ser possível a penhora do capital de giro. Seus principais argumentos são: a) a execução deve ser realizada pelo modo menos gravoso, que se trata de norma cogente; b) a gradação legal, enquanto condição de validade da nomeação, deve ser harmonizada com a norma cogente do modo menos gravoso; c) privar a empresa do capital de giro é tirar-lhe o elemento necessário para sua sobrevivência; d) o capital de giro faz parte integrante da coisa complexa, portanto não pode ser separado; e) a penhora em relação ao capital de giro impossibilitaria o adimplemento das obrigações[81]. O entendimento do Superior Tribunal de Justiça, *a contrario sensu*, entendeu pela possibilidade de

---

[78] A título de exemplo são os casos em que não é possível proceder a penhora sobre o usufruto, mas sim sobre os frutos. Nesse sentido: "CIVIL. USUFRUTO. Os frutos são penhoráveis; o usufruto não. Recurso especial conhecido, mas não provido" (REsp 242.031/SP, Rel. Min. Ari Pargendler, 3ª Turma, j. em 02.10.2003, *DJ* 29.03.2004, p. 229).

[79] EDcl no AgRg nos EDcl no REsp 1325017/RJ, Rel. Min. Napoleão Nunes Maia Filho, 1ª Turma, j. 14.02.2017, *DJe* 21.02.2017.

[80] STJ, AgRg no AREsp 450575/MG 2013/0409652-0, Rel. Min. Herman Benjamin, j. 25.03.2014, T2 – 2ª Turma, *DJe* 18.06.2014.

[81] THEODORO JR., Humberto. **A impossibilidade da penhora do capital de giro**. Disponível em: <http://www.abdpc.org.br/abdpc/artigos/Humberto%20Theodoro%20%C3%BAnior(7)%20-formatado.pdf>. Acesso em: 28 mar. 2017.

penhorar parte do capital de giro, desde que seja em percentual que possibilite à empresa continuar suas atividades[82].

A celeuma reside na seguinte questão, nos termos do art. 835, I, do Código de Processo Civil. A penhora deve recair prioritariamente sobre dinheiro. O art. 854 do mesmo *Codex* determina que o juiz, sem dar ciência prévia ao executado, determinará, via sistema eletrônico gerido pela autoridade fiscalizadora do sistema financeiro nacional, ordem de bloqueio. O mesmo artigo determina, no seu § 1º, que em 24 horas o juiz desbloqueará os excessos.

Tornados indisponíveis, deve ser intimado o executado, pessoalmente ou por advogado constituído (§ 2º), e este, em cinco dias, deverá comprovar eventuais quantias impenhoráveis (§ 3º, I) e eventuais excessos ainda indisponíveis (§ 3º, II). Acolhidas as arguições, o juiz determinará a devolução do dinheiro (§ 4º). Em casos de não manifestação, transforma-se em penhora (§ 5º), e, caso haja o pagamento de outra forma da dívida, deverá determinar o cancelamento da indisponibilidade (§ 6º). Como é sabido, estamos diante de diversos prazos impróprios, e na prática muitas vezes a empresa fica com o numerário indisponível por meses.

Então, resta saber se na atual sistemática permitir a penhora sob o faturamento da empresa, créditos futuros e capital de giro ofende o bem jurídico empresarial e consequentemente a proteção ao patrimônio mínimo empresarial.

Em relação ao faturamento da empresa e aos créditos futuros, entendemos que é plenamente possível a penhora de parte, nos termos do art. 834 e do inciso X do art. 835 do Código de Processo Civil, desde que o percentual não atrapalhe o funcionamento da empresa (§ 1º do art. 866 do Código de Processo Civil). Nesses casos, cabe ao juiz nomear "administrador-depositário, o qual submeterá à aprovação judicial a forma de sua atuação e prestará contas mensalmente, entregando em juízo as quantias recebidas, com os respectivos balancetes mensais, a fim de serem imputadas no pagamento da dívida" (§ 2º).

Em algumas situações seria mais adequado, sob o ponto de vista da menor onerosidade, penhorar parte do faturamento do que penhorar determinado bem móvel. Em regra, o bem seria depositado em poder do depositário judicial (art. 840, II, do Código de Processo Civil), se não houver, nos termos do § 1º, em poder do exequente, e apenas ficaria com o executado em caso de difícil remoção ou com a anuência (§ 2º). Assim, em algumas situações seria menos oneroso ao executado que a penhora recaísse sobre o faturamento da empresa do que a remoção de bem que pode gerar faturamento à empresa, podendo ser requerida a substituição da penhora nos termos do art. 847 do Código de Processo Civil. Sem contar nos termos do art. 866 do Código de Processo Civil, que permite penhora de percentual de faturamento da empresa.

Em relação ao capital de giro por meio da penhora *on-line*, concordamos com o posicionamento de Humberto Theodoro Júnior. Nos termos do inciso VII do art. 833, são impenhoráveis "os materiais necessários para obras em andamento". É presumível que o executado não esteja em boas condições financeiras, pois se assim não fosse não

---

[82] AgRg no REsp 1184025/RS, Rel. Min. João Otávio de Noronha, 4ª Turma, j. 10.05.2011, *DJe* 19.05.2011.

estaria passando por um processo de expropriação[83]. Manter a penhora sobre capital de giro é prejudicar ainda mais a condição do executado e poderá comprometer o próprio andamento da empresa, pois prejudica toda a cadeia produtiva, como pagamento de fornecedores, empregados etc.[84]

Vale ressaltar que há diferença em relação à penhora *on-line* sobre numerários depositados em contas correntes da empresa e sobre o faturamento. No caso da penhora *on-line* não há respeito à ampla defesa e ao contrário antes da constrição, nos termos do art. 854 do Código de Processo Civil, ou seja, a empresa apenas terá ciência quando efetivamente os valores já tiverem sido bloqueados. Já no caso de pedido de penhora sobre faturamento ou recebimentos futuros, a empresa previamente saberá do pedido e se manifestará nos autos, momento em que poderá demonstrar a (in)viabilidade da penhora e em qual percentual. Sem contar que, no caso de penhora sobre o faturamento, deve-se seguir o disposto no art. 866 do Código de Processo Civil[85].

Ao falar em atos expropriatórios, os princípios do processo executivo devem ser levados em consideração. Nos termos do art. 8º do Código de Processo Civil, o processo deve servir como instrumento de pacificação social e pela busca dos fundamentos e objetivos do Estado brasileiro. Feitas essas considerações, o próximo tópico tem como objetivo analisar os institutos da fraude contra credores e fraude à execução sob a perspectiva da função social e preservação da empresa.

3.4 FRAUDE CONTRA CREDORES E A PRESERVAÇÃO DA EMPRESA

O presente estudo tem demonstrado que devido à importância da empresa para a sociedade contemporânea, há uma preocupação constante com o ideal de sua preservação. É inerente à vida empresarial atos de disposições de bens, uma vez que tais atos são necessários inclusive para a manutenção da atividade. Dessa forma, discussões que podem ser realizadas são eventuais alegações de fraude contra credores. Assim, no presente tópico demonstraremos como conciliar os institutos com o ideal de preservação da empresa.

Em casos em que o devedor se encontra insolvente, em especial o empresário, é comum que bens de sua propriedade sejam objetos de negócios jurídicos. Ao credor abrem-se duas possibilidades. A primeira é a fraude contra credores, típico instituto de

---

[83] Por mais que defendamos essa presunção e também que os valores que estão depositados em conta corrente evidentemente sejam capital de giro, as decisões tendem a não reconhecer a impenhorabilidade por ausência de prova de que a conta empresarial é destinada a capital de giro: (Agravo de Instrumento n. 70059319921, Segunda Câmara Cível, Tribunal de Justiça do RS, Relator: Lúcia de Fátima Cerveira, Julgado em 30.04.2014)" (TJRS, AI 70059319921/RS, Rel. Lúcia de Fátima Cerveira, j. 30.04.2014, 2ª Câmara Cível, *DJ* 07.05.2014).

[84] Sobre o tema vale citar o seguinte julgado: (TJSP, AI 20912647920148260000/SP, 2091264-79.2014.8.26.0000, Rel. Melo Colombi, j. 13.08.2014, 14ª Câmara de Direito Privado, public. 14.08.2014).

[85] Quanto ao procedimento de defesa do patrimônio mínimo em casos de atos expropriatórios, diversas são as formas de defesa conforme o procedimento, todavia não é o objetivo do presente estudo.

Direito material comum, regulado pelos arts. 158 *usque* 165 do Código Civil e também nos arts. 129 e 130 da Lei n. 11.101/2005. Passa-se a estudar os institutos.

3.4.1 Fraude contra credores no Direito Civil

Em diversas ocasiões, o devedor, muitas vezes se valendo da limitação da responsabilidade da pessoa jurídica e da autonomia patrimonial, celebra negócios jurídicos com único intuito de dispor de seus bens de maneira fraudulenta, prejudicando credores anteriores à transmissão. Tais situações podem ser combatidas por meio de ação anulatória, conhecida pela doutrina de ação pauliana ou ação revocatória[86].

De acordo com Flávio Tartuce, "constitui fraude contra credores a atuação maliciosa do devedor, em estado de insolvência ou na iminência de assim tornar-se", e complementa "que dispõe de maneira gratuita ou onerosa o seu patrimônio, para afastar a possibilidade de responderem os seus bens por obrigações assumidas em momento anterior à transmissão"[87].

O art. 158 do Código Civil estabelece que "os negócios de transmissão gratuita de bens ou remissão de dívida, se os praticar o devedor já insolvente, ou por eles reduzido à insolvência, ainda quando o ignore, poderão ser anulados pelos credores quirografários, como lesivos dos seus direitos".

O *caput* do referido artigo legitima os credores quirografários, todavia aqueles cujas garantias se tornarem insuficientes também terão igual direito, nos termos do § 1º do mesmo artigo, inclusive prescindindo "de prévio reconhecimento judicial da insuficiência" (Enunciado n. 151 da III Jornada de Direito Civil). Tais ações deverão ser propostas, pelo procedimento comum, no prazo decadencial de quatro anos, contados do negócio fraudulento, conforme preceitua o art. 178, II, do Código Civil.

A proteção contra a fraude se dá apenas aos credores já existentes a época do negócio jurídico (art. 158, § 2º, do Código Civil). Uma discussão prática que envolve a expressão "credores já existentes" reside na seguinte questão: se a preexistência depende ou não do reconhecimento judicial? Na IV Jornada de Direito Civil foi aprovado o Enunciado n. 292 que dispõe "para os efeitos do art. 158, § 2º, a anterioridade do crédito é determinada

---

[86] José Cretella Júnior traz os seguintes ensinamentos sobre a origem da ação pauliana: "A *ação pauliana*, cujo nome vem de um certo pretor chamado *Paulus*, surge, no direito romano, para completar as lacunas deixadas pelos dois meios anteriores, o *interdito* e a *restitutio*, insuficientes para resolverem todos os casos. Para abranger os demais casos ('omnia quae gesta erunt fraudationis causa') é que o pretor *Paulus* criou uma *actio in factum* para reparar os danos causados. No período clássico do direito romano, há um processo de *missio in possessionem* para *vendas dos bens* ('bonorum venditio'), em bloco, do devedor insolvente. No direito justinianeu, a *actio pauliana* era invocada pelo *curator bonorum*, espécie de síndico da massa dos credores que procura fazer voltar para o patrimônio os bens deste saídos por atos fraudulentos do devedor. Pode a ação pauliana ser dirigida não só contra o devedor fraudulento ('fraudator, decoctor'), como também contra terceiros que se beneficiaram com a operação criminosa do devedor. Na prática, não se intentava a *actio pauliana* contra o devedor, porque este, já insolvente, seria condenado sem nenhum resultado pecuniário prático para o credor" (CRETELLA JÚNIOR, José. **Curso direito romano**. Rio de Janeiro: Forense, 2001. p. 222).

[87] TARTUCE, Flávio. **Direito civil**: lei de introdução e parte geral, cit., 12. ed., p. 406.

Cap. 3 · PRESERVAÇÃO DA EMPRESA E DEFESA DO PATRIMÔNIO MÍNIMO EMPRESARIAL | 159

pela causa que lhe dá origem, independentemente de seu reconhecimento por decisão judicial"[88]. Ou seja, depende da data do fato.

O Superior Tribunal de Justiça inclusive já se manifestou no sentido de excepcionar a necessidade da anterioridade, em caso em que fique demonstrado o conluio fraudatório e atos fraudulentos que visem prejudicar credores futuros[89]. Com base nisso, Flávio Tartuce conclui que "na fraude contra credores, em regra, há um *elemento objetivo*, formado pela atuação prejudicial do devedor e de terceiro, bem como um *elemento subjetivo*, volitivo, a intenção de prejudicar os credores do primeiro (*consilium fraudis*)"[90].

Para que seja anulado o negócio, caso seja oneroso, necessário se faz o conluio fraudulento e o evento danoso. Já nos casos de disposição gratuita de bens, ou de remissão de dívidas é dispensado o elemento subjetivo, ou seja, não há a necessidade da prova do conluio fraudulento.

Outra possibilidade de se anular negócio jurídico oneroso é a hipótese do art. 159 do Código Civil. Segundo o referido artigo, em casos de notória insolvência, ou que o outro contratante tiver motivos suficientes para saber da situação, há presunção relativa da fraude[91]. No mesmo sentido, o art. 163 estabelece "presumem-se fraudatórias dos direitos dos outros credores as garantias de dívidas que o devedor insolvente tiver dado a algum credor".

Em alguns casos, em que o adquirente não pagou o preço e o valor estiver coerente com o real, poderá depositá-lo e citar todos os interessados, no intuito de desobrigar-se (art. 160, *caput*, do Código Civil). Caso o valor for inferior, apenas poderá ser conservado o direito se depositar o valor real (art. 160, parágrafo único, do Código Civil).

Em relação a legitimidade passiva, o art. 161 do Código Civil estabelece que poderá propor a ação "contra o devedor insolvente, a pessoa que com ele celebrou a estipulação considerada fraudulenta, ou terceiros adquirentes que hajam procedido de má-fé". De uma leitura inicial, literal e unitária do disposto no artigo, poderia chegar a conclusão de que estaríamos diante da hipótese legal do litisconsórcio facultativo (art. 113 do Código de Processo Civil), todavia entendemos que, no presente caso, estamos diante do litisconsórcio passivo necessário (art. 114 do Código de Processo Civil), considerando a natureza da relação jurídica controvertida (negócio jurídico bilateral).

Outro fundamento do litisconsórcio unitário é o fato de a ação afastar o enriquecimento sem causa das "partes envolvidas com a fraude, ato unilateral condenado pelos arts. 884 a 886 do CC/2002 em sintonia com a socialidade, repondo o bem alienado no acervo do devedor, visando futura satisfação da dívida anterior"[92].

---

[88] Vale citar a seguinte decisão do Superior Tribunal de Justiça: REsp 1217593/RS, Rel. Min. Nancy Andrighi, 3ª Turma, j. 12.03.2013, *DJe* 18.03.2013.

[89] Nesse sentido: REsp 1092134/SP, Rel. Min. NANCY ANDRIGHI, 3ª Turma, j. 05.08.2010, *DJe* 18.11.2010.

[90] TARTUCE, Flávio. **Direito civil**: lei de introdução e parte geral, cit., 12. ed., p. 407.

[91] Exemplos na prática são quando parentes contratam entre si. Nesse sentido: (TJ-SP – Ap 40039651720138260048/SP, Rel. Maria Cláudia Bedotti, j. 14.12.2015, 33ª Câmara de Direito Privado, public. 16.12.2015).

[92] TARTUCE, Flávio. **Direito civil**: lei de introdução e parte geral, cit., 12. ed., p. 409.

Quanto ao terceiro de boa-fé, resta sedimentado o entendimento de que há a sua proteção tendo como fundamento a teoria da aparência e do princípio da boa-fé[93]. Nos casos, em que haja sucessivas transmissões de bens, protege-se o terceiro de boa-fé e aos de má-fé incube indenizar o credor prejudicado[94].

Em casos de insolvência civil deve-se abrir o concurso de credores, nos termos do art. 162 do Código Civil. Na falência há que ser seguidas as regras especiais da Lei n. 11.101/2005, que serão oportunamente estudadas.

O art. 165 dispõe que, "anulados os negócios fraudulentos, a vantagem resultante reverterá em proveito do acervo sobre que se tenha de efetuar o concurso de credores".

O último artigo a ser analisado quanto ao instituto da fraude contra credores, positivado no Código Civil, relaciona-se umbilicalmente com a ideia do *patrimônio mínimo empresarial*. O artigo em comento, dispõe que "os negócios ordinários indispensáveis à manutenção de estabelecimento mercantil, rural, ou industrial, ou à subsistência do devedor e de sua família" presumem-se de boa-fé.

Temos defendido no presente trabalho que a boa-fé objetiva se aplica às relações empresariais. O dispositivo em questão, nas palavras de Flávio Tartuce "traz como conteúdo a *função social da empresa*, bem como o *estatuto jurídico do patrimônio mínimo*, para atender aos interesses do núcleo familiar"[95].

É de extrema importância, para a defesa do *patrimônio mínimo empresarial*, que os negócios jurídicos indispensáveis à manutenção da empresa sejam presumidos de boa-fé, sendo eles onerosos ou não, pois, caso assim não fosse, inviabilizaria a continuidade da empresa e vai contra o que estamos defendendo[96].

A importância prática da presunção da boa-fé é enorme, em especial quando tratamos de empresários em situação de crise. Imaginemos a seguinte situação. Um empresário passa por dificuldades financeiras em decorrência de crises econômicas. No intuito de alavancar as vendas, inicia promoções que a título gratuito concedem aos seus clientes produtos, seja por meio de sorteios ou brindes. Ambos os casos estaríamos diante de um negócio jurídico não oneroso, e a princípio bastaria estar presente o prejuízo ao credor para ser anulado, o que indubitavelmente prejudicaria a atividade empresarial. Ou em outras situações, a venda dos produtos em estoque (negócio jurídico oneroso) poderia ser anulada, o que, além de prejudicar a preservação da empresa, traria uma insegurança jurídica muito grande. Assim, entendemos que o art. 164 do Código Civil colabora com a proteção do *patrimônio mínimo empresarial*. Analisado o instituto da fraude contra

---

[93] Nesse sentido: (STJ – REsp 1145542/RS 2009/0116221-0, Rel. Min. Sidnei Beneti, j. 11.03.2014, T3 – 3ª Turma, *DJe* 19.03.2014).

[94] Sobre o tema: (REsp 1100525/RS, Rel. Min. Luis Felipe Salomão, 4ª Turma, j. 16.04.2013, *DJe* 23.04.2013).

[95] TARTUCE, Flávio. **Direito civil**: lei de introdução e parte geral, cit., 12. ed., p. 411.

[96] Flávio Tartuce muito bem sintetizou tal situação: "Esse dispositivo, sem dúvida, denota ainda a boa-fé objetiva aplicável ao âmbito empresarial. Há também a ideia de *patrimônio mínimo empresarial*, transpondo-se a tese de Luiz Edson Fachin para as pessoas jurídicas" (TARTUCE, Flávio. **Direito civil**: lei de introdução e parte geral, cit., 12. ed., p. 411).

Cap. 3 · PRESERVAÇÃO DA EMPRESA E DEFESA DO PATRIMÔNIO MÍNIMO EMPRESARIAL | 161

credores sob a perspectiva do Direito Civil, o próximo passo é analisar a relação do instituto com a ação revocatória sob a perspectiva do Direito Falimentar.

3.4.2 Fraude contra credores, ação revocatória e o Direito Falimentar

A crise da empresa não é algo repentino, portanto muitas vezes é comum que o empresário, no intuito de superar crises momentâneas, se desfaça do patrimônio empresarial a fim de saldar dívidas e tentar superar as dificuldades. Tais ações geralmente não são eficientes para superar a crise, e, conforme outrora trabalhado, caso a situação não seja reversível, sob o ponto de vista da proteção do *bem jurídico empresarial*, a melhor solução é a decretação da falência.

O Direito Concursal traz mecanismos que possibilitam a reconstituição do patrimônio que *a priori* deveria integrar a massa falida, porém foi dilapidado pelo devedor. Paulo Fernando Campos Salles de Toledo e Adriana V. Pugliesi defendem justificar tal situação para que "(i) seja preservado o patrimônio que é garantia de *todos* os credores, assegurando-se que recebam tratamento igualitário (dentro das respectivas classes); (ii) impedir que somente alguns credores mais diligentes ou sagazes sejam satisfeitos, por se beneficiarem de certos atos"[97]. Complementamos esse entendimento com a necessidade de reconstituição do estabelecimento empresarial, para que seja possível, por exemplo, a venda dele para outro empresário, com isso preservando a empresa e protegendo o *bem jurídico empresarial*.

Os mecanismos que buscam recompor a massa falida, que a legislação entende como lesivos à coletividade de credores, estão previstos nos arts. 129 (ineficácia dos atos em relação à massa falida) e 130 (ação revocatória) da Lei n. 11.101/2005.

Ao se falar em recomposição da massa falida objetiva, em um primeiro momento devemos analisar o negócio jurídico sob os planos da existência, da validade e da eficácia[98].

No plano da existência, para que o negócio jurídico exista no mundo jurídico, basta apenas o suporte fático, nas palavras de Flávio Tartuce: "nesse plano surgem apenas *substantivos*, sem qualquer qualificação, ou seja, *substantivos sem adjetivos*. Esses substantivos são: *partes (ou agente), vontade, objeto e forma*"[99].

Após o ingresso do negócio, no mundo jurídico, deve ser analisada a validade do negócio. Trata-se de adjetivar os substantivos com os requisitos expressos no art. 104 do Código Civil, quais sejam "I – agente capaz; II – objeto lícito, possível, determinado ou determinável; III – forma prescrita ou não defesa em lei". Uma vez decretada a falência, o devedor é desapossado de seus bens, e deles não se pode dispor (art. 102 da Lei n. 11.101/2005). Qualquer ato de disposição posterior, realizado pelo devedor, é ilícito, portanto nulo (art. 166, II, do Código Civil).

---

[97] TOLEDO, Paulo Fernando Campos Salles; PUGLIESI, Adriana V. A falência: ineficácia e a revogação dos atos praticados antes da falência. In: CARVALHOSA, Modesto (Org.). **Tratado de direito empresarial**: recuperação empresarial e falência. São Paulo: RT, 2016. v. V, p. 446.

[98] AZEVEDO, Antonio Junqueira de. **Negócio jurídico**: existência, validade e eficácia. 4. ed. São Paulo: Saraiva, 2002.

[99] TARTUCE, Flávio. **Direito civil**: lei de introdução e parte geral, cit., 12. ed., p. 347.

No terceiro plano, o da eficácia, pode-se aferir os efeitos que o negócio jurídico projeta ao mundo jurídico. De acordo com Paulo Fernando Campos Salles de Toledo e Adriana V. Pugliesi, "o negócio jurídico pode existir, ser válido perante as partes que o contrataram; porém, inoponível, ou melhor, *ineficaz* perante terceiros"[100].

É no plano da eficácia que os atos contidos nos arts. 129 e 130 da Lei n. 11.101/2005 têm incidência. Apesar de os negócios jurídicos manterem-se hígidos nos planos da existência e da validade, não são eficazes em relação a massa falida que é considerada terceiro em relação ao falido. É com fundamento na ineficácia dos atos que é possível o retorno do bem ao patrimônio falimentar.

Os atos que são considerados ineficazes em relação à massa falida contidos no art. 129 da Lei n. 11.101/2005, nos termos do disposto no seu *caput,* independem do conhecimento do estado de crise e da intenção de fraudar os credores, o que importa dizer que a ineficácia prevista no referido artigo prescinde de prova da fraude, bem como da prova do dano, que é presumida em razão da insolvência.

O fato de ser desnecessária a presença do elemento subjetivo e nem sempre do ajuizamento de ação própria, podendo ser declarada incidentalmente no processo falimentar ou de ofício pelo juiz, nos termos do parágrafo único do art. 129 da Lei n. 11.101/2005, não tira o direito do interessado no seu devido processo legal e da oportunidade do contraditório e ampla defesa. Vale ressaltar que a atual legislação processual veda decisão surpresa (art. 9º do Código de Processo Civil) e o direito de defesa da parte interessada/afetada deve ser anterior a decisão.

O art. 129 da Lei n. 11.101/2005 traz sete hipóteses de ineficácia do negócio jurídico em relação à massa falida. A primeira constante no inciso I é "o pagamento de dívidas não vencidas realizado pelo devedor dentro do termo legal, por qualquer meio extintivo do direito de crédito, ainda que pelo desconto do próprio título". O termo legal é a data fixada na sentença, nos termos do art. 99, II, que estabelece o poder-dever de o juiz fixar "o termo legal da falência, sem poder retrotraí-lo por mais de 90 (noventa) dias contados do pedido de falência, do pedido de recuperação judicial ou do 1º (primeiro) protesto por falta de pagamento, excluindo-se, para esta finalidade, os protestos que tenham sido cancelados". Não seria razoável permitir ao devedor insolvente que em vésperas da instalação do concurso de credores antecipe pagamento de dívidas.

A segunda hipótese é a do inciso II: "o pagamento de dívidas vencidas e exigíveis realizado dentro do termo legal, por qualquer forma que não seja a prevista pelo contrato". Enquanto no inciso I a preocupação é em relação ao tempo do pagamento, neste inciso a preocupação é com a forma. Assim, se houve modificação considerada substancial do acordo originário, estaríamos diante da hipótese legal. O Superior Tribunal de Justiça, entretanto, já considerou válido e legítimo negócio jurídico de dação em pagamento[101].

---

[100] TOLEDO, Paulo Fernando Campos Salles; PUGLIESI, Adriana V. A falência: ineficácia e a revogação dos atos praticados antes da falência. In: CARVALHOSA, Modesto (Org.). **Tratado de direito empresarial**: recuperação empresarial e falência, cit., p. 447.

[101] AgRg no AREsp 761.688/SP, Rel. Min. Marco Aurélio Bellizze, 3ª Turma, j. 23.06.2016, *DJe* 30.06.2016.

Também serão considerados ineficazes os casos em que ocorrer: "III – a constituição de direito real de garantia, inclusive a retenção, dentro do termo legal" e continua "tratando-se de dívida contraída anteriormente; se os bens dados em hipoteca forem objeto de outras posteriores, a massa falida receberá a parte que devia caber ao credor da hipoteca revogada". De acordo com os ensinamentos de Trajano Miranda Valverde, não se trata de proibir a execução da garantia já existente, mas sim impedir que negócios jurídicos que antes não tinham a garantia e no termo legal vem a ser feita[102].

Nos termos do inciso IV: "a prática de atos a título gratuito, desde 2 (dois) anos antes da decretação da falência". Objetiva-se com esta proibição a prática de atos dilapidatórios, o que importaria danos a toda coletividade concursal. No mesmo sentido a próxima hipótese é a do inciso V: "a renúncia à herança ou a legado, até 2 (dois) anos antes da decretação da falência".

A alienação de estabelecimento empresarial também poderá ser considerada ineficaz em relação à massa falida, nos termos do inciso VI. O art. 1.145 do Código Civil traz disposição assemelhada quando condiciona a validade da alienação do estabelecimento ao consentimento dos devedores, caso não haja patrimônio suficiente para quitar as dívidas. Importante destacar que para estarmos diante da hipótese legal é necessário que a alienação se dê em relação ao conjunto de bens que impossibilite o exercício da empresa, ou seja, não se trata de vendas isoladas.

Por fim, o inciso VII dispõe como ineficazes "os registros de direitos reais e de transferência de propriedade entre vivos, por título oneroso ou gratuito, ou a averbação relativa a imóveis realizados após a decretação da falência, salvo se tiver havido prenotação anterior". Entendemos, na mesma linha de Manoel Justino, que nos casos em que exista compromisso particular ou escritura pública anterior e o adquirente demonstrar a boa-fé, poderá via embargos de terceiros fazer prevalecer o seu interesse[103].

Além dos casos de ineficácia do art. 129, assemelhada a fraude aos credores, há na Lei Falimentar a hipótese da ação revocatória falimentar (art. 130). Nesse caso, a prova da intenção de prejudicar credores se faz necessária, pois não há a presunção legal. Necessário estar presente o requisito subjetivo, a fraude bilateral; e o objetivo, o efetivo prejuízo sofrido pela massa falida.

As regras da legislação falimentar, em relação ao Direito Civil, são diferenciadas, pois no caso concursal a legitimidade ativa é de todas os credores indistintamente, pelo Ministério Público ou Administrador Judicial (art. 132). De igual forma a legitimidade passiva também é mais ampla (art. 133). No caso do instituto do Direito Civil a prática dos atos prejudiciais ao credor é o fundamento; já no falimentar, o fundamento são os atos praticados com o intuito de prejudicar credores e o efetivo prejuízo à massa falida (art. 130).

---

[102] VALVERDE, Trajano Miranda. **Comentários à lei de falências**. 4. ed. Rio de Janeiro: Forense, 2001. p. 383.

[103] BEZERRA FILHO, Manoel Justino. **Lei de recuperação de empresas e falência, comentada artigo por artigo**. 11. ed. São Paulo: RT, 2016. p. 331.

Feitas essas considerações, o próximo passo será analisar como a teoria do adimplemento substancial pode ajudar na proteção do bem jurídico empresarial e na preservação da empresa.

3.5 A TEORIA DO ADIMPLEMENTO SUBSTANCIAL E A PRESERVAÇÃO DA EMPRESA

3.5.1 Noções gerais e principiológicas

No atual contexto social e econômico, aumenta a complexidade quando se fala em Direito das obrigações. Se antes, em uma visão iluminista, baseada na autonomia da vontade, era possível a relação entre credor e devedor ser pautada em grande liberdade, na sociedade de massa, com a quase totalidade dos contratos sendo firmada em forma de adesão, ou pelo menos por meio de contrato-tipo, no plano fático há desigualdade entre os contratantes, o que os impede de exercer a plena liberdade. Conforme outrora mencionado, atualmente estamos diante de um sistema aberto, valorativo e repleto de cláusulas gerais e princípios. Com isso, permite-se uma maior discricionariedade para o magistrado adequar as situações concretas aos anseios da justiça. É com base nessas perspectivas que será analisado no presente tópico a teoria do adimplemento substancial.

De acordo com Flávio Tartuce, é inegável que "tanto a obrigação quanto o contrato assumem hoje o ponto central do Direito Privado"[104]. Tradicionalmente, a obrigação é conceituada no binômio crédito e débito, ou seja, o sujeito passivo obriga-se a realizar uma prestação ao sujeito ativo. Enquanto este está obrigado a cumprir determinado dever jurídico, aquele tem o direito de exigir a pretensão. Todavia, esse conceito contempla uma relação simples, que é puramente abstrata, portanto não coaduna com a ideia de relação jurídica obrigacional contemporânea, vista sob uma perspectiva complexa, com direitos, deveres, ônus e sujeições voltados à satisfação dos interesses das partes[105].

Mário Julio de Almeida Costa defende que a orientação clássica, de fundo romanístico, que se limita à perspectiva do direito de exigir ou pretender a prestação, é limitada. Para o autor, a doutrina, em especial a alemã, verificou a estreiteza de tal ponto de vista e buscou superá-lo. Com isso, "numa compreensão globalizante da situação jurídica creditícia, apontam-se, ao lado dos *deveres de prestação –, tanto os deveres principais de prestação*, como *deveres secundários –*, os *deveres laterais* ('Nebenpflichten'), além de *direitos potestativos, sujeições, ônus jurídicos, expectativas jurídicas*, etc."[106]

Flávio Tartuce, utilizando como base os conceitos de autores clássicos e contemporâneos, conceitua obrigação como "a relação jurídica transitória, existente entre um sujeito ativo, denominado credor, e outro sujeito passivo, o devedor, e cujo objeto consiste em uma prestação situada no âmbito dos direitos pessoais, positiva ou negativa".

---

[104] TARTUCE, Flávio. **Direito civil**: direito das obrigações e responsabilidade civil. 11. ed. Rio de Janeiro: Forense, 2016. p. 3.

[105] DIEZ-PICAZO, Luis. **Fundamentos del derecho civil patrimonial II:** las relaciones obligatorias. 5. ed. Madrid: Civitas, 1996. p. 127.

[106] COSTA, Mário Julio de Almeida. **Direito das obrigações**. 6. ed. Coimbra: Almedina, 1994. p. 56.

Cap. 3 · PRESERVAÇÃO DA EMPRESA E DEFESA DO PATRIMÔNIO MÍNIMO EMPRESARIAL | **165**

Complementa o autor: "havendo o descumprimento ou inadimplemento obrigacional, poderá o credor satisfazer-se no patrimônio do devedor"[107].

O autor deixa claro que no Direito obrigacional há constante influência dos princípios da *eticidade* e da *socialidade*, o que demonstra que as obrigações devem ser vistas com base em uma concepção social e na conduta leal dos participantes entre si. Fernando Noronha destaca que "na atual sociedade de massas se exige uma acrescida proteção, em nome da justiça social, daqueles interesses que aglutinam grandes conjuntos de cidadãos"[108]. Sob o ponto de vista da função social das obrigações, três são as categorias: obrigações negociais, responsabilidade civil e enriquecimento sem causa. Na perspectiva da boa-fé, a relação obrigacional deve ser tida como relação de cooperação. Atualmente, inclusive, todo o processo civil se baseia nessa ideia, nos termos dos arts. 5º e 6º do Código de Processo.

É com base nos princípios da *eticidade* e na *socialidade* que a teoria do adimplemento substancial ganha terreno. Ao se falar em obrigação, resta evidente que se trata de uma relação complexa. Assim, há que ser levado em consideração o bem comum existente na relação obrigacional, que se traduz na "solidariedade mediante a cooperação dos indivíduos para a satisfação dos interesses patrimoniais recíprocos, sem comprometimento dos direitos da personalidade e da dignidade do credor e do devedor"[109]. Jorge Cesa Ferreira da Silva defende que esses interesses globais que envolvem a relação complexa são deveres laterais, que se originam da boa-fé objetiva, na sua função integrativa, traduzindo-se em deveres de proteção, lealdade, cooperação, esclarecimento e informação[110].

A obrigação, além de ser vista sob a perspectiva da totalidade, deve ser encarada como um processo, cujas etapas devem ser percorridas almejando o fim de toda e qualquer obrigação, que nada mais é do que o seu adimplemento[111]. O autor português, ao esclarecer essa noção de obrigação, vista como processo, enfatiza que "nela ganha acentuação uma das características dessa totalidade obrigacional: a do desenvolvimento temporário vinculado a um fim", defendendo que, "como todo processo, a obrigação *caminha* para algo, orienta-se para algo, encontrando-se neste 'algo' o fundamento de sua unidade e de sua existência". Segundo o mesmo autor, "a consecução do fim passa a ser muito mais relevante do que a absoluta e perfeita realização de cada um dos passos do percurso temporal, reduzindo-se assim o espaço para o rigorismo, ou de alguma espécie de formalismo ao estilo do direito romano". Complementa o doutrinador afirmando que o relevante estaria envolvido no objetivo finalístico[112]. Tal objetivo estaria ligado à ideia de fim contratual, ou seja, ao adimplemento.

---

[107]   TARTUCE, Flávio. **Direito civil**: direito das obrigações e responsabilidade civil, cit., p. 5.

[108]   NORONHA, Fernando. **Direito das obrigações**. São Paulo: Saraiva, 2003. p. 32.

[109]   ROSENVALD, Nelson. **Dignidade humana e boa-fé**. São Paulo: Saraiva, 2003. p. 204.

[110]   SILVA, Jorge Cesa Ferreira da. **A boa-fé e a violação positiva do contrato**. Rio de Janeiro: Renovar, 2002. p. 108.

[111]   Vale citar: "Com a expressão 'obrigação como processo' tenciona-se sublinhar o ser dinâmico da obrigação, as várias fases que surgem no desenvolvimento da relação obrigacional e que entre si se ligam com interdependência" (SILVA, Clóvis Veríssimo do Couto e. **A obrigação como processo**. São Paulo: Bushatsky, 1976. p. 5).

[112]   SILVA, Jorge Cesa Ferreira da. **A boa-fé e a violação positiva do contrato**, cit., p. 65-67.

Tem-se que há uma evolução do Direito obrigacional, em que o adimplemento e o inadimplemento apenas podem ser vistos numa perspectiva complexa e de obrigação como processo. Com isso, o caminho a seguir é pelo adimplemento da obrigação, tornada mais justa e satisfatória quanto aos olhos dos interesses envolvidos. A obrigação passa por um processo de duas fases, a primeira relacionada ao nascimento e desenvolvimento da obrigação, que encontra como limite regras de ordem pública, e a segunda, a do adimplemento, em que a conduta prevista na primeira fase é cumprida.

O adimplemento está ligado ao binômio "adequação da prestação executada e satisfação do interesse do credor"[113]. O autor faz a afirmação tendo como base o mandamento legislativo português, que em seu art. 762 dispõe que: "1. O devedor cumpre a obrigação quando realiza a prestação a que está vinculado. 2. No cumprimento da obrigação, assim como no exercício do direito correspondente, devem as partes proceder de boa fé". O que se verifica é que, contemporaneamente, o foco deve ser a satisfação dos interesses envolvidos. A princípio apenas é satisfeita a obrigação quando cumprida fielmente conforme acordado, entretanto há outras possibilidades de extinção da obrigação, por exemplo, a dação em pagamento[114].

Eduardo Luiz Bussatta muito bem explana que "essa visão também redunda na proteção do devedor contra os caprichos do credor. Isso em razão de que se passa a considerar como efetivamente relevante o correto adimplemento da obrigação com satisfação dos interesses objetivos do credor". Assim, "o mero descumprimento formal eventualmente cometido pelo devedor, que em nada prejudica os interesses do credor, deve ser tolerado". Isso faz abandonar "a noção de que o devedor se encontra 'atado' ao credor nos estritos moldes previstos, especialmente quando tais moldes não passam de caprichos do credor"[115].

Para que seja considerado o adimplemento da obrigação, há de ser levados em consideração alguns princípios: o da boa-fé, o da correspondência, o da integralidade e o da concretização. De acordo com o princípio da boa-fé, como outrora trabalhado, "tanto a

---

[113] CORDEIRO, António Manuel. **Direito das obrigações.** 6. ed. Lisboa: Associação Acadêmica da Faculdade de Direito de Lisboa, 1986. p. 185.

[114] De acordo com Judith Martins-Costa: "O resultado da conduta devida pode ter um valor econômico, o que geralmente acontece, ou prescindir dele, ao menos diretamente. Quando o tem, o comportamento devido está destinado, precisamente, a *proporcionar uma utilidade patrimonial* ao titular do crédito. O débito é, assim, dever de prestação, a qual constitui, socialmente, um ato de cooperação. Portanto, a expectativa do credor à satisfação não é qualquer expectativa, subjetivamente considerada, antes devendo qualificar-se, em sentido técnico, como 'expectativa de prestação' sempre que o evento que constitui o seu objeto *possa* e *deva* ser cumprido pelo devedor. Essas considerações têm relevo para a distinção entre as formas de extinção da relação obrigacional que constituem adimplemento e aquelas que não o constituem. Considerado o complexo de situações subjetivas que compõem a relação, pode-se compreender a razão pela qual, conquanto o adimplemento seja principal e mais corriqueiro modo de extinção da relação obrigacional, dele não resulta sempre, lógica e necessariamente, o efeito extintivo, pois pode a relação obrigacional perdurar por efeito da incidência dos deveres laterais, anexos ou instrumentais, inclusive pós-contratuais" (MARTINS-COSTA, Judith. **Comentários ao novo Código Civil.** Rio de Janeiro: Forense, 2003. p. 86-87).

[115] BUSSATTA, Eduardo Luiz. **Resolução dos contratos e a teoria do adimplemento substancial.** São Paulo: Saraiva, 2008. p. 18-19.

Cap. 3 • PRESERVAÇÃO DA EMPRESA E DEFESA DO PATRIMÔNIO MÍNIMO EMPRESARIAL | **167**

atuação do credor no exercício do seu crédito como a atividade do devedor no cumprimento de sua obrigação têm de ser presididas pelos ditames da lealdade e probidade"[116].

Corolário a isso, o segundo princípio, da correspondência, também podendo ser chamado de identidade ou pontualidade, significa que a realização das condutas deve se pautar nos modos previstos na obrigação. Assim, o *dever-ser* deve corresponder ao *ser*. Judith Martins-Costa diz que "o *princípio da correspondência* diz respeito à proposição segundo a qual o comportamento devido deve reproduzir, *qualitativamente*, o figurino abstrato de comportamento dado pelo binômio 'direito a prestação – dever de prestar'" (grifo no original)[117].

O princípio da integridade estabelece que a prestação deve ser realizada por inteiro, o que significa dizer que deve corresponder também a uma ideia quantitativa. Em tese a prestação deve ser realizada nos moldes contratados, não podendo ser parcial caso não haja disposição contratual para tanto, mas tal princípio encontra algumas exceções. A primeira delas está relacionada ao fato de que é vedado ao credor se recusar a receber quantia parcial do débito, em homenagem à boa-fé, em especial se a prestação oferecida corresponda à quase totalidade da obrigação (programa contratual). Nesse sentido, em casos de títulos de crédito, dispõe o § 2º do art. 902 do Código Civil: "Art. 902. Não é o credor obrigado a receber o pagamento antes do vencimento do título [...] § 1º No vencimento, não pode o credor recusar pagamento, ainda que parcial".

O princípio da concretização está intimamente relacionado ao da operabilidade, que orienta nossa legislação civil. Trata-se de buscar a efetivação da obrigação. De acordo com António Menezes Cordeiro, "o princípio da concretização reúne o conjunto de parâmetros necessários para transmudar o teórico comportamento devido, previsto na obrigação, numa atitude concreta, real e efetiva"[118]. Do inter-relacionamento desses princípios é que se poderá buscar e efetivar os legítimos interesses envolvidos na relação jurídica obrigacional, outrossim buscando o sentido finalístico[119]. Feitas essas considerações, resta analisar o conceito de inadimplemento.

3.5.2 Conceito de inadimplemento

O Código Civil não traz uma definição do que seria inadimplemento. A única preocupação está relacionada a positivar considerações relativas a seus efeitos e modalidades. Inadimplemento poderia ser entendido como a não realização da prestação devida, entretanto seria um conceito muito limitado e que não levaria em conta os deveres laterais que decorrem da boa-fé objetiva. Mário Julio de Almeida Costa defende que haverá inadimplemento "sempre que a respectiva prestação debitória deixa de ser efetuada nos termos adequados"[120]. Desse conceito, verifica-se que, ainda que a prestação principal

---

[116] COSTA, Mário Julio de Almeida. **Direito das obrigações**, cit., p. 871.

[117] MARTINS-COSTA, Judith. **Comentários ao novo Código Civil**, cit., p. 95.

[118] CORDEIRO, António Manuel. **Direito das obrigações**, cit., p. 187.

[119] BUSSATTA, Eduardo Luiz. **Resolução dos contratos e a teoria do adimplemento substancial**, cit., p. 26.

[120] COSTA, Mário Julio de Almeida. **Direito das obrigações**, cit., p. 907.

tenha sido cumprida, caso não observados os princípios da boa-fé, da correspondência, da integralidade e da concretização, haverá o inadimplemento.

No mesmo sentido, Jorge Cesa Ferreira da Silva defende que há inadimplemento sempre que não respeitados os deveres laterais de qualquer das partes. Segundo o autor, "inadimplemento, assim, pode ser tido como o não cumprimento por uma das partes de qualquer dever emanado do vínculo obrigacional"[121]. Sempre que não for cumprida a obrigação nos exatos termos e com observância das disposições cogentes, estaremos diante de inadimplemento. Assim, em algumas situações, mesmo cumprida a obrigação, ainda resta a responsabilidade. Eduardo Luiz Bussatta traz em seu livro o seguinte exemplo: "ainda que o mandatário cumpra escrupulosamente o encargo que lhe foi passado pelo mandante, será considerado inadimplente caso não preste contas dos valores por ele gastos, tenham sido ou não adiantados pelo mandante"[122].

Partindo de uma visão clássica, que remonta ao Direito Romano, o inadimplemento pode ocorrer em duas circunstâncias: o chamado inadimplemento relativo, parcial, mora ou atraso, que se trata de descumprimento parcial da obrigação, mas que ainda pode ser cumprida. O segundo é o inadimplemento total ou absoluto, caso em que a obrigação não pode ser mais cumprida, pois se tornou inútil ao credor.

Flávio Tartuce traz em sua obra um exemplo clássico para diferenciar as duas possibilidades. Segundo o autor, "imagine-se o caso em que alguém contratou a entrega de um bolo de noiva para o dia do seu casamento. A entrega foi pactuada para 19 horas, estando o casamento marcado para 20 horas e servindo o bolo como decoração do local da celebração". Ao se falar em mora, "até o primeiro horário não haverá mora ou inadimplemento caso o bolo não seja entregue. A partir das 19h01, haverá mora, pois a obrigação ainda pode ser cumprida". Caso atrase mais e "com a entrada da noiva na igreja, às 20h01, haverá inadimplemento absoluto. A obrigação, no último caso, tornou-se imprestável, inútil ao credor"[123].

A doutrina contemporânea tende a reconhecer outras formas de inadimplemento da obrigação, que se trata da *violação positiva do contrato* e o *cumprimento inexato*. Sobre a violação positiva do contrato, a ideia nasceu na Alemanha, onde Hermann Staub reconheceu que o Código Civil alemão deixava lacunas. Além das violações negativas do crédito, haveria outras formas de inadimplemento, que o autor preferiu chamar de violações positivas do contrato[124].

Ao analisar o ordenamento jurídico pátrio, Marcos Jorge Catalan sustenta que cabe à doutrina estabelecer alicerces para a teoria, pois há ausência de respostas satisfatórias no Código Civil pátrio. Segundo o autor, essa categoria "tem ampla sinonímia, dentre elas: cumprimento defeituoso; adimplemento ruim; inexecução contratual positiva; violação positiva do crédito; violação contratual positiva e *lesión del deber*", e se distinguirá das violações negativas, pois a positiva "não consiste no atraso ou na inexecução definitiva,

---

[121] SILVA, Jorge Cesa Ferreira da. **A boa-fé e a violação positiva do contrato**, cit., p. 124.

[122] BUSSATTA, Eduardo Luiz. **Resolução dos contratos e a teoria do adimplemento substancial**, cit., p. 27.

[123] TARTUCE, Flávio. **Direito civil**: direito das obrigações e responsabilidade civil, cit., p. 202.

[124] SILVA, Jorge Cesa Ferreira da. **Inadimplemento das obrigações**. São Paulo: RT, 2006. p. 42.

Cap. 3 • PRESERVAÇÃO DA EMPRESA E DEFESA DO PATRIMÔNIO MÍNIMO EMPRESARIAL | **169**

mas, sim, em deficiências ou defeitos na prestação que é desempenhada, mas não da forma (pelo modo) que foi imposta ao devedor, havendo ofensa a sua qualidade"[125].

Quanto ao cumprimento inexato, pode-se discutir se ele seria uma espécie de mora ou não. Jorge Cesa Ferreira da Silva defende que o cumprimento inexato não necessariamente estaria dentro inserido no conceito de mora. Segundo seu entendimento, "as hipóteses vinculadas ao lugar e à forma da prestação, assim, somente ensejarão mora na medida em que provocarem atraso no prestar ou no receber a prestação, ou seja, não são elas suficientes, individualmente, para caracterizar a mora"[126].

Contrapondo esse posicionamento, Flávio Tartuce defende "que o conceito de mora, previsto no atual Código Civil brasileiro, também inclui o cumprimento inexato. Isso porque, nos termos do art. 394 do CC, a mora está configurada quando houver um cumprimento parcial não somente em relação ao tempo". Há também mora "quanto ao lugar e à forma ou modo de cumprimento". Conclui o autor que "o cumprimento inexato pelo Código Civil brasileiro é espécie de mora, pois esta não é somente temporal. Em suma, *mora não é só demora*"[127]. Este último posicionamento nos parece mais apropriado à atual legislação brasileira.

Parece-nos acertada a definição de Marcos Ehrhardt Jr., segundo o qual: "deve-se extrair o conceito de inadimplemento da perspectiva da relação obrigacional como um processo, isto é, levando-se em conta tanto os deveres de prestação quanto os deveres de conduta, bem como os interesses do credor e devedor"[128]. Pode-se chegar à conclusão de que inadimplemento é gênero que possui as espécies absoluto (incumprimento definitivo), mora e violação positiva da obrigação (violação positiva do crédito).

A violação positiva da obrigação é de extrema importância para a teoria do adimplemento substancial, que ocorre em casos nos quais haja a quebra dos deveres anexos ou laterais de conduta, decorrentes da boa-fé objetiva. Flávio Tartuce, com base nos ensinamentos de Clóvis Couto e Silva e Judith Martins-Costa, exemplifica alguns deveres anexos: a) o dever de cuidado em relação à outra parte negocial; b) o dever de respeito; c) o dever de informar a outra parte sobre o conteúdo do negócio; d) o dever de agir conforme a confiança depositada; e) o dever de lealdade e probidade; f) o dever de colaboração ou cooperação; g) o dever de agir conforme a razoabilidade, a equidade e a boa razão[129].

O inadimplemento gera consequências de cunho obrigacional em sentido geral e de natureza contratual. Em relação à primeira consequência, uma vez presente a violação, é gerada a responsabilidade civil. Nesse sentido, o Enunciado n. 24 da I Jornada de Direito Civil estabelece que, "em virtude do princípio da boa-fé, positivado no art. 422 do novo Código Civil, a violação dos deveres anexos constitui espécie de inadimplemento, independente de culpa". E também vale citar o Enunciado n. 363 da IV Jornada de Direito

---

[125] CATALAN, Marcos Jorge. **Descumprimento contratual**, cit., p. 160.

[126] SILVA, Jorge Cesa Ferreira da. **A boa-fé e a violação positiva do contrato**, cit., p. 145-146.

[127] TARTUCE, Flávio. **Direito civil**: direito das obrigações e responsabilidade civil, cit., p. 204.

[128] EHRHARDT JR., Marcos. **Responsabilidade civil pelo inadimplemento da boa-fé**. Belo Horizonte: Fórum, 2014. p. 156.

[129] TARTUCE, Flávio. **Direito civil**: direito das obrigações e responsabilidade civil, cit., p. 205.

Civil, pelo qual "os princípios da probidade e da confiança são de ordem pública, estando a parte lesada somente obrigada a demonstrar a existência da violação".

A segunda consequência está relacionada à possibilidade de resolução ou de oposição da exceção do contrato não cumprido, dependendo da relevância e importância do fato para o contrato. Essa segunda consequência deve ser discutida ao se tratar da teoria do adimplemento substancial sempre que o inadimplemento for de pouca monta a ponto de fundamentar a resolução ou a oposição da exceção, evitando a desproporcionalidade[130].

A teoria contemporânea relativa ao Direito Contratual e às obrigações, assim como todo o Direito Privado, sofre influências de princípios éticos e sociais. Nessa nova concepção, o equilíbrio contratual deve ser buscado, assim como novas formas de minimizar os efeitos advindos da extinção anormal dos contratos. Uma das formas de equilibrar a relação contratual e manter os contratos vigentes é a teoria do adimplemento substancial. Antes de adentrar nessa teoria, necessária se faz uma incursão na história da resolução do contrato em virtude de inadimplemento.

3.5.3   A resolução do contrato em virtude de inadimplemento

Sobre a dissolução do vínculo contratual e a restituição patrimonial, em Roma apenas eram possíveis a título de exceção, quando previamente pactuado pelas partes, portanto a única solução existente era a do adimplemento[131]. A possibilidade somente foi ser conhecida com o Direito Canônico, por meio do Decreto *Quemadmodum,* do papa Inocêncio III, que permitia ao marido romper o contrato de matrimônio em caso de esposa infiel[132]. Com isso se começa a reconhecer a interdependência das prestações, e em decorrência há a ideia de que a parte só estaria obrigada a cumprir o contrato com o fiel cumprimento pela outra parte. Com o passar do tempo, tal posicionamento acabou sendo adotado e estendido para todos os contratos. Tratava-se de uma condição implícita.

O Código Civil francês de 1804, em especial o art. 1.184, positivou a possibilidade de resolver o contrato nos casos em que não houvesse o cumprimento da obrigação. Os Códigos posteriores seguiram essa orientação. Um dos problemas de tal orientação reside no fato de que em algumas situações, em que somente parte do programa contratual não tivesse sido cumprida, resolver o contrato traria uma grande injustiça.

O Direito inglês começou a formular o entendimento de que nem todas as situações eram passíveis de resolução do contratual. Vale citar Eduardo Luiz Bussatta, para quem "o entendimento de que tão só o descumprimento de uma prestação dependente (*condition*) dava azo à resolução do contrato", defendendo que, "enquanto o descumprimento de um

---

[130]   SILVA, Jorge Cesa Ferreira da. **Inadimplemento das obrigações**, cit., p. 46.

[131]   DIEZ-PICAZO, Luis. **Fundamentos del derecho civil patrimonial**: las relaciones obligatoria, cit., p. 700.

[132]   MEORO, Mario E. Clemente. **La facultad de resolver los contratos por incumplimiento**. Valencia: Tirant lo Blanch, 1998. p. 31.

dever meramente acessório ou colateral, do qual a avença não é dependente (*warranty*), apenas concedia ao credor o direito de reclamar as perdas e danos (*damages*)"[133].

O precedente que aplica o princípio da equidade é o caso *Boone v. Eyre* (1779), julgado por Lorde Mansfield. Um julgado anterior, *Kingston v. Preston* (1774), havia estabelecido importantes parâmetros para a aplicação da teoria da *substantial performance*, mas foi naquele caso que de fato primeiro se utilizou a teoria[134].

No caso *Boone v. Eyre* foi estabelecida uma relação jurídica entre as partes. *Boone* teria a obrigação de transferir a propriedade com as plantações e os escravos nela presentes, e também garantir o domínio e a posse pacíficos durante o período a *Eyre*. A contrapartida era um pagamento inicial e também uma quantia a título de renda anual. Houve fuga dos escravos do local, e *Eyre* atrasou o pagamento da renda anual sob esse fundamento. *Boone* cobrou os valores judicialmente, e *Eyre* defendeu-se, querendo a resolução do contrato, tendo como fundamento o descumprimento dele, sob a alegação de o autor não ser o legítimo proprietário dos escravos. A decisão foi pela não resolução do contrato, pois a obrigação descumprida por *Boone* não poderia ser considerada uma *condition*[135].

A celeuma a ser enfrentada refere-se a estabelecer, diante de um caso concreto, o que seriam *conditions* e *warranties*. Dois critérios poderiam ser utilizados. O primeiro seria contratual, caso as partes definissem previamente quais cláusulas se enquadrariam em cada caso. O segundo leva em conta a relevância em relação ao pacto. Assim, *conditions* são aquelas cláusulas consideradas essenciais ao contrato, ou seja, um "liame das obrigações recíprocas existentes em um contrato, pela qual o devedor obrigar-se-á a realizar determinada prestação sob a proposta concreta de que o credor irá retribuir, de alguma forma"[136]. Trata-se da *consideration*, espécie de contrapartida que estabelece a reciprocidade da relação obrigacional[137]. As *warranties,* por sua vez, seriam obrigações

---

[133]   BUSSATTA, Eduardo Luiz. **Resolução dos contratos e a teoria do adimplemento substancial**, cit., p. 39.

[134]   BECK, Anthony. The doctrine of substantial performance: conditions and conditions precedent. **The Modern Law Review**, v. 38, n. 4, p. 413-428, jul. 1975. p. 415-416. No presente caso, Preston era um comerciante e tinha Kingston como seu aprendiz. Foi feito um acordo entre as partes segundo o qual em 15 meses Preston iria se aposentar e venderia o negócio ao aprendiz. Em contrapartida, o pagamento do negócio seria feito em parcelas mensais e lhe seria dada uma garantia para caso de não cumprimento. Houve recusa por parte de Preston em transmitir o negócio pela ausência da garantia. Kingston, por sua vez, defendeu que as obrigações de transmitir o negócio e oferecer garantia seriam independentes. Foi identificada pela corte a existência de três obrigações: as independentes (a execução – *performance* – independente da execução da contraparte), as dependentes (o cumprimento por uma das partes é condição prévia para o da outra) e as mutuamente dependentes (o cumprimento, além de dependente, deve ocorrer de forma simultânea). No caso, o Tribunal considerou que a garantia era condição implícita para a transmissão do negócio, assim Preston não teria obrigação de transmitir a empresa.

[135]   MEORO, Mario E. Clemente. **La facultad de resolver los contratos por incumplimiento**, cit., p. 262.

[136]   SILVA, Vivien Lys Porto Ferreira da. **Extinção dos contratos**: limites e aplicabilidade. São Paulo: Saraiva, 2010. p. 25.

[137]   BECKER, Anelise. A doutrina do adimplemento substancial no direito brasileiro e em perspectiva comparativista. **Revista da Faculdade de Direito da Universidade Federal do Rio Grande do Sul**, Porto Alegre, v. 9, n. 1, p. 61-62, nov. 1993.

de caráter independentes e que fogem da reciprocidade contratual, sendo acessórias ou secundárias, então não afetariam o equilíbrio contratual[138].

Mario Meoro defende que não considerar as consequências do descumprimento (em relação à gravidade) pode ser prejudicial ao credor e trazer graves injustiças[139]. Carlos Miguel Ibáñez sustenta que, apesar de interessante a distinção, ela era artificiosa, ao não considerar a gravidade do não cumprimento[140].

No intuito de afastar tais dificuldades, começa-se a levar em consideração a gravidade do dever descumprido e suas consequências, chegando ao critério conhecido como *substantial performance*[141]. Considera-se grave se afetar a base ou o fim do contrato de forma fundamental; se afetar a parte mais substancial do contrato; se frustrar os propósitos empresariais; ou se privar o credor de forma substancial dos benefícios advindos do pacto.

As legislações ocidentais começam a utilizar tais critérios como forma de aplicar a teoria. Em alguns casos há disposição expressa no texto legal, e em outros há incidência de princípios e/ou cláusulas gerais para a incidência do instituto. No Direito brasileiro não há positivação expressa quanto à aplicação da teoria. Assim, é necessário analisarmos a experiência estrangeira no intuito de contribuir com o estudo no Direito pátrio.

3.5.4 A experiência estrangeira e o adimplemento substancial

O Código Civil italiano de 1942, como outro dito, influenciou o atual Código Civil brasileiro. Entretanto, diferentemente do nosso, nele há previsão quanto à limitação da faculdade do credor de resolver o contrato diante de escassas importâncias, caso em que será resguardado o interesse da outra parte (art. 1.455). Trata-se de uma disposição fundamental do instituto da resolução dos contratos, que apenas permite a ocorrência em caso de inadimplemento grave[142], o que significa que, ao não permitir o inadimplemento,

---

[138] BECKER, Anelise. A doutrina do adimplemento substancial no direito brasileiro e em perspectiva comparativista. **Revista da Faculdade de Direito da Universidade Federal do Rio Grande do Sul**, cit., p. 62.

[139] MEORO, Mario E. Clemente. **La facultad de resolver los contratos por incumplimiento**, cit., p. 266-267.

[140] IBÁÑEZ, Carlos Miguel. **Resolución por incumplimiento**. Buenos Aires: Astrea, 2003. p. 180.

[141] Vale citar: "Começou-se a cogitar, então, da gravidade do incumprimento para efeitos de outorga da resolução, como forma de proteger a contraparte. E a noção de *substantial performance* surgiu da inversão do ponto de vista do julgador, que, de apreciar a gravidade a partir da inexecução, passou a considerar a execução, a fim de determinar se ela satisfazia em substância a totalidade das obrigações estipuladas, apesar de sua imperfeição. Aplicada esta doutrina, aquele contratante que prestou de forma *quase exata* (mas *não exata*) não mais perderia o direito de reclamar o preço, como ocorria por força da regra da *Common Law*. Se o seu adimplemento tivesse sido substancial, ainda que imperfeito, teria direito à contraprestação, resguardado o direito do credor em exigir-lhe o ressarcimento dos prejuízos causados pela imperfeição e/ou a parte faltante. Um *desvio insignificante* do que fora estipulado no contrato não mais justificaria sua resolução e a consequente perda de toda a prestação por parte daquele que adimpliu *inexata, mas substancialmente*" (BECKER, Anelise. A doutrina do adimplemento substancial no direito brasileiro e em perspectiva comparativista. **Revista da Faculdade de Direito da Universidade Federal do Rio Grande do Sul**, cit., p. 63).

[142] PISCOTTA, Giuseppina. **La risoluzione per inadempimento**. Milano: Giuffrè, 2000. p. 54.

Cap. 3 • PRESERVAÇÃO DA EMPRESA E DEFESA DO PATRIMÔNIO MÍNIMO EMPRESARIAL | **173**

devido a escassa importância, a parte credora poderá reclamar perdas e danos, ou, sendo possível, o cumprimento da prestação[143].

Observe-se que o fato de ser ou não definitivo o descumprimento não interfere na aplicação do dispositivo legal[144]. Outro ponto que vale citar em relação ao referido artigo é que ele não faz distinção entre obrigação principal e acessória, ou seja, estabelecer um critério legal que possibilite aferir a pouca importância do inadimplemento nos leva à conclusão de que pode ser aplicado tanto na obrigação principal como na acessória.

O autor Eduardo Luiz Bussatta muito bem observa que a discussão existente na doutrina italiana reside em decidir qual critério utilizar para valorar a gravidade ante a ausência de parâmetros legais. Cabe à doutrina e à jurisprudência delimitar tal questão. Segundo o autor, dois principais critérios foram criados pela doutrina: o primeiro, que é majoritário na doutrina italiana, de caráter objetivo, que "leva em conta a interdependência funcional da prestação e a perturbação que o inadimplemento trouxe para a economia do contrato". De acordo com o segundo critério, de natureza subjetiva, "se deve considerar a vontade presumida das partes, o que significa dizer, verificar se a parte, conhecendo a possibilidade de ocorrer tal inadimplemento, ainda assim contrataria"[145].

Apesar de o critério objetivo ser o majoritário na doutrina italiana, o fato é que caberá ao juiz analisar, diante da situação concreta, e preencher o conteúdo do conceito *scarsa importanza*. Ora utilizará o critério objetivo e em outros casos o subjetivo, levando em conta a presunção da vontade das partes. Ruy Rosado de Aguiar Junior, ao analisar a questão na perspectiva da jurisprudência e doutrina italiana, defende que três são os critérios para verificar se o inadimplemento é ou não de escassa importância, levando em consideração "(a) a causa do contrato ou (b) o equilíbrio das prestações, ou (c) os motivos individuais expressos ou implícitos"[146].

A doutrina italiana, ao reconhecer a possibilidade do operador no caso concreto, tendo como base a proporcionalidade existente entre a ruptura da reciprocidade fundada na prestação e na contraprestação, permite a verificação da dimensão dos efeitos do inadimplemento. Caso seja insubsistente, mantém-se o contrato e se concretiza o adimplemento substancial, por não se prejudicar o equilíbrio do programa contratual, caso contrário se resolve o contrato. Por fim, discute-se a possibilidade ou não de permitir a utilização da exceção do contrato não cumprido dependente da gravidade. Da mesma

---

[143] Para aprofundamento do tema: AULETTA, Giuseppe. Importanza dell´inadempimento e diffida ad adempire. **Rivista Trimestrale di Diritto e Procedura Civile**, Milano: Giuffrè, v. 9, p. 655-676, 1955; COLLURA, Giorgio. **Importanza dell´inadempimento e teoria del contrato**. Milano: Giuffrè, 1992; PALMIERI, Davide. **La risoluzione per inadempimento nella giurisprudenza**. Milano: Giuffrè, 1994; TURCO, Claudio. **L´imputabilità e l´importanza dell´inadempimento nella clausola resolutiva**. Torino: G. Giappichelli, 1997; ROPPO, Vincenzo. **Il contrato**. Milano: Giuffrè, 2001.

[144] BUSSATTA, Eduardo Luiz. **Resolução dos contratos e teoria do adimplemento substancial**. 2. ed. São Paulo: Saraiva, 2008. p. 44.

[145] BUSSATTA, Eduardo Luiz. **Resolução dos contratos e teoria do adimplemento substancial**, cit., p. 44.

[146] AGUIAR JUNIOR, Ruy Rosado. **Extinção dos contratos por incumprimento do devedor**. 2. ed. Rio de Janeiro: Aide, 2003. p. 101.

forma que a não gravidade do descumprimento não enseja a resolução, também não enseja a possibilidade da autotutela[147].

Nada mais é que impor às partes o respeito à boa-fé objetiva, que fundamenta o adimplemento substancial. Assim, há a manutenção do contrato quando a gravidade do descumprimento tiver pouca importância em relação ao todo do programa contratual. Com isso ocorre uma modalidade autônoma do adimplemento, todavia gerando efeitos próprios, como a permissão da indenização das perdas e danos sofridos, ou até mesmo a redução proporcional da contraprestação.

O Código Civil português, a exemplo do italiano, também traz de forma expressa o adimplemento substancial no seu art. 802, n. 2, que, ao tratar da impossibilidade parcial de prestar a obrigação, dispõe que "o credor não pode, todavia, resolver o negócio, se o não cumprimento parcial, atendendo ao seu interesse, tiver escassa importância". O Código português permite a valoração do inadimplemento de pouca importância, no caso concreto, levando em conta o interesse do credor. Em relação ao interesse do credor, da análise do art. 793, n. 2, com o art. 808, n. 1 e n. 2, conclui-se que apenas a perda justificada do interesse do credor legitimara a resolução do contrato, sob pena de ferir a boa-fé objetiva. Não é qualquer desinteresse que permite a resolução, mas apenas aquele que não lhe traga benefício.

Um ponto interessante da legislação portuguesa reside no fato de trazer um dispositivo legal que apresenta um critério matemático que pode servir de parâmetro para o adimplemento substancial. Trata-se do art. 934. Segundo Mário Júlio de Almeida Costa, o artigo assinala que, "se o comprador deixou de pagar uma única parcela, só se verificará a exigibilidade imediata das restantes quando a prestação omitida exceda a oitava parte do preço". Complementa o autor: "encontrando-se em atraso duas ou mais prestações, então a perda do benefício do prazo opera-se independente do montante destas. O art. 934 é imperativo, pelo que toca à proteção mínima dispensada ao comprador". E conclui: "a defesa nele estabelecida não pode ser prejudicada por acordo das partes, embora estas tenham a faculdade de estipular um regime mais favorável ao comprador do que o previsto no referido preceito"[148].

Na Alemanha, o Código Civil (*Bürgerliches Gesetzbuch* – BGB) nasceu consagrando ideais sociais da burguesia, tendo como foco comerciantes e pequenos industriais. Apresentava uma estrutura em que havia uma abstração nos artigos, repleto de inúmeras cláusulas gerais. No decorrer da história, sofreu diversas alterações e se tornou uma codificação multidisciplinar, na ideia de unidade do ordenamento visto no início do trabalho, passando a ser uma lei especial e de importância ímpar. Em 2002 houve uma reforma no Direito Obrigacional alemão e conceitos envolvidos no inadimplemento foram positivados.

---

[147]   Vale citar a seguinte decisão: Cassazione Civile, sez. II, sentenza 13 febbraio 2008, n. 3472. Disponível em: <https://personaedanno.it/obbligazioni-contratti/cass-civ-sez-ii-13-febbraio-2008-n-3472--pres-corona-rel-ber tuzzi-a-proposito-di-eccezione-di-inadempimento-e-buona-fede-riccardo--cristofari>. Acesso em: 26 abr. 2017.

[148]   COSTA, Mário Júlio de Almeida. **Direito das obrigações**. 7. ed. Coimbra: Almedina, 1999. p. 915.

Cap. 3 • PRESERVAÇÃO DA EMPRESA E DEFESA DO PATRIMÔNIO MÍNIMO EMPRESARIAL | **175**

Entre os §§ 320 e 326 são tratadas as disposições referentes à resolução do contrato. Assim, o item 1 do § 320 traz a possibilidade da exceção do contrato não cumprido, mas o item 2 estabelece que, se parte já foi feita, tem de ser levada em consideração a boa-fé, o que já demonstra que o ordenamento alemão se preocupa com a manutenção e adimplemento dos pactos. É possível, de acordo com o Código alemão, a resolução quando a prestação não tiver interesse para o credor, nos termos do item 2 do § 326[149]. Todavia, o exercício desse direito é limitado, ou seja, não será qualquer interesse que poderá ensejar a resolução. Nesse sentido, Karl Larenz defende que o interesse autorizador da resolução do contrato deve ser visto tendo como base a boa-fé objetiva, expressamente prevista no § 242. Ou seja, uma falta insignificante não enseja a resolução[150].

O adimplemento substancial é assegurado no § 323, item 5. Segundo tal dispositivo, o credor não poderá resolver o contrato em situações em que a violação é irrelevante, seja principal ou acessória, e também se o credor se beneficiou do adimplemento. Vivien Lys Porto Ferreira da Silva defende não ser "equânime permitir que o credor usufruísse do adimplemento substancial e, posteriormente, pleiteasse a resolução do contrato"[151]. A jurisprudência alemã, para caracterizar o adimplemento substancial, leva em consideração os interesses do credor, conjugados com o fim do contrato, assim havendo um critério objetivo para delimitar a extensão da inexecução. O que se busca é preservar o negócio jurídico, pois no sistema alemão o interesse deve ser interpretado tendo como base a finalidade contratual. Ao se falar em adimplemento substancial, com base no Código alemão, o que se verifica é que o fundamento de sua incidência se dá por meio da conjugação dos §§ 242, 320, item 2, e 323, item 5.

O Código Civil espanhol, em seu art. 1.124, é silente em relação aos critérios necessários para que o incumprimento seja resolutório, artigo equivalente ao nosso art. 475. As decisões na Espanha mostram-se favoráveis à ideia de manutenção do contrato, sempre que o não cumprimento ou inexatidão não seja sensível à economia do contrato[152]. Assim, o que se verifica é a necessidade de verificar a importância econômica do inadimplemento perante o contrato, seja de prestações principais, acessórias ou laterais. Eduardo Luiz Bussatta, ao analisar o ordenamento espanhol, conclui que "somente se admite, então, o desfazimento do vínculo contratual quando o descumprimento contratual for de tal relevância e grandeza que o fim do contrato reste elidido, ou a sua função econômica reste abalada". Acrescenta que, caso contrário, "só se permite a busca das perdas

---

[149] ENNECCERUS, Ludwig; LEHMANN, Heinrich. Derecho de obligaciones. In: ENNECCERUS, Ludwig; KIPP, Theodor; WOLFF, Martin. **Tratado de derecho civil**. 3. ed. Barcelona: Bosch, 1966. p. 271.

[150] LARENZ, Karl. **Derecho de obligaciones**. Madrid: Revista de Derecho Privado, 1958. p. 327.

[151] SILVA, Vivien Lys Porto Ferreira. **Adimplemento substancial**. 2006. 290 f. Dissertação (Mestrado em Direito) – Pontifícia Universidade Católica. 2006. Disponível em: <https://sapientia.pucsp.br/ bitstream/ handle/7475/1/DIR%20-%20Vivien%20Lys%20P%20F%20da%20Silva.pdf>. Acesso em: 20 jan. 2017. p. 45.

[152] Sobre as decisões espanholas: GONZÁLEZ-REGUERAL, M. Angeles Fernándes. **La resolución por incumplimiento en las obligaciones bilaterais**: doctrina y jurisprudencia. Madrid: La Ley, 1998. p. 33; GONZÁLEZ, Aurora González. **La resolución como efecto del incumplimiento en las obligaciones bilaterales**. Barcelona: Bosch, 1987.

176 | BEM JURÍDICO EMPRESARIAL – *Fábio Brasilino*

e danos que o caso importar ou, sendo ainda possível, a demanda pelo cumprimento da específica prestação devida"[153].

Outros ordenamentos também tratam da teoria do adimplemento substancial, todavia os até agora analisados já são suficientes para contribuir para a construção do instituto no Direito brasileiro.

3.5.5 O ordenamento jurídico brasileiro e o adimplemento substancial

Da análise dos ordenamentos estrangeiros o que se verifica é que todos entendem que o inadimplemento tem de ser grave para possibilitar a resolução do contrato. Tal fato em alguns é positivado de forma expressa, e em outros se utiliza como fundamento a boa-fé objetiva. Um dos problemas de usar cláusulas abertas está em saber qual parâmetro utilizar para aferir, no caso, a gravidade do inadimplemento.

Eduardo Luiz Bussatta defende "haver nítida preferência pela adoção de um critério objetivo para tanto, critério este baseado essencialmente na utilidade da prestação para o credor ou mesmo no cumprimento da função econômico-social do contrato"[154]. Entendemos que esse critério cai como uma luva para o ordenamento pátrio, em especial quando utilizarmos a teoria do adimplemento substancial como forma de assegurar o patrimônio mínimo empresarial e consequentemente respeitar o bem jurídico empresarial.

Ainda sob a vigência do Código Civil de 1916, Clóvis do Couto e Silva afirmava que o programa contratual deveria ser visto como um processo, pois as obrigações recíprocas levavam ao dinamismo das fases de formação, desenvolvimento e extinção da obrigação. Com isso, verificou que "o adimplemento atrai e polariza a obrigação. É o seu fim"[155]. Devem os contratantes buscar minimizar os riscos e prejuízos advindos do inadimplemento, em especial quando o descumprimento se dá próximo do atingimento do objetivo aguardado pelo credor. Tal fato evita a desproporção entre o proveito das partes contratantes[156].

---

[153] BUSSATTA, Eduardo Luiz. **Resolução dos contratos e teoria do adimplemento substancial**, cit., p. 51.

[154] BUSSATTA, Eduardo Luiz. **Resolução dos contratos e teoria do adimplemento substancial**, cit., p. 61.

[155] COUTO E SILVA, Clóvis Veríssimo do. **A obrigação como processo**, cit., p. 5.

[156] Vale citar o seguinte: "A tese construída por Clóvis do Couto e Silva dentro deste tema com base no desenvolvimento do princípio da boa-fé objetiva foi uma das maiores contribuições ao sistema jurídico civil brasileiro, na medida em que em razão de seus ensinamentos foi possível vislumbrar e concretizar o adimplemento substancial no ordenamento pátrio, mesmo quando não havia previsão legal deste princípio no vetusto código civil, trazendo assim à ética e a função social exigidas no contexto das relações obrigacionais, ensejando uma reforma dos valores dos contratos com fundamento na reconstrução valorativa das relações jurídicas advindas deste negócio jurídico. De fato, sua colaboração não foi apenas a precursora, mas continua sendo a tese balizadora no tema tratado neste trabalho, em razão da sua suma importância e especialmente pela riqueza nos fundamentos apresentados" (SILVA, Vivien Lys Porto Ferreira. **Adimplemento substancial**, cit., p. 86).

Cap. 3 · PRESERVAÇÃO DA EMPRESA E DEFESA DO PATRIMÔNIO MÍNIMO EMPRESARIAL | 177

No atual Direito brasileiro, a teoria ganha fundamento na boa-fé objetiva e na função social dos contratos. Como outrora trabalhado, o Direito Obrigacional transformou-se a ponto de não caber mais pensar os institutos sob uma perspectiva eminentemente individual. Os princípios clássicos do Direito Contratual (autonomia privada, força obrigatória e relatividade dos efeitos) agora se veem obrigados a operar com outros que nascem dos princípios da *eticidade* e *sociabilidade* (função social do contrato e boa-fé objetiva). Nesse sentido são os ensinamentos de Flávio Tartuce: "a cada dia que passa, cai por terra a visão individualista do Direito Privado, alcançando mais adeptos a corrente que defende a visualização dos institutos a par da proteção da coletividade"[157].

Em relação à função social do contrato, conforme dito alhures, ao analisá-la em sua eficácia interna, o que se verifica é que o ordenamento privilegia a ideia de conservação dos pactos, por meio dos princípios da operabilidade e da conservação dos negócios jurídicos. Nesse sentido, o próprio ordenamento permite a conversão do contrato nulo no art. 170 do Código Civil[158]. Portanto, a teoria do adimplemento substancial vai ao encontro do princípio da função social do contrato.

Quanto à boa-fé objetiva, atualmente poderíamos estabelecer três funções, com base nos ensinamentos de Franz Wieacker[159]. A primeira enquanto cânone hermenêutico, o que possibilita a busca pelo real objetivo do negócio jurídico. A segunda na sua função ativa, ao criar deveres laterais, e por fim a função repressiva (controle), que impedirá exercícios arbitrários de posições jurídicas. Nesse momento, o importante para nós é analisar a relação entre a função de controle da boa-fé objetiva e a teoria do adimplemento substancial.

Importante destacar, ao se falar em boa-fé objetiva, que "o exercício de um direito ou de uma posição jurídica que exceda manifestamente os limites impostos pela boa--fé não podem ser admitidos, bem como não pode ser tolerado o exercício do direito inútil em termos econômicos"[160]. Se, de um lado, a boa-fé surge como um limitador da autonomia privada a fim de evitar que o pacto seja regulado de forma abusiva, de outro, a boa-fé também restringe a atuação das partes, em especial durante a execução, sempre que o ato se demonstrar desproporcional (*lato sensu*), ainda que ausente cláusula abusiva.

A boa-fé surge como forma de corrigir os desvios legislativos na busca pela justiça no caso concreto. Freia o exercício desequilibrado do credor, em especial quando excedido o fim do instituto e sendo a lesão pequena. Ao tratar sobre o assunto, António Menezes Cordeiro estabelece que a limitação ao exercício dos direitos subjetivos desdobra-se nas seguintes hipóteses: a primeira, em caso de exercício inútil que cause dano; a segunda, relacionada a evitar o comportamento daquele que logo após exigir terá de restituir a obrigação. Por fim, a desproporcionalidade entre a vantagem obtida pelo credor e o

---

[157] TARTUCE, Flávio. **Função social dos contratos**: do Código de Defesa do Consumidor ao Código Civil de 2002, cit., p. 233.

[158] TARTUCE, Flávio. **Função social dos contratos**: do Código de Defesa do Consumidor ao Código Civil de 2002, cit., p. 251.

[159] WIEACKER, Franz. **El principio general de la buena fe**. Madrid: Civitas, 1982.

[160] BUSSATTA, Eduardo Luiz. **Resolução dos contratos e teoria do adimplemento substancial**, cit., p. 84.

sacrifício do devedor. Este último ponto é de extrema importância para o que estamos defendendo[161].

A teoria do adimplemento substancial visa limitar o direito do credor em resolver o contrato, em casos de inadimplemento, sempre que o incumprimento não é tão grave a ponto de retirar a utilidade e a função do contrato. O art. 475 do Código Civil estabelece a possibilidade de o credor desfazer o negócio em caso de inadimplemento: "a parte lesada pelo inadimplemento pode pedir a resolução do contrato, se não preferir exigir-lhe o cumprimento, cabendo, em qualquer dos casos, indenização por perdas e danos". A discussão quanto à possibilidade da resolução se dá principalmente devido ao fato de o referido dispositivo não especificar qual inadimplemento seria capaz de ensejar o exercício do direito potestativo do credor. Com isso, ao ser feita uma análise literal do texto, pode-se concluir que qualquer inadimplemento seria apto a fundamentar a resolução.

Conforme defendemos no presente estudo, ao interpretar os institutos do Direito Privado deve ser feita uma análise com base na unidade do ordenamento jurídico, portanto o art. 475 do Código Civil não pode ser analisado isoladamente. Justifica-se tal argumentação, pois a resolução do contrato é uma das mais graves consequências dentro da relação contratual, devendo ser vista com a *ultima ratio*, ou seja, ser utilizada apenas em situações excepcionais. Até mesmo porque a extinção do vínculo contratual gera efeitos *ex tunc*, então todos os efeitos práticos produzidos e os futuros são retirados, sendo inegável que a resolução contratual é uma séria sanção ao contratante.

Quando o inadimplemento é "de escassa importância, de pequena gravidade, insignificante, a resolução será uma resposta manifestamente desproporcional, desequilibrada e, por que não dizer, injusta e contrária à finalidade econômica do contrato"[162]. Entendemos que a resolução nessas situações encontra óbice na função social do contrato e também na boa-fé objetiva. Corrobora esse entendimento o Enunciado n. 361 da IV Jornada de Direito Civil, que dispõe: "o adimplemento substancial decorre dos princípios gerais contratuais, de modo a fazer preponderar a função social do contrato e o princípio da boa-fé objetiva, balizando a aplicação do art. 475"[163].

Trata-se de limitar o exercício das posições jurídicas ante a desproporcionalidade que tal fato pode gerar. Judith Martins-Costa, ao analisar a atual situação das relações obrigacionais, esclarece que "agora [vem] plena de conceitos flexíveis, passíveis de concreção judicial; tal como os 'usos do lugar', 'circunstâncias do caso', 'natureza da situação', 'equidade', 'desproporção manifesta entre as partes', 'premente necessidade', 'boa-fé' [etc.]"[164].

---

[161] CORDEIRO, António Menezes. **Da boa-fé no direito civil**. Coimbra: Almedina, 1984. p. 853.

[162] BUSSATTA, Eduardo Luiz. **Resolução dos contratos e teoria do adimplemento substancial**, cit., p. 87.

[163] Outro enunciado que trata sobre o assunto é o n. 371 da IV Jornada de Direito Civil: "a mora do segurado, sendo de escassa importância, não autoriza a resolução do contrato, por atentar ao princípio da boa-fé objetiva".

[164] MARTINS-COSTA, Judith. O adimplemento e o inadimplemento das obrigações no novo Código Civil e o seu sentido ético e solidarista. In: FRANCIULLI NETTO, Domingos; MARTINS FILHO, Ives Grandra da Silva; MENDES, Gilmar Ferreira (Coord.). **O novo Código Civil**: estudos em homenagem ao professor Miguel Reale. São Paulo: LTr, 2003. p. 333.

Com base nesses pressupostos, defende a autora, "a nova estrutura do inadimplemento, além de ensejar a apreensão sistemática das várias regras do próprio Título IV, oferece a possibilidade do seu tratamento conjunto com as demais regras e princípios", e complementa que "são – ou podem ser, conforme o caso concretamente examinado – correlatos ou afins, assim modulando um 'sistema aberto de regras e princípios, axiologicamente orientado'"[165]. O que a autora defende nada mais é que dar operabilidade ao sistema, buscando a valorização do sujeito de direitos, outrossim reconhecendo os interesses recíprocos dentro da relação obrigacional.

Ao se falar em adimplemento substancial, a teoria encontra fundamento na ideia de conservação dos contratos, na igualdade jurídica, na equivalência das prestações (sinalagma contratual), decorrentes dos princípios da boa-fé objetiva e da função social do contrato. Ao reconhecer o contrato como um processo cujo fim é o adimplemento, o que se busca é satisfazer de forma equânime os interesses dos contratantes[166]. Vale citar os ensinamentos de Judith Martins-Costa, para quem a teoria do adimplemento substancial obriga as partes a analisar o programa contratual e sua estrutura sob as lentes do adim-

---

[165] MARTINS-COSTA, Judith. O adimplemento e o inadimplemento das obrigações no novo Código Civil e o seu sentido ético e solidarista. FRANCIULLI NETTO, Domingos; MARTINS FILHO, Ives Gandra da Silva; MENDES, Gilmar Ferreira (Coords.). **O novo Código Civil**, cit., p. 340.

[166] Vivien Lys Porto Ferreira faz em sua dissertação de mestrado interessante analogia entre a "construção contratual" e a "construção de uma imagem de barro". A saber: "O adimplemento substancial é esculpido, parafraseando como se constrói e modela uma imagem de barro, posto que o princípio da conservação dos contratos irá garantir-lhe a rigidez necessária a preservar a parte do programa contratual já executada, sem impingir à parte mínima descumprida que terá um tratamento diferenciado em relação à parte maior totalmente adimplida. Será, enfim, o seu baluarte. O princípio da igualdade jurídica será o material formador do adimplemento substancial, na medida em que se não houver tratamento igualitário às partes contratantes, mesmo ao inadimplente da parte ínfima da obrigação, irá correr-se o risco do 'boneco de barro' – ou seja, o contrato – desmoronar pelo fato do material apresentar insuficiência [de] ingredientes (em razão da ausência de sanção ao inadimplemento ou compensação da frustração do interesse [do] credor) ou excesso de seus componentes (pela severidade imposta ao inadimplente ao perder todo o seu direito em razão da parte da prestação já executada normalmente). O sinalagma contratual assume o papel da água na criação de uma imagem de barro, ao passo que por conter a reciprocidade devida será responsável por temperar a tutela dos interesses do credor diante do inadimplemento de parte mínima da obrigação, mas também tem o sutil encargo de tutelar os interesses do devedor nesta situação como forma de equilibrar a interdependência das prestações. Ele é a estrutura de madeira que gira em baixo da escultura. Por sua vez, o princípio da boa-fé objetiva é o responsável pelo espírito criador do artista, ou seja, trazendo esta ideia para o direito contratual, no contrato é imperioso no mínimo a existência de duas partes em sentido substancial. Este princípio será o norteador das ações das partes contratantes, uma vez que ambas devem estar imbuídas de probidade pela consecução do adimplemento e havendo o descumprimento mínimo deste, sem grande relevância, este espírito de boa-fé objetiva deve ser exaltado a fim de terminar a obra de arte, ainda que distinta do projeto inicial. Por fim, o princípio da liberdade contratual calcado na autonomia privada é o toque final desta construção, por representar o sopro de vivência de cada contrato, como se a imagem do boneco de carro criasse vida, e encontra-se a liberdade da autonomia dos contratantes delimitada na autonomia privada" (SILVA, Vivien Lys Porto Ferreira. **Adimplemento substancial**, cit., p. 143-144).

plemento, pois, "se toda relação obrigacional está ordenada em função do adimplemento, é porque este constitui o momento no qual se realiza o interesse do credor"[167].

São requisitos para a caracterização da teoria do adimplemento substancial: a) imprevisibilidade; b) ausência de gravidade do inadimplemento; c) utilidade da prestação diante do adimplemento substancial; d) proporcionalidade do adimplemento substancial e o programa contratual; e) interesse do credor.

Em relação ao requisito imprevisibilidade, deve o devedor demonstrar que foi surpreendido pelo resultado negativo gerado pela inexecução, ou seja, há necessidade de evidenciar que o descumprimento pequeno da prestação pactuada se deu por motivos alheios à vontade do devedor. Faz-se necessário tal requisito, pois, se de antemão souber o devedor de tal situação e agir de caso pensado, nesse caso fere a boa-fé objetiva.

A ausência de gravidade deve ser vista sob duas perspectivas: a primeira de natureza objetiva, em que se analisa matematicamente a quantidade faltante para cumprir a obrigação, e a segunda sob o aspecto subjetivo, que se relaciona à expectativa do credor na satisfação do seu interesse. Deve-se aferir se o inadimplemento afetou ou não a essência do contrato.

Um problema relevante consiste em aferir a gravidade ou não do inadimplemento. Um dos grandes críticos da concepção de funcionalização dos institutos, em especial, como o próprio autor diz, a "socialização" do contrato, é André Luiz Santa Cruz Ramos. Segundo ele, haveria uma banalização da teoria do adimplemento substancial, pois muitas vezes os tribunais se utilizam apenas de critérios matemáticos[168]. Assiste razão em parte ao autor.

De fato, ao se falar na teoria do adimplemento substancial, não se pode utilizar apenas como critério um cálculo matemático, pois não há em nosso ordenamento jurídico, diferentemente do que ocorre no ordenamento português, como visto, um parâmetro legal para tanto. Porém, é inegável, sendo pragmático e levando em consideração a atual situação do Judiciário brasileiro, que o critério matemático é deveras importante. Vale ressaltar que a gravidade do inadimplemento deve ser feita com base nos efeitos gerados.

Vivien Lys Porto Ferreira da Silva apresenta alguns parâmetros, tendo como base a boa-fé objetiva, para constatar a essencialidade do descumprimento ou não. O primeiro é o de que "a execução parcial será considerada uma inexecução grave se atingir alguma parte essencial do contrato"; o segundo, "uma violação fundamental será valorada se atingir seriamente a quantidade ou a qualidade da obrigação"; o terceiro, "uma inexecução do contrato intencional caracteriza-se uma violação fundamental"; o quarto, "será um inadimplemento grave se a obrigação não for realizada no tempo devido, sendo este requisito fundamental"; e o quinto, "as partes podem elencar nas cláusulas contratuais quais obrigações, se descumpridas, configurarão uma violação fundamental"[169]. Evidente

---

[167] MARTINS-COSTA, Judith. O adimplemento e o inadimplemento das obrigações no novo Código Civil e o seu sentido ético e solidarista. FRANCIULLI NETTO, Domingos; MARTINS FILHO, Ives Gandra da Silva; MENDES, Gilmar Ferreira (Coords.). **O novo Código Civil**, cit., p. 233.

[168] RAMOS, André Luiz Santa Cruz. **Direito empresarial esquematizado**, cit., p. 617.

[169] SILVA, Vivien Lys Porto Ferreira. **Adimplemento substancial**, cit., p. 176.

Cap. 3 • PRESERVAÇÃO DA EMPRESA E DEFESA DO PATRIMÔNIO MÍNIMO EMPRESARIAL | 181

que este último critério sempre deve ser analisado sob as lentes da boa-fé objetiva, caso contrário poderia servir de parâmetro para abusos contratuais.

Quanto à utilidade da prestação diante do adimplemento substancial, trata-se de ponderar a parte essencial da prestação cumprida com a parte mínima inexecutada. O art. 395, parágrafo único, do Código Civil autoriza o credor a rejeitar prestações quando forem inúteis, ou seja, se a execução não for útil ao credor, o contrato não poderá ser preservado. O que importa dizer que, se a prestação tiver utilidade, mesmo não tendo sido cumprida da forma previamente pactuada, permitir a resolução resultaria em exercício abusivo do Direito, contrariando a boa-fé.

Para analisar o adimplemento substancial, deve-se levar em conta o programa contratual, e o montante do adimplemento deve ser proporcionalmente razoável a ele. Nas palavras de Anelise Becker, "o adimplemento substancial consiste em um resultado tão próximo do almejado, que não chega a abalar a reciprocidade, o sinalagma das prestações correspectivas". Complementa a autora: "por isso mantém-se o contrato, concedendo-se ao credor direito a ser ressarcido pelos defeitos da prestação, porque o prejuízo, ainda que secundário, se existe deve ser reparado"[170].

Por fim, deve ser levado em consideração o interesse do credor, ou seja, a legítima expectativa em relação ao sinalagma pactuado. Uma vez preenchidos os requisitos, deve ser aplicada a teoria do adimplemento substancial e ser evitada a resolução do contrato. Os direitos do credor devem ser buscados por meio dos instrumentos jurídicos disponíveis para a cobrança do programa contratual e das perdas e danos advindos do inadimplemento. Referida teoria encontra fundamento nas seguintes disposições: da vedação do abuso de direito (art. 187 do Código Civil), da função social dos contratos (art. 421 do mesmo Código), da boa-fé objetiva (art. 422) e da vedação do enriquecimento sem causa (art. 884).

Considerando que a teoria é utilizada como instrumento de equidade que o intérprete tem à sua disposição para inibir a extinção da obrigação quando esteja muito próxima do fim, resta analisar de que maneira pode ser utilizada como forma de contribuir para a proteção do *bem jurídico empresarial*.

3.5.6 Adimplemento substancial e o bem jurídico empresarial

Conforme outrora trabalhado, dentre os créditos que não estão sujeitos a recuperação, nos termos do § 3º do art. 49 da Lei n. 11.101/2005, encontramos o proprietário fiduciário de bens móveis. Vimos também que, apesar de tais créditos não estarem sujeitos a recuperação, ao se tratar de bem essencial à atividade empresarial, o bem não pode ser retirado da posse do devedor no prazo de suspensão contido no § 4º do art. 6º da Lei n. 11.101/2005.

O que muitas vezes acontece, na prática, é que no prazo de suspensão não é possível a empresa se recuperar a ponto de adimplir todas as suas obrigações. Assim, não

---

[170] BECKER, Anelise. A doutrina do adimplemento substancial no direito brasileiro e em perspectiva comparativista. **Revista da Faculdade de Direito da Universidade Federal do Rio Grande do Sul**, cit., p. 63.

adimplidas as parcelas em atraso, por exemplo, de um contrato de alienação fiduciária, ainda mais levando em consideração o entendimento dos tribunais de que purgar a mora é quitar o contrato, nos termos do art. 3º do Decreto-lei n. 911/1969, a ação de busca e apreensão poderia ser levada adiante, e aquele bem, que, como visto, é essencial à atividade econômica da empresa, poderá ser buscado e apreendido, inviabilizando inclusive, eventualmente, o próprio plano de recuperação[171].

Nesses casos, o Direito das empresas em crise não é suficiente para proteger o *bem jurídico empresarial*, então, em algumas situações, a teoria do adimplemento substancial pode contribuir para a preservação da empresa. Para verificar como a teoria pode ser utilizada para a preservação do patrimônio mínimo, analisaremos criticamente o Recurso Especial n. 1.622.555/MG, de relatoria do Ministro Marco Buzzi, julgado pela 2ª Seção do Superior Tribunal de Justiça.

A celeuma do referido recurso originou-se de uma ação de busca e apreensão regida pelo Decreto-lei n. 911/1969. No caso em apreço, faltavam apenas as quatro últimas prestações de um contrato de alienação fiduciária de 48 (quarenta e oito) parcelas. O processo foi extinto pelo magistrado de primeira instância, sob o argumento de carência da ação (falta de interesse-adequação), uma vez que o credor havia utilizado a via inadequada para a satisfação do crédito, pois o contrato havia sido adimplido substancialmente. Em sede de apelação, foi negado seguimento monocraticamente, já que a decisão estaria em consonância com os princípios da boa-fé objetiva, da função social do contrato e da vedação ao enriquecimento sem causa. Tal decisão foi mantida em sede de agravo interno no Tribunal mineiro. Em sede de recurso especial, a controvérsia girou com base na seguinte hipótese: "controvérsia referente à análise acerca da possibilidade de deferimento liminar e manejo da ação de busca e apreensão do bem alienado fiduciariamente quando verificado o adimplemento substancial do contrato".

O Ministro relator, que teve o voto vencido, defendeu que o reclamo deveria ser parcialmente provido. Aplicou a teoria do adimplemento substancial e afastou a rescisão do contrato, todavia reconheceu que a referida teoria não tem o condão de fazer desaparecer a dívida. Então, votou no sentido de dar provimento não para extinguir o processo, mas sim dar oportunidade à parte para emendar a inicial pelo modo menos gravoso ao devedor, com base no art. 329, I, do Código de Processo Civil e levando em consideração que a atual legislação adjetiva preceitua que se faz necessária a solução integral do mérito (art. 4º) e que a decisão de mérito deve ser justa e efetiva (art. 6º).

A Quarta Turma do Superior Tribunal de Justiça afetou o julgamento para a Segunda Seção, e o Ministro Marco Aurélio Bellizze abriu divergência no julgamento. Segundo o ministro, não permitir "o legítimo direito de ação do credor fiduciário de promover a busca e apreensão do bem [...] como lhe confere expressamente a específica lei de regência" iria contra o princípio da boa-fé contratual. Defende que o Código Civil apenas incidiria na referida relação em caso de "lacuna e a solução ofertada pela 'lei geral' não se contrapuser às especificidades do instituto regulado pela mencionada lei". E argumenta

---

[171] Sobre a necessidade de pagamento integra da dívida é o seguinte recurso afetado como repetitivo: REsp 1418593/MS, Rel. Min. Luis Felipe Salomão, 2ª Seção, j. 14.05.2014, *DJe* 27.05.2014.

Cap. 3 · PRESERVAÇÃO DA EMPRESA E DEFESA DO PATRIMÔNIO MÍNIMO EMPRESARIAL | 183

não ser prudente supor que o devedor, mesmo sabendo da possibilidade de perda do bem, deixa de adimplir as últimas parcelas, estaria de boa-fé.

O Ministro Antônio Carlos Ferreira, por sua vez, votou afirmando que o descumprimento das parcelas do valor total da obrigação é relevante em relação ao programa contratual, afastando a aplicação da teoria. A Ministra Nancy Andrighi, ao destacar a especialidade da norma em apreço, defende que não há qualquer "ressalva restritiva com fundamento na extensão da mora ou na proporção do inadimplemento, apenas dispondo ao credor a faculdade de lançar mão da ação de busca e apreensão para satisfazer o seu crédito". A Ministra Maria Isabel Gallotti também votou no sentido de prevalecer a norma especial e de não ser aplicada a teoria do adimplemento substancial[172].

O recurso acatou a tese de que a teoria do adimplemento substancial não se aplica aos contratos de alienação fiduciária regidos pela Decreto-lei n. 911/1969, sob os argumentos que: a) na referida legislação, por ausência de lacuna no caso, não se aplicam as regras gerais; b) a legislação especial não faz qualquer extensão em relação à moral, e para ter o bem desimpedido deve quitar integralmente a dívida; c) impor ao credor outra via que não a busca e apreensão seria menos eficaz, consequentemente contrário ao sistema processual; d) a teoria do adimplemento substancial teria por objetivo obstar a resolução do contrato; já a ação de busca e apreensão visa dar cumprimento ao contrato; e) seria questionável supor boa-fé ao devedor que deixa de pagar as últimas parcelas sabendo das graves consequências do inadimplemento; f) a propriedade fiduciária é de grande importância para o desenvolvimento da economia nacional, assim a aplicação da teoria de forma deturpada comprometeria a segurança jurídica das concessões de crédito. A nosso ver, equivocada a decisão. Entendemos que o posicionamento do relator é o que melhor se coaduna com a atual concepção de Direito Privado. Vejamos.

Em relação ao primeiro argumento, de que a legislação geral não se aplicaria ao caso, entendemos que não merece prosperar. Conforme temos defendido, atualmente o ordenamento deve ser visto sob a perspectiva da unidade, e também há que se levar em consideração que em algumas situações estamos diante de normas de ordem pública, como é o caso da função social do contrato, nos termos do art. 2.035, parágrafo único, do Código Civil.

Quanto ao segundo argumento, extensão em relação à mora, não faz muito sentido, pois o art. 475 do Código Civil também não faz. O terceiro argumento, quanto à ineficácia de outra via para a satisfação do crédito, apenas analisa o contrato com base nos interesses do credor e não das partes, pois não somente os interesses do credor devem ser levados em consideração, mas de ambas as partes.

Em relação ao quarto argumento, a decisão defende que a busca e apreensão não teria como objetivo a resolução do contrato, mas apenas o cumprimento do contrato. Entendemos que, quando o § 3º do art. 2º do Decreto-lei n. 911/1969 faculta ao credor considerar vencidas todas as prestações, abre-se a possibilidade de questionar o meio para exigir o cumprimento, e, assim como em um processo de execução, deve-se levar

---

[172] REsp 1622555/MG, Rel. Min. Marco Buzzi, Rel. p/ Ac. Min. Marco Aurélio Bellizze, 2ª Seção, j. 22.02.2017, *DJe* 16.03.2017.

em conta o princípio da menor onerosidade. O argumento que pressupõe a má-fé do devedor pelo não pagamento vai contra a ideia de boa-fé objetiva.

É evidente que, se o devedor não pagou, surge o requisito da imprevisibilidade, ou seja, não teve condições de pagar, pois se tivesse teria pago. E em relação ao último argumento, sobre a segurança jurídica e o cumprimento dos contratos, conforme já defendemos em outras situações, os contratos atualmente não encontram sua função na segurança jurídica, mas sim no respeito aos direitos e garantias fundamentais, em especial a dignidade da pessoa humana.

No acórdão analisado, não se tratava de um contrato empresarial, mas sim de uma relação de consumo, e também não foram analisadas as circunstâncias da retirada de um bem que é essencial ao desenvolvimento da atividade econômica da empresa.

Apesar de a decisão do Superior Tribunal de Justiça fixar tese que não se aplicaria aos contratos de alienação fiduciária, entendemos que ela não se coaduna com os atuais preceitos e dispositivos legais. Nesse sentido, a teoria do adimplemento substancial poderia ser utilizada, por exemplo, como forma de proteger o *bem jurídico empresarial*, em casos em que o contrato de alienação fiduciária já tenha sido substancialmente adimplido, o bem for essencial à empresa e o processo de suspensão da recuperação judicial estiver escoado, por ser medida salutar da tão esperada justiça.

REFERÊNCIAS

ABRANTES, José Nunes. **A vinculação das entidades privadas aos direitos fundamentais.** Lisboa: Associação Académica da Faculdade de Direito de Lisboa, 1990.

ABRÃO, Nelson. **Curso de direito falimentar.** 5. ed. São Paulo: Leud, 1997.

ABRÃO, Nelson. Declaração judicial da falência. **Revista de Direito Mercantil, Industrial, Econômico e Financeiro,** v. 35, ano XVIII, jul./set. 1979.

AGUIAR JUNIOR, Ruy Rosado. **Extinção dos contratos por incumprimento do devedor.** 2. ed. Rio de Janeiro: Aide, 2003.

ÁGUILA-REAL, Jesús Alfaro. Autonomia privada y derechos fundamentales. In: **Anuario de Derecho Civil,** v. 46, n. 1, 1993. p. 62-63. Disponível em: <https://dialnet.unirioja.es/servlet/articulo?codigo=46791>. Acesso em: 8 mar. 2016.

ALESSI, Renato. **Instituciones de derecho administrativo.** Traducción dela 3. edición italiana por Buenaventura Pellisé Prats. Barcelona: Bosch, Casa Editorial, 1970. t. I.

ALEXY, Robert. **Conceito e validade do direito.** São Paulo: WMF Martins Fontes, 2009.

ALEXY, Robert. **La institucionalización de la justicia.** Granada: Comares, 2005.

ALEXY, Robert. **Teoria da argumentação jurídica:** a teoria do discurso racional como teoria da fundamentação jurídica. 3. ed. Rio de Janeiro: Forense, 2013.

ALEXY, Robert. **Teoría de los derechos fundamentales.** Tradução de Ernesto Garzón Valdés. Madrid: Centro de Estudios Constitucionales, 1993.

ALPA, Guido. Libertà contrattuale e tutela constitucionale. **Rivista Critica del Diritto Privato,** p. 35-54, 1995.

ALVIM, Arruda. **Novo contencioso cível no CPC/2015.** São Paulo: RT, 2016.

AMARAL, Francisco. O contrato e sua função institucional. *Studia iuridica* – **Boletim da Faculdade de Direito,** v. 48, 1999/2000.

ANDRADE, José Carlos Vieira de. **Os direitos fundamentais na Constituição portuguesa de 1976.** 2. ed. Coimbra: Almedina, 2001.

ANDRADE, José Carlos Vieira de. **Os direitos fundamentais na Constituição portuguesa de 1976.** 5. ed. Coimbra: Almedina, 2012.

ANDRADE, Manoel Antônio Domingues de. **Teoria geral da relação jurídica**. Coimbra: Almedina, 1974.

ANDRADE, Roberto Pereira; LISBOA, Luís Carlos. **Grandes enigmas da humanidade**. Rio de Janeiro: Vozes, 1968.

ANGIONI, Francesco. **Contenuto e funzioni del concetto di bene giuridico**. Milano: Giuffrè, 1983.

ARAÚJO, Vaneska Donato de. Noções gerais de direito empresarial. In: HERKENHOHH, Henrique G. (Coord.). **Direito de empresas**. São Paulo: RT, 2008.

ARENDT, Hanna. **A condição humana**. Rio de Janeiro: Forense Universitária, 2003.

ARENDT, Hannah. **A condição humana**. São Paulo: Forense, 1981.

ARNOLDI, Paulo Roberto Colombo; MICHELAN, Taís Cristina de Camargo. Novos enfoques da função social da empresa numa economia globalizada. **Revista de Direito Privado**, v. 11, p. 244-255, jul./set. 2002.

ASCARELLI, Tullio. **Corso di diritto commerciale:** introduzione e teoria dell'impresa. 3. ed. Milão: Giuffrè, 1962.

ASCARELLI, Tullio. **Panorama do direito comercial**. São Paulo: Saraiva, 1947.

ASQUINI, Alberto. I battelli del Reno. **Rivista delle società**, 4 (1959).

ASQUINI, Alberto. Perfis da empresa. Tradução de Fábio Konder Comparato. **Revista de Direito Mercantil, Industrial, Econômico e Financeiro,** ano XXXV, n. 104, p. 109-126, out./dez. 1996.

ASSIS, Araken de. **Manual da execução**. 18. ed. São Paulo: RT, 2016.

AULETTA, Giuseppe. Importanza dell´inadempimento e diffida ad adempire. **Rivista Trimestrale di Diritto e Procedura Civile**, Milano: Giuffrè, v. 9, p. 655-676, 1955.

ÁVILA, Humberto. Repensando o princípio da supremacia do interesse público sobre o particular. **Revista Eletrônica sobre a Reforma do Estado.** Salvador, Instituto Brasileiro de Direito Público, n. 11, set./nov. 2007. Disponível em: <http://www.direitodoestado. com/ revista/RERE-11-SETEMBRO-2007-HUMBERTO% 20AVILA.pdf>. Acesso em: 13 mar. 2015.

ÁVILA, Humberto. **Teoria dos princípios**: da definição à aplicação dos princípios jurídicos. 6. ed. São Paulo: Malheiros, 2006.

AZEVEDO, Álvaro Villaça. **Bem de família**. São Paulo: RT, 1999.

AZEVEDO, Antonio Junqueira de. **Negócio jurídico**: existência, validade e eficácia. 4. ed. São Paulo: Saraiva, 2002;.

AZEVEDO, Antônio Junqueira. Princípios do novo direito contratual e desregulamentação do mercado. Direito de exclusividade nas relações contratuais de fornecimento. Função social do contrato e responsabilidade aquiliana de terceiro que contribui para o inadimplemento contratual. **Revista dos Tribunais**, v. 750, p. 115-116, abr. 1998.

BALLESTEROS, Jesus. **Sobre el sentido del derecho. Introducción a la filosofía jurídica**. 3. ed. Madrid: Tecnos, 2007.

BARBOSA, Rui. **Oração aos moços**. Rio de Janeiro: Fundação Casa de Rui Barbosa, 1997.

BARCELLOS, Ana Paula. **A eficácia jurídica dos princípios constitucionais:** o princípio da dignidade da pessoa humana. 2. ed. Rio de Janeiro: Renovar, 2008.

BARCELONA, Pietro. **El individualismo proprietário**. Madrid: Trotta, 1996.

REFERÊNCIAS | 187

BARROSO, Luís Roberto; BARCELLOS, Ana Paula de. O começo da história. A nova interpretação constitucional e o papel dos princípios no direito brasileiro. **Revista da EMERJ**, Rio de Janeiro, v. 6, n. 23, p. 25-65, 2003.

BASTID, Suzanne; DAVID, René; LUCHAIRE, François (Org.). **La personalité morale et sés limites**. Études de droit compare et de droit internacional public. Paris: LGDJ, 1960.

BASTOS, Celso. A tutela dos interesses difusos no direito constitucional brasileiro. **Vox Legis**, São Paulo, ano 13, v. 152, ago. 1981.

BAUMAN, Zygmunt. **O mal estar da pós-modernidade**. Rio de Janeiro: Zahar, 1998.

BECK, Anthony. The doctrine of substantial performance: conditions and conditions precedent. **The Modern Law Review**, v. 38, n. 4, p. 413-428, jul. 1975.

BECK, Ulrich. **Risk society**: towards a new modernity. London: Sage, 1992.

BECKER, Anelise. A doutrina do adimplemento substancial no direito brasileiro e em perspectiva comparativista. **Revista da Faculdade de Direito da Universidade Federal do Rio Grande do Sul**, Porto Alegre, v. 9, n. 1, p. 61-62, nov. 1993.

BENJAMIN, Antônio Herman. **Dano ambiental**: prevenção, reparação e repressão. São Paulo: RT, 1993.

BERTOLDI, Marcelo M.; RIBEIRO, Marcia Carla Pereira. **Curso avançado de direito comercial**. 5. ed. São Paulo: RT, 2009.

BERTONCELLO, Káren Rick Danilevicz. **Superendividamento do consumidor**: mínimo existencial – casos concretos. São Paulo: RT, 2015.

BEVILÁQUA, Clóvis. **Código Civil dos Estados Unidos do Brasil comentado**. Rio de Janeiro: Editora Rio, 1979.

BEZERRA FILHO, Manoel Justino. **Lei de recuperação de empresas e falência, comentada artigo por artigo**. 11. ed. São Paulo: RT, 2016.

BINENBOJM, Gustavo. **Uma teoria do direito administrativo**: direitos fundamentais, democracia e constitucionalização. 2. ed. São Paulo: Renovar, 2008.

BITTAR, Eduardo Carlos Bianca. Direito na pós-modernidade. **Revista Sequência**, n. 57, p. 131-152, dez. 2008.

BOBBIO, Norberto. A grande dicotomia: público/privado. In: **Estado, governo, sociedade**: para uma teoria geral da política. 4. ed. Rio de Janeiro: Paz e Terra, 1995.

BOBBIO, Norberto. **Estado, governo, sociedade**: para uma teoria geral da política. 4. ed. Rio de Janeiro: Paz e Terra, 1995.

BOBBIO, Norberto. Libertà fondamentali e formazioni social: introduzione storica. **Revista Política del Diritto**, n. 4, ano IV, 1975.

BOBBIO, Norberto. **Locke e o direito natural**. Brasília: UnB, 1997.

BOBBIO, Norberto. **O positivismo jurídico**: lições de filosofia do direito. São Paulo: Ícone, 1995.

BÖCKENFÖRDE, Ernst-Wolfgang. **Escritos sobre derechos fundamentales**. Tradução de Juan Luis Requejo Pagés e Ignacio Villaverde Menéndez. Baden-Baden: Nomos Verlagsgesellschaft, 1993.

BONFANTE, Pietro. **Storia del commercio**. Turim: G. Giappichelli, 1946.

BORGES, José Souto Maior. **Teoria geral da isenção tributária**. 3. ed. São Paulo: Malheiros, 2001.

BRANDELLI, Leonardo. Atuação notarial em uma economia de mercado: a tutela do hipossuficiente. **Revista de Direito Imobiliário**, São Paulo, ano 25, n. 52, p. 165-188, jan./ jun. 2002.

BRASILINO, Fábio Ricardo Rodrigues. **A (re)definição do poder estatal frente ao poder econômico**. Curitiba: Protexto, 2012.

BRASILINO, Fábio Ricardo Rodrigues. A teoria da desconsideração da personalidade positiva. **Revista de Direito Empresarial**, São Paulo, ano 2, v. 6, p. 91-108, nov./dez. 2014.

BRASILINO, Fábio Ricardo Rodrigues. Dirigismo contratual e os contratos empresariais. **Revista de Direito Privado**, São Paulo: RT, v. 61, ano 16, p. 127-144, jan./mar. 2015.

BRASILINO, Fábio Ricardo Rodrigues. Função social e preservação da empresa: a teoria da desconsideração da personalidade positiva como instrumento efetivador. **Revista de Direito Privado**, v. 63, p. 221-235, jun./set. 2015.

BRASILINO, Fábio Ricardo Rodrigues. **Incentivos fiscais em face da federação de cooperação**: limites legais, constitucionais e legitimações. Rio de Janeiro: Lumen Juris, 2014.

BULGARELLI, Waldirio. **A teoria jurídica da empresa**. São Paulo: RT, 1985.

BULGARELLI, Waldirio. **Contratos mercantis**. 4. ed. São Paulo: Atlas, 1987.

BUSSATTA, Eduardo Luiz. **Resolução dos contratos e a teoria do adimplemento substancial**. 2. ed. São Paulo: Saraiva, 2008.

CAIMMI, Luis Alberto; DESIMONE, Guillermo Pablo. **Los delitos de incumplimiento de los deberes de asistencia familiar e insolvencia alimentaria fraudulenta**. 2. ed. Buenos Aires: Depalma, 1997.

CALASSO, Francesco. Diritto: le basi storiche dela partizion. **Enciclopedia del Diritto**. Milão: Giuffrè, 1964.

CALDEIRA, Jorge. **Mauá, o empresário do Império**. São Paulo: Companhia das Letras, 2004.

CALIXTO, Marcelo Junqueira. Dos bens. In: TEPEDINO, Gustavo (Coord.). **A parte geral do novo Código Civil:** estudos na perspectiva civil-constitucional. 3. ed. Rio de Janeiro: Renovar, 2007.

CALSAMIGLIA, Albert. Postpositivismo. **Cuadernos de Filosofía del Derecho**, n. 21, v. I, p. 209-220, 1998. Disponível em: <http://www.cervantesvirtual.com/nd/ark:/59851/bmc 514b1>. Acesso em: 09 jan. 2014.

CAMPILONGO, Celso Fernandes. **Direitos e democracia**. São Paulo: Max Limonad, 2000.

CANARIS, Claus-Wilhelm. A influência dos direitos fundamentais sobre o direito privado na Alemanha. In: SARLET, Ingo Wolfgang. **Constituição, direitos fundamentais e direito privado**. 3. ed. Porto Alegre: Livraria do Advogado, 2010.

CANOTILHO, José Joaquim Gomes. Civilização do direito constitucional ou constitucionalização do direito civil? A eficácia dos direitos fundamentais na ordem jurídico-civil no contexto do direito pós-moderno. In: GRAU, Eros Roberto; GUERRA FILHO, Willis Santiago (Org.). **Direito constitucional**: estudos em homenagem a Paulo Bonavides. São Paulo: Malheiros, 2001.

CANOTILHO, José Joaquim Gomes. **Direito constitucional e teoria da constituição**. 7. ed. Coimbra: Almedina, 2003.

CANOTILHO, José Joaquim Gomes; MOREIRA, Vital. **Constituição da República Portuguesa anotada**. Coimbra, 1993.

REFERÊNCIAS | **189**

CANOTILHO, José Joaquim Gomes; MOREIRA, Vital. **Fundamentos da Constituição**. Coimbra, 1991.

CANTUCCI, Michele, **L'attività di diritto privato della pubblica amministrazione**. Padova: Cedam, 1941.

CAPITANT, David. **Les effets juridiques des droits fondamentaux en Allemagne**. Paris: LGDJ, 2001.

CAPPELLETTI, Mauro. Formazioni sociali interessi di grupo davanti alla giustizia civile. **Rivista di Diritto Processuale**, ano XXX, n. 3, p. 361-402, jul./set. 1975.

CAPPELLETTI, Mauro; GARTH, Bryant. **Acesso à justiça**. Porto Alegre: Sergio Antonio Fabris, 1988.

CARHREIN, Viktor. **Filosofia del derecho**: el derecho natural y el positivo. Madrid: Reus, 1958.

CARNELUTTI, Francesco. **Teoria geral do direito**. Tradução de Rodrigues Queirós. São Paulo: Saraiva, 1942.

CARVALHO FILHO, José dos Santos. **Ação civil pública**. 7. ed. Rio de Janeiro: Lumen Juris, 2009.

CARVALHO, Orlando de. **A teoria geral da relação jurídica**: seu sentido e limites. 2. ed. Coimbra: Centelha, 1981.

CASILLO, João. Desconsideração da pessoa jurídica. **Revista dos Tribunais**, São Paulo: RT, ano 68, v. 528, p. 24-40, out. 1979.

CASSESE, Sabino. **La crisi dello Stato**. Roma: Laterza, 2002.

CASTRO, Carlos Alberto Farracha de. Uma nova visão do direito falimentar: a obrigatoriedade de adequação e interpretação à luz da Constituição Federal. **Revista de Direito Mercantil, Industrial, Econômico e Financeiro**, v. 118, ano XXXIX, abr./jun. 2000.

CATALAN, Marcos Jorge. **Descumprimento contratual**: modalidades, consequências e hipóteses de exclusão do dever de indenizar. Curitiba: Juruá, 2005.

COASE, Ronald H. The problem of social cost. **The Journal of Law and Economics,** v. 3, p. 1-44, Oct. 1960. Disponível em: < http://www2.econ.iastate.edu/classes/tsc220/hallam/Coase.pdf>. Acesso em: 20 jun. 2017.

COELHO, Fábio UIhoa. **Comentários à nova lei de falências e de recuperação de empresas**. São Paulo: Saraiva, 2005.

COELHO, Fábio Ulhoa. **Curso de direito comercial**: direito de empresa. 15. ed. São Paulo: Saraiva, 2011.

COELHO, Fábio Ulhoa. **Desconsideração da personalidade jurídica**. São Paulo: RT, 1989.

COELHO, Fábio Ulhoa. **Princípios do direito comercial**: com anotações ao projeto de Código Comercial. São Paulo: Saraiva, 2012.

COLLURA, Giorgio. **Importanza dell´inadempimento e teoria del contrato**. Milano: Giuffrè, 1992.

COMPARATO, Fábio Konder. A reforma da empresa. **Revista de Direito Mercantil, Industrial, Econômico e Financeiro**, São Paulo, n. 50, p. 57-74, abr./jun. 1983.

COMPARATO, Fábio Konder. **Novos ensaios e pareceres de direito empresarial**. Rio de Janeiro: Forense, 1981.

COMPARATO, Fábio Konder. **O poder de controle na sociedade anônima**. São Paulo: RT, 1976.

COMPARATO. Fábio Konder. **O poder de controle na sociedade anônima**. 3. ed. Rio de Janeiro: Forense, 1983.

CORDEIRO, António Manuel. **Direito das obrigações**. 6. ed. Lisboa: Associação Acadêmica da Faculdade de Direito de Lisboa, 1986.

CORDEIRO, António Menezes. **Da boa fé no direito civil**. Coimbra: Almedina, 1984.

CORREIA, Alexandre; SCIASCIA, Gaetano. **Manual de direito romano e textos em correspondência com os artigos do Código Civil brasileiro**. 4. ed. São Paulo: Saraiva, 1961.

CORSI, Francesco; FERRARA JR, Francesco. **Gli Imprenditori e le società**. 11. ed. Milão: Giuffrè, 1999.

CORTIANO JUNIOR, Eroulths. Para além das coisas: breve ensaio sobre o direito, a pessoa e o patrimônio mínimo. In: BARBOZA, Heloisa Helena et al. (Org.). **Diálogos sobre direito civil**. Rio de Janeiro: Renovar, 2002.

COSTA, Beatriz Souza; RESENDE, Elcio Nacur. O bem sob a ótica do direito ambiental e do direito civil: uma dicotomia irreconciliável? **Revista Brasileira de Políticas Públicas**, Brasília, v. 1, n. 3, p. 43-70, dez. 2011.

COSTA, Mário Julio de Almeida. **Direito das obrigações**. 6. ed. Coimbra: Almedina, 1994.

COSTA, Mário Júlio de Almeida. **Direito das obrigações**. 4. ed. Coimbra: Almedina, 1984.

COSTA, Mário Júlio de Almeida. **Direito das obrigações**. 7. ed. Coimbra: Almedina, 1999.

COTARELO, Ramón García. La crisis del Estado del bienestar y la sociedad civil. **Cuenta y razón del pensamiento actual**, n. 31, 1987. Disponível em: <http://www.cuentayrazon.org/revista/pdf/031/Num031_006.pdf>. Acesso em: 2 jun. 2016.

COUTO E SILVA, Almiro do. Os indivíduos e o Estado na realização das tarefas públicas. **Revista de Direito Administrativo**, Rio de Janeiro, 209, p. 43-70, jul./set. 1997.

COUTO E SILVA, Clóvis Veríssimo do. **A obrigação como processo**. São Paulo: Bushatsky, 1976.

CRETELLA JÚNIOR, José. **Curso direito romano**. Rio de Janeiro: Forense, 2001.

CRISTIANO, Romano. **Conceito de empresa**. São Paulo: Arte & Cultura, 1995.

CRUZ, Rafael Naranjo de la. **Los límites de los derechos fundamentales en las relaciones entre particulares**: la buena fe. Madrid: Centro de Estudios Políticos e Constitucionales, 2000.

DELGADO, José. A ética e a boa-fé no novo Código Civil. In: DELGADO, Mário Luiz; ALVES, Jones Figueirêdo (Org.). **Questões controvertidas do novo Código Civil**. São Paulo: Método, 2003.

DELGADO, Mário Luiz. **Codificação, descodificação e recodificação do direito civil brasileiro**. São Paulo: Saraiva, 2011.

DELGADO, Mário Luiz. O direito de empresa e a unificação do direito privado. Premissas para superação da autonomia científica do "direito comercial". In: DELGADO, Mário Luiz; ALVES, Jones Figueirêdo (Coord.). **Questões controvertidas**: direito de empresa. Rio de Janeiro: Forense, 2010.

DERZI, Misabel Abreu Machado. O princípio da preservação das empresas e o direito à economia de impostos. In: ROCHA, Valdir de Oliveira (Org.). **Grandes questões atuais do direito tributário**. São Paulo: Dialética, 2006.

DIAS, Maria Berenice. **Manual de direito das famílias**. Porto Alegre: Livraria do Advogado, 2010.

DIEZ-PICAZO, Luis. **Fundamentos del derecho civil patrimonial II**: las relaciones obligatorias. 5. ed. Madrid: Civitas, 1996.

DIMOULIS, Dimitri; DUARTE, Écio Oto. **Teoria do direito neoconstitucional**: superação ou reconstrução do positivismo jurídico? São Paulo: Método, 2008.

DIMOULIS, Dimitri; MARTINS, Leonardo. **Teoria geral dos direitos fundamentais**. São Paulo: RT, 2007.

DINIZ, Maria Helena. **Curso de direito civil brasileiro:** teoria geral do direito civil. 30. ed. São Paulo: Saraiva, 2013.

DOMAT, Jean. **Le leggi nel loro ordine naturale**. Pavia: Tip. Bizzoni, 1825.

DUARTE, Écio Oto Ramos; POZZOLO, Susanna. **Neoconstitucionalismo e positivismo jurídico**. São Paulo: Landy, 2006.

DUQUE, Marcelo Schenk. **Direito privado e Constituição**: *Drittwirkung* dos direitos fundamentais, construção de um modelo de convergência à luz dos contratos de consumo. São Paulo: RT, 2013.

DUQUE, Marcelo Schenk. Direitos fundamentais e direito privado: a busca de um critério para o controle do conteúdo dos contratos. In: MARQUES, Cláudia Lima (Org.). **A nova crise do contrato**: estudos sobre a nova teoria contratual. São Paulo: RT, 2007.

DURÁN Y LALAGUNA, Paloma. **Una aproximación al análisis económico del derecho**. Granada: Comares, 1992.

DÜRIG, Günter. Freizügigkeit. In: NEUMANN, Franz L.; NIPPERDEY, Hans Carl; SCHEUNER, Ulrich (Hrsg.). **HGrR. B. II**. Berlim: Duncker-Humblot, 1954.

EHRHARDT JR., Marcos. **Responsabilidade civil pelo inadimplemento da boa-fé**. Belo Horizonte: Fórum, 2014.

ENNECCERUS, Ludwig; LEHMANN, Heinrich. Derecho de obligaciones. In: ENNECCERUS, Ludwig; KIPP, Theodor; WOLFF, Martin. **Tratado de derecho civil**. 3. ed. Barcelona: Bosch, 1966.

ESTORNINHO, Maria João. **A fuga para o direito privado**: contributo para o estudo da actividade de direito privado da administração pública. Coimbra: Almedina, 1996.

ESTRADA, Alexei Julio. **La eficacia de los derechos fundamentales entre particulares**. Bogotá: Universidad Externado de Colombia, 2000.

ESTRADA, Alexei Julio. **La eficácia entre particulares de los derechos fundamentales**: una presentación del caso colombiano. Disponível em: <http://biblio.juridicas.unam. mx/libros/1/340/13.pdf>. Acesso em: 16 mar. 2016.

FACCHINI NETO, Eugênio. *Code* Civil francês: gênese e difusão de um modelo. **Revista de Informação Legislativa**, ano 50, n. 198, p. 59-88, abr./jun. 2013.

FACCHINI NETO, Eugênio. Reflexões histórico-evolutivas sobre a constitucionalização do direito privado. In: SARLET, Ingo Wolfgang (Org.). **Constituição, direitos fundamentais e direito privado**. 3. ed. Porto Alegre: Livraria do Advogado, 2010.

FACHIN, Luiz Edson. **Estatuto jurídico do patrimônio mínimo**. 2. ed. Rio de Janeiro: Renovar, 2006.

FACHIN, Luiz Edson. **Estatuto jurídico do patrimônio mínimo**. Rio de Janeiro: Renovar, 2001.

FACHIN, Luiz Edson. Limites e possibilidades da nova teoria geral do direito civil. **Revista da AJURIS**, p. 202-211, n. 60, mar. 1994. Disponível em: <livepublish.iob.com.br/

ntzajuris/ lpext.dll/Infobase/542d4/54938/549d1?f=templates&fn=document-frame. htm&2.0#JD_AJU RIS60PG201>. Acesso em: 24 mar. 2016.

FACHIN, Luiz Edson. **Teoria crítica do direito civil**: à luz do novo Código Civil brasileiro. 3. ed. Rio de Janeiro: Renovar, 2012.

FACHIN, Luiz Edson. Virada de Copérnico: um convite à reflexão sobre o direito civil brasileiro contemporâneo. In: FACHIN, Luiz Edson (Coord.). **Repensando os fundamentos do direito civil brasileiro contemporâneo**. Rio de Janeiro: Renovar, 2000.

FARIAS, Cristiano Chaves; ROSENVALD, Nélson. **Direito civil**: teoria geral. 4. ed. Rio de Janeiro: Lumen Juris, 2006.

FARIAS, Cristiano de; ROSENVALD, Nelson. **Direito civil**: teoria geral. Rio de Janeiro: Lumen Juris, 2006.

FAVOREAU, Louis (Coord.). Les fondements constitutionneles du droit civil. **Revue Trimestrielle du Droit Civil**, 1982.

FAZZIO JUNIOR, Waldo. **Nova lei de falência e recuperação de empresas**. 2. ed. São Paulo: Atlas, 2005.

FEMIA, Pasquale. **Interessi e conflitti culturali nell´autonomia privata e nella responsabilità civile**. Napoli: Edizioni Scientifiche Italiane, 1996.

FERNANDES-RIO, Angel Rojo. **La reforma del derecho de quebra**. Madrid: Civitas, 1982.

FERRAJOLI, Luigi. **A democracia através dos direitos**: o constitucionalismo garantista como modelo teórico e como projeto político. São Paulo: RT, 2015.

FERRAJOLI, Luigi. Las garantías constitucionales de los derechos fundamentales. **DOXA Cuadernos de filosofía del derecho**, Alicante: Marcial Pons, n. 29, p. 15-31, 2006.

FERRARA, Francesco. **Il falimento**. Milano: Giuffrè, 1959.

FERRARA, Francesco. **Teoria delle persone giuridiche**. 2. ed. Napoli: Marghieri, 1923.

FERRAZ JR., Tercio Sampaio. **Introdução ao estudo do direito:** técnica, decisão, dominação. 4. ed. São Paulo: Atlas, 2003.

FERREIRA, Jussara Suzi Assis Borges Nasser. Função social e função ética da empresa. **Revista Jurídica da Unifil**, n. 2, ano II, p. 67-85, 2005.

FERREIRA, Waldemar Martins. **Instituições de direito comercial**. Rio de Janeiro: Freitas Bastos, 1951.

FIGUEIREDO, Leonardo Vizeu. **Lições de direito econômico**. Rio de Janeiro: Forense, 2011.

FIORILLO, Celso Antônio Pacheco. **Curso de direito ambiental brasileiro**. 11. ed. São Paulo: Saraiva, 2010.

FIUZA, César. **Direito civil:** curso completo. 18. ed. São Paulo: RT, 2015.

FONSECA, João Bosco Leopoldino da. **Direito econômico**. Rio de Janeiro: Forense, 2010.

FORGIONI, Paula A. **A evolução do direito comercial**: da mercancia ao mercado. São Paulo: RT, 2009.

FORGIONI, Paula A. A interpretação dos negócios empresariais no novo Código Civil brasileiro. **Revista de Direito Mercantil**, n. 130, p. 7-38. Disponível em: <http://disciplinas. stoa.usp.br/pluginfile.php/341598/mod_resource/content/1/Forgioni%2C%20Paula.%20 A%20interpretac%CC%A7a%CC%83o%20dos%20nego%CC%81cios%20empresariais. pdf>. Acesso em: 21 jul. 2016.

FORGIONI, Paula A. **Teoria geral dos contratos empresariais**. 2. ed. São Paulo: RT, 2010.

REFERÊNCIAS | 193

FORMAIO, Leonardo Cosme. A função social da recuperação judicial nas microempresas e empresas de pequeno porte à luz do princípio da dignidade da pessoa humana. In: DARCANCHY, Mara Vidigal (Coord.). **Direito empresarial**. Florianópolis: Funjab, 2013. Disponível em: [www.publicadireito.com.br/artigos/?cod=035042d40726e6ac]. Acesso em: 05 jun. 2015.

FOUCAULT, Michel. **A hermenêutica do sujeito**. São Paulo: Martins Fontes, 2004.

FOUCAULT, Michel. **Dits et écrits**. Paris: Gallimard, 1994. v. IV. Versão em português editada pela Forense Universitária na Coleção Ditos & Escritos.

FRAZÃO, Ana. **Função social da empresa**: repercussões sobre a responsabilidade civil de controladores e administradores de S/As. Rio de Janeiro: Renovar, 2011.

GAGLIANO, Pablo Stolze; PAMPLONA FILHO, Rodolfo. **Novo curso de direito civil:** parte geral. 16. ed. São Paulo: Saraiva, 2014.

GAGLIANO, Pablo Stolze; PAMPLONA FILHO, Rodolfo. **Novo curso de direito civil**. São Paulo: Saraiva, 2003.

GALGANO, Francesco. **Lex mercatoria**. Il Mulino: Universale Paperbacks, 1976.

GARCIA, Pedro de Vega. Dificuldades y problemas para la construcción de un constitucionalismo de la igualdad (en caso de la eficacia horizontal de los derechos fundamentales). In: LUÑO, Antonio Enrique Pérez (Org.). **Derechos humanos y constitucionalismo ante el tercer milênio**. Madrid: Marcial Pons, 1996.

GARCÍA-PELAYO, Manuel. **As transformações do Estado contemporâneo**. Tradução de Agassiz Almeida Filho. Rio de Janeiro: Forense, 2009.

GIDDENS, Anthony. **As consequências da modernidade**. Tradução de Raul Fiker. São Paulo: UNESP, 1991.

GIDDENS, Anthony; BECK, Ulrich; LASH, Scott. **Modernização reflexiva**: política, tradição e estética na ordem social moderna. São Paulo: Universidade Estadual Paulista, 1997.

GIERKE, Otto von. **La función social del derecho privado y otros estudios**. Granada: Comares, 2015.

GIORGIANNI, Michele. O direito privado e as suas fronteiras. **Revista dos Tribunais**, São Paulo, ano 87, v. 747, jan. 1998.

GÓES, Winnicius Pereira. **A terceirização de serviços no âmbito da administração pública**. Porto Alegre: Núria Fabris, 2013.

GOLSDSCHMIDT, Levin. **Storia universale del diritto commerciale**. Turim: UTET, 1913.

GOMES, Orlando. **Introdução ao direito civil**. 19. ed. Rio de Janeiro: Forense, 2008.

GOMES, Orlando. **Sucessões**. 15. ed. Rio de Janeiro: Forense, 2012.

GOMES, Orlando. **Raízes históricas e sociológicas do Código Civil brasileiro**. São Paulo: Martins Fontes, 2003.

GOMES, Sérgio Alves. **Hermenêutica constitucional**: um contributo à construção do Estado Democrático de Direito. Curitiba: Juruá, 2008.

GONZÁLEZ, Aurora González. **La resolución como efecto del incumplimiento en las obligaciones bilaterales**. Barcelona: Bosch, 1987.

GONZÁLEZ, Miguel Ángel Fernández. Los derechos fundamentales en 25 años de jurisprudencia del Tribunal Constitucional 1980-2005. **Cuadernos del Tribunal Constitucional,** n. 33, 2006. Disponível em: <http://www.tribunalconstitucional.cl/wp/ descargar_documento.php?id=576>. Acesso em: 16 mar. 2016.

GONZÁLEZ-REGUERAL, M. Angeles Fernándes. **La resolución por incumplimiento en las obligaciones bilaterais**: doctrina y jurisprudencia. Madrid: La Ley, 1998.

GOYARD-FABRE, Simone. **Les principes philosophiques du droit politique moderne**. Paris: PUF, 1997.

GRAU, Eros Roberto. **A ordem econômica na constituição de 1988**. 4. ed. São Paulo: Malheiros, 1998.

GRAU, Eros Roberto. **O direito posto e o direito pressuposto**. São Paulo: Malheiros, 2008.

GRZEGORCZYK, Cristophe; MICHAUT, Françoise; TROPER, Michel (Org.). **Le positivisme juridique**. Paris: LGDJ, CNRS e Université de Paris-X-Nanterre, 1992.

GUEDES, Néviton. Constituição e poder. Uma decisão judicial que se tornou celebridade internacional. **Revista Consultor Jurídico**, 19 ago. 2014. Disponível em: <http://www.conjur.com.br/2014-ago-19/decisao-judicial-tornou-celebridade-internacional>. Acesso em: 8 mar. 2016.

GUERRA FILHO, Willis Santiago. Pós-modernismo, pós-positivismo e o direito como filosófica. In: OLIVEIRA JUNIOR, José Alcebíades (Org.). **O poder nas metáforas**: homenagem aos 35 anos de docência de Luis Alberto Warat. Porto Alegre: Livraria do Advogado, 1998.

GUTIÉRREZ, Ignacio Gutiérrez. Criterios de eficácia de los derechos fundamentales en las relaciones entre particulares. UNED. **Teoría y Realidade Constitucional**, n. 3, 1º semestre, 1999, p. 193-211. Disponível em: <http://www.juridicas.unam.mx/publica/librev/rev/trcons/ cont/3/est/est10.pdf>. Acesso em: 9 mar. 2016.

HÄBERLE, Peter. **Libertad, igualdad, fraternidad**: 1789 como historia, actualidad y futuro del Estado Constitucional. Madrid: Minima Trotta, 1998.

HABERMAS, Jürgen. **A constelação pós-nacional**: ensaios políticos. Littera-Mundi, 2001.

HABERMAS, Jürgen. **A inclusão do outro**: estudos de teoria política. São Paulo: Loyola, 2002.

HABERMAS, Jürgen. **Direito e democracia**: entre facticidade e validade. 2. ed. Rio de Janeiro: Tempo Brasileiro, 2003.

HABERMAS, Jürgen. **Faticidad y validez**. Madrid: Trotta, 2001.

HABERMAS, Jürgen. **Mudança estrutural da esfera pública**. Rio de Janeiro: Tempo Brasileiro, 1984.

HAURIOU, Maurice. **A teoria da instituição e da fundação**: ensaio de vitalismo social. Tradução de José Ignácio Coelho Mendes Neto. Porto Alegre: Sergio Antonio Fabris, 2009.

HAYEK, Friedrich A. **Direito, legislação e liberdade**. São Paulo: Visão, 1985.

HECK, Luís Afonso. Direitos fundamentais e sua influência no direito civil. **Revista de Direito do Consumidor,** São Paulo, RT, n. 29, p. 40-54, jan./mar. 1999.

HESSE, Konrad. **Derecho constitucional y derecho privado.** Madrid: Civitas, 1995.

HESSE, Konrad. **Derecho constitucional y derecho privado.** Tradução de Ignacio Gutiérrez Gutiérrez. Madrid: Civitas, 2001.

HOBBES, Thomas. **O Leviatã ou matéria, forma e poder de um Estado eclesiástico e civil**. São Paulo: Martin Claret, 2003.

IBÁÑEZ, Carlos Miguel. **Resolución por incumplimiento**. Buenos Aires: Astrea, 2003.

IHERING, Rudolph von. **Jurisprudencia en broma y en serio**. Madrid: Revista de Derecho Privado, 1933.

JAEGER, Pier Giusto. **L'interesse sociale**. Milão: Giuffrè, 1964.

JAKOBS, Günther. **A imputação objetiva no direito penal.** São Paulo: RT, 2000.

JOSSERAND, Louis. De la responsabilité du fait des choses inanimés. IN: CARVAL, Suzanne. **La construction de la responsabilité civile.** Paris Presses Universitaires de France, 2001.

JUSTEN FILHO, Marçal. **Desconsideração da personalidade societária no direito brasileiro.** São Paulo: RT, 1987.

KANT, Immanuel. **Fundamentação da metafísica dos costumes.** São Paulo: Abril, 1993 (Coleção Os Pensadores)

KELSEN, Hans. **Teoria geral do direito e do Estado.** 2. ed. São Paulo: Martins Fontes, 1992.

KELSEN, Hans. **Teoria pura do direito.** 3. ed. São Paulo: Martins Fontes, 1991.

KELSEN, Hans. **Teoria pura do direito.** São Paulo: Martins Fontes, 1987.

LAGUIA, Ignácio Muñagorri. **Sanción penal y política criminal**: confrontación com la nueva defensa social. Madrid: Reus, 1977.

LARENZ, Karl. **Derecho civil**: parte general. Tradução de Miguel Izquierdo y Macías-Picaeva. Madrid: Revista de Derecho Privado, 1978.

LARENZ, Karl. **Derecho de obligaciones.** Madrid: Revista de Derecho Privado, 1958.

LEISNER, Walter. **Grundrechte und Privatrecht.** München: C. H. Beck´sche Verlagsbuchhandlung, 1960.

LEMOS JUNIOR, Eloy Pereira. **Empresa & função social.** Curitiba: Juruá, 2008.

LIMA, Alvino. **Culpa e risco.** 2. ed. São Paulo: RT, 1999.

LOBO, Jorge. **Direito concursal.** 2. ed. Rio de Janeiro: Forense, 1998.

LÔBO, Paulo Luiz Netto. A repersonalização das relações de família. In: BITTAR, Carlos Alberto. **O direito de família e a Constituição de 1988.** São Paulo: Saraiva, 1989.

LÔBO, Paulo Luiz Netto. **Comentários ao Código Civil**: parte especial – das várias espécies de contratos (artigos 481 a 564). São Paulo: Saraiva, 2003.

LOPES, João Batista. Desconsideração da personalidade jurídica no novo Código Civil. **Revista dos Tribunais,** São Paulo: RT, v. 818. p. 36-46, dez. 2003.

LOPES, Miguel Maria de Serpa. **Curso de direito civil**: introdução, parte geral e teoria dos negócios jurídicos. 3. ed. São Paulo: Freitas Bastos, 1960.

LORENZETTI, Ricardo Luis. **Fundamentos do direito privado.** Tradução Vera Maria Jacob de Fradera. São Paulo: RT, 1998.

LORENZETTI, Ricardo Luis. **Proyecto de Código Civil y Comercial de la Nación.** Disponível em: <http://www.nuevocodigocivil.com/wp-content/uploads/2015/02/1-Presentacion--del-Dr.-Ricardo-Lorenzetti. pdf>. Acesso em: 20 abr. 2016.

LOTUFO, Renan. **Curso avançado de direito civil**: parte geral. São Paulo: RT, 2002.

LUCHAIRE, François. Les fondements constitutionnels du droit civil. **Revue Trimestrielle de Droit Civil,** Paris, n. 2, p. 245-328, 1982.

LUDWIG, Marcos de Campos. Direito público e direito privado: a superação da dicotomia. In: MARTINS-COSTA, Judith (Org.). **A reconstrução do direito privado**: reflexos dos princípios, diretrizes e direitos fundamentais constitucionais no direito privado. São Paulo: RT, 2002.

LUÑO, Antonio Enrique Pérez. **Derechos humanos, Estado de derecho y Constitución.** 5. ed. Madrid: Tecnos, 1995.

LUÑO, Antonio Enrique Pérez. **Los derechos fundamentales.** 9. ed. Madrid: Tecnos, 2007.

LUÑO, Antonio Enrique Pérez. **Los derechos fundamentales**. Madrid: Tecnos, 2004.

MACEDO, Silvio. **Reflexões sobre o "jus abutendi"**. Disponível em: <http://www.ablj.org. br/revistas/revista11/revista11%20%20%20SILVIO%20DE%20MACE-DO%20%E2%80%93%20Reflex%C3%B5es%20sobre%20o%20%E2%80%98Jus%20abuntendi%E2%80%99.pdf>. Acesso em: 20 jun. 2017.

MADALENO, Rolf Hanssen. **A efetivação da *disregard* no juízo de família**. Disponível em: <http://www.gontijo-familia.adv.br/2008/artigos_pdf/Rolf_Madaleno/EfetivDisregard. pdf>. Acesso em: 02 jun. 2017.

MADALENO, Rolf Hanssen. **Direito de família**: aspectos polêmicos. Porto Alegre: Livraria do Advogado, 1998.

MAIOR, Jorge Luiz Souto. **Proteção contra a dispensa arbitrária e aplicação da Convenção 158 da OIT**. Disponível em: <http://www.calvo.pro.br/media/file/cola boradores/jorge_luiz_souto_maior/jorge_luiz_souto_maior_protecao_contra_dispensa.pdf>. Acesso em: 5 jul. 2016.

MALUF, Carlos Alberto Dabus. **Limitações ao direito de propriedade**: de acordo com o Código Civil de 2002 e com o estatuto da cidade. 3. ed. São Paulo: RT, 2011.

MAMEDE, Gladston. **Direito empresarial brasileiro**: falência e recuperação de empresa. 2. ed. São Paulo: Atlas, 2007.

MANCUSO, Rodolfo de Camargo. **Interesses difusos**: conceito e legitimação para agir. 3. ed. São Paulo: RT, 1994.

MARCONDES, Gustavo Viegas. O incidente de desconsideração da personalidade jurídica e sua aplicação ao reconhecimento, *incidenter tantum*, da existência de grupos econômicos. **Revista de Processo**, v. 252/2016, p. 41-57, fev. 2016.

MARGRAF, Alencar Frederico; ALVES, Fernando de Brito Alves; PIEROBON, Flávio (Org.). **Os megaeventos nacionais e seus reflexos jurídicos**. Rio de Janeiro: Lumen Juris, 2014.

MARMITT, Arnaldo. **Bem de família**. Rio de Janeiro: Aide, 1995.

MARQUES, Cláudia Lima. **Comentários ao Código de Defesa do Consumidor**. 3. ed. São Paulo: RT, 2010.

MARQUES, Cláudia Lima. **Contratos no Código de Defesa do Consumidor**. 7. ed. São Paulo: RT, 2014.

MARQUES, Cláudia Lima. Introdução ao direito do consumidor. In: BENJAMIN, Antônio Herman Vasconcellos; MARQUES, Cláudia de Lima; BESSA, Leonardo Roscoe (Coord.). **Manual de direito do consumidor**. São Paulo: RT, 2008.

MARQUES, Cláudia Lima; BENJAMIN, Antonio Herman; BESSA, Leonardo Roscoe. **Manual de direito do consumidor**. 3. ed. São Paulo: RT, 2010.

MARRARA, Thiago. Bens estatais: aquisição, usos, alienação e tutela. In: PIETRO, Maria Sylvia Zanella Di Pietro (Org.). **Tratado de direito administrativo**: direito administrativo dos bens e restrições estatais à propriedade. São Paulo: RT, 2014. v. 3.

MARTÍNEZ-PUJALTE, Antonio-Luis. **La garantia del contenido essencial de los derechos fundamentales**. Madrid: Centro de Estudios Constitucionales, 1997.

MARTINI, Angelo de. **Corso di diritto commerciale**: parte generale. Milão: Giuffrè, 1983.

MARTINS, Adriano de Oliveira. **Recuperação de empresa em crise**: a efetividade da autofalência no caso de inviabilidade da recuperação. Curitiba: Juruá, 2016.

MARTINS, Luísa Gomes. **O princípio de proteção em face da flexibilização dos direitos trabalhistas.** 2010. 511 f. Dissertação. Faculdade de Direito da Universidade de São Paulo. Disponível em: <http://www.teses.usp.br/teses/disponiveis/2/2138/tde-20062011-120620/pt-br.php>. Acesso em: 4 jan. 2017.

MARTINS-COSTA, Judith. **A boa-fé no direito privado**: sistema e tópica no direito obrigacional. São Paulo: RT, 2000.

MARTINS-COSTA, Judith. **Comentários ao novo Código Civil.** Rio de Janeiro: Forense, 2003.

MARTINS-COSTA, Judith. O adimplemento e o inadimplemento das obrigações no novo Código Civil e o seu sentido ético e solidarista. In: FRANCIULLI NETTO, Domingos; MARTINS FILHO, Ives Gandra da Silva; MENDES, Gilmar Ferreira (Coord.). **O novo Código Civil**: estudos em homenagem ao professor Miguel Reale. São Paulo: LTr, 2003.

MATHIS, Klaus. **Law and Economics in Europe**: foundations and applications. London: Springer, 2014.

MAZEAUD, Henri et al. **Leçons de droit civil**. 8. ed. Paris: Éditions Montchrestien, 1986.

MAZZILLI, Hugo Nigro. **A defesa dos interesses difusos em juízo**. 15. ed. São Paulo: Saraiva, 2002.

MCCALL, Brian. **La corporación como sociedad imperfecta**. Madrid: Marcial Pons, 2015.

MEIRELLES, Jussara. O ser e o ter na codificação civil brasileira: do sujeito virtual à clausura patrimonial. In: FACHIN, Luiz Edson (Coord.). **Repensando fundamentos do direito civil brasileiro contemporâneo**. Rio de Janeiro: Renovar, 1998.

MENDES, Gilmar Ferreira; COELHO, Inocêncio Mártires; BRANCO, Paulo Gustavo Gonet. **Curso de direito constitucional**. São Paulo: Saraiva/IBDP, 2007.

MENDES, Gilmar. **Direitos fundamentais e controle de constitucionalidade**: estudos de direito constitucional. 3. ed. São Paulo: Saraiva, 2006.

MENDONÇA, J. X. Carvalho de. **Tratado de direito comercial brasileiro**. 5. ed. Rio de Janeiro: Freitas Bastos, 1953.

MENESES, Joyceane Bezerra de; PINTO, Laura Anísia Moreira de Souza. Patrimônio mínimo e princípio da dignidade humana: uma análise garantista dos salários como meio de proteção do mínimo existencial. In: Conselho Nacional de Pesquisa e Pós-Graduação em Direito (Org.). **XVIII Encontro Nacional do CONPEDI – Maringá – Dimensões contemporâneas da personalidade**. Florianópolis: Fundação Boiteux, 2009. p. 7372-7392. Disponível em: <http://www.publicadireito.com.br/conpedi/anais/36/05_1499.pdf>. Acesso em: 4 maio 2016.

MENEZES Neto, Elias Jacob de. O papel dos meios de comunicação de massas na função política da esfera pública em Jürgen Habermas: 1962 e 1990. In: VERONESE, Alexandre; ROVER, Aires José; AYUDA, Fernando Galindo (Org.). **Direito e novas tecnologias**. Florianópolis: Fundação Boiteux, 2012. p. 64-84. Disponível em: <http://www.publica-direito. com.br/artigos/?cod=9087b0efc7c7acd1>. Acesso em: 6 jul. 2016.

MENGER, Antonio. **El derecho civil y los pobres**. Buenos Aires: Atalaya, 1947.

MEORO, Mario E. Clemente. **La facultad de resolver los contratos por incumplimiento**. Valencia: Tirant lo Blanch, 1998.

MIRANDA, Jorge. **Manual de direito constitucional**. 3. ed. Coimbra: Editora Coimbra, 2000.

MONCADA, Luís Cabral de. A administração pública, a privatização e o direito privado. In: **Estudos em homenagem ao Prof. Doutor Armando Marques Guedes**. Lisboa: Faculdade de Direito da Universidade de Lisboa, 2004.

MONTEIRO, Washington de Barros; PINTO, Ana Cristina de Barros Monteiro França. **Curso de direito civil**: parte geral. 44. ed. São Paulo: Saraiva, 2012.

MONTORO, André Franco. **Introdução à ciência do direito**. 23. ed. São Paulo: RT, 1995.

MORA, José Ferrater. **Diccionario de filosofía**: tomo I. Buenos Aires: Sudamericana. Disponível em: http://www.mercaba.org/Filosofia/FERRATER/Jos%C3%A9%20Ferrater%20 Mora%20-%20Diccionario%20Filos%C3%B3fico%20B.pdf. Acesso em: 23 jan. 2017.

MORAES, Maria Celina Bodin de. A caminho de um direito civil constitucional. **Revista de Direito Civil**, n. 65, 1993.

MORAES, Maria Celina Bodin. A caminho de um direito civil constitucional. **Revista Estado, Direito e Sociedade**, v. I, 1991, publicação do Departamento de Ciências Jurídicas da PUC-RIO. Disponível em: <http://www.grupoddp.com.br/resources/A%20 Caminho %20do%20Direito%20Civil-Constitucional%20-%20Maria%20Celina%20Bodin%20 de%20 Moraes.pdf>. Acesso em: 16 jan. 2016.

MORAES, Maria Celina Bodin. A constitucionalização do direito civil. **Revista Brasileira de Direito Comparado**, 1999.

MORAES, Maria Celina Bodin. Constituição e direito civil: tendências. **Direito, Estado e Sociedade**, PUC-RJ, v. 15, 1999.

MOREIRA, Eduardo Ribeiro. **Neoconstitucionalismo**: a invasão da Constituição. São Paulo: Método, 2008.

MOREIRA, José Carlos Barbosa. **Temas de direito processual**. São Paulo: Saraiva, 1977.

MÜLLER, Friedrich. **O novo paradigma do direito**: introdução à teoria e metódica estruturante do direito. São Paulo: RT, 2008.

MÜLLER, Friedrich. **Teoria estruturante do direito**. 3. ed. São Paulo: RT, 2011.

MÜNCH, Ingo von. Drittwirkung de derecho fundamentales em Alemanha. In: CODERCH, Salvador (Coord.). **Asociaciones, derechos fundamentales y autonomia privada**. Madrid: Civitas, 1997.

NADER, Paulo. **Curso de direito civil**: parte geral. 9. ed. Rio de Janeiro: Forense, 2013.

NAVARRINI, U.; FAGELLA, G. **Das sociedades e associações comerciais**. Rio de Janeiro: José Konfino, 1950.

NERY JR., Nelson; NERY, Rosa Maria de Andrade. **Código Civil comentado**. São Paulo: RT, 2014.

NERY, Rosa Maria de Andrade. **Introdução ao pensamento jurídico e à teoria geral do direito privado**. São Paulo: RT, 2008.

NEVES, Daniel Amorim Assumpção. **Manual de direito processual civil**. 6. ed. São Paulo: Método, 2014.

NIPPERDEY, Hans Carl. Die Würde des Menschen. In: NEUMANN, Franz L.; NIPPERDEY, Hans Carl; SCHEUNER, Ulrich (HRSG.). **Die Grundrechte. Handbuch der Theorie und Praxis der Grundrechte**. Berlin: Duncler & Humblot, 1954.

NOBRE, Freitas. **Clóvis Beviláqua**. São Paulo: Melhoramentos, 1960.

NORONHA, Fernando. **Direito das obrigações**. São Paulo: Saraiva, 2003.

NOZICK, Robert. **Anarchy, state and utopia**. Estados Unidos: Basic Books, 1974.

NUNES, Luiz Antônio Rizzatto. **Manual de introdução ao estudo do direito**. 2. ed. São Paulo: Saraiva, 1999.

REFERÊNCIAS | **199**

NUSDEO, Ana Maria de Oliveira. **Defesa da concorrência e globalização econômica**: o controle da concentração de empresas. São Paulo: Malheiros, 2002.

OLIVEIRA, J. Lamartine Corrêa de. **A dupla crise da pessoa jurídica**. São Paulo: Saraiva, 1979.

OTERO, Paulo. Coordenadas jurídicas da privatização da administração pública. In: **Os caminhos da privatização da administração pública. IV Colóquio Luso-espanhol de Direito Administrativo**. Coimbra: Coimbra, 2001.

OTERO, Paulo. **Legalidade de administração pública**: o sentido da vinculação administrativa à juridicidade. Coimbra: Almedina, 2007.

PACHECO, José da Silva. Das disposições preliminares e das disposições comuns à recuperação judicial e à falência. IN: SANTOS, Paulo Penalva (Coord.). **A nova lei de falências e de recuperação de empresas**: Lei 11.101/05. Rio de Janeiro: Forense, 2007.

PALMIERI, Davide. **La risoluzione per inadempimento nella giurisprudenza**. Milano: Giuffrè, 1994.

PANUCCIO, Vicenzo. **Teoria giuridica dell'impresa**. Milão: Giuffrè, 1974.

PEDROSO, João António Fernandes. **Acesso ao direito e à justiça**: um direito fundamental em (des)construção. O caso do acesso ao direito e à justiça da família e das crianças. 2011. 675 f. Tese. Faculdade de Economia da Universidade de Coimbra. Disponível em: <https://estudogeral.sib.uc.pt/bitstream/10316/22583/1/Tese_Joao%20Pedroso.pdf>. Acesso em: 6 jul. 2016.

PEREIRA, Caio Mário da Silva Pereira. **Instituições de direito civil:** introdução ao direito civil. 24. ed. Rio de Janeiro: Forense, 2011.

PEREIRA, Rodrigo da Cunha. **Código Civil anotado**. Porto Alegre: Síntese, 2004.

PEREIRA, Rodrigo da Cunha. **Princípios norteadores do direito de família**. Belo Horizonte: Del Rey, 2006.

PÉREZ, Jesús González. **La dignidad de la persona**. Madrid: Civitas, 1986.

PERLINGIERI, Pietro. **Il diritto civile nella legalità costituzionale**: secondo il sistema italo--comunitario dele fonti. Napoli: Edizioni Scientifiche Italiane, 2006.

PERLINGIERI, Pietro. **Perfis do direito civil**: introdução ao direito civil constitucional. Tradução de Maria Cristina De Cicco. 3. ed. Rio de Janeiro: Renovar, 2002.

PETTER, Lafayete Josué. **Princípios constitucionais da ordem econômica**: o significado e o alcance do art. 170 da Constituição Federal. São Paulo: RT, 2008.

PINTO, Carlos Alberto da Mota. **Teoria geral do direito civil**. 4. ed. Coimbra: Coimbra, 2005.

PINTO, Mário; AZEVEDO, Amândio de. A participação dos trabalhadores na empresa: a legislação alemã de codecisão. Lisboa: [s.n.], 1972. 51 p. **Separata da Revista Análise Social**, v. VIII, n. 30-31, 1970. Disponível em: <http://analisesocial.ics.ul.pt/documentos/1224257244F5tXO2mj2Io62JW6.pdf>. Acesso em: 29 set. 2016.

PIRES, Flávio Lucas. **Uma Constituição para Portugal**. Coimbra: Almedina, 1975.

PISCOTTA, Giuseppina. **La risoluzione per inadempimento**. Milano: Giuffrè, 2000.

PIVA, Rui Carvalho. **Bem ambiental**. São Paulo: Max Limonad, 2000.

POLETTI, Ronaldo. **Elementos de direito romano público e privado**. Brasília: Brasília Jurídica, 1996.

PONT, Manuel Broseta. **La empresa, la unificación del derecho de obligaciones y el derecho mercantil**. Madrid: Tecnos, 1965.

PONTES DE MIRANDA, F. C. **Fontes e evolução do direito civil brasileiro**. 2. ed. Rio de Janeiro: Forense, 1981.

PONTES DE MIRANDA, F. C. **Tratado de direito privado**. Rio de Janeiro: Borsoi, 1972.

PONTES DE MIRANDA, F. C. **Tratado de direito privado**. Rio de Janeiro: Borsoi, 1955.

PONZANELLI, Giulio. **La responsabilità civile**: profili di diritto comparato. Bologna: Il Mulino, 1992.

POSNER, Richard A. **Economic analysis of law**. Toronto: Little, Brown and Company, 1992.

PRADO, Luiz Regis. **Tratado de direito penal brasileiro:** parte geral. São Paulo: RT, 2014.

PRATA, Ana. **A tutela constitucional da autonomia privada**. Coimbra: Almedina, 2016.

PRIEUR, Michel. **Droit de l'environnement**. 2. ed. Paris: Dalloz, 1991.

PROVINCIALI, Renzo. **Manuale di diritto fallimentare**. 4. ed. Milano: Giuffrè, 1962.

PUGLIESI, Adriana Valéria. **Direito falimentar e preservação da empresa**. São Paulo: Quartier Latin, 2013.

QUADRA-SALCEDO, Tomás. **El recurso de amparo y los derechos fundamentales en las relaciones entre particulares**. Madrid: Civitas, 1981.

RAISER, Ludwig. Il futuro del diritto privato. In: **Il compito del diritto privato**. Tradução de Marta Graziadei. Milão: Giuffrè, 1990.

RAMOS, André Luiz Santa Cruz. **Direito empresarial esquematizado**. 6. ed. São Paulo: Método, 2016.

RAMOS, Guerreiro. **Introdução crítica à sociologia brasileira**. Rio de Janeiro: Andes, 1957.

RÁO, Vicente. **O direito e a vida dos direitos**. 5. ed. São Paulo: RT, 1999.

REALE, Miguel. **Filosofia do direito**. São Paulo: Saraiva, 1999.

REALE, Miguel. **Lições preliminares de direito**. 27. ed. São Paulo: Saraiva, 2003.

REALE, Miguel. **O projeto do novo Código Civil**. 2. ed. São Paulo: Saraiva, 1999.

REBOUÇAS, Antonio Pereira. **A consolidação das leis civis**. 2. ed. Rio de Janeiro: E&H Laemmert, 1867. Disponível em: <http://www2.senado.leg.br/bdsf/item/id/242360>. Acesso em: 4 maio 2016.

REHME, Paul. **Historia universal del derecho mercantil**. Madrid: Revista de Derecho Privado, 1941.

REQUIÃO, Rubens. **Aspectos modernos de direito comercial I**. São Paulo: Saraiva, 1977.

RIPERT, Georges. **La regle morale dans Le obligations civiles**. Paris: Libr. Generale de Droit Et de Jurisprudence, 1925.

RIPERT, Georges. **Le régime démocratique et le droit civil moderne**. Paris: LGDI, 1948.

RIVERO, Jean. **Libertés publiques**. Paris: Dalloz, 2000.

RIZEK, Cibele Saliba; GEORGES, Isabel; SILVA, Carlos Freire da. Trabalho e imigração: uma comparação Brasil-Argentina. **Lua Nova: Revista de Cultura e Política**, São Paulo, n. 79, p. 111-142, 2010. Disponível em: <http://www.producao.usp.br/bitstream/handle/BDPI/13356/art_RIZEK_Trabalho_e_imigracao_uma_comparacao_Brasil-Argentina_2010.pdf?sequence=1&isAllowed=y>. Acesso em: 23 jun. 2016.

ROCCO, Alfredo. **Il fallimento**: teoria generale e origine storica. Milano: Giuffrè, 1962.

ROCCO, Arturo. **El objeto del delito y de la tutela jurídica penal**. Montevideo-Buenos Aires: Julio César Faria, 2001.

ROCHA, Luciano Velasque. **Consumidor pessoa jurídica**. Curitiba: Juruá, 2014.

RODRIGUES, Silvio. **Direito civil aplicado**. São Paulo: Saraiva, 1994.

RODRIGUES, Silvio. **Direito civil**: parte geral. 30. ed. São Paulo: Saraiva, 2000.

RODRIGUES, Silvio. **Direito das sucessões**. São Paulo: Saraiva, 1990.

ROPPO, Vincenzo. **Il contrato**. Milano: Giuffrè, 2001.

ROSANVALLON, Pierre. **A crise do Estado-providência**. Brasília: UNB, 1997.

ROSENVALD, Nelson. **Dignidade humana e boa-fé**. São Paulo: Saraiva, 2003.

ROXIN, Claus. **Funcionalismo e imputação objetiva no direito penal**. Rio de Janeiro: Renovar, 2002.

RUIZ, Manuel Olivencia. **Reforma concursal y crisis económica**. Disponível em: <http://www.cuatrecasas.com/media_repository/docs/esp/reforma_concursal_y_crisis_economica._592.pdf>. Acesso em: 8 mar. 2017.

SALADINI, Ana Paula Sefrin. **Trabalho e imigração**: os direitos sociais do trabalhador imigrante sob a perspectiva dos direitos fundamentais. 2011. 285 f. Dissertação. Faculdade de Direito da Universidade Estadual do Norte Pioneiro. Disponível em: <http://uenp.edu.br /index.php/editais-prograd-pibid/doc_view/1964-ana-paula-sefrin-saladini>. Acesso em: 23 jun. 2016.

SALAMA, Bruno Meyerholf. **O fim da responsabilidade limitada no Brasil**: história, direito e economia. São Paulo: Malheiros, 2014.

SALEILLES, Raymond. **Théorie genérale de l´obligation**. Paris: Librairie Genérale de Droit et de Jurisprudence, 1925.

SALGADO, Joaquim Carlos. **A ideia de justiça em Hegel**. São Paulo: Loyola, 1996.

SALOMÃO FILHO, Calixto. A *fattispecie* empresário no Código Civil de 2002. **Revista do Advogado**, São Paulo, ano 28, n. 96, p. 11-20, mar. 2008.

SALOMÃO FILHO, Calixto. **Direito concorrencial**: as condutas. São Paulo: Malheiros, 2003.

SALOMÃO FILHO, Calixto. **O novo direito societário**. 4. ed. São Paulo: Malheiros, 2015.

SANT´ANA, Rubens. A falência da empresa: realidade contemporânea e perspectivas futuras. **Revista de Direito Mercantil, Industrial, Econômico e Financeiro**, v. 64, ano XXV, p. 37-46, out./dez. 1986.

SANTARELLI, Umberto. **Per la storia del fallimento nelle legislazioni italiane dell'età intermedia**. Padova: Cedam, 1964.

SANTOS, António Carlos dos; GONÇALVES, Maria Eduarda; MARQUES, Maria Manuel Leitão. **Direito económico**. Coimbra: Almedina, 2008.

SANTOS, Karina Alves Teixeira. **Função social do contrato & direito ambiental**: aspectos contratuais civis, ambientais e hermenêuticos. Curitiba: Juruá, 2013.

SANTOS, Marília Lourido dos. Políticas públicas (econômicas) e controle. **Revista Cidadania e Justiça**, AMB, Brasília, n. 12, 2002.

SANTOS, Mário Ferreira dos. **Dicionário de filosofia e ciências culturais**. Disponível em: <https://pt.scribd.com/doc/31093685/Dicionario-de-Filosofia-e-Ciencias-Culturais>. Acesso em: 23 dez. 2016.

SARLET, Ingo Wolfgang Sarlet. **A eficácia dos direitos fundamentais**: uma teoria geral dos direitos fundamentais na perspectiva constitucional. 1. ed. Porto Alegre: Livraria do Advogado, 2012

SARLET, Ingo Wolfgang. **A eficácia dos direitos fundamentais**. Porto Alegre: Livraria do Advogado, 2012.

SARLET, Ingo Wolfgang. Direitos fundamentais e direito privado: algumas considerações em torno da vinculação dos particulares aos direitos fundamentais. In: SARLET, Ingo Wolfgang (Org.). **A Constituição concretizada**: construindo pontes com o público e o privado. Porto Alegre: Livraria do Advogado, 2000.

SARLET, Ingo Wolfgang; FIGUEIREDO, Mariana Filchtiner. Reserva do possível, mínimo existencial e direito à saúde: algumas aproximações. In: SARLET, Ingo Wolfgang; TIMM, Luciano Benetti (Org.). **Direitos fundamentais**: orçamento e "reserva do possível". 2. ed. Porto Alegre: Livraria do Advogado, 2010.

SARMENTO, Daniel. **A ponderação de interesses na Constituição Federal**. Rio de Janeiro: Lumen Juris, 2000.

SARMENTO, Daniel. **Direitos fundamentais e relações privadas**. 2. ed. Rio de Janeiro: Lúmen Júris, 2006.

SARMENTO, Daniel. **Direitos fundamentais e relações privadas**. Rio de Janeiro: Lúmen Júris, 2004.

SATTA, Salvatore. **Diritto fallimentare**. 3. ed. Padova: Cedam, 1996.

SAVIGNY, Federico Carlo Di. **Sistema del diritto romano attuale**. Torino: Unione Tipografico, 1888.

SAYEG, Ricardo; BALERA, Wagner. **O capitalismo humanista**: filosofia humanista de direito econômico. Petrópolis: KBR, 2011.

SCARPELLI, Uberto. **Qu`est-ce que le positivismo juridique?** Paris: LGDJ Librairie Générale de Droit et Jurisprudence, 1996.

SCHIAVELLO, Aldo. **Il positivismo giuridico dopo Herbert L. A. Hart**: un´introduzione critica. Torino: G. Giappichelli, 2000.

SCHNEIDER, Hans Peter. **Democracia y Constitución**. Tradução de K. J. Albiez Dohrmann. Madrid: Centro de Estudios Constitucionales, 1991.

SCHREIBER, Anderson. **Direito à moradia como fundamento para impenhorabilidade do imóvel residencial do devedor solteiro**: diálogos sobre direito civil. Rio de Janeiro: Renovar, 2002.

SEN, Amartya. **Desenvolvimento como liberdade**. São Paulo: Companhia das Letras, 2000.

SERICK, Rolf. **Aparencia y realidad en las sociedades mercantiles**: el abuso de derecho por medio de la persona jurídica. Barcelona: Ariel, 1958.

SERICK, Rolf. **Rechtsform unde Realität juristischer Personen**. Milão: Giuffrè, 1966.

SESSAREGO, Carlos Fernández. **Derecho y persona**. 2. ed. Truhullo-Peru: Normas Legales, 1995.

SICHES, Luis Recaséns. **Nueva filosofía de la interpretación del derecho**. México: Porrúa, 1973.

SILVA, César Augusto Silva da. **O direito econômico na perspectiva da globalização**: análise das reformas constitucionais e da legislação ordinária pertinente. Rio de Janeiro: Renovar, 2000.

SILVA, Clóvis do Couto e. O princípio da boa-fé no direito brasileiro e português. In: **Estudos de direito civil brasileiro e português**. São Paulo: RT, 1980.

SILVA, Clóvis Veríssimo do Couto e. **A obrigação como processo**. São Paulo: Bushatsky, 1976.

SILVA, Jorge Cesa Ferreira da. **A boa-fé e a violação positiva do contrato**. Rio de Janeiro: Renovar, 2002.

SILVA, Jorge Cesa Ferreira da. **Inadimplemento das obrigações**. São Paulo: RT, 2006.

SILVA, José Afonso da. **Aplicabilidade das normas constitucionais**. São Paulo: Malheiros, 1998.

SILVA, Vasco Manuel Pascoal Dias Pereira da. Vinculação das entidades privadas pelos direitos, liberdades e garantias. **Revista de Direito Público**, São Paulo, ano XX, n. 82, abr./jun. 1987.

SILVA, Virgílio Afonso da. **A constitucionalização do direito**: os direitos fundamentais nas relações entre particulares. São Paulo: Malheiros, 2005.

SILVA, Vivien Lys Porto Ferreira da. **Extinção dos contratos**: limites e aplicabilidade. São Paulo: Saraiva, 2010.

SILVA, Vivien Lys Porto Ferreira. **Adimplemento substancial**. 2006. 290 f. Dissertação (Mestrado em Direito) – Pontifícia Universidade Católica. 2006. Disponível em: <https://sapientia.pucsp.br/bitstream/handle/7475/1/DIR%20-%20Vivien%20Lys%20P%20F%20da%20Silva.pdf>. Acesso em: 20 jan. 2017.

SILVEIRA, Michele da Costa. As grandes metáforas da bipolaridade. In: MARTINS-COSTA, Judith (Org.). **A reconstrução do direito privado**: reflexos dos princípios, diretrizes e direitos fundamentais constitucionais no direito privado. São Paulo: RT, 2002.

SIMÕES, Paulo César Gonçalves. **Governança corporativa e o exercício do voto nas S.A.** Rio de Janeiro: Lumen Juris, 2003.

SKINNER, Quentin. **As fundações do pensamento político moderno**. Tradução de Renato Janine Ribeiro e Laura Teixeira Motta. São Paulo: Companhia das Letras, 1996.

SOARES, Felipe Ramos Ribas; MATIELI, Louise Vago; DUARTE, Luciana da Mota Gomes de Souza. Unidade do ordenamento na pluralidade das fontes: uma crítica à teoria dos microssistemas. In: SCHREIBER, Anderson; KONDER, Carlos Nelson (Org.). **Direito civil constitucional**. São Paulo: Atlas, 2016.

SOUZA, José Pedro Galvão de. **Direito natural, direito positivo e estado de direito**. São Paulo: RT, 1977.

SQUELLA, Agustín. **Positivismo jurídico, democracia y derechos humanos**. 2. ed. México: Fontanamara, 1998.

STARCK, Christian. **La Constitution cadre et mesure du droit**. Paris: Economica, 1994.

STEFANO, Zulema Anacleto de. Cláusulas restritivas: de inalienabilidade, de incomuni-cabilidade e de impenhorabilidade. **Revista de Direito Civil, Imobiliário, Agrário e Empresarial**, São Paulo, v. 62, 1992.

STEINMETZ, Wilson Antônio. **A vinculação dos particulares a direitos fundamentais**. São Paulo: Malheiros, 2004.

STRECK, Lenio. A hermenêutica filosófica e as possibilidades de superação do positivismo pelo (neo)constitucionalismo. In: **Constituição, sistema sociais e hermenêutica**. Porto Alegre: Livraria do Advogado, 2005.

SZTAJN, Rachel. **Teoria jurídica da empresa**: atividade empresária e mercados. São Paulo: Atlas, 2004.

TARTUCE, Flávio. **Direito civil**: direito das obrigações e responsabilidade civil. 11. ed. Rio de Janeiro: Forense, 2016.

TARTUCE, Flávio. **Direito civil**: lei de introdução e parte geral. São Paulo: Método, 2014.

TARTUCE, Flávio. **Direito civil**: lei de introdução e parte geral. 12. ed. Rio de Janeiro: Forense, 2016.

TARTUCE, Flávio. **Direito civil**: teoria geral dos contratos e contratos em espécie. 11. ed. Rio de Janeiro: Forense, 2016.

TARTUCE, Flávio. **Função social dos contratos**: do Código de Defesa do Consumidor ao Código Civil de 2002. São Paulo: Método, 2007.

TARTUCE, Flávio. **O novo CPC e o direito civil**: impactos, diálogos e interações. 2. ed. Rio de Janeiro: Forense, 2016.

TARTUCE, Flávio. **Responsabilidade civil objetiva e risco**: a teoria do risco concorrente. Rio de Janeiro: Forense, 2011.

TARTUCE, Flávio; BRASILINO, Fábio Ricardo Rodrigues. O bem de família do fiador à luz do direito civil constitucional: a inconstitucionalidade do inciso VII, art. 3º da Lei n. 8.009/1990. In: MEZZAROBA, Orides; AYUDA, Fernando Galindo (Org.). **Encontro de Internacionalização do CONPEDI**. Barcelona: Ediciones Laborum, 2015. v. 9.

TARTUCE, Flávio; NEVES, Daniel Amorim Assumpção. **Manual de direito do consumidor**. 4. ed. São Paulo: Método, 2015.

TARTUCE, Flávio; NEVES, Daniel Amorim Assumpção. **Manual de direito do consumidor**: direito material e processual. 3. ed. São Paulo: Método, 2014.

TAVARES, André Ramos. **Direito constitucional da empresa**. São Paulo: Método, 2013.

TEPEDINO, Gustavo. A tutela da personalidade no ordenamento civil-constitucional brasileiro. In: TEPEDINO, Gustavo. **Tema de direito civil**. Rio de Janeiro: Renovar, 2008.

TEPEDINO, Gustavo. Normas constitucionais e relações de direito civil na experiência brasileira. In: TEPEDINO, Gustavo. **Temas de direito civil**. Rio de Janeiro: Renovar, 2008.

TEPEDINO, Gustavo. Premissas metodológicas para a constitucionalização do direito civil. In: TEPEDINO, Gustavo. **Temas de direito civil**. Rio de Janeiro: Renovar, 2004.

TEPEDINO, Gustavo. **Temas de direito civil**. 2. ed. Rio de Janeiro: Renovar, 1999.

THEODORO JR., Humberto et al. **Novo CPC**: fundamentos e sistematização. 2. ed. Rio de Janeiro: Forense, 2015.

THEODORO JR., Humberto. **A impossibilidade da penhora do capital de giro**. Disponível em: <http://www.abdpc.org.br/abdpc/artigos/Humberto%20Theodoro%20J%C3%BAnior(7)%20-formatado.pdf>. Acesso em: 28 mar. 2017.

THEODORO JR., Humberto. **Processo de execução**. 7. ed. São Paulo: Leud, 1987.

TIEDEMANN, Klaus. **Lecciones de derecho penal econômico**. Barcelona: PPV, 1993.

TOLEDO, Paulo Fernando Campos Salles de. A preservação da empresa mesma na falência. IN: DE LUCCA, Newton; DOMINGUES, Alessandra Azevedo (Org.). **Direito recuperacional**: aspectos teóricos e práticos. São Paulo: Quartier Latin, 2009.

TOLEDO, Paulo Fernando Campos Salles; PUGLIESI, Adriana V. A falência: ineficácia e a revogação dos atos praticados antes da falência. In: CARVALHOSA, Modesto (Org.). **Tratado de direito empresarial**: recuperação empresarial e falência. São Paulo: RT, 2016. v. V.

TORRES, Ricardo Lobo (Org.). **Teoria dos direitos fundamentais**. Rio de Janeiro: Renovar, 1999.

TORRES, Ricardo Lobo. O mínimo existencial e os direitos fundamentais. **Revista de Direito Administrativo**. Rio de Janeiro: Editora FGV, p. 29-49, jul./set. 1989.

TOURAINE, Alain. **Crítica da modernidade**. 6. ed. Petrópolis: Vozes, 1999.

REFERÊNCIAS **205**

TRABUCCHI, Alberto. **Istituzioni di diritto civile**. 19. ed. Padova: Cedam, 1973.

TRABUCCHI, Alberto. **Istituzioni di diritto civile**. Padova: Cedam, 1978.

TURCO, Claudio. **L´imputabilità e l´importanza dell´inadempimento nella clausola resolutiva**. Torino: G. Giappichelli, 1997.

UBILLOS, Juan María Bilbao. **La eficácia de los derechos fundamentales frente a particulares. Análise de la jurisprudencial del Tribunal Constitucional**. Madrid: Boletín Oficial del Estado y Centro de Estudios Políticos y Constitucionales, 1997.

UNGER, Roberto Mangabeira. **Democracia realizada**: a alternativa progressista. São Paulo: Boitempo, 1999.

VANCE, W. R. Homestead exemption laws. In: SELIGAMAN. **Encyclopaedia of the Social Sciences**. Nova Iorque: s.n., 1934.

VÁSQUEZ, Adolfo Sánchez. **Ética**. 18. ed. Rio de Janeiro: Civilização Brasileira, 1998.

VAZ, Isabel. **Direito econômico da concorrência**. Rio de Janeiro: Forense, 1993.

VAZ, Isabel. **Direito econômico das propriedades**. 2. ed. Rio de Janeiro: Forense, 1993.

VENOSA, Sílvio de Salvo. **Direito civil**: parte geral. 8. ed. São Paulo: Atlas, 2008.

VERÇOSA, Haroldo Malheiros Duclerc. **Aspectos jurídicos do câmbio**. Dissertação. 1978, Faculdade de Direito da Universidade de São Paulo.

VERÇOSA, Haroldo Malheiros Duclerc. **Direito comercial**: teoria geral. 4. ed. São Paulo: RT, 2014.

VIGNOLI, Vanessa de Almeida. **Flexibilização da jornada de trabalho**: importância e limitações. 2010. 100 f. Dissertação. Faculdade de Direito da Universidade de São Paulo. Disponível em: <http://www.teses.usp.br/teses/disponiveis/2/2138/tde-04012011-160412/pt-br.php>. Acesso em: 4 jan. 2017.

VILLALON, Pedro Cruz. Derechos fundamentales y legislación. In: **La curiosidad del jurista persa, y otros estudios sobre la Constitución**. 2. ed. Madrid: Centro de Estudios Políticos y Constitucionales, 2006.

VIVANTE, Cesare. **Trattato di diritto commerciale**: I commercianti. 5. ed. Milano: Francesco Vallardi, 1929.

WALD, Arnoldo. **Curso de direito civil brasileiro**: introdução e parte geral. 8. ed. São Paulo: RT, 1995.

WATANABE, Kazuo. **Código de defesa do consumidor comentado pelos autores do anteprojeto**. 10. ed. Rio de Janeiro: Forense, 2011.

WELZEL, Hans. **Derecho penal**: parte general. Buenos Aires: Roque Depalma, 1956.

WIEACKER, Franz. **El principio general de la buena fe**. Madrid: Civitas, 1982.

WILHELM, Jacques. **A vida dos ofícios. Paris no tempo do Rei Sol**. São Paulo: Cia. das Letras/Círculo do Livro, 1988.

WOLKMER, Antônio Carlos. **História do direito no Brasil**. Rio de Janeiro: Forense, 1999.

ZAN, Julio de. **Libertad, poder y discurso**. Buenos Aires: Rosario; Almagesto; Fundación Ross, 1993.

ZILVETI, Ana Marta Cattani de Barros. **Novas tendências do bem de família**. São Paulo: Quartier, 2006.

ZIPPELLIUS, Reinhold. **Teoria geral do Estado**. Tradução de Karin Praefke-Aires Coutinho. 3. ed. Lisboa: Fundação Calouste Gulbelkian, 1997.

Pré-impressão, impressão e acabamento

grafica@editorasantuario.com.br
www.graficasantuario.com.br

Aparecida-SP